郁琴芳

——

主编

家校合作新实践丛书　　主编　汤林春　郁琴芳

家校合作50例

区域设计与学校智慧

华东师范大学出版社

·上海·

图书在版编目（CIP）数据

家校合作 50 例：区域设计与学校智慧/郁琴芳主编. —上海：华东师范大学出版社，2018

（家校合作新实践丛书）

ISBN 978 - 7 - 5675 - 7645 - 2

Ⅰ.①家… Ⅱ.①郁… Ⅲ.①家校教育－合作－家庭教育－研究－上海 Ⅳ.①G459

中国版本图书馆 CIP 数据核字（2018）第 079590 号

家校合作新实践丛书

家校合作 50 例：区域设计与学校智慧

主　编　郁琴芳
策划编辑　彭呈军
组稿编辑　白锋宇
特约审读　桂肖珍
责任校对　张　雪
装帧设计　卢晓红

出版发行　**华东师范大学出版社**
社　　址　上海市中山北路 3663 号　邮编 200062
网　　址　www.ecnupress.com.cn
电　　话　021 - 60821666　行政传真 021 - 62572105
客服电话　021 - 62865537　门市（邮购）电话 021 - 62869887
地　　址　上海市中山北路 3663 号华东师范大学校内先锋路口
网　　店　http://hdsdcbs.tmall.com

印 刷 者　浙江临安曙光印务有限公司
开　　本　787 毫米×1092 毫米　1/16
印　　张　23.5
字　　数　430 千字
版　　次　2018 年 6 月第 1 版
印　　次　2023 年 6 月第 10 次
书　　号　ISBN 978 - 7 - 5675 - 7645 - 2/G·11066
定　　价　58.00 元

出版人　王　焰

丛书编委会

主编 汤林春 郁琴芳

编委（以姓氏拼音字母为序）

序 积淀和发展家校合作的上海经验

李家成

在 2018 年 3 月应邀作为主讲嘉宾,去挪威参与北欧教育研究会家校合作研究领域的会前会议和工作坊时,我分享了我们在家校合作研究领域的探索历程和方法论思考。之后,我们的研究团队成员也在北欧教育研究会的年会上分享了在上海市嘉定区外来务工人员随迁子女学校开展家校合作研究的成果,以及在常州市新北区龙虎塘实验小学全面开展寒暑假生活与学期初生活研究的成果。在分享现场,一位来自奥地利的学者惊讶于我们能如此深度地参与到家校合作实践与研究中,北欧的学者群体更是表达了对中国家校合作研究进展的欣赏与开展国际合作的愿望。

而我们所分享的,仅仅是上海经验构成中的很小的部分。当我有幸拜读这本书稿时,一个突出的感受就是:这是家校合作上海经验的一次自觉积淀,并打开了继续发展的大门。

之所以称之为上海经验,不仅仅是因为丰富的案例来自上海的各个区、学校,更因为它们扎根于上海独特的社会文化和教育变革,是由上海的教育工作者们推动、发展而出的,并将继续融入上海教育变革的整体之中。

在本书中,我们能读到对上海家校合作新挑战、新资源的认识、判断和回应。其中包括:信息化的背景,国际化大都市建设的环境,教育体制与机制变革的直接平台,家长的多样性与资源的丰富化,社会主义核心价值观的体现,学校课程体系建设与教师发展,家长参与评价,家长参与治理等。这恰恰反映了上海教育工作者对于时代精神的敏感,对于社会发展的敏感,对于教育变革的敏感。

我们能读到多层级、多主体所创生的家校合作新格局。其中,非常典型的是区域推进与制度保障,包括区域推进学校、家庭、社会三位一体育人机制建设,现代学校制度下的章程建设,区域"学校 +"模式的形成,区域教育学院的地位与作为,区域家庭教育指导中心建设,区域家校联盟的打造,校际协同与社校联动等非常丰富的内容。与之相关的,也是任何研究都无法替代的,依然是学校与家庭的直接合作,教师、家长与学生的直接创造。这在本书中,有非常丰富的表达。区域与学校两大层级也由此互补、互动、共生,指向于未来的再创造。

我们还能读到家校合作发展的新思路与新策略。这包括更加关注制度与组织建设,更多研究本校、本地区家校合作的特殊性,更凸显对问题的分析与发展策略的个性化设计,更突出与上海经济社会发展的相关度乃至反哺性,更突出学生发展乃至人的发展主题! 上述思路和策略就在本书中,就在上海教育工作者的日常教育实践中。

作为一次对上海家校合作经验的集中呈现,这本书有着对家校合作的理解与信念,呈现了丰富的实践策略与发展路径。家校合作作为普遍存在、有着重大意义的研究主题,需要有更多的地区间乃至国际性的对话与合作。相信选择阅读这本书的读者,就已经在为这个重大领域的发展和重大主题的突破作相关准备了。

祝愿上海乃至中国的家校合作研究继续积淀与发展,更祝愿中国的教师、家长和学生能在家校合作实践中实现发展,感受幸福!

(李家成　华东师范大学教育学系教授,博士生导师,华东师范大学教育学部"生命·实践"教育学研究院研究员,华东师范大学基础教育改革与发展研究所研究员)

上编： 区域设计篇

导言　呼唤区域教育发展大格局下的家校合作

家校合作是一种双向活动,是家庭教育与学校教育的相互支持和互动交流。它既是世界教育改革的热点,亦是目前我国基础教育追求内涵发展的重要内容。在上海市推进教育综合改革的大背景下,如何推动家校合作,为儿童提供无缝连接的学校、家庭、社会三位一体的教育生态场,是摆在所有学校面前的重要任务。诚然,学校对于家校合作负有不可推卸的使命和责任,但仅仅依靠学校单方面作为远远不足,家校合作需要学校、家长和周边社区的共情投入。上海市家校合作已经走过了20多年的历史,从全市层面看不乏典型的学校经验,但也存在着校际不均衡、工作不深入等诸多问题。从星星之火走向燎原之势,我们需要呼唤区域教育发展大格局下的家校合作。

中国的基础教育具有明显的区域性特点。在区域教育从外延式发展转入内涵发展时期,家校合作既是区域教育发展的重大战略,亦是区域深化教育改革的一个切入口。而家校合作本身也更加需要跳出学校的小场域,在区域教育发展的大平台上加以深化。区域教育发展大格局下的家校合作有着单个学校推进家校合作不可比拟的价值所在,具体表现在如下方面:

1. 顶层设计。以校为本的家校合作一般根据学校实际情况开展工作,尽管能够因地制宜开展个性化的合作互动,但也往往受制于学校校情、教师素养、家长群体等各方面的主客观因素。区域教育发展大格局下的家校合作一定是注重顶层设计的家校合作,它能够构建内涵更加统一、指向更加明确、措施更加聚焦、行动更加有力的区域家校合作体系,从体制机制上保证家校合作的规范性与完整性,从而整体提升区域家校合作的实效,间接促进以校为本的家校合作良性发展。

2. 组织引领。家校合作的有效性有赖于家校合作组织的引领与推动。以校为本的家校合作组织以学校家委会为代表,往往存在着地位不高、职责不明、功能单一等问题。区域教育发展大格局下的家校合作倡导建立自上而下的家校合作组织体系,从区域到学校,各层级组织分工明确,各司其职。区域性的家校合作组织功能的积极发挥,不仅极大地推动了学校家校合作组织的建立和工作的有序开展,保证了家校合作理念和方法在区域推进中该有的规范性、统一性,更为中小学基层单位推进家校合作提供了强有力的理论和政策依据,避免基层单位自行摸索带来的盲目和浪费。

3. 营造氛围。家校合作,最根本的主导权和推动力在学校。目前中小学家校合作存在着比较大的校际差异。造成校际差异的原因,有优质家长资源不均衡的客观因素,更为主要的是学校自身对家校互动的价值定位、重视程度和实践开展的主观因素。区域教育发展大格局下的家校合作,能够通过宣传推广,在区域内扩大家校合作影响,广泛凝聚家校合作认同,营造家校共育良好生态。

4. 资源效应。以校为本的家校合作也较易受学校所拥有的各类资源所限。区域教育发展大格局下的家校合作,一方面能够更好地统整区域内家庭教育资源和各类指导力量,以专业引领区域资源共享。另一方面,区域可以通过基础调研,针对不同群体家长的家庭教育指导需求,开发具有针对性的家庭教育指导服务。利用好不同学校的校本化、个性化家校共育的特色,打通校际壁垒,统筹协调推进各项家庭教育特色服务。

(上海市教育科学研究院　郁琴芳)

上海市黄浦区教育局

从个体生长环境来看,学校、家庭和社区是对未成年人产生最直接和最重要影响的三大要素。在 21 世纪初,就有教育学者提出,"21 世纪的教育是学校、家庭、社区合作的教育"。探索学校、家庭、社会"三位一体"的育人机制,是黄浦区建构教育治理体系的重要探索。在实践中,通过"政府为主导、社会齐出力、学校来实施、家庭都参与"的工作思路和相应的举措,黄浦区逐渐建立了一系列推动区域"三位一体"育人格局形成的机制。

一、政府主导、统筹资源,建立区级"三位一体"育人工作的领导机构

在黄浦区区委、区政府的重视和支持下,黄浦区建立了"黄浦区学习型城区与终身教育体系建设促进委员会"(简称"区学习促进委"),于区教育局设立委员会办公室(简称"区学习促进办")。"区学习促进委"是全区推进学习型社会建设与终身教育的指导机构,负责规划制定、统筹决策、指导督察等工作,通过建立"区学习促进委联席会议"制度和会商机制,联席 32 家相关成员单位(委办单位),加强公、检、法、卫计委、民政、妇联、团委等部门的沟通联络,在区级政府层面形成了各部门共同关注、推进"三位一体"育人工作的格局。

二、建立了推进社区与学校互动互通的机构及相应的机制

(一) 建立了街道"社区教育委员会"及相应的机制

1. 街道"社区教育委员会"

街道"社区教育委员会"是街道层面推进学习型社区创建工作、推动终身教育和社区教育发展的一类组织机构。同时,也是社区教育网络中第二级网络的重要平台。其结构如下:

委员会领导层构成:主任(街道办事处书记)、副主任(街道办事处分管领导)、常务副主任(街道办事处主任)。

委员会委员包括：街道相关科室（社发办、街道妇联、民政科、综治办等），街道社区学校常务副校长（社区教育工作站站长），街道文化活动中心主任，辖区内部分公办中小学校长和幼儿园园长，以及辖区内部分文化机构。

社区教育委员会办公室设在街道社区教育工作站。其主要功能是推进学习型社区建设，指导和统筹示范街镇创建和文明社区创建。通过"'街道—校长'联席会议"机制（即"街道—校长"沙龙），搭建由街道办事处、相关科室、社区学校、辖区内公办学校、辖区内其他机构等多方参与沟通交流的平台（或中介）。在这个平台上，委员会成员单位交流信息，研讨问题，商讨解决方案。

2. "'街道—校长'联席会议"机制

"'街道—校长'联席会议"是促进社区范围内学校与社区融合的一项重要机制。其结构如下：

领导层构成：街道办事处＋区教育局，即街道办事处领导（主任或书记）、街道办事处分管领导（副书记）＋区教育局领导（局长或书记）、区教育局分管领导（副局长）、区教育局职成教科领导、区社区学院领导。

对应的街道行政管理部门：街道社区发展办公室。

参与者包括：街道辖区内所有公办幼儿园园长、中小学校的校长（或书记）、街道社区学校的常务副校长。

"'街道—校长'联席会议"主要发挥两大功能：其一是"研讨交流"，学校（中小学校和幼儿园）、区教育局、街道三方在"联席会议"的平台上互相沟通信息，反映问题，交流看法；其二是"资源整合"，由于学校、街道和区教育局均为区学习促进委的成员单位，因此，联席会议也是街道与学校双方对接工作、整合与配置辖区内教育资源的平台。"联席会议"加强了学校与街道之间的认识和了解，学校向街道提供校内特色课程、优秀师资、场地开放情况等信息，街道向学校提供资源需求信息。例如，在校学生的校外实践课程的开设，校内学生的"晚托班"、"暑托班"的实施，在校学生的学习权益和人身安全的保护，社区学习环境的维护等事项，需要街道的合作；辖区内市民参加终身学习活动、街道举办全民终身学习活动周等活动，需要学校的配合；创建文明城区和文明社区，也离不开学校的支持。

（二）建立了"市民学习基地"及促进"学校—社区"融合的机制

1. 吸纳不同类型的公办学校成为市民学习基地

"市民学习基地"是黄浦区推进终身教育体系建设和学习型城区建设的一项创新举措，通过将区域内的学校、企业和文化场馆的教育资源向社会开放，与社区共享，为市民搭建优质的终身学习资源平台，扩大终身教育的参与面和受益面。在区学习促进委的指导下,在区学习促进办的组织协调下,黄浦区自2012年开始,每两年开展一批"市民学习基地"的申报和命名工作。到2015年,一共有31家公办中小学校被命名为"黄浦区市民学习基地"。

这些公办中小学校类的市民学习基地包括了小学学校、九年一贯制学校、初级中学学校、高级中学学校、职业学校、校外教育机构(青少年活动中心)、区教育学院等类型,面向市民开设课程、开放场地、输送师资、提供公共文化资源等。

2. 创建促进"学校—社区"融合的机制

第一,统筹机制:区学习促进委将"学校—社区"融合作为建构区域终身教育体系的重要举措,统筹规划全区中小学校的场地资源开放工作。例如:根据区政府《黄浦区推进区域终身教育体系建设三年行动计划》文件,制定了《区域内中小学场地资源向社区开放管理办法(征求意见稿)》;协调委办单位(教育局)内部科室(体卫科艺科、成职教科等)工作,形成科室之间例会制度;加强各委办单位之间(包括社区学院、各中小学校、街道)的联系,组织区学促办、区宣传部、区文明办、区教育局委办单位到各街道走访调研,听取街道及其相关科室的意见;每年定期召开全区"学习型社会建设与终身教育工作会议",督促学校实施场地开放;委托区社区学院制定《黄浦区"市民学习基地"建设运行管理办法》,加强对各市民学习基地的管理。

第二,督导机制:区学习促进办委托区教育评估院定期对区域内学校(含市民学习基地)场地资源开放情况进行走访调查和统计,评估学校开放场地资源的利用率,了解学校实施资源开放过程中遇到的问题。通过研究调查结果,区学习促进办有针对性地加以指导,确保学校教育资源的合理充分利用。

第三,协商机制:为了加强各委办单位的联系,建立了由区学习促进办、区教育局(及中小学校市民学习基地)、区社区学院和街道(及相关科室)等四方负责人参与的"市民学习基地建设工作会议"。

第四,经费保障机制:区学习促进办根据区社区学院提交的预算,设立"终身教育专项经费",从中拨付专项经费用于市民学习基地的建设及运行管理。委托区社区学院通过制定"经费管理规定",严格监督市民学习基地专项经费的使用。

第五,评估与奖励机制:在学校自评、专业机构评估和街道评审等三方评估的基础上,区学习促进办根据评估结果,对市民学习基地建设质量进行分类,并给予相应的奖励。对因各种原因造成运行困难或考核不合格的市民学习基地,由区社区学院与其进行协商,签订退出确认书后,向区学习促进办报备。

第六,资源共享机制:街道与辖区内的市民学习基地共同探讨、商议教育资源共建共享计划和措施,针对学校场地、课程、师资等资源的开放和共享,双方互相签订社区资源共享合作协议,开发面向社区市民的特色课程(包括家庭教育指导课程)。例如:卢湾高级中学既是市民学习基地,也是区级未成年人家庭教育指导中心。学校与打浦桥街道社区学校联合开设了社区体育保健课程,面向该社区的市民免费开放;与上海市家庭教育指导培训机构合作开设了家庭教育指导课程(包括讲座、咨询),为全区市民提供免费的指导服务。

三、建立了推进"社区—学校—家庭"互动合作的机构及相应的机制

黄浦区主要通过建立区级家庭教育指导工作体系,以推进"社区—学校—家庭"的互动合作。

(一)建立了区域青少年家庭教育指导的组织机构

2011年2月,由区政府相关部门组建的领导小组(分管教育的区领导担任组长),区文明办、区教育局、区妇联、区计生委主办,区教育学院、区社区学院承办的"蜻蜓心天地——黄浦区未成年人心理健康辅导中心暨家庭教育指导中心"(简称"指导中心")正式成立。随着需求的增加,为了将"指导中心"的作用辐射至全区,于2013年和2014年先后在格致中学、黄浦学校、大同中学和中山学校成立了分中心。其结构如图1:

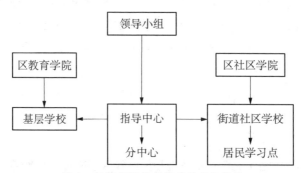

图1 区域家庭教育指导的组织机构

(二)确立了区域开展家庭教育的途径与方式

1. 依托学校开展家庭教育指导

家长学校作为学校开展家庭教育的主阵地,主要通过家长会、家长课堂、家长学校、亲子活动等形式,以班级、年级为单位,在党支部、德育处和班主任的指导下,在学校家长委员会的参与下,根据各学校办学特色和近期工作要点来开展,具有组织优势。

2. 依托社区开展家庭教育指导

主要是通过街道社区学校、各级家长沙龙等组织开展家庭教育指导工作,以及通

过社会机构、社会组织等开展各种类型的家庭教育工作,如"妇联妈妈学堂"、"团区委阳光驿站"等实体化运作形式。

(三) 建立促进"社区—学校—家庭"合作的一系列保障机制

1. 管理机制

区政府相关部门及分管领导组成的工作领导小组建立了联席会议制度,定期召开会议研究部署"指导中心"推进工作。区教育学院、区社区学院负责"指导中心"家庭教育指导活动的方案策划、组织,开展专业培训以及相关课程的开发和建设,逐步将日常运转工作引入社会化运作模式,建立第三方督导、评估体系。

"指导中心"制定了《黄浦区未成年人心理健康辅导中心家庭教育指导中心三年发展规划(征求意见稿)》,明确了"指导中心"的功能定位、运作模式、发展目标、实施步骤、推进措施和内容。

为加强过程管理,"指导中心"建立了准入制度、考勤制度、监督制度,明确了各方工作职责;为加强对特殊而紧急的业务的管理,"指导中心"与区心理咨询中心(卫生局下属单位)建立了联动机制,对于突发事件或急需专业医疗机构介入的辅导案例,由"指导中心"向求助者提供咨询路径,向区级心理咨询中心提供求助者信息,向有关学校领导和相关行政部门负责人通报事项,共同启动运作程序,给予求助者及时、适切的帮助。

2. 经费保障机制

区教育局每年划拨一定专项经费,用于全区开展各类终身教育活动和项目。该专项经费由区教育局划拨至社区学院,社区学院在其中列出"家庭教育经费"专项,用于"指导中心"的队伍建设、活动举办、评估奖励等,以保障"指导中心"的正常运转。

3. 家庭教育指导的师资队伍建设机制

主要包括专家团队和志愿者团队。根据"指导中心"发展规划和各阶段发展任务,从高校、科研院、上海市中小学心理辅导协会、计生协会等专业机构选聘专家,组成专家团队;按照市级对从事青少年心理健康教育和家庭教育的专业人员的资历要求,在全区范围内选聘符合条件的优秀教师(包括在中小学校任教的心理辅导教师和德育骨干、在街道科室任职的具有相应职业资格的专业人士和社工,以及在街道社区学校任职的优秀教师等),建立志愿者团队。

4. 课程建设机制

针对未成年人、家长和教师等人群,分别分层建设课程。例如:针对不同学段的未成年人,推出了"学生课程菜单",在"指导中心"、分中心及社区"市民学习基地"等地开展专题讲座和现场咨询;在寒暑假期间,"指导中心"还联合社区内的企业社会组织

（即企业类市民学习基地），开设社会实践体验课程，开展体验活动。

针对各学段未成年人家长的需求，推出了"家长课程菜单"，联合由各中小学校的家长代表组建而成的"家委会"组织开展"家长沙龙"，联合社会机构、社会组织开展"妇联妈妈学堂"、"团区委阳光驿站"等特色项目活动，邀请"指导中心"专家团队面向各学校、各社区开设专题讲座、提供个体咨询或团体咨询，通过多种方式，向社区居民普及科学的家庭教育理念。

针对处于不同职业发展阶段的学校教师的学习需求，组织专家团队建设心理辅导及家庭教育指导课程库，各学校根据实际情况选择适合的课程，或邀请专家定期开展课堂教学，或通过校园内网组织教师参与在线课程学习。

5. 家庭教育指导者的培训机制

"指导中心"面向全区教师分年段、分层次开展专业培训，主要包括志愿者团队高级研修（即开设有关心理辅导和家庭教育指导高级研修班）、国家级或学校心理咨询师及家庭教育指导师培训，鼓励学校的骨干教师、社区教师、街道干部、社区工作者、家委会成员参加学习，整体提高教师及家长的自身素养和指导水平。2011 年到 2015 年，"指导中心"先后举办了两期国家二级心理咨询师培训班、三期家庭教育指导师（高级）培训班，有近 1 000 名学校教师、街道干部、社区工作者、家委会成员参加了培训。

6. 家庭教育指导工作的评价机制

其一是"指导中心"联合区内相关部门，组织志愿者团队成员、来自各学校且参与过专业培训的普通教师、社区工作者，开展心理辅导和家庭教育指导技能比赛；其二是将"指导中心"开展的专业培训作为在职教师"360"培训课程，按照培训内容的类别及难易程度，与"360"培训课程中的市级课程、区级课程对接；其三是组织相关论文征文活动，鼓励教师学以致用，理论结合实践，通过参与课题研究来促进专业发展。

7. 校际合作机制

"指导中心"充分借助区内"市民学习基地"的力量，与街道社区联合开展家庭教育指导工作。

作为区级家庭教育指导中心的卢湾高级中学以及四个分中心，这五所学校都是挂牌的市民学习基地，其中四个分中心分别与其所属的街道（格致中学分中心隶属于南京东路街道、黄浦学校分中心和大同中学分中心隶属于半淞园路街道、中山学校分中心隶属于五里桥街道）及社区学院签订了三方"共建协议"，为本街道社区居民提供教育服务；卢湾高级中学则与其所属的打浦桥街道及其余六个街道（淮海中路街道、瑞金二路街道、小东门街道、老西门街道、豫园街道、外滩街道）签订合作协议，向七个街道提供资源及服务。

从纵向来看,区级"指导中心"对分中心进行业务指导;从横向来看,区级中心及其分中心与各街道及街道所辖各市民学习基地、与其他非市民学习基地的基层学校均有互动合作,使得区内家庭教育指导的优质资源能够流通、共享,进而使高质量的教育指导服务覆盖到了整个区域的人群。

No.2 优化家校互动 提升育人合力

上海市静安区教育局

随着上海市教育综合改革的不断深化,我们越来越发现,家庭教育指导对学校其他各项教育教学工作的影响越来越突出:因高考改革而进一步强化的学生社会实践以及学生综合素质评价等更加需要家长的理解和支持;落实社会主义核心价值观教育,培养学生的政治认同、国家意识、文化自信和公民人格,需要家庭和学校构建"5+2>7"的塑造合力;改进学生学习品质、优化学习习惯、提高学习绩效,需要家长构建与学校同向度的支持环境;为学生提供更多优质的成长资源,需要家长以主体的力量参与学校办学和志愿者教学;等等。家庭教育指导,应当成为推动学生全面发展、学校优质办学的不可或缺的构成部分。

作为优质教育资源聚集区,静安区拥有丰富、优质的学校教育资源和家庭教育资源。面对广大家长和学生的期待,静安教育在坚持走现代化、国际化、个性化发展的综合改革历程中,始终注重加强家庭和学校的互动,积极整合家长资源,努力探寻多种有效的合作途径,让不同背景的家长都能够找到参与学校办学和学生成长的方式,全力夯实家校合力育人的基石。

一、核心理念

静安区家校互动工作始终凸显三个理念:

一是以家校协同促进学生个性化发展。英国教育家洛克有一句名言:"家庭教育给孩子深入骨髓的影响,是任何学校教育和社会教育永远代替不了的。"学生的发展直接受家庭的培养目标、生活习惯、文化背景等多方面的影响。这种影响是最为个性化的，也是学生发展的基础。学校教育只有在充分与家庭教育形成教育合力时，才能真正促进学生的个性化发展。

二是以家校合作推动现代学校制度改革。现代学校制度把学校视为一个开放的组织，它不仅关注学校内部的运作过程，而且也重视学校与家长和社会的互动过程。现代学校制度以学生的发展为核心来构建校内制度和校外制度，强调学校利益相关者在制度构建和发展中的作用。

三是以市区联动提升区域家庭教育声誉。区小教第三学区团总支部接受教育局委托，在市家教中心的直接指导下，研发了小学生家长学校的区域共享课程。该成果遵循学生身心成长规律，聚焦学生成长问题和家长指导孩子成长之惑，设计了可供全区教师共享的教学内容、教学过程和教学形式，为全区提升家庭教育指导的规范性、科学性奠定了良好的基础。2015 年，小教第三学区团总支部和安庆幼儿园还接受市家教中心委托，积极研发全市共享的小学学段和学前学段教师家庭教育指导技能课程。

二、基本策略

（一）在日常研究中解决问题，提高针对性

在深化家校互动、开展家庭教育指导的过程中，学校要充分发挥自己的育人专业性，基于研究发现问题，基于研究解决问题，提升自己的专业影响力。前几年我们发现：学生课业负担过重和重智育轻德育体育、重知识轻能力现象还有存在；学生心理健康、营养保健等问题日渐显现；独生子女教育、隔代教育、单亲重组家庭教育等问题日趋凸显；互联网、手机等新型媒体对学生的思想行为产生了重要影响，加大了家庭教育的难度等。

只有基于实际问题的教育引导才是具有针对性和实效性的。区域在推进家校互动的过程中，从问题出发，与教育理论相结合，与家长共同关注和探讨目前家庭教育和家校合作中存在的典型问题。学校则把家校互动的实践作为专门的课题来研究，从而促进教育实践的规范性与系统化，产生更为长久的生命力和影响力。

（二）在有效互动中实现合作，提升执行力

加强学校与家长之间的联系沟通，是形成双方共同推动教育发展合力的有效办法。真正成功的合作是达成"互动"与"共赢"。市教委多年来始终强调和重视建立健全学校、家庭、社会互动合作机制，鼓励学校主动争取家长和社会参与学校工作，让家长和社会更多地理解、支持和配合学校按照素质教育要求推进教育教学改革。教育的进步，不仅要看教育均衡和内涵上的进步，以及学生在国际测试中反映出来的情况，还

要看学校、家庭、社会之间的互动合作到底开展得怎么样。所以,学校改变原有"一厢情愿"、"单边主义"的家庭教育指导思想,主动增强民主、开放的办学意识,通过各种平台和机制的建设与创新,促进学校与家庭的有效互动,推动学校、家庭、社会"三位一体"合力育人。

(三) 在不断创新中寻找突破,彰显生命力

如何实现家校互动的有效创新? 一是问需于家长,二是借力于科技。我们在以下三个方面寻求新的突破:(1)制度创新。譬如,健全家委会制度,建立家长督学制度,完善学校与家长的双向沟通制度和学生事务民主协商机制等。(2)管理创新。推进家长参与学校管理的进程,开辟新的管理领域,灵活应对家长提出的各项合理诉求,及时改进学校管理工作和教育教学活动。(3)服务创新。树立服务意识,拓展服务内容,优化服务手段,根据家长的实际需求,想家长之所想,急家长之所急,为更多的家长提供个性化服务。

三、具体举措

(一) 体制创新,顶层设计区域格局

家校互动,从操作上看,是一种以中小学生健康发展与教育为根本目的,以改革与加强现代学校制度建设和重建学校与家庭之间教育合作关系为主要内容,学校与家庭之间的真诚、积极、良性的相互沟通、相互理解、相互配合和相互补充的教育合作行动。为此,静安区强化建章立制工作,制定了区家庭教育指导工作合格校示范校评估制度、优秀家长学校评审制度等。2013年底,区教育局颁布了《关于加强静安区中小学家庭教育指导工作的指导意见(试行)》,对静安区家校互动工作提出了指导性的意见。一系列规章制度的建立和完善,确保了各校(园)家庭教育工作有条不紊地开展。

2008年,静安区教育局率先成立了全市第一个以科学指导家庭教育为主要任务的机构——静安区家庭教育指导中心。至此,静安区构成了以静安区教育局进行组织管理、静安区教育学院进行研究指导、静安区家庭教育指导中心提供服务平台、静安区各中小学开展家庭教育实践的家庭教育工作格局。

(二) 研究指导,规范实施家校互动

"十二五"期间,静安区人民政府督导室制定督导指标,对静安区30所中小学家庭教育指导工作的组织管理、队伍建设、指导内容与方式、研究与评价机制进行专项督导。这一举措,不仅明确了学校领导对于家校互动工作的责任权,还推动了家校互动工作的规范开展,了解了学校开展工作的困难。

为了更好地解决教师家校合作能力和技巧缺乏的问题,静安区打破了家庭教育指导者培训在班主任培训中"加塞"的传统做法,抓住家庭教育指导工作中各年级组的共同需求,移植了"年级组研修"德育研修模式,开始实行班主任家庭教育指导能力年级组研修模式。这种研修模式以年级为单位,以学生身心发展特点和成长需求为基础,围绕家庭教育指导工作中遇到的问题进行研讨,提升班主任和任课老师的指导能力。

2013 年,静安区教育学院德育室对静安区内家校互动的情况进行了调研,调查了解了学校家委会制度的健全情况与家校互动的做法和经验。结果表明,静安区的家长学校、家委会均已能规范化开展,一些学校已经自主探索了校本化的经验,但对家校互动的认识还需要进一步提高,内容途径需要进一步拓展。

"十二五"期间,静安区独立承担了教育部重点课题"走向个性化:发达城区教育内涵提升的实证研究"。在区域课题的总体框架下,静安区同样关注家校互动问题,特举行"行走在理想与现实之间的家校互动"专题研讨会,校长、家委会成员以及班主任教师共同参与了研讨,对"家长参与学校管理和教学决策的权责边界、合作策略"等热点、难点问题进行探讨。

(三) 信息公开,科学指导家校互动

学校信息公开是保障师生员工、学生家长和社会公众的知情权、参与权、表达权和监督权,是办好人民满意的教育的重要内容,是促进学校、家庭、社会等方面理解、支持和信任的重要桥梁。在现实中,家长对教育政策的理解和对学校教育举措的认识往往存在着一定的偏差,学校、教育有关部门如果不能发出科学、正确的声音,就容易让家长产生误会,误读教育行为甚至误解我们的教育。随着信息时代的迅猛发展,通过网络获取资讯和发表个人见解已经成为新生代家长的生活方式。区域和学校不但要正视在现代社会应运而生的这种信息传播方式,更要借此平台健全家校联系沟通方式,变被动为主动,大力传播学校的办学理念和改革举措,及时把握家长的思想动态和利益诉求,引导家长正确看待和处理孩子的教育问题。

静安区家庭教育指导中心充分发挥家庭教育资源平台和互动平台的作用,整合市、区教育主管部门、研究部门的最新信息和育儿资讯,定期发布家庭教育指导内容,使区家长家庭教育行为更具针对性、科学性和有效性。目前,除"家庭教育大讲堂"这种线下的、系列的家庭教育理念宣传活动外,2009 年,静安区家庭教育指导中心建成官方网站,按"整合与原创"的建网原则为家长提供丰富可靠兼具区域特点的家庭教育信息;2012 年,于新浪网开通官方认证微博"静安区家庭教育指导中心",以加快信息发布的速度及与家长的互动;2013 年,开通"静安家庭教育中心"微信,实现让家庭教育信息覆盖最常用信息平台的目标；2016年，推出家校慕课平台，首先在区小学学段试行，为全区小学家长提供了更多的科学育儿资源。

近年来，静安区中小学、幼儿园通过网络家校互动平台，加强了学校与家庭、教师与家长和学生彼此之间的互动。学校设立信息管理、班级园地、家长教师互动、学生情况交流等工作项目，以期与家长及时地交流与学生有关的作业、学习进性、情绪变化等情况。学校注重积极发挥家长在网络平台上的主体作用。许多学校家校互动平台上都有家长主持的QQ群、微信群等，班主任、学科教师也参与其中。由于网络所营造的氛围宽松自由，网上的交流互动已经成为静安区许多家长的一种习惯，家校合作也因此变得更加顺畅。

（四）实践创新，持续推进家校互动

为了鼓励学校积极探索家校互动，静安区设有"教育创新项目"与"教育实践项目"平台，鼓励学校进行项目申报，并通过项目评估的方式，保障家校互动项目的规范开展。区家庭教育指导中心也有"项目订制"制度，为基层学校的家庭教育指导提供专业服务，提高家校互动过程中的学校专业表达能力。因此，静安区的不同学校根据不同的校情、学情、家情，从常规中突破，从习惯中变化，不断进行家校互动的创意实践。

静安区目前已有59所市级家庭教育指导实验基地学校，从机制建设、平台搭建、内容开拓、管理保障等多个角度积极探索，积累了一些经验：有侧重于学校管理与决策的家校互动方式，如安庆幼儿园的家长轮值园长负责制、静安小学的家长行政助理制度等；有侧重于课程开发的家校互动制度，如大宁国际小学棒球队的爸爸教练、威海路第三小学的"爸爸进课堂"等；有侧重于通过信息技术促进家校互动的制度，如万航渡路小学的"学校官方微博"建设等；有侧重于激活家长参与学校办学的活动，如时代中学的"家长助力团"、育婴堂路小学的"家校互联读书圈"等；有侧重于家庭教育指导的完善与创新，如静安区第三中心小学的"家庭教育超市"等；还有侧重于家校互动的机制体制创新，如家校事务管理"双主体"联动的创新实践、家长"微巡查"机制的构建与实施、家委会项目管理机制等。

四、反思与展望

1. 进一步发挥政策引领与制度建设

促进学生个性化成长的家校合作能够在学校制度建设与管理工作中更好地落实，需要我们从区情、校情出发，进一步发挥政策的导向和推动功能，探索有利于家校合作的规范制度，形成促进家校合作的长效机制。

2. 进一步完善家校互动的实践

尽管静安区已经有许多学校开展了家校互动的探索，并取得了一定的成绩，但与家长的需求、学生的成长要求还有很大空间，我们需要进一步推进家校互动的探索与实践，进一步探索项目订制、家委会职能发挥等在家校合作中的运用。

3. 进一步提升教师的专业指导能力和创造性

家校合作中，教师是重要的指导、组织和推进力量。面对基础教育改革和区域教育走向个性化的高要求，我们将进一步完善胜任家校合作的教师队伍培养机制，运用好年级组研修这一方式，提高教师的专业指导能力，提高教师在家校合作中的创造力，更好地促进家校科学合作、有效合作。

（执笔：上海市静安区教育学院　李正刚）

附录

区域家庭教育指导中心的作为路径

2008年9月，静安区正式挂牌成立由教育局直接领导、具备独立法人资质、以区内3—18岁子女的家庭为服务对象的区家庭教育指导中心（简称为"中心"）。之所以成立区域家庭教育指导中心，主要基于以下考虑：

1. 无论是师资、课程、校园文化活动、环境氛围创设等方面，学校系统拥有相对其他部门更为丰富的资源。

2. 中国家庭历来重学，当孩子进入学龄阶段后，因孩子学习所引发的各类家庭问题占比较大。

3. 现代家长虽然获得家庭教育信息渠道众多，但学校在家庭教育的权威性上仍占优势。

4. 学校历来将家庭教育作为日常工作之一，并有一定的机制配套。但与新形势下的家庭教育对照，其内容焦点仍然过窄。

5. 学校受制于课程、师资能力和数量等多方面因素的制约，要对家庭教育进行深耕往往心有余而力不足。

6. 因教育理念、关注核心、评价角度等方面的差异，在家校矛盾中，家校双方往往不容易形成统一立场，存在一定心理障碍以及工作机制上的瓶颈，造成家校沟通难以顺畅。

综上考虑，静安区成立了介于行政部门与学校之间的区家庭教育指导中心。它通过全局设计,为区域工作制定目标、策划项目、配置资源、确立标准,使区域内的学校家庭教育工作均衡化;通过政策引导、智力投入,使学校的家庭教育工作特色更为鲜明;通过调查分析区域状况,使家庭教育工作方向更符合实际需求;通过创建品牌项目,使区域工作特色更为鲜明。

一、搭建区域家庭教育信息平台

经调查,在当前家长获得信息的主要渠道中,互联网占比最大。但是,当前教育部门的网络平台在易读性、针对性、操作性、原创性等方面还显得较为滞后,"八股"风较为明显。与之相反,各类具有营销背景的网站、论坛、公众号等却十分活跃,从版式到内容都切中家长需求,深受家长欢迎。但因为盈利的硬性需求,科学和理性往往只能退居次位,有些观点变得似是而非。因此,各种非理性、伪科学的概念层出不穷。作为区域家庭教育指导中心,有责任、有义务建设可信的信息平台,为家长克服冲动盲从、进行理性思考提供可能。

中心的信息化建设主要包括四个平台:

2009 年,中心推出官方网站;

2012 年,中心建立了官方微博;

2014 年,中心建立公众微信号:jinganjiajiao;

2017 年,中心开始筹建静安家长慕课平台……

至此,中心的信息平台建设基本涵盖了家长获取家庭教育信息的各类网络渠道。

然而,建立渠道只是迈出第一步,内容建设才是网络平台真正为社会接受并发挥作用的关键。

(一) 对各个平台进行差异化定位

中心网站承担系统宣传之责,其栏目设置较为全面;微博则是聚焦教育热点、动态信息,对于时间性最为敏感;微信则侧重于聚焦单一问题,深入剖析,动态跟进;家长慕课平台则是将学校、区域、教育资源进行高度共享,随时让家长可以自主学习的教育平台。

(二) 以各具特色的栏目将差异化落地

网站建有"新闻速递"、"父母学堂"、"热线手记"等栏目,按照"整合与原创"的建网原则尽力为家长提供丰富可靠兼具区域特点的家庭教育信息。

微博设立了"艺展选萃"、"家教贴士"、"教育咨询"、"家有考生"、"亲子阅读"、"好书导读"、"衔接教育"、"开学季"等 24 个分类标签。

微信公众号则是根据教育政策、大事件、阶段热点等设置话题序列。

（三）根据家长关注点形成话题序列，让家长随时可以获得启发

以中心的微信公众号为例，虽然只是在智能设备的方寸之间显示信息，但我们潜心于策划、撰稿、发布等一系列工作，如同经营一份专业杂志一般，围绕一个话题、一种现象，深入发掘，从理论到实践，引发读者思考。鼓励大家展开行动，其内容受到大家的欢迎和媒体的关注。2014年5月15日《文汇报》全文刊载了《祖辈们，后退一步；父母们，上前一步》的微信全文。8月31日中心发布的原创文章《小一爸妈九月一日怎么过》，阅读量和转载量急剧增加，三天之内阅读量破万，转载量超过千次！再以2017年暑假为例，我们从《暑期教育咨询会开放报名》开始，为家长提供暑期生活资源指南《打开这份指南，开启"乐活静安"之旅》，《暑期计划模块化》一文与家长探讨如何避免假期计划的形式化、功利化，《妈妈，我是个不同的孩子》一文引导家长发现自己孩子身上的与众不同的亮点和特质，《幼升小，你和孩子准备好了吗》一文让家长利用暑假做好顺利进小学的最后准备，《致后中考的家长》一文在高中录取工作甫一结束立刻与家长就孩子的学习自信、成功标准进行探讨，最终以《"开学读好书，梦想新启航"亲子阅读体验坊活动报名》一文收官。

不断增长的阅读量说明，家长和社会对于具有针对性、不说空话说实在话的家庭教育信息是愿意潜心阅读的。

（四）网络平台建设要有自己的立场和观点

中心为建设好多样化信息平台，重视各平台经营，每周都会召开信息工作会议，规划近阶段重点内容与活动，并确保信息平台上发布的每一条信息均经过反复论证、仔细推敲，从而体现了信息发布的科学性、实用性、及时性。同时，网络平台与中心线下工作紧密结合，使得线上线下融为一体，也为理念的宣导提供了丰富的实践基础。

二、提供家庭教育咨询平台

作为区域家庭教育指导中心，面向家长开展一对一咨询服务是基本功能之一。目前，我们采用三种咨询方式：

1. 电话咨询：我们开通62710009咨询热线，在电话中为家长进行答疑解惑。
2. 预约面询：通过预约，了解家长的基本问题，选择相应的咨询师为其服务。
3. 学校咨询专场：与相关学校合作，针对该校家长在家庭教育中所存在的共性问题、典型问题进行咨询，并就咨询中所发现的问题在不透露个人隐私的前提下，与学校进行沟通，为学校更有针对性地开展家庭教育指导建言献策。

为提升咨询工作质量，我们建立了一支由中心内外力量共同组成的咨询师队伍。

无论内外,咨询师均具备心理咨询资质,同时有丰富的教育一线的实践经验;已为父母的咨询师将优先作为核心力量。由于中心的第三方地位及优质的咨询志愿队伍,使来访家长多能得到满意的解答,而部分如涉及心理疾病倾向等情况的个案,中心也会及时安排转介,并与学校或社区取得联系,以便为其提供更广范围的帮助与支持。

三、开发并实施多层次、多对象的家庭课程

(一) 静安家庭教育大讲堂系列

要改变家长家庭教育理念,讲座这种形式虽然传统,但是效果还是较为明显的。我们整理出静安家长较为关心的60多个话题,以家长为核心,围绕"转变认知、客观反思、了解方法、勇于尝试"的讲座设置目标,结合热点、难点,结合生动案例,为不同年段家长开发讲座。目前,讲座内容已形成幼儿园到高中的跨越;开设地点既可以是少年宫,也可以是学校,还可以在社区。"亲子阅读"、"营养与健康"、"小幼衔接"、"小初衔接"、"规则教育"、"孩子独立性培养"等讲座都受到了家长和学校的热烈欢迎。

据调查,近90％的家长最为信服来自学校的指导,但只有27.5％的家长表示从学校获得了有效指导。之所以出现这样的结果,往往与学校只是满足于有人开讲有着较大关系。因此,中心逐步强化大讲堂学校定制的要求。

定制的流程如下:学校在提出讲座申请的同时,还要告知详细诉求,如希望讲座能够传递给家长怎样的理念,针对当下学校教育或家庭教育中的哪些具体问题。然后中心与学校共同细化、梳理,并与讲师积极沟通,从而保证讲座更有针对性。每年,静安家庭教育大讲堂都要开设十几场,内容涉及衔接教育、青春期教育、儿童心理、行为养成、学习方式优化、亲子沟通等。结合讲座,我们会进行同步的专题家长调查,及时了解家长动态,为中心工作提供第一手数据。

(二) 训练课程系列

大讲堂在传播理念上固然高效,但往往存在着"听时激动,听完不动"的现象,因为家长将理念转换为实践的难度颇大,一次讲座不可能将各种情况全部涵盖,而且每一个家庭、每一个孩子的背景和特征各不相同,即使问题相同但缘由也不尽相同,所以家长仍然会面临各种状况。因此,在讲堂宣传理念的基础上,中心聚焦亲子关系建设中的重点问题和重要的转折点,从2010年起逐步开发了多门训练课程:

1. 感觉统合家庭训练营

感觉统合家庭训练营是中心历时最为久远的家庭训练项目,针对具有感觉统合失调症状的小学低年级孩童开展相关训练,迄今已历时9年。在实践过程中,该项目逐

渐由器械训练发展为器械训练和行为训练相结合,由聚焦孩子逐步发展为孩子、家长双主体,逐步将孩子的家庭教育与学校教育紧密结合。我们设计了更为明确的前期信息搜集流程:家长填写问卷、做量表,教师做访谈,孩子做测试,更易发现被隐藏在表象下的问题,并为每个家庭单独建档。感觉统合失调与规则教育、习惯养成等密切相关,因此我们尝试强化行为训练,提出具体行为要求并制定了行为评价量表,试图用行为跟踪、个案陈述的方式反映孩子行为发展的过程特点,以便让家长更科学地了解孩子。同时,也为孩子自我评价寻找参照,鼓励、引导孩子向好的方面转化。建立荣誉评价体系,根据儿童训练态度、家长配合程度、器械训练进展等指标,建立感统训练营员激励制度。我们设计了中心和家庭结合的行为目标诱导系统,以代币法为设计思路,让孩子和家长自行设计目标阶梯以及根据各自进步特点设定个性化的小目标,从而进一步落实感觉统合家庭训练营的目标,强化孩子的行为养成和家长的持续辅导。

至此,感觉统合训练从单纯的器械训练,开始初步转化为融学校、家庭、孩童在内,将器械、行为、咨询、教育融为一体的训练。

2. 建立家长工作坊,让家长发现自己

家长,决定了家庭教育的质量。中心围绕家长在家庭教育中的难点和热点,以家长为对象,引导家长运用正确的家庭教育方法以解决教育过程中出现的各种问题。中心在这个过程中成为家长的智囊团以及信心支持系统。讲座、咨询、训练课程等能够告诉家长"用什么方法,怎样去做",但是家庭教育是终身教育,家长、孩子都在成长,家庭关系、环境也在时刻发生新的变化,仅仅告诉家长怎么做是远远不够的。家长只有具有高度的自觉性,掌握家庭教育的原则和策略,才能透过复杂的家庭教育表象去把握其内核,掌握主动。因此,在继续交给家长方法的同时,我们也在着力发展家长工作坊活动,从"家长按照专家的指点去做"逐步发展到"在家长的分享、交流中,引导家长自己发现问题、分析问题,舒缓自身的焦虑,找到问题背后的成因和解决问题的方向"。从2013年起,我们从家长情绪管理、亲子关系切入,在亲子关系易产生波澜的初中阶段,开设相关工作坊。以2015静安亲子关系家长工作坊为例。本期工作坊由40名家长、1位讲师、4位主持人组成,共有6次活动。其中有3次研讨——"不同的初中孩子和家长"、"接纳让双赢成为可能"、"无条件接纳需要逾越的障碍";另有3次相对应的小组互动,通过分享讨论、场景模拟、自我陈述、旁观感知,让家长在各自叙述的过程中提升倾听能力,在延迟发表评价的过程中提升耐心,在小组活动中感知他人和自己的情绪变化。接下来,我们将具体的工作坊实践,进行统一的资源配置及模块固定,以便于向有需要的学校进行推广。

3. 开拓亲子体验项目,让家长在活动中体验亲子的愉悦

亲子关系是家庭教育成败中的重要因素。家庭教育的基础,首先应让孩子有一个丰富多彩的家庭生活。当家长和子女都投入到有滋有味的家庭生活建设中时,彼此间的关系才能和睦,情感才能沟通。唯有此,家庭成员间的关系才能更亲、更近;而唯有"亲",方能"信"。

围绕这一重要因素,中心开展了多样化的实践。

2010年是上海的世博年,结合这一热点,中心在全区小学层面推出了持续半年的大型主题系列活动——"2010,静安亲子创意秀"。意在"活化家庭生态,让家庭其乐融融,充满爱的创意",使最普通的家庭生活也能擦出爱的火花,让"家庭充满快乐的元素",让"家长成为孩子快乐的玩伴"。为便于家长参与,中心将亲子活动划为四个频道:亲子居家乐、亲子学艺忙、亲子休闲游、亲子世博汇。通过《静安亲子创意秀指导手册》及相关专家的讲座示范,从理念到案例到具体的行为指导,全方位、多角度地让家长从一个新高度来认识亲子活动。另外,我们与学校合作,举办了"迎虎年,欢乐亲子学春联"现场活动示范,手把手地教家长如何从活动中挖掘亲子元素。至活动结束,中心从大量亲子活动创意设计成果中评选出了近30户家庭,并组织获奖家庭到世博会的城市地球馆参观。在这个真实场景中,使他们进一步了解世博背景下的亲子活动该如何开展。

2015年,家庭教育指导中心建立了亲子阅读的实体阵地——"阅读时间,静安亲子阅读体验坊"。它不同于以阅读为主的图书馆,也不同于以市场推广为主的书店,它紧紧围绕着"亲子"、"阅读"、"体验"这三个核心词,通过环境创建、活动设计,根据家庭生活的脉络安排系列活动,让家长带着孩子,在讲师和专家的引导下,在丰富有趣的活动中,共享一段安静的阅读时光。让他们在爱上纯粹阅读的同时,尝试着各种有趣的亲子阅读方式:母亲节——"送给成长中的你",儿童节——"条纹、格子、点点"大派对,暑假——"世界真奇妙欢乐来袭"。所有活动以书为媒,但不拘泥于读书,而是通过优秀的儿童读物,在真实的阅读环境中,创设真实的阅读任务,让家长和孩子尝试用多种方式开展亲子阅读活动。家长和孩子们不但感受到了阅读的快乐,还收获了多种开展亲子阅读的有效方法。该活动已在家长中取得了较好的反响,每次活动一经微信平台发布,几十个名额往往在两三个小时内就被预订一空,经常有家长还要求能否"网开一面"再加几个名额。至今,该项活动也收获了不少家长粉丝,一路追随我们的活动。

(三)设计、开发家长家庭教育指导手册

最焦虑的家长是中国家长,最焦虑的时间段是"衔接期"。每年上半年,常被冠以"升学年"称号,各学段都将迎来最为重要的升学工作,家长的焦虑心理也往往在这个

阶段集中性暴发。若要平复家长的过度焦虑,必须从源头抓起。

从2011年开始,中心以"幼小衔接"、"小初衔接"为核心,陆续开发创作了《宝贝上学知多少——静安区幼小衔接家长手册》(简称《幼小衔接手册》)和《我的孩子上初中——静安区小初衔接家长指导手册》(简称《小初衔接手册》)。

为让手册真正成为家长的参考书,让家长阅读时不感到头晕,觉得这些问题就是其正在或将要面对的问题,我们确立了手册的写作原则:讲的道理是有理论依据、事实基础的;针对的问题是家长最为关心的;传授的方法是能够具体实施的;重要的环节必须用案例来形象说明。

为此,在手册创作之初,中心多次邀请校园长、教师、家长、教研员、有关部门领导,了解大家对衔接教育的观点、做法以及困惑;向中小学发放调查问卷4 000余份;走访上海市中小学生体质健康监测中心、儿童医院等专业机构,获得权威说法和数据;还邀请一线资深教师参与手册编写,最终两本手册得以诞生。该手册面向区内所有衔接阶段家庭发放,已成为静安区家长教育的一项重要资源,广受家长和学校的欢迎。

自2011年推出衔接教育家长指导手册以来,我们每年都会对内容进行增补和修订。至今《幼小衔接手册》为第五版,《小初衔接手册》也已是第四版。

四、以项目化方式引领学校形成校本家庭教育工作特色

家庭教育的主阵地一定是在学校,工作实效与学校工作切入点密切相关。作为区家庭教育指导中心,我们认为具有实效的家校互动工作必然是与这所学校的文化发展水乳交融的,与这所学校的教师、学生、家长的特点相匹配的,与这所学校的发展方向紧密结合的。一句话,具有校本特色的家校互动才最具生命力。

为此,中心与学校以头脑风暴的形式共同分析学校现行家庭教育工作中的优势,发掘学校优势资源,激发学校的创新意识和工作积极性,以项目来固化学校的创新火花;通过项目设计、多方论证、严格立项使火花落地,创意落实;通过专家团队的介入和项目经费的投入,依托科学的预算控制、过程监控、结束审计,促使项目效益最大化。

2011年至今,越来越多的学校建立了家庭教育创新实践项目,其中既有如陈鹤琴小学的家长教练、市西小学等学校的家庭亲子阅读等针对家庭教育中某一环节的实践项目,也有如静安小学寄宿制学校的家校互动育儿坊、七一中学家校互动管理新模式的研究等关乎学校全局的综合实践项目。但不论这些项目规模大小,它们都指向学校家庭教育工作当下的重点和难点。

五、营建区域氛围,确立区域标准

通过标志性项目,形成区域家庭教育氛围,亦是中心的重要工作。以"静安父子阅读联盟"为例,该联盟成为推动区域性开展家庭阅读活动的重要抓手。2011年成立以来,各联盟校以此为平台,共创、共享创意与资源,倡导家庭阅读风气,拓展家庭亲子沟通渠道,提升家庭阅读质量。

虽然是营建氛围,但每一步工作也都需要落在实处,如此才能产生有意义的过程,而非走走过场。联盟拥有优质资源,全国老中青三代的知名作家、编辑、阅读推广人组成专家指导委员;联盟有要求,各加盟学校必须结合本校文化特色,开展具有校本特点的项目,如一师附小亲子阅读吧、市西小学亲子阅读课程项目、西三小学亲子阅读广场等;联盟有活动,每年举行的"大作家进校园"活动让师生家长与海内外的优秀作家、优秀作品零距离接触;联盟有培训,邀请作家、编辑为学校教师提供对话活动,聚焦阅读推进的价值取向和内容方法;联盟能走入文化热点,在每年的上海书展、上海国际童书展上,联盟均有场内外主题活动;联盟有主题书单,通过与优质资源合作,联盟每年推出两季书单,让师生家长能够及时获得最为优秀的童书资源。

由于各方优势资源共同加入,配以相关机制,"静安父子阅读联盟"取得了良好的社会反响。2014年,"静安父子阅读联盟"获得由上海市教委颁发的上海基础教育成果二等奖;2015年该项目又获得由上海市精神文明建设委员会颁发的上海市未成年人思想道德建设工作优秀品牌项目。

区域家庭教育指导中心在营建氛围的同时,也需要制定区域标准。为此,我们先行开展"静安区家庭教育状况及需求调查项目",了解家长、学校在家庭教育方面的现状。这是静安首次以全国和上海市为背景实施的全覆盖的家庭教育状况调查,是静安区整个"十三五"阶段的家庭教育工作的基点。在此基础之上,中心结合上海市家庭教育示范校标准,结合区域特点着手制定静安区示范校与合格校标准。在经过区内试评、初评之后,对标准进行微调,然后将与区政府教育督导室一起对原督导相应指标进行扩充,以督导条例的形式予以固定,从而保证静安区各学段的家庭教育工作能守住底线,在不同级别指标的引领下创出各自特色。

经过几年的实践,中心的工作机制也正逐步形成。

第一,民意传播与反馈机制。中心通过咨询、调查、各学段家长座谈会等形式,收集家长的意见与建议以及对家庭教育的关注点,定期向学校进行反馈。

第二,能力建设机制。中心根据民意,开发区域课程、学校定制课程,并通过教师讲座、班主任研讨、分管领导沙龙、专项工作调研等方式不断增强学校的家庭教育工作能力。

第三，资源配置枢纽。家校互动离不开资源支撑，作为一个平台，中心充分发挥区域平台优势，在行政部门和学校、家庭之间形成枢纽平台，将各方优质资源整合配置。

（执笔：上海市静安区家庭教育指导中心　陈小文）

No.3　现代学校制度下以章程建设区域推进家校合作的实践研究

上海市虹口区教育局

随着教改的深入，教育的主体结构开始由以"系统内"为基础的学校一元教育体系，逐步转向学校、家庭、社会多元融合的教育体系，其中学校教育和家庭教育是多元融合教育体系的主要组成部分。

在这一宏大的教育变革的过程中，教育不能离开社会自然运作，办学也不能闭关自守独自为政，要在"共同育人"这一目标召唤下，走"联合"之路。如何深化家校合作，发挥学校与家庭"双作用"，这是我们面临的新问题，也是值得探究的新课题。"现代学校制度下以章程建设区域推进家校合作的实践研究"，坚持"以学生发展为本"为主题，对家校合作、家庭与学校关系的新定位作了多维度现时性诠释，为解决加强和优化家校合作的现实难题提供有益启发。

一、区域推进家校合作理念与目标

实现家校合作，是现代学校制度创新的重要内容，是深化教育改革的一个切入口。上海基础教育转型发展和现代学校制度建设，所需要的家校"互动"是新的教育改革进程中的一次重大突破和转型，这既是一次办学理念上的突破，更是一项办学改革的行动。

长期以来，家校合作在沟通层面和操作层面日益暴露出一些普遍问题：一是家校联系方式单向为主，完全由校方主导，缺乏互动，家校之间缺乏经常性的、深层次的合作交流;二是现代社会竞争与压力并重的快节奏的生活现实,使得家校双方很难空出大量时间进行面对面的交流,导致双方对孩子的成长情况不能全面了解;三是家长作为一种教育资源并未得到应有的重视和利用,家长缺乏表达和参与学校教育的机会,学校对家长在学校教育管理中的作用还认识不到位,对家庭教育的指导力度不够。这就需要我们正视存在的现实问题,积极探索家校合作的新途径。

为此,虹口区在"自主发展"的办学理念引领下,进一步转变观念,着眼于育人共同体建设,坚持民主办学、开放办学,加强家校互动的平台建设和制度建设,以学校章程建设为抓手,以重建家校合作关系为内容,以促进学生快乐学习、幸福生活、健康成长为目的,不断探索新形势下家校合作工作的新内涵、新路径和新方法。它植根于虹口悠久的文化和优质教育的沃土,源于致力打造虹口教育强区的战略目标,是一项具有影响力、创新力、辐射力和生命力的行动研究项目,必将推动基础教育转型发展背景下家校互动合作机制的创新,凝聚育人合力,促进共同发展,形成家校共治共管新局面。

二、家校合作育人共同体建设的理性思考

建立家校合作育人共同体,将成为深化教育改革的一种发展趋势,也是坚持立德树人这一教育根本任务的必然选择,充分体现了现代教育面向未来、深化改革、促进发展的责任意识和使命担当。建立家校合作多元主体共同参与的育人共同体,必将有利于提高教育品质,促进学生发展。

(一) 构建家校合作育人共同体,是鼓励社会力量参与学校管理的生动实践

在推进现代学校制度建设、完善学校内部治理结构的大背景下,主动引入社会力量参与学校管理,激发家长参与学校管理的内在需求,是完善学校内部治理结构的有效举措。家长通过"义工"、"义教"的方式参与学校管理,有利于构建全方位共同育人的合作关系,很好地形成家校共治共管的生动局面,为学校教育发展注入活力。

(二) 构建家校合作育人共同体,是深化教育改革、提升教育品质的重大举措

人的发展是一项复杂的系统工程,单靠学校的努力是不够的。在青少年的成长过程中,家庭教育和学校教育缺一不可。唯有注重多元主体的有机结合,建立育人共同体,按照"德、智、体、美、劳"全面发展的培养目标,发挥各自优势,凝聚教育合力,提升教育品质,形成互依互补、互融互促的育人机制,定能促进学生快乐学习、幸福生活、健康成长。

(三) 构建家校合作育人共同体,是实现教育观念深层次转变的有力体现

长期以来,教育往往总是在系统内封闭式运作,严重阻碍和遏制了社会力量参与

教育。久之,家庭教育、社会教育逐渐远离家长和社会各界的视线,淡忘了应尽的责任。社会力量没有有效融入学校教育结构中,也就无法充分发挥参与学校管理的作用。正是由于"系统内思维"突出,从而导致学校与家长、社会之间的距离拉大,教育合力消减,学校发展受阻等问题。坚持"去系统内思维",实现教育观念的转变,学校教育才能真正具有强大的凝聚力和生命力。这是基于对历史和现实的深入思考以及对教育发展趋势的准确把握给出的明确答案。

(四) 构建家校合作育人共同体,是提高家庭教育质量的必由之路

由于不同家长在学历层次、文化素养、教育理念、社会阅历、责任意识、育人方法等方面存在着明显的差异,因此在实施家庭教育的过程中必然会碰到问题,感到困惑。故在基于育人共同体的家校合作中,学校教师可以充分发挥自身的专业优势,加大对家庭教育的指导力度,瞄准家校合作育人的制高点,服务家庭教育的关注点,帮助家长实现理论与实践和谐沟通、有机统一,以全面提升家长综合素养和家庭教育质量,从而有效避免因缺乏专业引领而导致家庭教育成为无效教育的现象。

家校合作育人共同体意识,超越学校与家庭的界限,为思考未来教育提供了全新的视角,也为推动家校合作创新发展给出了一个理性可行的行动方案。深化教育领域综合改革,坚持创新引领教育发展,主动适应全面育人、全员育人背景下的多元合作的新变化、新趋势,形成相互尊重、平等互惠、共同发展的育人共同体,必将为承载着神圣使命的学校和家庭增添一份文化的自觉、教育的自信和前行的力量。

三、家校合作发挥"双作用"的现实基础

营造良好的教育生态环境,促进学生的健康成长,需要学校、家庭的共同努力。从教育治理发展的战略高度,既要充分认识家校合作的时代意义和实践价值,更应看到家校合作的现实基础,从而提高构建家校合作育人共同体的文化自觉和教育自信。

(一)目标一致。无论是学校还是家庭,都应坚持把"立德树人"作为教育的根本任务,加强学生思想道德建设,把社会主义核心价值观培育融入课堂教学、社会实践、校园文化、家庭教养的各个环节,贯穿于中小学生成长的各个阶段,以提高学生的道德品质、人文素养、责任意识和爱国情怀,促进学生全面发展。这是学校和家庭共同的价值认同和目标追求。

(二)责任相同。长期以来,由于体制的分割作用,导致学校和家庭都处于一个相对封闭的系统,而实际上学校、家庭、社会都承担了教育的功能,只是这三种教育的重心和侧重点有所不同罢了。虽然各自工作范围和教育内容有所不同,但学校和家庭之

间是一种相互依托、相互作用、相互补充、相互渗透的关系，为孩子的成长提供所需要的整合性资源。

（三）优势互补。学校作为专门的教育机构，有其固有的专业优势、办学优势、教育优势和文化辐射优势；而家庭作为学生主要的生活环境和场所，家长作为孩子的第一任教师，其家庭教育具有其他教育所不可替代的独特作用和育人优势。充分发挥学校、家庭各自的教育优势，实现两种优势的互补与叠加，就会产生教育的溢出效益。

（四）资源共享。家长资源宝贵而丰富，学校应主动挖掘和利用家长资源为学校教育服务，以丰富学生的学习经历，为学生提供完整的教育。同时还应凭借自身的资源优势，服务于家庭教育指导，提高家庭教育质量。让不同教育资源得到充分有效的利用，实现资源共享，形成教育合力，促进学校教育、家庭教育、社会教育的一体化。

正是基于双方有一致的育人目标、共同的责任担当、互补的教育优势、共享的优质资源，这就为家校合作"双作用"的发挥提供了现实的基础。

四、区域推进家校合作的基础保障

推进区域家校合作，建设育人共同体，发挥学校和家庭"双作用"，主要靠制度提供保障，方能推动工作，使家校合作卓有成效。2016年11月，虹口区教育局出台《虹口区学校、家长、社会"三位一体"建设工作实施方案》，力求凝聚合力，营造良好育人环境，推动学校和谐发展。

（一）将家校合作纳入学校章程

学校章程作为学校内部治理的基本规章制度，是学校依法办学的根本依据，也是学校"自治"的重要象征，具有严肃性和权威性，对学校办学行为具有制约和规范作用。

推动家校合作的有效实施，必须以规章制度来明确定位，保证家校合作的规范运作、有序推进、深化发展。为此，虹口区在推进家校合作的过程中，结合现代学校制度建设，以学校章程建设为抓手，在章程中专设"学校与家庭、社会"章节，将家校合作的相关条文结合实际做出了具体规定，如明确提出"家长、社区参与学校教育教学工作和民主管理活动，发挥家庭、社区在学校教育工作中的重要作用"，"建立'学校—家庭—社区'互动联合机制，加强合作，利用家庭、社会资源，拓展学校教育内涵"。这就使家校合作构建育人共同体有章可循，有法可依。这是依法治校的重要体现，也是落实家校合作法律地位的重要保障，推动形成依章程监督和评价区域家校合作的治理新格局。

（二）将家校合作内容纳入学校制度

家校合作作为推动学校发展的重要因素，是学校规章制度的组成部分。为了在家校合作育人共同体内形成有效的管理体制和良好的运行机制,积极创新尝试学校内部治理结构的综合性改革,成立学校理事会。通过探索理事会领导下的校长团队负责制,对育人共同体各种主体的责任、权力进行明确的定位,对具体的任务、要求进行合理的分配,形成既自由独立、自主创新,又相互支撑、相互促进,具有共同价值追求和群体归属感的共同体内部结构关系和良性运作机制,如"参与合作机制"、"监督评价机制"、"信息互通机制"、"资源共享机制"、"表彰激励机制"等,从制度层面为家校合作"双作用"的发挥提供基础性保障。

五、家校合作发挥"双作用"的实施路径

在创新学校管理推动家校合作的过程中,需要认真研究多元主体的价值理念、功能定位和参与方式,充分发挥社会力量在促进教育改革和学校建设中的重要作用。

(一) 以社会为导向,树立"大教育"观念,激发家长参与学校管理的内在需求

学校要以"去系统化"思维激发家长参与学校管理的内在需求和内生动力,这是推动家校合作的关键所在。研究表明,家长有参与学校管理的欲望,并渴望成为教育改革的参与者。所以,重视把家长作为一种教育资源加以开发和利用,对推动教育改革和学校发展有着积极作用和重要意义。价值定位决定着家校合作育人共同体建设的发展战略和工作方向,体现着以学校为核心的育人共同体对社会资源的吸纳和聚合能力。学校坚持"去系统化"思维,在家校合作的实践中凸显自身的主导职能,吸纳多种资源介入,以服务于"为了每一个学生的终身发展奠基"的办学宗旨为出发点和落脚点,开展基于育人共同体的家校合作建设,使家校合作真正具有强大的凝聚力和生命力。

(二) 以参与为重点,加快融入学校管理,形成共管共治的新格局

家长要增强主体意识和参与意识,自觉融入学校共管共治格局,以自身的资源优势和能力特长,以学生的现实需求和未来发展为依据,在促进学校教育改革和内涵建设中发挥独特的作用,充分享有对教育的知情权、参与权、监督权和评价权,真正实现"权力放到位、角色定好位、关系理顺位、责任落到位",推动家校合作育人共同体建设,发挥"三位一体"合力育人的积极作用。

(三) 以服务为抓手,坚持创新实践,促进家校合作特色发展

1. 参与学校课程建设

课程是育人的核心,通过课程来帮助学生获取知识、习得技能、培养品德,这是课程价值之所在。而促进课程校本化生成,关键在于形成以学校教师为核心的多种人力

资源介入的课程共同体,以课程结构的均衡性、层次性、适应性为导向的设计理念,构建有学校特色的课程体系,满足学生的不同需求,使学生的课程学习和实践体验更具针对性、选择性和互动性,不仅彰显学校个性和特色,也体现了学校文化品位与竞争力。而家长资源的介入正是这一目标达成的有效举措。

红旗小学依托家长资源,开发了由"自主问题探究"、"动手实践体验"、"修身养性感悟"、"活动创意发展"四大板块40余个项目组合而成的有鲜明学校特色的校本课程体系,满足了学生发展的需求,也为其他学校提供了课程共同体组织架构下的校本课程开发的成功实践案例。

柳营路小学根据家长的职业和特长,通过资源整合,建立起贴近学生生活、适合学生发展、颇具实用性的家长课程资源。教师发挥自身优势共同参与家长资源课程的开发。在家长确立课程内容的基础上,由教师和家长一起拟定课程的教学目标、教学步骤、教学方法,引导家长在课程开发中更好地发挥主导作用,探索形成具有校本特色的家长课程实施模式。

华师大一附中依托学校已有的修身课程资源,把家长资源纳入学校的修身课程建设,丰富了学校修身课程的内容,增添了学校修身课程的活力。家长不仅参与课程建设,而且走进课堂开展"义教"活动。

曲阳四小改革"家长进课堂"的传统模式,推出"PTA课堂"。由家长、教师共同合作,课前一起备课,课中协作授课,课后共同评课。为了推进"PTA课堂"可持续发展,学校还制定了议事制度、联系制度、展示制度、走班制度、共建制度等一系列保障措施,确保"PTA课堂"有效实施。

虹口高级中学围绕"立德、创智、塑形"的德育课程目标,进一步丰富和完善绿色德育生态课程,充分挖掘丰富的家长资源,实现德育课程和师资的多元化,提高了德育课程的实效性。

鲁迅中学在校本课程建设中把"家长微课程"作为校本课程的一部分纳入学校课程体系,利用学校网站平台开设鲁迅中学家长讲师团网络公开课,使更多家庭分享到"家长微课程"的成果。

在家校合作的大背景下,学历高、阅历广、人生经验丰富的家长正好可以弥补在校老师由于专业和人生经验、工作环境的限制,在学生活动能力、组织能力、人际关系经营能力以及全面认识社会的指导上,相对会有教条化、程式化的倾向这一不足。通过家校互动,创造条件让家长走上讲台或者让家长带领学生走出校园,可以丰富学生的学习经历,完善学生的知识体系。创建新型的家校合作模式,使家校合作不仅仅停留在资源支持、活动协助、信息沟通层面,而是进入学校教育教学的核心环节。

2. 参与学校教育管理

（1）完善家委会工作制度

建立和完善家长委员会，对于发挥家长作用，促进家校合作，优化育人环境，建设现代学校制度，具有重要意义。为了进一步发挥家委会的作用，各学校先从组织机构入手，让家长委员会有位，再从岗位职责入手，让家长委员会有为。

红旗小学、广灵路小学、复兴实验中学积极探索家委会竞选制，先由上届家委会提出家委会会员任职条件；然后候选人分别在各班级、年级、校级家长会上就如何当好家委会委员发表竞选演说，由全体家长投票，以差额的方式选举产生家委会委员；最后，根据工作需要和家长的素养、能力，确定班级、年级、校级三级家委会人选。学校将家委会定位为代表学生、家长与学校平等对话的自治组织。

三中心小学将传统的校级家委会改革为三个职能部，即：信息交流部、志愿服务部和宣传活动部，三个职能部岗位职责明确，激活了家长参与管理学校的热情，促进家庭对学校教育知情权、参与权、监督权和评价权的实现。

六中心小学在听取家长、教师意见的基础上，根据学校家委会的功能职责，改革了校级家委会的设置，建立了"视导部"、"协理部"、"指导部"及"视导员、协理员、指导员"三员制。为了进一步保障家委会"三员制"的落实，学校与家长共同商定了一系列家委会管理制度，如"家长委员会责任人制度"、"家长委员会议事规则"等，制度的建立有效保障、规范了学校和家长的行为，双方都应自觉按照制度的规定执行。

（2）健全家长监督评价制度

各学校积极让家长、社区参与学校管理，有效推动学校和家长、社区的互动，帮助学校及时回应家长、社区的合理诉求，改进学校管理和教育教学活动。

唐山路一小、长青学校、复兴实验中学在完善家委会工作的基础上，创新家校合作机制，设立"家长督学制"，请家长走进学校，依据教育法律法规对学校各项教育教学工作进行监督、检查，参与决策和评价。学校规定了家长督学的工作流程，初步建立了家长督学的相关制度：学习制度、例会制度、汇报制度、保障制度、评价制度、换届制度等。家长督学制的建立，真正体现了家长对学校的知情权、决策权、评价权、质询权和监督权。

霍山学校在现代学校制度建设中，主动向社会、家庭公示办学情况，建立健全各项公示制度，如：家长委员会制度；家校协议制度；家庭教育巡视员制度；学校、家庭、社区共建制度。学校明确公示的内容，积极寻找合适的公示途径和方法，保证学校各项工作在听取家长代表、社区巡视员的意见基础上加以实施。

澄衷初级中学在学校依法治校、自主发展的进程中，加强学校民主管理，组建"家长志愿者服务五支队"，即家长督校支队、家长督学支队、家长护校支队、家长助教支队、家长宣传支队。通过建立交流、对话的渠道，主动倾听、回应家长对这项工作的意见和需求，寻求家长对学校民主管理的理解、支持和帮助，尝试通过各类志愿服务的开展，提高家校互动的实效性，真正实现学校、家庭双向互动。

3. 参与学校学生事务

对事关学生的教育教学活动、衣食住行、收费等各项事务，比如采购校服、订购教辅材料、组织活动、代收费用、晚托班、吃饭饮水、作业布置等直接涉及学生个体利益的事项，学校建立有家长参与的学生事务民主协商机制。

继光初级中学建立学生事务家长听证制，及时了解家长、学生的需求，主动听取家长的合理建议。如学校就学生校服专门召开家长听证会，向家长代表详细介绍了上海芳草地集团等三家校服厂商送来的样品面料、服装款式、相应价格及安全检验事宜。家长经过细心比对，在对面料、款式、价格、售后服务等进行咨询后一致同意学校征订校服的举措。最后，由学校发放校服征订单，家长自愿选择订购。

澄衷初级中学每月要召开食堂工作会议。在学校每月初组织的有关食堂监督管理工作会议上，除学校相关部门参与外，学校也邀请了有从事餐饮服务和食品管理工作经验的家长一同参加，为改善和提供学校食堂的供餐和服务质量出谋划策。

霍山学校在开展学校面向社会、家庭的办学情况公示的实践探索中，就学校办学行为、政风行风建设、招生计划及其他相关信息、学校课程计划、教育教学活动安排、教育收费、帮困助学、学校、社区、家庭互动工作、学生的校服、午餐、保险等工作都会征询家长的意见。

4. 规范家长学校制度

家长学校是学校对全体学生家长进行家庭教育指导的主要形式。随着时代的发展，家长文化层次的提高，家长对学校家庭教育指导提出了更高的要求。虹口区各中小学在传统家长会的基础上，进一步优化家长学校的指导内容，充分利用家长学校平台对家长进行现代家庭教育的通识培训，引导家长明确家庭的基本教育职责。定期为新生家长、毕业生家长和中间年段的学生家长授课，针对孩子成长不同阶段的年龄、心理特点，伴随孩子的成长过程分层分类对家长进行主题式培训。做到家教内容有的放矢，家教方法切实可行。积极探索用"菜单式"方式让家长选择授课内容，做到中间、两头一起抓，促使家长的家教水平快速提高。为了帮助广大家长更好地解决在快速发展时期孩子成长过程中家庭教育所遇到的困惑，从2017年3月开始，区教育局、区教师进修学院携手基层学校教育经验丰富的德育骨干教师，利用两周一次的周六休息时间为全区初中学生家长组织开展系列家庭心理健康教育专题讲座，得到与会家长的普遍欢迎和好评。

六中心小学不断完善家长学校课程建设,设计了较为完整的课程体系。课程分为四种类型。第一类是公共课程,由校领导及专家授课,主要向家长们宣传党和国家的教育方针,推介新课程改革,解读学校的办学理念,引导家长们站在国家和民族的高度理解教育,遵循教育规律和青少年成长的规律,做学校教育的理解者和合作者。第二类是班级课程,以班级为单位,分年级进行。由班主任和任课教师为主,向家长传授家庭教育的科学理念和具体方法,帮助家长提高家庭教育的水平。第三类是研讨课程,由家长们自愿参加,围绕人格培养、异性交往、亲子沟通等内容开展,旨在解决有针对性的问题。第四类是活动课程,由家长和孩子共同参与,以增加亲子间的沟通。

5. 建立家校双向沟通机制

加强学校与家长之间的联系沟通,是形成双方共同推动教育发展合力的有效办法。不少学校通过把热线电话、家长接待室等传统方式和微博、微信、虚拟社区等现代方式相结合的举措,建立交流、对话的渠道和机制,主动倾听、捕捉和回应家长、社会的意见和需求,寻求家长、社会对学校的理解、支持和帮助。随着信息时代的迅猛发展,通过网络获取资讯和发表个人见解已经成为新生代家长的生活方式,网络充满了平等、互动、宽泛、多元、参与、挑战等特点,通过网络平台展开自由碰撞,这无疑比单向说教更具吸引力,更贴近当今时代话题,更接地气。学校正视在现代社会应运而生的这种信息传播方式,借此平台,健全家校联系沟通制度,变被动为主动,大力传播学校的办学理念和改革举措,及时把握家长的思想动态和利益诉求,引导家长正确看待和处理孩子的教育问题。

三中心小学、华附实小、凉城三小利用校园网、班级家校互通平台、MSN、飞信、博客、QQ群、微信群等,提高家校互动效率,实现家校沟通"零距离"。

北虹初级中学围绕学校的办学理念、育人目标,结合学校年度课程计划,结合家长的需求,依靠技术支持,创建班级微信平台(平台分为5个板块,即"学校活动"、"年级课程"、"班级课程"、"家庭教育"及"安全教育"),引导家长走进校园,理解学校教育,从而形成教育合力,打破工作时间、空间的制约和家校之间的界线,提高家校沟通的效率,构建和谐家校文化,形成家校合作沟通的新模式。

继光初级中学建立了班级的博客、QQ群、飞信群、微信群,为班级学生与教师、家长与教师、班级家长与家长搭建了沟通的桥梁,让全体家长对学校动态有更及时、更全方位的了解,实现家校联系的无缝对接。

6. 成立家庭教育指导基地

成立家庭教育指导基地,是推进家校合作发挥"双作用"的有效举措,也是虹口区德育工作的一个创新之举。

（1）基地的架构

中小学家庭教育指导基地（下文简称"基地"）由教育局和教师进修学院共同领导，下设主任1名（由德育分管局长兼任），副主任3名，其中常务副主任1名（副主任分别由基层学校的校长和书记兼任），秘书长1名（由教师进修学院家庭教育指导教研员兼任）。基地成员单位包括国家级、市级和区级家庭教育指导实验基地学校26所。基地的各项工作由教育局德育研究室牵头，具体组织实施。

为了便于有针对性地开展家庭教育指导活动，基地下设两个中心教研组，分别为小学组和中学组。中心教研组成员由基地成员单位德育分管领导和骨干班主任组成。

（2）基地的功能

基地是一种集团型的家庭教育指导模式，集研究、指导、培训、服务、管理于一体。基地的建立改变了以往基层学校之间互不联系、各自单干的局面，成员单位之间经常分享各校实践过程中的经验，探讨存在的问题，相互提出改进工作的意见和建议，使得各校的实践探索在原有基础上又有了新的发展。由于虹口区基地单位汇集了区域内家庭教育指导工作开展富有特色的单位，其成员选派了具有丰富家庭教育指导经验的优秀管理者、指导者，这种优势力量的整合不仅为虹口区学校家庭教育指导实践经验的宣传、推广提供了有力的支撑，也使各个基地学校的示范和辐射作用得以充分发挥，推动了全区中小学家庭教育指导工作的有效开展。

（3）基地的运作

在组织机构健全之后，基地根据工作需要定期或不定期地组织召开各类会议。

① 基地领导小组会议。每年年初召开领导小组会议，总结上年度工作，部署当年计划，策划重大活动，落实经费预算等。

② 基地成员单位分管领导会议。布置基地年度工作，组织基地成员单位交流工作计划及分享工作经验，开展外出学习考察活动。

③ 中心教研组会议。每月组织中心组成员学习家庭教育指导理论知识，交流学校和个人开展家庭教育工作的情况，并对当前学校家庭教育指导中存在的重点、热点和难点问题进行专题研讨，不断提高骨干教师家庭教育指导的水平。同时，中心组还承担研究、指导、推广区内中小学家庭教育指导工作，参与本区学校家庭教育指导的检查和评估工作。

六、区域推进家校合作取得的成效

创新发展的动力来源于基层一线，对于新型家校关系的建立而言更是如此。近年来,虹口区教育局在基层中小学开展现代学校制度背景下,以章程建设区域推进家校合作的实践研究虽然时间比较短,但在实践探索过程中为进一步理解家校互动的内涵,破解家校互动的难题,以及推进区域中小学家校合作积累了一些宝贵的经验,取得了明显的成效。在推进区域家校合作的实践中,我们欣喜地看到:创新能量的整体释放,立德树人的有效组织,教育品质的全面提升,家校合作的良性循环。

(一) 更新了教育工作者家校合作的观念

学校和家长都是帮助未成年人接受教育的责任主体,二者不是"服务"与"被服务"的关系,而是教育共同体中的合作伙伴,应该相互尊重、彼此信任、平等合作,在相互沟通中实现优势互补。在家校合作过程中,学校正在逐步把家长从从属地位转变为主体地位;从教师单向指导、居高临下转变为教师和家长互动交流、相互学习的关系;把单纯从学校出发,要求家长配合,转变为从学生身心发展需要出发,想家长所想,急家长所需的关系,由此建立双向互动的家校合作模式。

(二) 唤醒了家长教育责任的回归和教育行为的自觉

在家校合作项目开始初期,部分实验学校的一些家长虽知道家庭教育的重要性,但更多地表现为口头上的重要,行动上的次要,认为孩子入学后,自己可以袖手旁观。通过家校互动,不仅增强了家长对孩子教育和管理的责任意识,还从一定程度上提升了家长素养,更新了教育观念,发挥了家庭教育应有的功能。广大家长深刻认识到,家长和学校的积极配合,既是做父母的责任,也是孩子健康成长的要求,应该成为每一个家长的自觉行为。家校关系实现了由学校"单向作用"转为家校"互动合作"。

(三) 推动了学校教育与家庭教育的融会贯通

在家长参与学校的管理过程中,家长教育观念的转变以及对学校教育的理解、支持和合作,进一步强化了教师和家长双方的教育责任,面对合作成长过程中出现的问题,家长和老师作为合作伙伴,不再相互指责,而是沟通互信。家长学会了反思自身的教育行为,老师学会了强化自身的教育责任。家长和老师之间联系不断密切且情感日益加深,学校管理和教育教学更加透明,学生成长的生态环境不断优化,家长对学校的满意度不断上升,家长投诉明显减少。

(四) 家长参与课程建设,丰富学校的课程资源

家长参与学校课程建设,拓展和丰富了学校的课程资源,使学生学到了更多书本上学不到的知识和技能,拓宽了学生的知识结构,促进学生的全面发展;家长在参与课堂教学过程中加强亲子沟通,深入了解子女,体会教师"教"和学生"学"的辛劳,育儿观念会潜移默化地受到影响;至于教师,听家长上课,也许会给自己的教学方法和教学态度有所启迪,在和家长共同备课、开发课程的过程中促进自身的专业发展。

（五）激发了学生的成长自信与主动发展

在家长和学校共同的教育价值观引导下，家庭环境对孩子成长的不利影响明显减少，学生得到老师和家长更多的理解和关注，自信心和主动性明显增强，不良习惯逐渐减少，参与学校教育教学活动的积极性显著提高。通过家校互动合作，为孩子健康快乐成长营造了良好的生态环境，孩子成为新型家校关系下最大的受益者。

七、持续发展的几点建议

（一）颁布法规，建立制度

家校合作的发展与推进，不仅需要家庭和学校的主动参与，更需要国家、社会各方承担相应的责任，积极支持和主动配合，共同促进家校合作的良性运行。健全的政策法规对推动家校合作的深入发展起着十分关键的作用。尽管国家在《中华人民共和国义务教育法》《中华人民共和国未成年人保护法》《关于全国家长学校工作的指导意见》这些文件中涉及家校合作的某些方面，但这些内容都是宏观的、倡导性的，缺乏具体而明确的对权利和义务方面的规定，在强制性和可操作性方面显得不够有力。所以，需要建立相关的制度，特别是以法律的形式确定家长参与学校教育的权利和义务。有了法律的保障，既可以使教育行政部门依法行政，督导学校保障家长参与学校教育权利的工作，也可以使家长参与学校教育有法律依据，使学校必须接纳家长参与内部管理。

（二）加强领导，管理督导

学校教育要实现促进青少年健康成长、全面推进素质教育的培养目标，离不开家庭教育和社会教育的配合和支持。因此，学校要整合家庭和社会的教育资源，把家校合作广泛开展起来，并落到实处，教育行政部门一方面应依据法律规定对学校是否能够保障家长参与学校教育的权利给予监督；另一方面要加大对学校家校合作工作的检查力度，把学校与教师的家校合作情况纳入评估的指标体系，并结合实际制定具有可操作性的评价指标，以此激励学校和教师提高家校合作的水平。

（三）明确责任，落实举措

家校合作成功的关键是教师、家长、学生都能明确自己的责任，成功扮演自己的角色，家长与学校之间发展成良好的伙伴关系。家庭教育和学校教育都有各自的任务和内容，家庭和学校双方的合作要建立在完成自己任务的基础上，再去支持和配合对方的工作。在家校合作过程中，双方角色定位要正确，分工需明确，改变以一方为主、一方为辅的状况，形成双向互动、同步协调、教育互补、共同负责的局面。只有家庭教育和学校教育有了明确的分工,才能发挥各自的优势;在发挥各自教育优势的基础上,进行有效的沟通和交流,以促进家庭教育和学校教育资源整合,形成合力,提高教育的整体效果。

(执笔:上海市虹口区教师进修学院　尹蓉蓉)

No.4　创新机制　立足学校　彰显品质

上海市嘉定区教育局

教育是个系统工程。家庭教育、学校教育和社会教育是整个教育系统的子系统。全面提高人的素质是教育工程各子系统的共同目标。系统要整体优化,发挥实现目标的最佳效应,就要求其内部的子系统必须协调配合。家庭与学校间的合作,可以为学生创造良好的学习和教育环境,更能协调家校双方的力量使之形成合力,避免家庭教育和学校教育效果的相互削弱和抵制。当今社会,社会发展与教育发展要求家庭与学校必须建立一种新型的合作关系。

一、嘉定区家校合作理念与目标

嘉定建城 800 年,历史底蕴深厚,人文资源丰富,素有"教化嘉定"之称。嘉定教育主动融入嘉定城市品质发展战略,2012 年提出"传承教化之风,镕铸品质教育"的理念,进一步凝聚自身优势,注重区域文化的培植和熏陶,有效提升青少年学生的道德品质、文化品质、创新品质和生命品质,努力形成富有人文特色和时代特征的嘉定教育改革样本,加强协同育人机制建设,着力构建学校、家庭、社会三位一体多层面、立体化的育人体系。

早在 2006 年 2 月,嘉定区率先成立了上海市首个区域性家长委员会。区级家长委员会发动广大学生家长积极参与学校管理,参与教育、教学工作,落实广大家长对于学校教育的知情权、选择权、监督权、评议权和参与决策权,有效增强了学校、家庭、社区之间的沟通和联系。在这个平台的基础上,嘉定区把加强中小学家校合作作为学校教育发展和办人民满意教育的重要组成部分,坚持"区级搭台,创新机制,服务指导;立足学校,百花齐放,打造特色"的工作思路,不断推动家校紧密合作,促进学校、家庭、社会三位一体的教育工作可持续发展。

二、嘉定区家校合作组织与管理

家校合作的发展与推进需要更广泛的视角,它不仅需要家庭和学校的建设性参与,更需要社会各方面承担起相关的责任,积极支持和主动参与,共同促进家校合作的良性运行。完善组织机构,协调各方的力量,使家校合作良好运行是建立理想的家校合作机制的一个重要方面。基于此,嘉定区采用"行政部门保障,业务部门指导"双线并行的做法推动区域家校合作的开展。

(一)区级家委会,保障家校合作落地生根

1. **完善各级家委会建设,形成良好的运转模式**

由家长担任家委会主任,教育行政配备秘书处负责日常运作管理的区级家长委员会,定期召开工作研讨会,指导和推进区内各学校的家长委员会工作。各校在学生、家长民主推荐的基础上,由班主任根据学生家庭教育情况,推荐产生一些热心教育,具有良好的家庭学习氛围和一定社会组织能力,并愿意为学校教育、家庭教育、社区教育献计献策的家长组成班级—年级—校级三级家长委员会。三级家长委员会立足不同层面,发挥各自功能,落实工作职责,形成了良性的运转模式。

2. **赋予家长参与学校管理权利,提升办学公信力**

充分考虑学生及家长的需求,打开校门,让家长成为学校教育管理的参与者,不断提高学校办学的公信度,已成为全区各所学校的共识。学校主动把家长委员会推到前台,在各种场合树立家长委员会的形象,确立他们在学校中的地位,使他们真正成为学校的主人。

经过实践与探索,家长委员会在学校管理中的三大作用日益凸显。一是知情与参与,包括了解学校年度工作计划和实施情况,了解入学政策、收费规定,参与组织家长开放日活动、家庭教育活动,参加学校与服务行业关于校车、食堂托管等问题的谈判等;二是评议与监督,即参加上级部门对学校的教育督导,参加学校对教师工作和课堂教学的评议,以及参加教育局对校长的考评,对学校的安全工作进行检查,对学校执行收费政策的监督等;三是参与决策,凡涉及学生和家长切身利益的问题,学校在作出决策之前,必须充分听取家长委员会的意见,包括学校民主管理制度、学校修改对学生评价的标准或处分、毕业班学生推优等。

家长委员会在参与学校管理的过程中,积极听取广大家长代表的意见。这些意见和建议一般在校级家长委员会会议上以提案方式提出,由学校及时地给予答复,相关年级或班级再根据提案落实具体措施加以改进,从而更好地促进工作的全面开展。

3. 邀请家长参与学生活动,实践全员育人模式

在学校实施素质教育、推进课程改革的进程中,家长是一笔非常可贵的教育资源。学校充分利用家长委员会的桥梁纽带作用,发动广大家长主动关心、积极参与学生活动,不仅促进了各项活动质量的提高,而且带动了更多家长对于学校发展和学生发展的支持和认同。一大批家长志愿者担当义工,走进课堂,走上讲台;又带领孩子们走出校园,走向社会。学校重大活动中,爱好摄影的家长为学生捕捉优美的镜头;少先队实践考察活动中,家长为学校借车提供方便;安全教育宣传周活动中,担任交警的家长志愿者向学生传授道路交通知识,手把手地教学生交通指挥手势操;各类探究性社会实践活动中,家长们利用自己的职业资源为学校提供了多方位、多层次的实践探究网点。通过家长委员会的努力,确保了各种教育渠道的畅通和各种教育资源的有效利用,使家长真正成为学校素质教育的合作者和推进者,初步形成了全员育人的格局。

(二) 区级教研组,促进家校合作全面开花

在区级行政部门的搭台下,各学校家校合作的渠道和平台已初步形成,为了让学校的家校合作达到令人满意的效果,呈现不同的校本特色,2011年上半年,我们借鉴学科教研的优势,首创成立了以24所市"十二五"家庭教育指导与实验基地的负责人为主要成员的嘉定区家庭教育指导教研组。综合学校凸显出来的问题和家长的实际需求,我们以"今天我们怎样家校合作"为教研主题,将业务部门的工作重点聚焦在教研组的建设上,以教研活动来推进区域整体发展。

1. 区级教研活动:提供范本,以面带点

嘉定区家庭教育指导教研组定期开展活动,以专题研讨、活动展示、汇报交流等形式聚焦社会转型期家庭教育的新鲜问题、难点问题。帮助学校对具有示范性与辐射性的做法进行梳理、总结,并召开现场研讨会,作为范本进行分享和剖析,供全区各学校学习、借鉴。如随着大量外来务工人员随迁子女进入公办学校以后,学生行为规范问题日益突出,如何解决这一头疼的问题,我们分别在金鹤中学和朱桥学校开展了两次教研活动。金鹤中学找准了德育的"切入点",利用家校联动,社区助力,一抓文明礼仪,二抓自觉自律,三抓文明休息,从细小处入手,收获了大成效。而朱桥学校推行了"家庭礼仪银行",采用家长礼仪指导课、家庭礼仪大赛等新颖有趣的活动来吸引家长主动参加指导活动。对于家长素质普遍较高的学校,我们探索如何"合理利用家长资源,以家长指导家长"。如我们在南翔小学举行了"家长手牵手,自主显活力"研讨展示

活动,学校从学生的发展需要出发,以家庭教育指导切入,成立了多个家长社团,探索了家长指导家长的"兵教兵、兵强兵"模式。这样的模式,给南翔小学的学生带来了新的资源,也给南翔小学的发展带来了新的气象。

这些有主题、有聚焦、有质量的教研活动给参与者带来了直观的体验与收获,具有相同问题的学校,可以借鉴这些成熟的做法和模式。同时也给参与者带来一些思索与启迪,借他校的成功的经验来思考符合自己学校的做法,受到了基层学校的好评。

2. 优化教研活动,百花齐放,以点推面

范本的提供,旨在给学校一个思考与启迪的过程。一样的问题,应该有不一样的创意,他校的成功经验不一定能照搬照做。因此,在区级家庭教育指导教研组成立的同时,本着"有效教研、解决问题"的宗旨,各校启动校级教研活动,综合分析运用各类资源,开展多途径实践,不断积累和梳理,探索符合本校校情、生情、家情的家校合作模式,逐步形成"百花齐放,一校一特色"的工作格局,以点推面,推动区域整体发展。

家庭教育指导教研组不仅是解决家校合作难题的有效平台,还是开展教师培训的有效途径。随着特殊家庭、特殊孩子的不断增多,对于家庭教育指导者的要求越来越高。想要做好家庭教育指导工作,实现家校完美合作,不仅需要满腔的热情,更需要有效的指导和后续的保障。也就是说,家庭教育指导者必须有较强的指导力。校本教研活动是提升教师指导力的一个有效载体,理论学习、主题研讨活动、个案分析交流会等多形式的校本教研活动使得教师的家校合作水平得以提升。

三、嘉定区家校合作政策与制度

在推进家校合作的工作中,我们建立了系列的工作制度与机制,以发挥导向引领作用。

1. 完善家委会相关制度,确保家校合作规范化

在加强自身建设的同时,各级家长委员会致力于制定和完善有关制度,确保家长委员会工作的规范化、制度化和经常化。区级家长委员会制定了《嘉定区家长委员会章程》、《嘉定区家长教育行为规范》、《嘉定区学校家长委员会工作指南》、《学校家长委员会参与学校督导评估的实施办法(试行)》等文件,规范引导各校的家长委员会工作。各校在实践的基础上均建立了家委会六项常规工作制度:定期例会制度、对口联系制度、家长义工制度、驻校办公制度、参与学校评议制度、参与重大事情决策备案制度。

2. 健全师资培训制度,加强家校合作队伍建设

区级层面我们通过招募志愿者的方式成立了两支专业队伍:一支是区新一轮学

校家庭教育讲师团,为基层学校的家长进行宣讲,提供咨询。这支队伍具有双重身份,既是直接面对家长的家庭教育指导师,又是"心灵嘉园"嘉定区家庭教育指导网进行网上咨询和答疑的"网络精灵",他们分批坚守在网络一线,及时更新网络内容。为确保覆盖全学段,这支队伍由幼儿教师、中小学教师及德育干部、教研员等27人组成;为了确保服务质量,讲师团定期进行业务培训。另一支队伍是"心灵嘉园"家庭教育指导中心的面询志愿者,共29人,均取得国家二级心理咨询师证书和上海市学校心理咨询师中级证书。这支队伍除了开展日常的心理个别咨询、接听咨询热线以外,还参与开发课程、课题研究、心理健康服务送教到校等工作,团队的专业性确保了中心各项活动有序推进。为了促进这支队伍的可持续发展,我们举办了音乐疗法、考前焦虑辅导、沙盘疗法、个案专题督导、萨提亚家庭治疗模式等系列培训。

学校也建立了以外聘专家、德育干部、班主任和家长代表为主体的家教指导队伍,通过教研的方式不断提高家教指导者的家校合作水平。学校积极采取措施,加强校本培训,形成校本教材,不断提升家庭教育指导者的水平。如新成路小学的《陪孩子一起成长》、普通小学的《你想知道吗?/我想告诉你》、安亭小学的《学生、家长指南》等家长手册,给家长日常家庭教育以指导,帮助他们解决家教过程中的困惑。

随着社会发展,未成年人的健康成长越来越得到社会各界的重视,社会转型出现的各种矛盾和多种价值取向、文化冲击也使家长面临着更多的家教新课题。这给家校合作带来了新的挑战,家庭教育指导者需要不断丰富知识,提升指导水平。面对新形势,区级层面我们加强培训,一方面开设家庭教育指导者培训班,为学校家庭教育骨干教师开展培训,另一方面我们在每期的德育干部培训班和班主任培训班中都设立了家庭教育指导的内容。为了提高基层教师的专业能力,我们从2011年起先后举办了嘉定区家庭教育个案评选、家庭教育细节案例评选、优秀家长学校教案评比等活动,引导教师关注家庭教育指导各方面的内容,促进教师专业化成长。

3. 建立评估激励机制,促进家校合作良性发展

一是建立评估机制。我们把家长对学校工作的满意度纳入教育局对学校的年度考评,占比为5%。每年区级家委会统一设计发放评议表,每位家长都有为学校打分的权利,从"老师与家长沟通联系情况"、"学校减轻学生过重作业负担情况"、"学校收费和公示结算情况"、"学校家长委员会工作情况"等十个方面给出满意、较满意、一般和不满意四档评价。这一评估机制使家长发出的声音、提出的建议和意见不再无力。

而在业务方面,我们把学校家庭教育工作纳入年度学校德育工作评估指标,作为评估年度学校办学水平指标之一。明确的工作要求得到学校的高度重视,无论是中心城区学校还是乡镇学校,都结合学校和家长特点,制订计划,落实举措,大胆创新,积极

开展学校家庭教育指导。

二是建立评优机制。我们建立了区优秀家庭教育工作指导者、优秀家长学校、家委会工作先进集体评优机制，把评选的每个环节都视为提升学校家庭教育工作水平的过程，总结经验，宣传推广，以达到以评促建、以评促优的目标。近几年，我们逐步从"评先进"转变为"促能力"，先后开展了家庭教育个案评选、家庭教育案例征集、优秀家长学校教案评选等活动，吸引一线教师加强研究、提升家校合作的能力。

4 形成示范引领机制，带动家校合作全面提升

家长学校是学校进行家校合作、对家长进行家庭教育指导的主渠道，全区86所中小学（包括随迁子女学校）均设立了家长学校。为了提高家庭教育普及率及指导率，提升家庭成员的文明素养和家长的育儿理念，2013年初，我们采用调研基层学校、借鉴外区县等做法，编制完成《嘉定区示范家长学校评估指标》及评估方案。通过信息公开向全区各中小学进行宣传培训，要求各中小学以评估指标作为参照，规范家长学校工作。各校做到了组织机构和制度健全，师资、教材、经费"三保障"，教学工作常规中有创新，采用多种形式开展授课。全区各中小学家长学员每学年接受系统培训不少于8课时（4次），做到"孩子入学，家长入校；孩子毕业，家长结业"。家长对科学育儿观念、内容、方法的知识掌握率达80%，家长参训率达90%以上。

2013年下半年，通过材料评审、实地评估、网上调查等方式相结合，在41所申报学校的基础上，好中选优，评选出嘉定二中等16所中小学为首批嘉定区示范家长学校。

2014年为了进一步规范家长学校的工作，制定颁布了《2014年嘉定区家长学校活动实施意见》，要求各校严格执行，争取争创第二轮示范家长学校。

在树立家长学校典型的同时，区级层面积极搭建平台，推介宣传学校的典型做法，发挥学校的引领作用。通过举行区级家校合作展示交流活动、"两纲"联片研修活动等，让市家庭教育实验基地学校与兄弟学校分享成功经验，牵手兄弟学校共同开展难点问题研究，寻找对策、以点带面，带动区域家校合作水平的整体提高。近几年已先后总结和推广安亭中学、金鹤中学、朱桥学校、南翔小学、南苑小学等校在家校合作中的新举措、新方法。

四、嘉定区家校合作特色实践与运行机制

（一）家长参与学校课程建设

家长是一种重要的教育资源，要把家长纳入课程改革体系之内。只有当学生家长

成为课程改革的助力而非阻力,并与学校、教师齐心协力的时候,"新课程"才能真正地顺利前行。随着各校校本课程的不断深入,对教师的专业水平、教师的课程设计与开发能力提出了更高的要求。然而,学校有限的师资一时难以满足全体学生对个性化课程的需求。从当前的情况来看,开发和利用家长课程资源是一种比较适切的提法和做法,对学生、学校和教师、家长、社会都具有重要的意义和作用。专家认为,家长走进课堂,走上讲台对学生、家长和老师三方都有利。由于家长的专业背景、兴趣爱好、生活方式不尽相同,所以他们讲授的课程在一定程度上弥补了学校教育所不能涵盖的领域,能使学生开阔眼界、增长知识。而家长通过收集资料、备课、上课这一系列环节,也能从中体会教师"教"的辛苦和学生"学"的不易,育儿观念会潜移默化地发生改变。至于教师,通过观摩不同的家长上课,也会给自己的教学方法和教学态度有所启迪。

普通小学地处嘉定中心城区,"家长微型课程"是学校近年来尝试开发的一种新型课程,体现了对校本课程的进一步拓展和深化。它积极引入家庭资源优势,发挥家长的专业特长,参与课程开发与建设。并且针对家长的角色特点以短期、高效、灵活、生动为课程特征,有别于学校开设的其他课程,形成优势互补。

嘉定区实验小学一直以"协同教育"思想为指导,以"创造适合孩子快乐学习的数字生活"为办学理念,着力打造数字化学习环境,并致力于构建与之相匹配的课程群。实验小学有一支高素质的家长队伍,从一开始的家长义工,到后来的家长课堂,吸引了越来越多有志于参与孩子教育的各行各业的家长们。在经过调研与认证后,学校结合本校信息化特色,将课程开发的权力赋予家长,让家长与孩子一起开发学生喜欢的德育微视频课程。

(二)家长参与学校管理

随着社会的发展、人类的进步,家长、学生对学校的教育期望不断提高,学校的办学质量越来越成为社会关注的焦点。学校如何适应社会发展需要,办让社会满意、家长放心、学生高兴的教育,提高学校教育的公信度,成为摆在学校管理者面前的课题。嘉定区中光高级中学推行家长督学制度,积极思考探索了这一问题的办学实践。

中光高级中学是一所普通高中,创建家长督学制度的初衷,是给家长一个广泛参与学校教育教学和行政管理的平台,希望家长理解支持学校,积极主动地配合学校教育,形成家庭教育与学校教育的合力,实现家校资源的积极开发和利用。所谓家长督学,就是在家长自愿的基础上,专门从学生家长群中选拔出有一定素养、热心教育、愿意了解学校教育的家长担任学校教育管理的督学,负责视察、监督学校的教育教学工作和行政管理工作。

(三) 家长参与教育评价

教育评价是根据一定目的和标准,对教育工作及其有关因素的状态与绩效进行描述,并在此基础上进行价值判断的活动。让学生、教师和家长共同参与学校教育评价已成为教育评价制度不可缺少的一部分。在义务教育阶段,家长参与学校教育评价更是尤为重要,因为家长是学校教育的合作伙伴。让家长参与学校教育评价,不仅能更好地了解家长对学校教学、管理等方面的评价程度,同时也能了解家长对学校发展的期望,及时掌握广大学生家长对学校工作的看法与建议,从而更好地推进学校教育教学改革与发展。

嘉定区南苑小学是嘉定工业区的一所公办小学,为了让更多的家长参与到学校的教育教学工作中来,更好地发挥家长在教育和孩子成长过程中的特殊作用。南苑小学整合优质家长资源,组建"家长导航团",探索与实践家校合作的新途径、新方法与新内容。

五、嘉定区家校合作效果与展望

学校是家校合作主要的组织者和指导者,所以家校合作的重心在基层学校。学校的管理者对家校合作的关注度都非常高,校长们普遍认为家校合作是树立学校形象的有效载体,同时也是协助学校提高教育质量和教学质量的有效手段。在区教育行政部门给予政策导向,教育学院业务部门给予指导培训的基础上,学校结合本校学生、家长、地域的实际情况,与时俱进、创新思维、拓宽载体,积极寻找家校合作的有效途径和方法。因此,嘉定区各学校中除了家长委员会以外,各种家长组织也层出不穷,比如南翔小学的家长社团、新成路小学的家长俱乐部等。这些组织是开展家校合作的基石,既让广大家长切实受益,又能形成学校的特色,真正实现双赢的局面。

"行政部门保障,业务部门指导"双线并行的举措已初显成效,接下来我们将继续沿着这个工作思路不断探索实践,不断完善组织机构,协调各方力量,加强行政管理与督导,建立家校合作的目标体系、管理体系、评估体系,让家校合作有章可循。

六、嘉定区家校合作问题与建议

(一) 问题

1. 家校合作的相关制度

现阶段,我国还没有相关的法律法规规定家长必须参与学校教育,不能使家长在监督、参与学校的教育管理、教育教学活动时有法可依,合法地行使自己的权利。家校合作在我国已引起普遍重视,但由于相关制度的缺失,造成目前我国的家校合作无章可循,还处在很低的层次上。嘉定区是全国第一个成立区级家长委员会的区县,在区级家委会的领导下,镇级、校级家委会也随即产生,各校也成立校级、年级、班级三级家委会,充分发挥了家长对学校教育、教学工作的参谋、监督作用,为家长参与教育教学改革、督导评价、学校管理和涉及学生利益的重要决策提供制度保障。特别是校级、年级、班级三级家委会的成立,让更多的家长参与到学校教育、教学管理中来。但从整体来看,一是家委会成员与庞大的家长群体相比,还是冰山一角,每个班级只有少数家长能够参与学校的教育、教学管理。二是家委会组织对协调各行各业家长的职能较弱。由于校家委会成员是由各班推荐产生的,很多家长对自己班级以外的家委会成员并不熟识;而且家委会成员也有各自的工作,因此很难做到上传下达,把家长的意见带给学校或把学校的决策带给家长。三是一些学校并没有真正重视家长委员会的工作,仅仅是为了应付上级行政部门的检查、考核,家委会工作大多流于形式,大部分学校通常只是邀请家委会成员在期初到校听取学校工作设想,期末到校听取工作总结并为学校打分。

一项工作的顺利开展需要制度作为强有力的保障,制度制约着人的行为,制度的缺失将会使工作失去约束,难以达到理想的效果。家长委员会本应作为一个独立的组织参与学校教育工作,但由于缺乏这方面的相关制度,造成中小学家长委员会仅处于辅助和支持学校工作的位置,这离家校合作的目标相差甚远。家校合作的顺利开展离不开制度的保障,加强我国家校合作的相关制度建设是当务之急。

2. 教育管理者的合作意识

学校管理者对家校合作重要性的认识,是影响家校合作的一个重要的主观因素。在实行校长负责制的今天,校长的办学理念直接影响该校的家校合作状况。如果校长认识到了家校合作的紧迫感和重要性,他就会成为家校合作的宣传员和组织者。他会通过对家校合作的大力宣传、指导、支持和鼓励,使学校教职员工对家校合作充满信心和热情,并以积极的姿态,主动地去寻求家庭和社区的合作,最终使学校的方方面面都呈现出对家长参与的欢迎。同时,他也会带头参与家校合作的学校整体规划的制定,并愿意为教师和家长提供相应的学校教育资源,组织各种活动。

但是,一些学校领导认为,学生家长不懂教育工作,怕他们的参与会给学校带来不必要的麻烦和干扰。他们认为家校在共同促进学生学业进步方面的合作是必须的,但如果家长真的进入校内干预学校日常运作和决策,则又有一定程度的消极影响。另外,教学质量的考核压力也让校长不得不强调"教学第一",忽视了与家庭的合作。

3. 教师的家校合作技能

教师是家校合作中的重要角色，是家校合作的桥梁与纽带，是家校合作的具体策划者、组织者和参与者，是与家长接触最多的人。教师的素养、态度、能力直接影响着家长参与学校教育教学的效果。教师的家校合作技能是制约家校合作顺利开展的重要因素。

教师在家校合作中的角色定位要求教师具有较高的与家长合作的能力，如教师应具有良好的语言表达能力、组织能力以及人际交往能力等。在调查访谈中我们发现，不少教师沟通意识不强，除特殊情况外，较少与家长主动联系；沟通话题单一，以反映学生问题居多，较少为家长提供专业帮助；沟通艺术缺乏，不善于倾听，以教育、命令、责备的谈话方式为多；缺乏家庭教育指导素养，对特殊学生、特殊家庭束手无策。

（二）建议

针对目前嘉定区家校合作中所存在的问题，我们建议学校要主动增强民主、开放的办学意识，通过各种平台和机制的建设与创新，促进家庭和社会对教育知情权、参与权、监督权和管理权的实现，积极推动学校、家庭、社会"三位一体"合力育人。

1. 健全家校合作机制，切实发挥家长在育人过程中的作用

学校要从实际出发，转变传统的家校合作观念，建立常态家校互动机制，即家长是教师的合作伙伴，共同承担教育责任。各校要通过家校互动，把办学知情权、参与权、表达权和监督权交给家长；让家长全面了解学校的教学管理模式并参与管理，认真配合学校对其子女的教育教学工作，丰富学校的办学资源；使家长真正成为学校教育的合作者、参与者，不断推进开放办学，民主管理。总之，学校应构建一个真正能够"满足与回应家长诉求"、家校双向互动的"家校合作"新机制，切实发挥家长在育人过程中的"同盟军"作用。

2. 加强师资培训，提高教师家校合作能力

教师是家校合作活动的重要支撑力量。众多家长虽然望子成龙的心很迫切，但不知道如何教育子女使之成才，面对错综复杂的社会环境更感到迷茫困惑。所以中小学教师还承担着一定的家庭教育指导工作，不但要树立与家长成为合作伙伴的观念，能与家长进行良好的沟通，还要具备家校合作方面的相关技能，发挥自身在家校合作中的作用。因此，在教师专业发展过程中，学校也要注重培养教师进行家校合作的意识和能力。

在区级层面我们也要积极建立一支有素质、有经验的家校合作的骨干队伍，也

要吸纳专家、学者和社会热心人士的参与，不断充实力量，开展家校合作的普及工作。

3. 加强校本研究，创建多元化家校合作体系

随着社会的发展，在多元化背景下，学校面对来自社会、家庭等多方的教育观念的冲击。为避免学校教育和家庭教育之间的冲突，需要建立一个多元化的家校合作体系。加强家校合作的校本研究此时就显得非常重要和必要。家校合作并没有固定的模式可以依循，学校要根据自己学校的特性和需要的不同、教育条件和技术水平的不同、家长文化和教育素养的不同来确立适合自己学校的合作模式。如真新小学的"市场家访"、曹王小学的"流动的阳光妈妈工程"等就是在学校遇到了阻碍家校合作的教育问题后，及时进行分析与研究，根据自身的实际情况来确定家校合作的突破口，并借鉴国内外的成功经验，结合自身特点，选取和开发最适合本校的合作内容、方式、途径，达到了最好的家校合作效果，促使家校教育一致、和谐，促进学生的全面发展。

（执笔：上海市嘉定区教育学院　陆春晔）

No.5　互信　互助　共生
——构建家校合作共同体　助推学生健康发展

上海市宝山区教育局

苏霍姆林斯基曾说过：最完备的教育是学校与家庭的结合。我们认识到：必须突破家校各自为政的传统教育思维，创新理念，营造"互信　互助　共生"的家校教育共同体，对于改善育人环境、提升育人实效十分必要。为此，我们确立"用文化的方式发展有灵魂教育"的发展思路，运用浸润、整合等方式，以构建家校合作共同体为目标，有效助推学校教育良性发展为导向，为学校教育服务，为孩子的健康成长服务。

2011年起，宝山区启动了"教育转型背景下区域家校合作项目的开发与实践研究"。2014年宝山区又结合上海市家校合作体制机制创新项目实验区的契机，在以往

家校合作项目的基础上,创新区域家校合作项目的实践研究,构建以服务为主的家校合作模式;向基于以人为本的合作参与型方式转变,充分调动学校、家长、社会参与,形成"互信 互助 共生"家校教育共同体的格局。

一、互信互利,共谋发展

对十中国教育,一直有很多声音、很多抱怨,个同的人会从个同的角度发出批评的声音。虽然学校在很多问题上采取了针对性的交流措施,但是家校之间仍然存在着大量深层的互疑,且呈增长趋势。产生互疑的原因不尽相同。在学校,这种不信任更多源自校方的担心,担心家长知道太多声音就越多;家长对学校指手画脚,学校的正常教学秩序就会受到影响。而家长方面的不信任更倾向于是对学校教育的不理解、不知情。无论是学校还是家长,不同的思维和行为严重加深了家校之间的不信任,不能够完全理解对方的态度和行为。针对这样的互不信任关系,我们借助项目的实践研究,着力从家校合作模式上大胆尝试研究,从家长的参与权与知情权入手,从家长的议事权与话语权突破,从家长的监督权与评价权落实,从而建立起互信互利、共谋发展的家校合作共同体。

互信是家校合作的根基。学校如何与家庭之间建立互信关系呢? 首先学校要了解家长对学校教育的兴趣点在哪,帮助家长了解他们想要知道的东西。其次,要充分利用家长对学校的关注点,让家长融入学校的教育,这样才能建立起学校与家长、教师与家长、家长与家长之间的互信关系。

1. 启用"公示栏",从知情入手,赢得学校与家长之间的互信

由于缺乏了解,一些家长会对学校的教育教学工作产生怀疑,导致家长不愿配合,被动接受和参与。针对这样的状况,宝山区第二中心小学从保障家长的知情权开始,启用"公示栏",将学校的教育教学工作透明化。每周将一周的教育教学的重点内容以公示栏的形式,通过校园网、校门口黑板、橱窗、班级 QQ 群、微信群等方式进行发布,让家长享有充分的知情权和参与权,赢得家长对学校教育教学工作的支持和信任,使其成为学校教育的伙伴,从而构建起家校合作的共同体。区里项目学校还依据各自的项目实践内容,为公示栏起了有各自学校特点的名字。

2. 引进"驻班制",从理解入手,赢得教师与家长之间的互信

前期,我们进行了学校家长委员会的建设与功能发挥的实践研究,发现家长非常乐意参加学校的各项教育教学活动,也乐意出谋划策,更乐意承担各项活动的任务。但是家委会往往是被动"听政议政",对学校的教育教学一知半解。为了更好地发挥家

委会的作用,让家委会全面了解学校的教育教学,真正成为学校的"代言人"、家长的"知心人",宝山区第三中心小学将家委会还原到班级,引进了家委会的"驻班制"。让家委会走近班级,担任一天的老师,全面了解学校的一日教育教学工作,近距离地接触教师和孩子;让家长享有充分的参与权和话语权,赢得家长对教师的理解和支持,赢得教师与家长之间的信任,构建起家校合作的共同体。区里项目学校还根据各自学校的特点选择驻班的重点,设计符合自己学校的一日驻班日志。

3. 用活"班委会",从共识入手,赢得家长与家长之间的互信

对于三级家委会建设,学校都不陌生。然而,大部分学校都将重点放在打造校级和年级家委会上,真正接地气的班级家委会却往往有些徒有其名。宝林路第三小学改变以往只关注文化程度高、素养高、层次高的校级家委会,通过班级家委会开展面向全体家长的组团式活动,成立家长互助团队,让每一位家长享有充分的话语权和监督权,赢得了全体家长认同,使班级凝成了合力。区里其他项目学校也纷纷利用各种家长资源,进行比较合理的搭配,建立结构合理、专职兼职结合、功能互补的"团队",在活动中建立家长互助团队。

二、分层互助,合作发展

互助是家校合作的纽带。学校如何与家庭之间建立互助关系呢? 首先学校要从互助的内涵上着手,从学校教育为主体转化为家庭和学校的双主体;从过去家长单纯地接受学校教育转化为家庭、学校相互协调、相互配合的教育。其次,从互助的形式上突破,从以往家长只能站在校外看学校教育转变为家长走进学校、班级成为教育的合伙人,让家长成为学校教育的一分子,这样才能建立起学校与家长、教师与家长、家长与家长之间的互助模式。

1. 互助教研,解决家长的需求,凝聚学校与家长的合作动力

教研,即教育研究,是提升学校办学质量的前提,是教师成长的摇篮。教师要在教育教学中总结经验,发现问题,研究方法。而家校合作的目的是着力于"确解家长之意,切返家长之需"。宝山区泗东小学将互助教研作为家校合作的突破口,创建"艺友制"教研制度,在互助教研中注重学校和家长的合作分工,家长提供迫切需要解决的问题和希望得到帮助的问题,学校依据家长的问题和需求开展互助教研,在合作形式上始终强调互助行动,担当好"主角"与"配角",形成学校与家长之间的合作动力。具体操作见表1。

表 1 互助教研——艺支制

人员		教研筹备期	教研进行时	教研反馈期	教研总结期
指导团		在教研前期了解教研的重点和问题研究的意义。	1. 专家与教师指导者做家庭育儿专业理论的提供者。2. 家长指导者做家庭教育实践成功经验的提供者。	了解家庭教育的实施情况，提供有效建议。	帮助教研团队提炼出家庭教育指导的有效策略。
教师教研团队	策划组织者	1. 前期梳理育儿问题，确定教研主题。2. 通过信息平台发布教研主题，征集并确定家长参与人员。3. 商议教研程序，设计教研内容。4. 列出教研任务准备单。5. 召开筹备会，明确教研主题，阐明教研目标和意义。6. 确定活动任务承担者，安排任务。7. 负责任务的落实工作。8. 商议具体活动时间地点，通知参与者，保证出席率。	1. 承担教研活动的主持工作。2. 有效引导所有参与教研环节，积极参与每一个教研环节，鼓励大家组诚交流。3. 引领教研活动参与人员针对育儿问题共商策略。4. 做好最后的小结陈述。	选定家庭教育实施的家庭，配备实践智囊团，共同制订实施的计划。	指导实验家庭进行方法与理论的总结。
	参与实践者	1. 通过筹备会，在教研前期明确教研的重点和问题研究的意义。2. 配合活动策划者完成撰稿与审稿的任务。3. 做好筹备会场的布置工作。	1. 作为专业教育者，努力提升家庭教育的理论支持。2. 运用有效沟通的技巧拉近与家长的心理距离，鼓励家长积极交流。3. 耐心倾听，善于汲取家长经验，结合自身的教育经验与家长商议调整策略。4. 配合家长呈现案例。	1. 作为试验家庭的智囊团，制作观察表。2. 通过信息平台了解家长上传的观察表，了解家教实施进程及孩子的表现及时与家长商议调整教育方式。	辅助家长做好育儿方法的提炼及经验的总结。

人员		教研筹备期	教研进行时	教研反馈期	教研总结期
家长教研团队	联络员兼辅导员	1. 根据具体任务主要负责子承担中心发言家长一定的辅导，及时解答家长的疑惑。 2. 帮助家长选择合适的方式呈现案例。 3. 成为教师与家长之间联系的桥梁。	对教研活动的过程做详细记录。	1. 作为试验家庭的智囊团之一，根据孩子的变化及时调整教育方式。 2. 指导家长进行家教试验的材料收集。	辅助家长做好育儿方法的提炼及经验的总结。
	策划组织者	1. 与教师共同梳理育儿问题，确定教研主题。 2. 与教师共同商议教研内容。 3. 根据任务单配合教师安排家长任务的承担者。 4. 在家长任务准备过程中，出谋划策。 5. 与教师共同商议活动的时间，通知家长参与者。	1. 清楚教研活动的程序，承担教研活动中部分板块的主持工作。 2. 主动参与每一个教研环节，带动家长积极地与教师进行信息沟通，共商策略。	与教师一起选定家庭教育实施的家庭，制订实施的计划。	辅助家长做好育儿方法的提炼及经验的总结。
	参与实践者	1. 通过信息平台发布的教研活动预告单，在教研活动前明确教研主题和意义。 2. 围绕主题积极提供案例。	1. 家长提供主题案例，与教师积极交流。 2. 耐心倾听，善于汲取教师经验，结合自身的教育经验与教师共商策略。	1. 积极投入家试验。在实践过程中做好育儿行为和孩子变化的记录，填好观察表，定期上传。 2. 在教师的指导下及时做好育儿心经的记录。	做好育儿方法的提炼及经验的总结。

家庭教育"艺友制"教研,始终将家长与教师放在同样重要的位置,力求在教研的过程中同时提升教师与家长的能力,合力研究育儿方法,创建和完善家校合作教研工作的长效机制,在实践中形成有效的举措;并以此为突破点,切实推进学校、家庭、社会"三结合"的教育网络构建,共同加强全社会对家庭教育的重视,促进学生的健康发展和家校关系的和谐发展。

2. 互助课堂,转换彼此的角色,形成教师与家长的合作模式

在大力提倡家校合作共同育人的今天,仍然普遍存在着家校不同步的现象,尤其是在应试教育前提下,许多家庭只关注学生的学业成绩,忽视道德养成,"5+2=0"的现象仍然存在。近年来,随着家校合作的深入开展,我们深切地认识到:促进学生发展,需要家校双方都必须以主动的姿态参与对孩子的教育,要将家长引到学校教育甚至学校管理的层面上来。通过推行互助课堂,让家长参与校本课程建设,并辐射其余家长;将家长引入学校教育,平等参与,相互协作;在课堂中教师和家长不断互换角色,形成教师与家长的合作模式。

宝山区宝林路第三小学成立了不同年级的"家长工作室",以工作室为载体,吸引家长走进学校、走进课堂,成为学校德育拓展课程的开发者和实施者。以德育校本课程"好习惯点点,进步每一天"为例。首先,通过工作室组织家长对校本课程开发进行研讨,了解学生最需要解决的问题以及学生最感兴趣的爱好和最需要培养的素质能力。其次,教师、家长按需执教。教师担任主备课任务,即根据教学要求和学生需求,进行首次备课。当由家长执教时,教师则要根据家长特点对教案进行第二次备课,而执教家长则根据自己的特长对教材再进行适当修改。第三,线上线下适时教研。基于家长对德育课程建设的参与,以及对学校课程建设的不断了解,通过线上专题教研和线下即时教研的方式,对德育课程进行讨论,说一说对执教和助教的感受,听取家长对学校德育课程课堂实施的意见和改进的建议。

3. 互助活动,服务孩子和家长,夯实家长与家长的合作基础

"亲子活动"是学校与家长进行交流的一种重要形式,也是学校经常会采用的家校合作的方式,但是这些活动大多停留在展示、观察与了解上。同时,学校组织的亲子活动也存在着一定的局限,参与的家庭是学校教师经过层层筛选精心挑选出来的,更多的家长被拒之门外。为此,我们尝试从活动入手,从面向全体的家长入手,让家长参与互助活动,让家长成为活动的主动参与者。如上海大学附属小学在设计校外基地活动时,时时将家长放在"合伙人"的位置。学生的校外基地教育活动的主要策划任务交由第三方场馆负责,此时家长和教师的身份都为志愿者,角色相同,但是又有不同分工。如果教师作为志愿者承担了场馆课堂中对学生的拓展作业进行学习指导、启发的工作,那么家长就承担维护学生安全及活动后联系各班家长收集学生课外延伸资料作业等工作。具体见表2:

表 2　上海大学附属小学校外基地活动

类别	基地名称	一年级	二年级	三年级	四年级	五年级	家校合作形式
科技基地	中华鲟养殖基地	认识中华鲟。	知道中华鲟习性。	了解中华鲟分布情况。	了解中华鲟养情况。	了解中华鲟生态价值。	家长和教师共同协同场馆活动。
	长风海洋馆	认识海洋馆内一种动物。	能画水族动物简笔画。	能了解海洋馆内一至二种动物资料。	了解鱼类地区分布。	指导保护水族动物知识。	教师带队，家长参与学生小队学习。
	上海水族馆	一、二年级亲子活动，馆内探究学习活动。					教师策划，学生家长同孩子学习。
	长江河口馆	三至五年级亲子活动，馆内探究学习活动。					教师策划，学生家长协同孩子学习。
上大资源基地	溯园文化广场	一年级入团活动。	二年级入队活动。	三至五年级参观溯园历史墙，了解上大历史。			上大家长团队主讲，家长志愿者协助。
	图书馆	一至五年级图书馆参观活动。					教师带队，家长志愿者协助。
	物理创新实验室	四、五年级奇趣物理现象趣味课程。					教师主讲，家长助教。
	数学创新实验室	根据一到五年级各年龄阶段特点选取内容，进行趣味课堂学习。					上大家长讲师，家长志愿者合作教学。
	上大音乐院	一、二年级听音乐会。		三至五年级听乐器讲座。			上大家长携上大学生策划，教师志愿者协助。
	上大户外定向活动	一年级参加户外定向活动。					上大家长主策划，教师志愿者协助。

类别	基地名称	各年级学习内容					家校合作形式
		一年级	二年级	三年级	四年级	五年级	
家长资源基地	上海农科院		二年级参加农科院参观体验活动。				农科院家长主讲，带领参观，教师志愿者协助。
	上海佘山天文台			三年级参观天文台体验活动。			天文台家长主讲，家长及教师志愿者带队。
	上海地震局	四年级参加地震局逃生体验活动。					地震局家长策划，教师志愿者协助。
校荐基地	上海自然博物馆	各年级学生代表与家长参与的亲子活动。					家长，教师志愿者协同参与。
	上海科技馆	科技月各年级学生进场馆探究活动。					家长，教师志愿者带领学生学习探究。

三、共生成长,共同发展

家校合作是现代教学的必然趋势。这两年来,我们一直在实践着,谋求在原色上添加新的色彩,在原味上调制新的味道,在形式上有多元的尝试。

"参与"是一个过程,"治校"是一个形式,"参与"是"治校"之基础,孩子成长是根本。我们在家校合作实践中倾注情感,让学校在实践过程中找到学校的发展点,让教师和家长在实践中学会"爱",懂得"爱"并实践"爱"。一个家庭带动着另一个家庭,家长们掌握了科学的教子方法,收获了经验,知晓了新的教育理念,理解了教师的工作,增进了家校之间的情感。家长参与治校应潮流,接地气,参与变得有收获,参与变得有热情。

1. 完善机制,从制度建设入手,让学校和家长共同成长

首先,政策是管理有形的手,是家校合作的保障。家校合作是否能顺利、有效开展,是否能助推学校的发展,取决于政策的导向。其次,组织领导是工作核心,是家校合作的推进剂。为此,宝山区构建了"区级家校合作领导决策机构、区级家校合作业务引领机构、校级家校合作实践执行机构"三级家校合作共同体机构,实现分级管理。同时,从制度着手,完善了"三级网络运行制度"、"联席会议制度"、"资金保障制度"、"督导评优制度"、"研训一体教研制度"、"过程指导制度"、"述职制度",从而使家校合作在原则、目标、过程和手段上协同一致,让家校合作的教育实践有章可循,确保家校合作的教育实践有效开展,让学校和家长在家校合作教育实践中获得成长,真正实现"互信互助 共生"的家校合作新格局。

2. 改变传统,从改良通知开始,让教师和家长共同成长

通常,学校会把重大活动、社会实践活动等通过告知书传递给家长。我们将原本只有时间、地点、主题和要求等内容的告知书改变成邀请函,增加了家长参与的"回忆录"、"学习录"、"成长录"等内容。在回忆录中,通过设计家长童年事物的回忆,让家长来感受现代教育的意义,重视孩子的教育问题,激发家长的参与热情。在学习录中,将现代的教育思想通过家长群体进行体验分享,让家长和孩子一起成长。在成长录中,在指导家长的同时,回馈家长合理的建议,改善学校的教育教学行为、方法,提供家长所需的服务,让教师和家长在彼此的交流中获得成长。项目学校可依据各自学校的特点,设计符合自己学校特点的告知书。

3. 改变认知,从积极主动出发,让家长与家长共同成长

"家校合作 合作共赢"是宝山区家校合作的主旋律。在这主旋律的感召下,越来越多的家长走入了校园,走进了课堂,走到了孩子身边,为学校的发展带来了新的气象。

学生的日常行为规范、学生的午餐、学生的校服、班级的管理、教师的职业体验、学校的社会实践活动、学校的校本课程开发、学校的教育教学效果评价等都有家长的参与，而且家长"乐"在其中。家长参与治校唤起了全校教师、学生、家长的一场变革，教师、学生、家长都融入这项实践，创造出了一系列行之有效的方法。如"心灵契约单"、"家长大拇指银行"、"家长积攒卡"等。家校合作不再是好听的说辞，不再是单枪匹马，而是注入了"参与"的乐趣，更重要的是注入了"权力"，家长成了学校的一分子和伙伴。家长在参与的过程中学会学习，学会合作，更懂得了智慧的叠加和个性的彰显，让合作有了无穷的空间，更让合作有了希望的梦。

四、后续的思考

创新家校合作体制机制项目的实践研究，让我们发现家长正在发生着变化。他们由"旁观者"逐渐成为"支持者"、"参与者"、"管理者"和"评价者"，家校合作正助推着学校的发展。

因此，首先，我们要加大家校合作实践的推进力度，要系统设计、整体推进实施和研究的步骤，着重于制度建设和运行机制建设，让家校合作真正渗透到学校教育教学的多个方面；其次，要大胆尝试和开发家校合作的课程建设和教学实施，确保家校合作课程的系统化开发，形成区域家校合作项目的课程品牌；第三，健全和完善家长委员会以及其他形式的家校合作工作机构的各项制度，激活家长，调动家长的积极性，积极运用信息技术手段，增强家校合作的及时性、双向性和实效性，让更多学校能够积极地行动起来，从学校办学改革和学校整体发展的高度来正视家校合作的独特价值，不断深化，不断前进。

（执笔：上海市宝山区教育学院　张　萍）

No.6　家校紧密合作，探索区域"学校+"模式

上海市金山区教育局

教育，永远是全社会关心的话题。教育，也远不是教育一家能完成的事。早在

2004 年,《中共中央国务院关于进一步加强和改进未成年人思想道德建设的若干意见》发布,其中就提出要全社会支持教育,努力形成学校、家庭、社会三位一体的大教育格局。

金山区近年来按照中央要求,从教育实践需求出发,大胆创新,积极探索实践家校合作新型模式,不断促进学校教育和家庭教育的有机融合,为教育综合改革迈出了有力的一步。

一、创新模式,形成全区家校合作三级体系

近年来,金山区各学校以开放的姿态,在家校沟通、合作,发挥家委会作用方面多有创举。

(一) 学校: 校本化家庭教育指导项目

地处新城区的海棠小学已坚持多年实行每周一天的家长驻校日制度,由家委会每周安排不同的家长,在学校待一整天,从老师、学生进校开始,一直到放学结束。在这一天里,家长可以与校长谈话,找老师谈话,进课堂听课,到食堂与学生一起就餐,对学校各方面工作实行监督评议。家长驻校的形式有效地落实了家长对学校教育的知情权、评议权。

干巷学校是一所地地道道的农村学校,家长以农民和来沪务工人员为多,家庭教育意识淡薄,缺乏参与学校民主管理的意识。该校就要求老师主动到学生家里听取家长意见,从 2011 年开始,推行"百名教师访千家"活动,实施家访全覆盖。在此基础上,又于 2015 年 9 月开始开展"百名教师结对百户家庭"活动,要求教师每月都要与结对家庭联系。学校还建立了社区教育联席会议制度,通过这一方式与社区、家长达成更好的共识,共同为孩子的发展提供更好的环境与平台,更积极有效地推进学校、社区、家庭的互动与合作。

(二) 学区: 资源共享的校校联动

朱泾镇是金山老县城,镇区内三所小学由于历史原因,无论是学生生源还是家长家庭教育理念和对学校的认识观念都存在较大差异。针对区域内家长择校热、家庭教育不均衡、家长学习育儿知识需求旺盛等现状,2012 年 12 月,由朱泾第二小学牵头发起,与金山区第一实验小学、金山区朱泾小学联合成立了朱泾地区小学家校联盟。三所学校共同向全镇家长开放,共同开设家长选修课程和家长志愿者讲师拓展课,举办家庭共享亲子共同体小组活动,家长和孩子可以到任意一所学校参加活动。双休日及平日晚上,到三所学校参加各种活动的家长络绎不绝。现为家长开设的选修课程班有

四大类 24 小类 61 个主题,供不同年龄段的学生家长选修。三年来已开办了 15 期家长课程选修活动,有 9 000 多人次家长参与。三所学校打开校门,实现了资源共享,共同发展。家长也通过活动参与对三所学校有了更多的了解,朱泾地区的择校矛盾也有效地得到了缓解。

此外,亭林地区成立了亭林地区家长委员会,由亭林镇妇联、街道、派出所、亭林中小幼学校家委会主任、家庭教育分管领导等组成,整合亭林地区教育资源,协同开展小学、初中、高中各学段衔接指导及家庭教育交流活动,促进家庭、学校提前沟通,加强校际纵向联系。

(三) 区域:去行政化的区域家校合作组织

在朱泾、亭林等地区探索创新家校合作机制的基础上,由区教育局牵头,组织区内学校家委会主任和热心家长,于 2014 年 4 月 29 日成立了金山区家长委员会联盟。为了保证区级家委会的合法地位和独立性,促进联盟日常工作开展和今后长远发展,于 2014 年 11 月,又以"金山区家庭教育促进会"(简称"家促会")的名称,作为独立的法人社团正式注册登记,成为全市首个去行政化的区级家长联合组织,被市内外媒体广泛报道。

(四) 区教育局:建立制度,保障落实家校合作长效机制

为进一步推进家校合作工作,形成长效机制,区教育局在充分调研听取学校、家促会意见基础上,制定了《金山区教育局关于进一步推进家校(园)合作的实施意见》,于 2015 年初以 1 号文件形式向全区正式发布。

意见提出要以实现学生全面发展为目标,贯彻依法治国、依法治校的战略方针,充分调动和发挥学校、家庭、社会的积极性,有效整合和利用校内外教育资源,切实把学校教育、家庭教育、社会教育紧密结合起来,构建多渠道、多形式的家校合作体系,建立起科学合理、良性互动的家校合作机制,为学生全面健康成长提供全方位保障和多元化资源平台。

意见明确了学校、区域、全区三个层面中教育局和学校在家校合作上分别承担的权责任务。

在学校层面,要求进一步加强校级家委会建设,切实落实校级家委会对学校办学的参与权、评议权和监督权。学校应在学年度工作计划和与学生利益相关的重要政策制定实施前听取家委会意见。在开展全校性重大活动时应邀请家委会成员参加;全校性的运动会、艺术节、科技节当日,有条件的学校应向全体家长开放。鼓励有条件的学校试行家长代表驻校办公制,参与学校管理。

意见鼓励各校(园)在校级家委会基础上,和所在区域范围内的同学段学校或有学

段衔接关系的校(园)联合组建家校合作共同体,协同开展家长教育培训、家校关系协调等活动,促进家庭、学校深入沟通,协同开展学段衔接指导,实现校际资源共享,促进学校均衡发展。

意见要求全区各学校支持和协助金山区家长委员会联盟、金山区家庭教育促进会自主开展活动。区家促会要指导全区学校家委会建设和开展各种形式的家庭教育活动,最终形成学校全方位开放、家长多层次参与、全社会共同支持的家校互动合作机制。

二、发挥作用,学校、家长双受益

金山区各学校和各级家委会一起,积极探索各种形式的家校合作,在提升家长教育理念、促进家校沟通、丰富学校课程等方面不断创新。

(一)新媒体平台

面对家长对家庭教育知识的需求越来越强烈,金山区各校纷纷设立各种家校互动交流平台。例如,朱泾地区三校联盟推出了"七彩家校联盟"公众微信号,设置了"学校那些事"、"家教能见度"、"家教小魔方"、"热点之我见"等众多栏目。全镇家长不论在哪个学校门口,都可以打升手机扫一扫,打开微信可随时了解联盟内各学校的教育活动,看到家长们撰写的家教心得体会。新媒体的运用,打破了时空局限,促使传统的家校合作模式向开放的、和谐的家校合作模式转变,促进家长的家庭教育理念与学校教育思想有效衔接融合,从而真正提高教育有效性。

(二)家庭教育讲师团

发挥"金山区中小学家庭教育讲师团",市、区级优秀团队及全区家长委员会家长资源优势,举行地区性家长学校、亲子活动,向全区家长倡导、宣传科学家庭教育理念,提升全区家长科学育儿意识和能力。到目前为止,讲师团每年为全区学校开设上百场的家庭教育讲座,为全区各校家长提供专业指导。讲师团运用其专业性知识对各种丰富案例的剖析,成为最吸引家长的地方。

(三)家长走上讲台

随着家长对学校教育认同感的增强,家长参与学校教育的意愿也越来越强烈了。学校因势利导,充分挖掘家长资源,邀请家长利用所长,走进课堂,义务讲课,丰富学校拓展课活动内容,为学生提供更为丰富的学习经历。朱泾地区家长志愿者已为学校开发了五大类20多个小类的拓展活动课程,开展了20多次活动,涉及50多个主题,6 000多人次学生参与。海棠小学针对上海频繁出现的雾霾天气,挖掘班中家长的资源,请班级家长志愿者给家长们做了结合雾霾天气,冬季如何为孩子做好保健的互动讲座。多彩的拓展课活动,丰富了家长和学生的经历,深受大家喜爱。让有一技之长的家长为我们的孩子服务,给我们的孩子送来课本之外的知识,开阔孩子的视野,提高孩子的综合素质,成就孩子的成长。

以学雷锋为特色的朱泾小学,每到周末,校园内门庭若市,热闹非凡。学生在家长陪伴下,开开心心地参加"相约星期六"活动,孩子们陶醉在"趣味纸编"、"魅力衍纸"、"开心纸藤花"、"优雅纸蕾丝"、"家园剪纸"等课程中。这些课程由家长和学校老师一起开设,老师在与家长共同辅导小朋友的过程中,也体会到了一种崭新的成就感。我们说只有家庭教育走在了前列,老师的作用才可以无限放大,老师也得到了成长。

三、全区推动,区级家委会功能显现

金山区家庭教育促进会成立几年来,有效地整合和利用家庭、学校、社会资源,在促进孩子的全面健康成长、提升学校依法治校水平等方面做了大量工作,得到了学校和家长的欢迎。

(一)全区"家长开放日"

金山区家长委员会联盟成立一周年之际,推出了全区"家长开放日"。决定每年4月20日至4月30日,由金山区家庭教育促进会和金山区教育局联合组织为期十日的全区中小学、幼儿园"家长开放日"。这一制度旨在进一步增强家校沟通,让家长走进校园,全面了解孩子在学校的学习生活;让校园敞开校门,全面接受社会、家长的监督和评估。

在"家长开放日"活动中,各中小学、幼儿园结合建校纪念日、校园文化节、运动会等开展了主题鲜明、内容丰富的"家长开放日"活动。金卫小学举行"与孩子同行 快乐童年萌萌哒"家长开放日活动。新农学校举办以"开启素养之舟,畅游学海乐园"为主题的"一二年级家长开放日"活动。罗星幼儿园为了让家长更直观地了解孩子的现状,共同为上小学作充分准备,开展了以"家校手拉手、共铺起航路"为主题的家长开放日活动。

区家庭教育促进会还组织了"金山家长看教育"系列活动,通过微信群接受全区家长自愿报名,学府小学、金山小学、金山初级中学、金卫中学、蒙山中学以及接受来沪随迁子女就读的民办查山小学等学校热忱欢迎全区家长来访。为了让全区家长更好地了解学校,家长们还听取了蒙山中学、海棠小学等8所"新优质学校"校长关于创建引

领学校的工作汇报，了解到各学校在"让课程改革更深入、让学习经历更丰富、让师生关系更和谐、让教育服务更优质"的金山教育总要求下取得的各方面成就。

(二)"宝贝去哪儿"品牌活动

"宝贝去哪儿"是金山区家庭教育促进会筹备期间就打造的互动式亲子体验系列活动品牌之一，得到了社会企业、政府部门的大力支持，也深受家长和孩子欢迎。从寻访"上海最后一个渔村"独特的海渔文化，到体验金山农耕文化的"快乐小农夫"亲子夏令营，从传承上海市非物质文化遗产"吕巷小白龙"、土布拼绘的乡村嘉年华，到以弘扬吴越乡土文化的"枫泾寻画"金画笔文化游，家庭教育促进会引领参加活动家庭感受"金山美"，从小培养"金山情"。

在解决社区居民暑期孩子看护难的问题上，2015年暑期，家促会与社区联手开设"金天地·金风帆"社区暑托班。从金山区9所民办来沪人员子弟学校孩子们对校园生活的实际需求出发，家促会帮助各校建立"金喇叭校园广播站"，并列入上海市慈善基金会社会慈善公益项目。家促会还与朱泾地区小学家长学校联盟一起，组织13组亲子家庭远赴云南那柯里希望小学，开展送教助学活动。这是金山区自1996年对口支援云南省普洱市以来，首次以亲子家庭送教助学形式，参与沪滇对口援建的民间公益行动。同时还成立了"我们的孩子"家长志愿者服务队、护校家长志愿服务队、助老亲子志愿服务队、小记者家长志愿服务队等，积极为学校与社会开展公益服务。

(三)成长建档，共育家风

2014年7月1日开通的"我们的孩子"网站(http://www.ourchildren.cn)，是金山区家庭教育促进会建立的全区家长交流平台。网站通过开设"成长档案"、"智慧谷"、"面对面"、"亲子学法"等模块，及时发布家长们关心的教育信息；开设网络专题讲座，提供专家在线咨询，进行线上论坛交流。家促会还协同区档案局为每户家庭的孩子推出了电子化"成长档案"平台，每个家庭都可以上传任何值得记录、值得分享的孩子成长照片、文字、影像等。同时，任何内容都可以选择"私密"或"公开"，既保护了自己的隐私，又可以与他人分享。

2015年9月25日中秋夜，"月韵中秋，诗赋少年"暨2015金山区中学生传承国学中秋田野乐诗会在上海首个郊野公园廊下举行，来自全区各校的百名中学生家庭和老师参加了这次活动。活动现场，家长、学生、老师们都身着汉服，在欣喜中共同感受中国汉服文化的魅力，感知诗词之美，感受国学魅力，传承华夏礼仪和优良家风。

几年来，金山区教育局在探索和完善学校、家庭、社会"三位一体"育人机制过程中，充分利用"学校+"模式，在创新模式、资源整合和建章立制等方面作了有益的尝试，有效架起了家庭教育、学校教育、社会教育之间多渠道沟通的桥梁，形成了学校、家庭、社会大教育格局。

（执笔：上海市金山区教育局　黄　萍）

No.7　建立家校合作共育机制，促进教育内涵发展

上海市闵行区教育局

闵行区位于上海市地域腹部，形似一把"钥匙"，虹桥国际机场位于区境边沿。区域面积近 372.56 平方公里。2016 年末，全区常住人口总数为 253.98 万人，其中外来常住人口 127.04 万人。截至 2017 年 9 月，闵行区教育系统各级各类学校共 400 所（含校区），学生近 22 万人，教师 1.5 万余人。

闵行区一直都十分重视家校合作工作，《人民教育》2014 年第 8 期用 4 个版面刊发题为《上海市闵行区推进区域家庭教育改革》的报道；《新民晚报》2014 年 3 月 5 日刊发 3 篇关于闵行区家校合作经验的文章；上海市教科院普教所主办《家庭教育指导》杂志 2014 年第 3 期刊发闵行区的《家校合作促进学校内涵发展》；《东方教育时报》于 2015 年 11 月 16 日，第二版整版刊发报道《闵行区家庭教育指导中心十年成果显著，全方位指导让家长会教育》。

一、体制创新，建立家校合作共育组织运行机制

闵行区设立了"闵行区现代家庭教育研究指导中心"，中小学、幼儿园的家庭教育指导工作直接由区教育局领导分管，管理的层次实现"扁平化"，取消了中间环节，自成体系，管理达到高效化。

区教育局还设立"闵行区推进区域现代家校合作项目领导小组"，区人民政府督导室将家校合作纳入中小学办学水平综合督导评估指标体系，区教育测评与研究中心将家校合作列入"闵行社会公众对教育满意度评价指标"。闵行区推进区域现代家校合作项目组织结构具体见图 2。

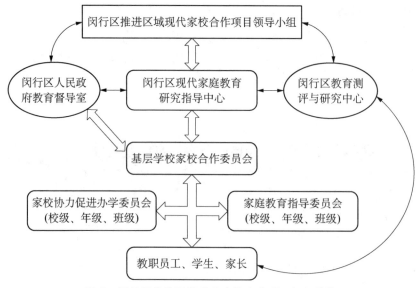

图 2 闵行区推进区域现代家校合作项目组织结构

二、制度创新，形成多种家校互动特色

2017年，闵行区为进一步加强未成年人思想道德建设，改善孩子成长的综合教育环境，出台了《闵行区关于进一步加强学校、家庭、社会"三结合"教育网络建设的指导意见》（闵文明办〔2017〕20号）；区教育局出台了《学校家庭教育指导工作三年行动计划》（闵教字〔2017〕6号）。

各学校积极挖掘资源，创新工作机制，建立不同形式的家校互动机制。汽轮小学的"紫马甲三级九部"制，花园学校的"学校家长理事会"，莘城学校与罗阳中学等开展的家长驻校视导制，君莲学校的"三鹰"（教师、学生、家长）共同飞翔的新格局，明强二小的"教师全员培训、家长全体参与"等，对于保障家校信息共享、提升家校共育水平具有实效。

三、项目驱动，营造家校合作共育的环境

（一）理论与实践研究再出佳绩

2010年出版《家庭教育现代化发展战略——区域家庭教育现代化理论与实践》（王浩、丁洪海、顾晓鸣编著）。2016年，闵行区现代家庭教育研究指导中心丁洪海老师撰写的《闵行区外来务工人员随迁子女家庭教育调查研究报告》获闵行区教育教学

论文评选一等奖、上海市二等奖,并在《闵行教育研究》(2016 年第 5 期)刊载。

(二) 以家庭教育个案评选带动指导工作

在全国率先连续(已经连续十届)开展"班主任 100 个现代家庭教育个案指导优秀成果评选"、"班主任现代家庭教育指导案例故事评选",一、二、三等奖成果文本均公开发布到中华家庭教育网的"闵行家庭教育现代化"页面上。

(三) 加强家庭教育指导基地校建设

2016 年汽轮小学、莘庄幼儿园被上海市教育科学研究院普通教育研究所、家庭教育研究与指导中心确定为"上海市'十二五'家庭教育指导特色基地校",闵行区 6 位老师被评为上海市"十二五"优秀家庭教育管理者和指导者;全区 24 所学校被上海市教育科学研究院普通教育研究所、家庭教育研究与指导中心确定为"上海市'十三五'家庭教育指导实验基地校"。2015 年,汽轮小学、闵行第四中学等 5 个项目被列为上海市教委"家校互动体制创新实践研究项目"。上海市教科院家校合作创意征文评比,8人分获一、二、三等奖。

(四) 开通全免费的家长网上学堂

2014 年起,各中小学、幼儿园通过连接"中华家庭教育网家长免费学堂",开通了网上家长学校。通过网络开通全免费的家庭教育系列讲座,让现代家庭教育走进平民百姓家中,受到广大家长的欢迎。开通全免费的网上课程系列讲座 80 多讲,免费视频课程达到 1 800 多个。

(五) 进行家庭教育指导者专业化培训

近三年全区共 284 位老师参加了家庭教育高级培训,92 位老师参加了家庭教育指导师培训,3 000 名老师参加了师德素养公共课程"现代家校合作与家庭教育指导"远程培训。另有 5 000 多位家长参加了家庭教育志愿者专项培训。

(六) 创建家庭教育读书示范基地

2015 年 5 月,区教育局颁布了《关于设立"闵行区家庭教育读书示范基地"的通知》(闵教字〔2015〕86 号)。到目前为止,已经推出 69 个"闵行区家庭教育读书示范基地"。区教育局在学校和社区开展家庭教育读书沙龙 1 500 场次以上。

(七) 启动教育满意度调研工作

2016 年 5 月,面向全区 14 个街镇 186 所学校,共发放 89 000 份学生问卷、152 000份家长问卷、13 000 份教师问卷,夯实"家、校、社"互相监督、共同成长的长效机制。

(八) 举办"三结合"专题论坛

2017 年举办 3 次家、校、社"三结合"教育网络建设专题论坛,传递依托"家、校、社"融合助力未成年人成长的经验做法。

四、狠抓基础,形成家校互动常态机制

闵行区各家长学校积极推进班级家庭教育指导委员会建设,让班主任每学期至少一次利用家长学校教材给家长做讲座,每月给家长出一道家庭教育作业思考题和一份"对与错"家庭教育指导亲子对照单,引导家长学习并撰写"读书育儿心得"以及开展家庭教育微信群交流。通过这些常态化措施,引领家长不断提升自身的家庭教育素养,从而不断优化青少年成长的家庭环境,为家校深度合作奠定基础。

闵行区通过网上动态评估合格(优秀)家长学校推进家庭教育指导工作常态化。评估内容、指标、评比结果等全部挂网公开。2017年8月评出合格家长学校40所,优秀家长学校99所。区教育局在40所中小学优秀家长学校的基础上评出10所"2017年闵行区中小学家庭教育示范校"。

(执笔:上海市闵行区教育局　丁如海)

No.8　区域教育学院在家校合作育人大格局中的地位与作为

上海市奉贤区教育学院

家庭教育是教育的重要组成部分,是学校教育、社会教育的基础。家庭教育的质量水平直接影响着国民素质和社会文明程度。随着教育改革向纵深发展,在探索和推动实现学生的全面发展过程中,形成了家校合作育人的新格局。推动家校合作育人,已不仅成为一种教育新理念,而且形成一种教育新生态。各级教育行政部门、妇联、社会组织和广大家庭、学校都成为新生态中的主体,进行了大量而有效的探索,也积累了许多宝贵经验,形成了实践经验、制度机制和理论创新成果。在家校合作育人这样一个教育生态系统中,作为区域教师培训进修、教学研究、教育科研和教育信息化等区域教育事业发展专业机构的区(县)教育学院(有的地方称教师进修学院或学校),应扮演什么样的角色? 如何有效参与和服务以推进家校合作育人? 这成为一个重要的教育命题。

每次教育改革,区域教育学院都通过积极改革,承担了重要任务。教育家朱永新认为,"家校合作是一种教育生态和合作语境,家校合作具有战略性,是土壤培育,土壤

肥沃了，气候适宜了，种什么庄稼，都会有好收成"。区域教育学院一般设立了德育研究室（部、中心）专业部门，负责学校德育研究和专业指导服务。由于家教研究与指导服务工作隶属于德育工作范畴，因此，家教工作也就作为一项德育工作内容被纳入教育学院德研部门。

区域教育学院在家校合作育人这样一个教育生态系统中，处于区域枢纽和主导地位。因为家校合作不是仅凭单纯的行政指令能够实现的，同时也不能单纯依靠教师个体力量去完成。即使由教师为主体去落实，但现实的情况是，广大教师尤其是 90 后、00 后的一代青年教师十分欠缺家教专业指导力，难以自觉完成家校合作沟通这样一个"专业活"，需要专业素养的提升和培训。同时，家庭教育的社会化服务工作是一种界于行政指导与专业志愿者服务之间的工作，需要由一个独特的载体和平台来完成。区域教育学院因其"小实体、多功能、大服务"的职能定位，正适合承担这一角色。

具体来看，在教育综合改革不断深化的大背景下，区域教育学院在家校合作育人大格局中承担着家教专业引领、组织指导服务、整合教育资源、师资队伍建设、评估监测中心等五大主体功能。这五大主体功能的实现路线如图 3 所示。

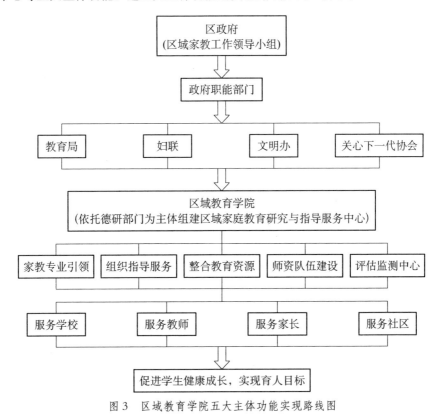

图 3　区域教育学院五大主体功能实现路线图

围绕区域教育学院在家校合作育人大格局中"五大主体功能"的实现,地处上海南郊,同时也是上海统筹城乡一体化发展试验区的上海市奉贤区教育学院,近年来立足市情区情,遵循教育规律,在家校合作育人工作中开展了五个方面的实践探索。

一、探索管理创新,搭建平台,整合各方资源,充分发挥"总枢纽"功能

家校合作育人形成了一种新的教育生态。在此生态圈中,有传统教育性主体,如各级教育行政部门、学校和师生;也有非传统教育性主体,如妇联、社会组织和广大家庭。在这样一个复杂的新生态中,如何理顺相互之间关系成为落实家校合作育人工作首先要解决的问题。

古语道,"名不正则言不顺,言不顺则事不成"。区域家庭教育指导专业发展需要有一个区域性平台统筹。奉贤区发挥教育学院在区域教育中的"人才、信息、学术"三大优势,以学院德研室和学生心理健康教育中心为主体,筹建奉贤区家庭教育研究与指导服务中心,并在2016年5月15日国际家庭日正式成立。奉贤区家教中心既是面向全区的家庭教育研究、指导和服务的综合性服务机构,也是奉贤区教育学院教育发展研究中心的内设机构。

奉贤区家教中心整合各方资源,围绕"服务师生、服务家长、服务社会"的工作宗旨,将区域内一度分散的家庭教育指导服务资源进行有机整合,开展家庭教育理论研究、业务指导,提供社会化服务。重点开展了四项基础工作:

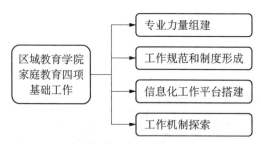

图 4 区域教育学院家庭教育四项基础工作

一是专业力量组建。依托"区域学校德育工作者、教育学院专业力量、特聘家庭教育专家团队和优秀家庭教育志愿者",建立了稳固的家校合作育人专业队伍。

二是工作规范和制度形成。围绕规范化运行的目标,组织力量将21世纪以来国家、上海市和奉贤区关于家庭教育工作政策法规文件、领导讲话等指导文本进行系统梳理,对国内外成型的家庭教育专业模式、权威专家观点和家庭教育指导服务区域化

的典型案例进行归纳整理,形成适用于基层学校和广大家长"对标"应用的《区域家校合作育人工作手册》。

三是信息化工作平台搭建。为适应"互联网＋"的时代特点,开通了上海市区域内首个家庭教育微信公众号"贤城父母"。以此为引领,指导学校开展班级家长微信公众号建设,形成微信自律公约。与此同时,针对家长需求,引进智慧家长慕课,分段分专题提供针对性强的家教专业课程,促进老师与家长的互动和提高,促进家校融合。

四是工作机制探索。立足教育需求,整合社会资源,聚集专业力量,构建了教育系统内外协作机制、家教中心内部运行机制、学校家委会和家长学校建设服务机制及社会化服务管理机制。

二、实施课题引领,加强研究,提高专业认知水平,发挥家教专业指引作用

开展课题研究,提供决策和服务咨询服务,是教育学院专业化服务的又一"重器"。以上海市家庭文明建设重点课题"家庭教育指导服务中资源整合策略的研究"和上海市德尚重点课题"基于家庭教育指导服务的'育人共同体'建设的实践研究"为引领,树立问题导向和目标导向,鼓励和指导各学校及广大教师参与家校合作育人专题研究;并创设条件,让有专长的教师参与各类家庭教育专业论坛、会议,拓展专业视野,逐步形成特色化区域家庭教育课题群。以参与上海市区域基础教育环境质量监测试点和"奉贤区中小学学生'七彩成长'满意度调研"为契机,承担了"区域视角下学校发展中家长参与的支持环境评估研究"项目,对全区学校家长参与家校合作育人环境开展专题调研,形成专题分析报告,对推动完善和优化区域家校合作育人环境提供决策依据。

课题组成员对家庭教育指导的认知直接关系到全区所有教师的水平,为此,教育学院一方面推荐他们参加"中国家庭教育指导师(高级)培训",另一方面开设区级培训项目——指导家长有效开展家庭教育的教师培训,聚集市、区有关家庭教育专家资源,加强对课题组成员的家庭教育指导力的培养。

三、加强课程开发,推动队伍建设,提高教师家教指导能力和家长育人能力

在家校合作育人过程中,实施主体主要是全体教师和全体家长。但现实是,广大教师的家教指导能力尚缺乏专业性,广大家长的教育理念和方式相对落后。为此,学院组织专门力量,分别研发了面向教师和家长的两套区本课程(教材)。

（一）研制家庭教育指导区本课程（教材）

提供专业化支撑，从"教师改变和提高"做起，通过教师专业化水平的提升来促进家校合作育人的科学化，这是提高家校合作育人的基础，更是区域教育学院的立身之本。奉贤区以德育教研员骨干队伍为基础团队，网罗区域内德育骨干和心理教育、医教结合等相关专家，组成了家庭教育专业团队。根据家庭教育指导纲要，研制家庭教育指导区本课程（教材），根据孩子身心发展阶段性特点，比较分析国内外优秀的家庭教育指导教材，取其精华，精心设计，编写涵盖中小幼一体化的区本家庭教育教师用书，形成了区域化的家庭教育专业"标准"，列入新教师和骨干教师常态化培训内容，做到系统性与阶段性结合、指导性与应用性结合、针对性与实效性结合。提高学校教师的家教知识与指导能力，充分发挥学校在家庭教育指导服务中的主渠道作用。在教育学院每年开展的区级班主任培训中，至少有2天（16课时）是讲授关于家教指导的内容。在校本培训中，家教指导是其中必备的内容，为教师家教指导专业素养提升提供保障。

（二）区本化家长课程

联系家校合作育人实际，为快速普及并提高广大家长的家教素养，我们从课程建设的四个维度——课程目标、课程内容、课程的组织实施和课程的评价出发，系统地架构区本化家长课程，开发家长课程。课程目标聚焦于"家长发展"，确立"四会"目标，即"会关心、会榜样、会沟通、会共建"。课程内容方面针对"众口难调"的难题，从家庭教育和家校合作两个层面分层分类开发，满足不同家长的教育"口味"。在课程的组织实施上，除了保留一定的集中培训这一传统方式以外，还积极探索"一校一策"、"一班一策"、"一家一策"，运用"互联网＋"的思维和工具，运用远程教育平台，线上线下结合，形成了案例讨论式、观点碰撞式、自主学习式、微信互动式、亲子互动体验式等多种形式。与此同时建立科学的评价指标、工具，采用多样化的评价方式，设置区域家校合作示范校"标准"，有效激发了学校和家长的参与热情，让家长群体的教育理念到教育行为经历着一次静悄悄的"革命"，真正实现了陪伴孩子一起成长。

四、深化社会服务，拓宽渠道，为学校、家长、学生提供多元化家教服务

区教育学院发挥专业力量和研究优势，将碎片化、分散化的教育资源进行有机整合，通过有效的工作机制，建立全方位的家庭教育服务与指导网络，纳入"大德育"工程，改进学校的教育生态，推行家校合作育人，提升奉贤区家庭教育工作科学化水平。

近几年，区域层面先后建立了早教指导服务中心，区域家长委员会、学校家委会和

班级家委会"三级家委会",已有上海市"十二五"家教基地 30 多所,为构建家庭教育指导服务的"育人共同体"打下了坚实的工作基础。整合心理健康教育与家庭教育指导服务资源,开通了 24 小时心理咨询和家长热线,为学生和家长提供面询、网上咨询与沙盘游戏,满足家长对个性化指导的需求。在每月最后一周的周六举办家长心理沙龙。沙龙活动的形式是先讲座后个别辅导,涉及的主题有:新生入学适应困难辅导,做孩子考前路上的心灵伙伴,直面孩子的青春期,如何陪伴多动症孩子等。每年 4 月份,中心为中高考考生举办大型的考前心理咨询会。为适应"互联网+"时代特点及新家长接收信息和沟通特点,2016 年 5 月 15 日,家教中心开通了上海市区域内第一个致力于家庭教育服务的微信公众号——"贤城父母",帮助家长利用"碎片化"的时间进行主动学习。设置"家教贴士、贤家说书、小贤看法"三大内容板块。通过窗口平台的开设,优化网络资源,围绕家长们普遍关注的热点、难点问题,提供家庭教育知识,解决家教困惑,分享科学方法。至今有 2 万多人次关注,原创稿达 360 多件,转载稿 200 多件。引进国内首个家庭教育慕课平台"家长慕课",对区域广大学生家庭开展大面积家教知识普及工作。

五、坚持以评促建,以评促改,积极发挥科学评价的导向作用,动态监测

发挥教育学院的专业指导和评价功能,与上海市教育科学研究院、上海社会科学院青少年研究所、上海市教育评估院、上海师范大学教育学院等专业机构合作,因地制宜,研制开发测评工具和指标,设立区域家校合作育人示范校、优秀校、合格校等"三校"建设评价标准,开展一线教师家庭教育指导服务专业能力评价,形成科学的评价导向。

同时,在日常的区域教育监测中,奉贤区教育学院也将"家庭教育"和"家教指导"作为重要内容。在 2017 年 5 月面向全区中小学生组织的"奉贤区中小学学生'七彩成长'满意度调研"中,专设 2 道有关家庭教育的问题,"父母亲和长辈们关心我的快乐成长","父母亲和长辈们理解我学习或生活上的困难,并给予及时合适的帮助";专设 1 道有关家庭教育指导的问题,"老师经常通过家访、电话或微信等联系我父母亲等家长,反映和了解我的学习情况,我喜欢老师这样做"。调查数据显示,3 道题目的得分分别为 9.61 分、9.30 分和 8.59 分(总分 10 分)。为进一步了解家校合作育人现状,精准解决可能存在的问题,进一步提高教师的家教指导能力和家长育人能力,2017 年 11 月,区域教育学院着手开展"奉贤区家长参与支持学校工作基本情况调研",面向全体中小学生家长开展问卷调查。

总之,家校合作育人已经成为区域教育学院发展的新的生长点。提高教师家教指导能力,整合各方力量提高家庭教育水平,促进家校在教育教学、学校治理、资源共享方面的合作,是区域教育学院的职责所在。

(执笔:上海市奉贤区教育学院　张竹林)

No.9　打造区域家校联盟　促进教育优质发展

上海市金山区朱泾地区小学家校联盟

金山区朱泾地区三所小学利用共处同一区域的地理优势,开展三校联合的家校互动工作,以联盟为基础、以活动为载体、以课程为突破、以制度为保障、以"七彩家校联盟"微信订阅号为纽带,有力地推动了家校联盟互动工作的开展,实现了区域视野下互相开放、优势互补、资源共享、协同教学、共同提高学校办学质量的要求,使朱泾地区的小学教育得到均衡优质的发展,达成了区域大学区、大均衡的优质办学目标。

同时,通过区域家校联盟,增强了学生、家长及教师的相互信任,使家长尊重教师的教学专业,教师肯定家长的教育伙伴作用,家校通过相互的沟通和了解,消除了隔膜,互谅互解,建立了密切的联系,从而提升了区域联盟学生的学习成效及学校的办学效能。

一、区域家校联盟的产生

(一) 存在的问题

家校联盟产生前,有三个问题一直困扰着我们。

1. 家校教育价值观不同,影响学生价值观的形成

近年来,在上海市教委深入推进课程改革的要求下,学校特别关注学生的学习过程,全力开展"基于课程标准的教学与评价"工作,切实减轻学生的学业负担,使学生成为德智体美劳全面发展的人。但现代城市生活的紧张与压力,竞争的日趋残酷,使这群独二代年轻父母对自己孩子的教育目标不明确。教育理念模糊。他们中有的还是

把"ABCD"的等第成绩作为衡量孩子优劣的唯一标准,忽视孩子的思想品德;有的看不到孩子的努力,看不到孩子的进步,对孩子总是不满意;有的把孩子完全禁锢在书堆里,让孩子承受着沉重的心理负担;还有的忽视对孩子自理能力的培养……家校之间不同的教育价值观产生的矛盾冲突,让孩子弄不明白到底为什么读书,直接影响了学生价值观的形成。

2. 区域内学校的特色不同,引发择校热

朱泾地区三所小学都是百年老校,同在朱泾镇上,学校之间距离近。金山区第一实验小学是金山区龙头学校、上海市素质教育实验学校,师资相对比较优秀,生源较好,家长资源比较丰厚;金山区朱泾小学是以雷锋教育为特色的小学,上海市花园单位,校园环境优美,体育工作龙头引领,但60%学生为外来务工人员随迁子女,农村学生也为数不少,家长资源相对薄弱;金山区朱泾第二小学师资也不错,生源也较好,花灯、剪纸、古筝、马术、高尔夫等体育艺术工作也较具特色,特别以家长参与学校办学主动积极见长。但是,长期以来,由于家长们的教育价值观不同,对孩子的期望值也不同,使得择校问题尤为突出。

3. 家庭教育不同的指导需求,学校难以满足

通过问卷调查,我们发现家长对家庭教育指导的需求很多,以往家长学校单一的讲座、听课、家访已不能满足他们的需要。例如,很多家长在"和孩子交流沟通"、"阅读习惯的培养"、"儿童人格的培养"、"心理健康辅导"等方面期望得到专业理论和技术指导,而有的家长则希望通过亲子活动陪伴孩子快乐成长……这就需要家长学校开设多元课程,家庭教育指导以多种形式开展,让家长有针对性地选择适合自己的课程,弥补所缺,提高家庭教育的水平。面对众多家长的多元需求,金山区的家庭教育指导师却只有14人,如果每个学校都依赖他们,长此以往,必然会力不从心。如何集三校优质资源于一体,发挥1+1+1＞3的功效,引发了大家的积极思考。

(二) 我们的思考和解决方法

基于以上三个问题,我们进行了理论思考,在提高认识的基础上,提出了解决问题的办法。

1. 理论思考

联合国教科文组织2015年发表了题为《反思教育:向"全球共同利益"的理念转变?》的报告。报告指出:"学会如何学习从来没有像今天这样重要。"为什么联合国教科文组织在1996年"德洛尔报告"(《学习:内在的财富》)中提出学习的四大支柱"学会认知、学会做事、学会做人、学会共存"之后,又再次强调学会如何学习的重要性呢?因为,互联网时代的瞬息万变使社会成为学习化的社会。学习化社会追求学习要超越

学校教育,教育要社会各方的参与。家庭是儿童在成长过程中初级社会化(primary socialization)的组织;学校则是他们接受次级社会化(secondary socialization)的基地,次级社会化本身是一个充满智慧的活动和过程。在学习化社会,人的次级社会化超越学校教育的范畴,教育功能广泛而切实地扩展到整个社会,是"以学习者为中心"的教育。"整个社会"是教育的主体,即家庭、学校、社区的有机结合。这个结合分两步走:第一步,家校合作。家校合作能使家校之间更好地统一认识,步调一致,有利于学生的全面发展和个性的健康发展。第二步,家校社区合作,成立区域家校联盟。对教育主体而言,家庭、学校和社区三者对儿童的教育和发展担负起共同的主体责任。对组织体系而言,系统内部的各子系统之间受相同原理支配,形成相互影响而又相互合作的关系,成为一个协同的教育系统,即家校是一个协同系统,联盟学校成员是一个协同系统,家校社区是一个协同系统。对教与学而言,区域家校联盟形成了协同教学和协同学习的关系。

2. 认识和办法

因此,我们一致认为,通过项目引领、系统建构,建立具有区域特色的小学家校联盟,协调教师和家长的价值观,实现家校教育价值观的融合;使学生在家校联盟指导下,参与家庭、学校和社区的活动,形成有利于学生全面发展和个性健康发展的价值观;发挥区域内学校各自的特色,实现协同教学,满足现代家长的需求,整合资源、共享资源,完善家长学校课程,满足各个家庭需求,指导他们提高科学育儿能力;激励更多家长志愿于学校教育,参与办学,促进学校内涵发展;进一步完善家校互动工作长效机制,强化学校、家庭、社会"三结合"的教育网络构建;为办好家门口每一所好学校做强有力保障,让每位学生在协同学习中健康快乐成长。

在这样的认识下,我们建立了朱泾地区小学家校联盟,即金山区第一实验小学、金山区朱泾小学、金山区朱泾第二小学,在朱泾地区小学家校联盟管委会的组织下,形成"家长学校联盟选修课程班"、"家长志愿者讲师拓展课"、"家庭亲子共同体学习小组"、"'七彩家校联盟'微信订阅号"等共同体,合力育人,促进区域教育均衡优质发展。

二、家校联盟的管理体制和运行机制

家校联盟的管理体制和运行机制,是落实家校联盟高效管理必须面临的课题。管理体制,能解决家校联盟有效地实施联盟管理的规范和制度问题,使联盟管理稳定有序;运行机制,能解决家校联盟在运作过程中的模式问题,使联盟运行稳定有序并且不断优化。

（一）家校联盟的管理体制建设

1. 家校联盟的组织体制建设

为了保证联盟工作有序开展，我们组建了区域联盟管委会。在管委会下，分别成立了领导小组、秘书处及工作小组。领导小组由三校校长、德育分管领导、三校家委会主任组成；秘书处由德育主任、大队辅导员、三校家委会副主任构成；工作小组又由三校班主任、各类资源部(专家资源团队、教师资源团队、家长资源团队)、校级家委会成员组成。各职能部密切配合，各司其职，同心同力推进联盟工作。

2. 家校联盟的管理制度

（1）制定了区域联盟管委会章程

章程对联盟的任务、范围、活动原则、责任与义务、性质、功能等作了详细的说明。

（2）制定了岗位及岗位竞聘制度

制度确定了竞聘的岗位，确定了岗位职能。联盟根据小学的特点，设置了课程部、活动部、宣传部、安全部，并聘任了三校家委会成员担任各部门的部长、副部长，每个部门还设立了小组长。例如课程部选聘了"自理小能手"、"弄堂小游戏"、"手工小制作"、"爱心小面点"、"生活小常识"五类课程活动组长。

（3）制定了《家长委员会工作条例》

条例明确职责，保障家长参与学校治理各项工作的有序开展，维护家长对学校教育的知情权、评议权、参与权和监督权。学校家长委员会下设五个职能部门：安全委员会、关爱委员会、协调委员会、终身学习委员会、志愿者委员会。五个职能部门各司其职，参与学校管理，以提高家长参与学校教育的积极性与有效性，保证家长对学校教育的知情权、评议权、参与权和监督权。

（二）家校联盟的运行机制

机制是一种稳定的运行模式。家校联盟的运行机制包括决策机制、运行机制和评价机制。

1. 决策机制

家校联盟的决策主体是由区域内各校校长、教师和家长组成的区域联盟管委会。联盟成员发挥各自的教育智慧，使联盟决策依法、科学、民主。

家校联盟的决策结构表现为集中决策和分散决策。区域联盟管委会宏观调控，重在联盟的中长期发展规划的制定，建立各部门的有机联系，使家校联盟有科学高效、协调有序的管理体制。各部门可以依据中长期规划在工作中进行必要的微观调控。

决策方法强调理论与实际结合，运用区域合作和可持续发展理论，科学地确定联盟的发展定位、发展目标和发展策略。

2. 运行机制

朱泾地区小学家校联盟的建立,创新了家校合作、校际合作的模式,创造性地开展了"家长学校联盟选修课程班"、"家长志愿者讲师拓展课"、"家庭亲子共同体小组活动"和"'七彩家校联盟'微信订阅号"四大块工作,形成了联盟工作运行机制。

(1)家长学校联盟选修课程班——家长自主学习的快乐天地

按照学生年龄特点,每月针对一个年级开展一期家长课程选修活动。每期设置8—9个主题供家长选修,其中5—6个专题讲座,3项亲子活动。

具体步骤是:第一,调研所需,预告课程。每期活动之前联盟管委会秘书处以"告家长书"形式公布课程选修时间、主要内容,家长自主选择课程之后将反馈表上交。第二,统计汇总,凭证听课。秘书处统计汇总好课程、人数之后,定好上课地点,并发放听课证,家长凭听课证到指定地点听课。第三,认真听课,记录感受。联盟下发了家长成长手册,要求家长记录每一次活动的内容、感受等,学期结束,秘书处收集查阅并备案,作为积分依据之一。

截至目前,联盟开设了4大类24小类家长课程选修项目(见表3),开办了16期家长课程选修活动,49个主题,8 000多位家长参与。"做'开心'父母——让沟通拉近我和宝贝"、"家长与孩子沟通的艺术"、"蹲下来给孩子一片蔚蓝的天空"、"孩子,让我靠近你"、"如何预防网络成瘾"、"青春期家长的烦恼和幸福"等专题讲座,以及"亲子软陶"、"亲子花灯"、"亲子发卡"、"亲子游戏"等一系列亲子活动受到了家长的欢迎。

表3 课程选修4大类24小类

4大类	24小类					
"家长自身素养提高"类	阅读习惯培养	艺术修养提升	思想品性陶冶	礼仪形象塑造	交际沟通技巧	如何赏识别人
"科学育子方法与技能"类	儿童身心发展篇	家长角色定位篇	未成年人权益保护	集体融入指导	学习方法指导	人格培养指导
"创建学习型家庭"类	亲子阅读	亲子书法	亲子泥塑	亲子剪纸	亲子游戏	亲子旅游
"家庭健康促进工程"类	心理健康辅导	青春期教育指导	自救自护技能	健康饮食指导	阳光锻炼指导	网络安全技术指导

(2)家长志愿者讲师拓展课——孩子们体验丰富经历的海洋

为了提高家长的教育认同感和教育技能,充分挖掘家长资源,为学生提供更为丰富的学习经历,我们的家长志愿者讲师拓展课且行且思。

具体步骤是:第一,自报特长,建立师资库。每学期初,三校在家长会上进行宣传和简单培训,并下发报名表,家长根据自己特长主动报名。第二,统筹安排,开设活动课。三校报名表存入联盟资源库,后由秘书处协调安排,在规定的时间安排家长志愿者开设拓展课供学生选修。第三,双向选择,参与活动课。每学期各年级学生通过自愿报名与教师协调双向选择,参加1—2次家长志愿者讲师的课程(见表4)。

表4　家长志愿者讲师拓展课程

活动类型	具 体 内 容
自理小能手	理书包、系鞋带、叠衣物、钉纽扣、削苹果……
弄堂小游戏	跳房子、翻手绳、跳皮筋、九彩棒、抓石子……
手工小制作	做生日帽、剪贴画、蛋壳画、卷纸画、旧报制作、彩陶、花灯……
爱心小面点	包馄饨、包饺子、做馒头、做饼干、做寿司……
生活小常识	集邮知识、辨别真假币、理财(压岁钱)、交通小卫士、救护小常识……

目前,拓展课已开设5大类20多个小类,开展了20多次活动,50多个主题,近6 000人次学生参与。活动科目方案在三校家长和骨干教师的共同努力下,已编辑成集,并上传到金山区校本课程网。多彩的拓展课活动,丰富了家长和学生的学习经历,深受大家喜爱。

(3) 家庭亲子共同体小组活动——相互陪伴快乐实践的好时光

现今的孩子生活上越来越富足,但缺乏父母的陪伴和亲子的沟通。家庭亲子共同体小组活动便为孩子们提供了群体学习、活动,同伴互助的好机会。

具体步骤是:第一,精心设计。家长们利用QQ群、微信群讨论联盟亲子活动场所,设计活动方案。第二,快乐实践。根据方案,几个家庭或十几个家庭参与同一个主题实践活动,或是借学校场地开展游戏活动、义务劳动,或是家庭中的美食聚餐,或是一同前往社区爱国主义教育基地等。第三,感染辐射。通过QQ群、微信群发布活动照片、心得体会,向更多家长宣传家庭亲子活动。

三校家长们经常利用本校家长资源基地进行亲子活动,例如,参观"廊下污水厂"、"温馨妇女节"、"一个鸡蛋的暴走"、现身"渔味无穷"金山海鲜文化节、参观新农派出所看"天眼"、参观马场等。更有甚者,三校联合开展了"雷锋家园宝贝行"家庭亲子共同体小组活动。2014年寒假,三校家庭亲子共同体小组还牵手金龙小学,一起举办了"同在蓝天共成长"四校迎新春联谊晚会。自主设计、自发组织、联同开展,到处都是亲子团的身影。家长们在工作之余懂得了陪伴，懂得了关注孩子成长心路。

（4）"七彩家校联盟"微信订阅号——家长师生共同成长的好伙伴

为了进一步夯实朱泾地区小学家校联盟工作，充分运用新媒体促进区域联动，发挥地域辐射作用，我们开通了"七彩家校联盟"微信订阅号，并落实了具体实施方案。

具体步骤是：第一，制定方案，组织培训。围绕微信订阅号实施目标，联盟制定了方案，并组织培训。第二，收集素材。由各校德育中心组、家长志愿者收集资料，上传联盟秘书处。第三，编辑审阅。由德育处审稿、定稿。第四，上传互动。经审核后，由信息处上传，三校家长会员转发并互动。

截至撰稿，我们的"七彩家校联盟"微信订阅号已经发布了221期，"学校那些事"、"家教能见度"、"家教指导魔方"、"家教百宝箱"及"热点之我见"等栏目，每周1—2期，实现学校主导、家庭参与、社会联动的家校、校校联盟互动，鼓励家长参与学校管理，促进校际良性健康发展。

3. 评价机制

为深入有力地推进家校联盟工作，联盟采用积分评价机制。"联盟管委会"采用积分形式，组合了相关内容，制定了《家长成长手册》，通过任务驱动和志愿者服务来激励家长积极参与区域联盟家校互动的工作。内容有：（1）家长课程选修积分。即家长每参与一次联盟举办的家长课程选修，就获1分。（2）会议活动积分。如学校举办家长开放日、家长会、家长委员会会议、亲子活动等，家长每参加一次获1分。（3）家长志愿服务积分。如交通志愿、午餐督查、教学督查、家长志愿讲师、微信订阅号采编等，家长每参加一项获2分。

每年开展一次学习型家庭的评选，每学期开展积分兑换奖励的活动。每次积分由家长自己记录，学校对家长参加各类活动进行备案。学期结束，由家长申报总积分，兑换奖励。根据家长学校激励机制，组织亲子外出考察活动，评选优秀学习型家庭等，以此激励家长参与联盟开展的各类活动。

三、家校联盟促进区域教育均衡优质发展

自从朱泾地区小学家校联盟实施以来，学校、家长、学生、老师之间都能够相互学习、相互促进、共同提高。老师与家长之间的信任和沟通得到了加强；家长丰富了科学育儿的理念，提升了科学育儿的能力；学校有了丰富多彩的课程，促进了学生个性的健康发展。联盟校际之间的合作，缩小了校际、家庭间、生生间的差距，大大降低了择校热，区域教育均衡优质发展的势头良好。

1. 家校合作加强，促进了区域教育的优质发展

家校联盟运行以后，区域学校将家长视为教育伙伴，缓和了以往家校的矛盾。在联盟的指导下，家长对自身的社会责任有了比较清晰的认识，在家校活动中提高了对社会的贡献意识，学会了与他人合作，达成了自我成长，对孩子产生了正面的身教作用。同时，家长通过参与区域家校联盟的活动，对学校的归属感和满足感由一所学校扩大至区域学校，促进了家校联盟体系的稳定。现在，主动向学校反映对教育教学方式、联盟活动计划、课程内容等建设性意见的家长明显增多。自从联盟成立以来，家长拓展课志愿者报名人数由原来20多名剧增加到目前300多名；每学期的家长交通志愿者由原来300多名剧增加到800多名。这些对改善学校的教育环境，提升教育的品质起到了非常重要的作用。

2. 家校社区资源共同构成区域优质教育环境

教育资源共享是区域联盟的特色之一。朱泾地区的家校社区教育资源是区域内亲子共同体学习小组活动的基地。朱泾小学的雷锋体验馆、朱泾二小的花灯创新实验室、实验一小的书法指导中心、罗星中学的篆刻中心、廊下小学的何鄂雕塑馆……到处都留下了联盟亲子共同体的身影。"双休日去哪儿"、"一起读绘本"、"影视之我见"等活动则把联盟中各个家庭教育的亮点，通过微信订阅号送到了三校三千多户家庭手中。社区资源基地如"廊下污水厂"、"金山田野百花节"、"金山海鲜文化节"、"新农派出所"等都有联盟亲子共同体的身影。

3. 家校联盟及时总结经验并将成果推向全市

为使区域家校联盟内的家长和学校共享教学经验，更好地共同优质发展，2014年9月，联盟面向区家庭教育指导师、学校教师、家长、学生、社会征集优秀家庭教育指导论文、家庭教育个案、学生心语等，共征集到了家长征文85篇、拓展课方案34篇、教师征文52篇、学生征文38篇、家庭指导师征文18篇，合计227篇，评出一等奖11篇，二等奖31篇，三等奖68篇。联盟编辑了优秀家庭教育案例集《不同的智慧，相同的爱》和《家长志愿者拓展课方案集》，传到了区域内学生家庭手中，大家共享联盟教育成果。为进一步扩大区域家校联盟的教育经验，2015年10月和2016年3月，朱泾地区小学家校联盟两次走进上海新闻广播电台"教子有方"节目，面向全市交流成果。

著名的教育家苏霍姆林斯基曾说过："没有家庭教育的学校和没有学校教育的家庭不可能完成造就全面发展的人这一极其细致艰巨的工程。"在信息化、网络化、数字化学习等现代因子建构学习化社会的今天，更要强调人的社会化。实践证明，只有加强家、校、社区的联系，不断争取家长和社区的积极支持和配合，才能形成强大的教育合力，发挥教育的整体效应，才能促进人的社会化。学习化社会的构建，就是为学生打

造一个理想的学习环境,从而使学习者能更快地融入社会,发展健康的个性。朱泾地区小学合力打造的区域家校联盟积极有效地整合各类资源,最大化地发挥家校互动的积极效应,就是对建构一个有利于个人社会化学习环境的有益探索。目前,我们还在探索的路上。

（执笔：上海市金山区朱泾第二小学　孙翠英）

No.10　校际协同,打造区域共享的家长学校课程

中共上海市静安区小教第三总支委员会

对于"与孩子一起成长——基于儿童成长需求的家长学校课程指南"家长学校课程,想法最早源自我们总支的校级干部中心组的学习。当时我们总支 30 多名校长书记正在分成四个小组学习上海推出的义务教育质量绿色指标评价体系,发现很多指标分解后,都涉及学校教育与家庭教育同步的问题,如学生学习动力指数、学生社会经济背景对学业成绩的影响指数、学生身心健康指数等。我们感到目前各校都深知家庭教育指导工作的重要性,也正努力结合自身实际积极推进。然而,现有的家长学校教材或因时间跨度较大,需予以修改与完善;或是讲课教授的方式过于陈旧,不容易为现在的家长接受掌握;或是没有从儿童成长的需求出发,指导缺乏针对性、有效性。基于此种现实,编制一门能供区域共享的家长学校课程,对于学校推进家庭教育指导工作,对于教师实施家庭教育指导,对于家长更新家庭教育理念,掌握科学、有效的教育方法,都是非常必要的。于是,"基于儿童成长需求的家长学校课程指南"项目组应运而生。

一、问题驱动,校际协同,共建家校课程

课程的研发由四所学校协作完成,因此,校际之间如何协同成为研发过程中必须面对的问题。我们学区期望通过这样的一次课程研发合作,在区域内的学校间形成一种多层互动、多向交流的新型生态关系,使学校间呈现出共生式发展新格局。

（一）聚焦瓶颈问题，确定合作项目

项目组在集中学习前进行了专题研究，根据自己的研究内容设计了调查问卷等，在学生、家长、教师中开展现状调查，以使自己的判断和举措更加科学、合理。经过一个阶段的调查分析，我们将自己的研究方向聚焦为"基于儿童成长需求的家长学校课程建设与实施"。

（二）建设校级联盟，夯实过程监控

合作项目确定后，我们将研究小组变成项目研究校际联盟——针对"基于儿童成长需求的家长学校课程建设与实施"这个研究项目，由民办彭浦实验小学、三泉路小学、永和小学、成功教育实验小学等四所学校组成校际联盟，开展研究。其中民办彭浦实验小学、永和小学是上海市家庭教育指导基地学校，在家庭教育指导方面具有浓烈的个性化特色；三泉路小学在学生学业的家庭教育指导等方面，成功教育实验小学在入学准备期的家庭教育指导等方面，也积累了相当多的经验，形成了具有校本化特色的做法。四所学校组成的研究联盟，很快就发挥出在家庭教育指导方面各自的特点，取长补短，形成初步的研究成果。在取得初步的成效后，小组又邀请区德育室相关专家深入联盟校开展指导，进一步理清研究思路，对研究内容进行了调整。其他项目的校际联盟小组，也分别根据研究项目内容需要，每月定期开展小组学习讨论，并邀请市区教研室及其他相关市区专家深入指导，提升研究的理论思考深度，推动研究进程。总支委员会每月定期深入各校际联盟组，参与讨论，把控各小组研究进程。总支结合中心组联组集中学习的机会，让校际联盟以项目阶段成果发布形式，定期交流项目研究进展情况和阶段成果，其他小组或建言献策提出建议，或一针见血指出问题，或积极鼓励互建信心，促进项目研究的进程不断向前。

（三）搭建互动平台，分享合作成果

经过一年的学习研究，校际联盟研究项目都形成了初步的研究成果。总支继续利用干部中心组的平台，以校际联盟研究项目成果发布的形式，利用中心组联组学习的时间，让项目研究的初步成果得以展示。"基于儿童成长需求的家长学校课程建设与实施"项目更是作为区域家庭教育指导课程开发的内容，在静安区接受上海市家庭教育指导中心调研的过程中，作为专题汇报，受到市家庭教育指导中心领导和专家的充分肯定，更对项目进一步的深化作了具体的指导。我们继续将项目成果精细化，形成了课程教材《与孩子一起成长——基于儿童成长需求的家长学校课程指南》。

二、需求导向，关注实效，凸显家长主体

在前期调研的基础上，针对各年级小学生的年龄特点与身心发展特点，我们从自

我保护与生活技能、同伴交往与情感培育、学习习惯与学习兴趣、行为规范与道德养成四个模块入手，制定了分年段的课程目标与必修主题。本课程一个非常重要的着眼点就是基于儿童的成长需求，如何在课程建设中体现这个重点，我们主要从以下几个方面进行了思考和实践。

（一）立足区本调研结果，体现培训的针对性

我们在全学区17所学校内广泛开展调查研究，每班随机抽取2—3名家长，每年级随机抽取2—3名班主任老师，让他们写出在家庭教育中最关心的三个问题。通过归类整理，集中了40个家长、班主任最关心的家庭教育问题，并按照自我保护与生活技能、同伴交往与情感培育、学习习惯与学习兴趣、行为规范与道德养成四个模块进行分类，按照学生成长规律设置为各年段培训的主题。

（二）从儿童成长需求出发，体现儿童为本的教育宗旨

家庭教育指导应尊重儿童身心发展规律，尊重儿童个性与发展需要，创设适合儿童成长的必要条件和生活情景，保护儿童的合法权益，促进儿童自然发展、全面发展、充分发展。我们强调学生的发展，必须是全体而不是部分；应该是学生人格的全面发展，而不是重智力轻其他；应该是具有个性的发展，而不是千篇一律的统一标准；应该是可持续发展，而不是限于当下的。这也是我们家教指导活动的出发点，因此，我们编写的家教指导教材必须以此为起点。

（三）突出理念与方法两个重点，体现培训的实效性

以家长的教育理念和指导教育子女的方法为重点。家长的教育理念是父母教育素质的核心，对家庭教育的目标、方向以及父母的教育行为起着制约和指导作用，也是影响家庭教育质量的决定因素。教育理念至少包含儿童观、亲子观、人才观、教子观等四个方面。家长指导、教育子女的方法，是教育理念和教育行为的综合体现，并直接关系到孩子在家庭中所受教育的实效。有效的教育方法有很多：例如，教育孩子的前提是了解孩子，了解孩子的前提是尊重孩子；教子成功从培养良好习惯做起；父母身教重于言教；让孩子在体验中和群体中长大等。我们课程的培训目标就是指导家长在家庭生活中掌握并灵活运用这些方法。

（四）强调为家长服务的理念，体现家长主体性

在指导培训活动中，指导者应确立为家长服务的观念，了解不同类型家庭的家长需求，尊重家长愿望，调动家长参与的积极性，重视发挥父母双方在指导过程中的主体作用和影响；指导家长确立责任意识，不断学习、掌握有关家庭教育的知识，提高自身修养，为子女树立榜样，为其健康成长提供必要条件。因此，指导者应当把家长当作自己重要的合作伙伴、贴心的朋友，充分尊重他们，高度信任他们，才能创设一种民主开放的氛围,调动广大家长参与培训的积极性、主动性和创造性。

(五) 注重指导过程中家长的参与体验,体现活动性

以往的家长学校的培训教材一般比较注重将家庭教育理念、方法灌输给家长,采取的主要形式是讲座式,这样家长始终是被动的,是受教育者的角色。我们感到,家长是家庭教育的主体,也应该是家庭教育指导的主体,因此,应该将培训指导活动设计成家长可以参与的各种活动,让家长在参与活动中与指导者平等地交流,与其他家长平等地交流,并把这种平等带到与孩子的交流中去。因此,我们设计的培训形式以活动为主,让家长在活动中感悟体验,更新观念,掌握方法,这也更能激发家长参与培训指导的积极性和主动性。

三、遵循规律,构建课程,形成共育合力

我们将课程的总体目标定位为:遵循小学阶段孩子身心发展的规律,设计家长培训课程,将社会主义核心价值观教育落实于家庭教育指导活动之中;引导家长帮助孩子主动适应小学生活,关注孩子的思维性质、情感、自我意识以及道德行为习惯上的发展变化;引导家长注重培养孩子良好的学习习惯和学习兴趣,培养孩子关心、诚信等基础道德品质,培养孩子的多种兴趣;引导家长掌握科学育儿的方法,提高家长教养孩子的能力,促进家长和孩子共同成长,逐步增强家庭、学校、社会共同参与教育的意识与合力。

(一) 课程主要模块与分年段目标

针对各年级小学生的年龄特点与身心发展特点,我们从自我保护与生活技能、同伴交往与情感培育、学习习惯与学习兴趣、行为规范与道德养成四个模块入手,制定了分年段的课程目标与必修主题。

表5 各年段课程目标与必修主题

年级	课程模块	必修主题
一年级	自我保护与生活技能	校园新生活
		走路安全我能行
	同伴交往与情感培育	交到更多的好朋友
		养成倾听和表达的好习惯
	学习习惯与学习兴趣	让孩子喜欢上每门学科
		读写好姿势伴孩子愉快成长
		学会整理自己的书包
	行为规范与道德养成	规则在校园安家

年级	课程模块	必修主题
二年级	自我保护与生活技能	关心时事，从小做起
		从小培养孩子整理自己房间的好习惯
		让孩子学会观察生活
	同伴交往与情感培育	学会接受批评
	学习习惯与学习兴趣	阅读越精彩
		我的学习我做主
		养成作业好习惯
	行为规范与道德养成	感恩的心
三年级	自我保护与生活技能	合理安排课余生活
		做自己力所能及的事情
		爱新闻，有收获
	同伴交往与情感培育	为别人的成功喝彩
		正确面对小干部竞选
	学习习惯与学习兴趣	学会合作学习
	行为规范与道德养成	让父母眼中充满"彩色优点"
		播种诚信的种子
四年级	自我保护与生活技能	合理支配零花钱
		正确面对电玩
	同伴交往与情感培育	美丽的宽容
		和孩子聊天，从"心"开始
	学习习惯与学习兴趣	事半功倍，快乐学习
		制订孩子的家庭个人学习计划
		养成自主预习好习惯
	行为规范与道德养成	家校表现一个样
五年级	自我保护与生活技能	增强自我保护意识
		准备人生起航
	同伴交往与情感培育	虚拟世界里的沟通
		提升抗挫力
		叛逆，让我们一起面对

年 级	课 程 模 块	必 修 主 题
	学习习惯与学习兴趣	适当定位，期待学习成功
		生活处处有探究
	行为规范与道德养成	培养志愿者精神

（二）课程教材的主要内容

针对小学生不同年龄阶段的年龄特点与身心发展特点，参照《上海市 0—18 岁家庭教育指导内容大纲》相关内容，教材按 1—5 年级分年段进行编写：现有教材共 40 篇，每个年级段教材培训指导篇目均为 8 篇，一年级含学习准备期内容。

每一篇教材都按"问题与需求"、"活动目标"、"活动形式"、"出席对象"、"活动时间"、"活动准备"、"活动方案"、"给家长的建议"、"亲子游戏"、"资料链接"等十个板块进行编写。其中"问题与需求"、"活动目标"、"活动形式"、"出席对象"、"活动时间"、"活动准备"、"活动方案"为必需板块；"给家长的建议"、"亲子游戏"、"资料链接"根据活动内容作为活动方案的补充，有利于拓展家长的家庭教育视野，掌握更多的教育方法技能，并利用提供的方法、游戏在家庭中开展相关的亲子活动，进一步体验感悟培训的实效。

其中"问题与需求"，从两个方面着眼，一方面是儿童成长中这个年龄段普遍存在的问题及成长需求，另一方面是家长在指导这一年龄段的儿童中可能会存在的问题及家庭教育指导的需求。

"活动形式"建议以活动、游戏互动或者情景体验等参与式活动为主。考虑到家长学校开放时间的特殊需求及内容，一般不安排学生一起参与培训活动。

"出席对象"一般为本年级学生家长。

"活动时间"一般为 40 分钟。

"给家长的建议"及"资料链接"为活动内容相关的补充阅读资料，帮助家长进一步了解这个年龄段儿童的身心发展特点与家庭教育指导的要点、方法等。教师在培训指导时可以根据班级家长特点与需求补充或者更新相关资料。

（三）给教师的活动组织建议

本活动案例集分年级编写时已经考虑了学生不同年龄阶段的年龄特点与身心发展特点，教师在使用时可以根据班级学生及家长实际情况选择使用。

教师组织家庭教育指导大致可以有以下几种模式：

1. 辨析选择模式。所谓辨析选择模式，是指在家教指导工作中，指导者创设一定的情境和机会,鼓励家长对一些有争议的价值观、教育方法发表自己的看法,引导家长在交流过程中思考,在比较和衡量的基础上做出选择,并实践自己的选择。

2. 情感教育模式。即以家庭情感教育为主要内容的多向沟通、双向指导的家教模式。这一模式将情感教育放在首位,以培养儿童自信、合群、求知等情感因素,使儿童身体、行为、习惯、性格等方面和谐发展为主要目标。在家长指导方面,以培养家长的情感教育能力为主要内容。

3. 认知优化模式。以提高家长的家庭教育认知水平为主要内容,通过家长认知水平的提高来实现家庭教育的优化。

4. 行为示范模式。以培养儿童良好的行为习惯为主要指导内容,通过家长良好行为习惯的示范作用对孩子进行潜移默化的影响。

教师在组织相关活动时,可以有选择地将"给家长的建议"、"亲子游戏"、"资料链接"等作为阅读材料提供给家长,使家长在活动前后能根据这些资料进一步增强认识,或者按照提供材料组织相关亲子活动。当然由于现在社会信息发展特点,教师也可以根据主题寻找更新更符合社会发展的材料,提供给家长参考。

教师在组织活动时,可以邀请部分家长志愿者参与活动的组织。让家长成为活动的组织者,不仅可以提高其他家长参与活动的兴趣,增加可信度,也可以进一步丰富家庭教育指导的资源。

(四) 给家长的使用建议

家长应以积极的心态参与家庭教育指导活动,只有积极地在活动中感悟、体验,才能精准了解孩子身心发展的特点及规律,让孩子在丰富、适宜的环境中自然发展,快乐成长。

家长作为成年人,应通过活动明确活动的目标及价值取向,并利用本活动案例提供的材料内容,特别是"给家长的建议"、"亲子游戏"、"资料链接"等板块的内容,开展科学有效的家庭教育活动。

四、磨砺队伍,收获自信,追求家校共进

在课程编写的过程中,我们本着边研究边实践的策略,一边编写活动方案,一边将相对成熟的活动方案在四所项目学校进行试用。在实践的过程中根据家长的反映总结经验,调整内容与方案,使方案与家长实际更切合,更贴近。在一年半的课程编写与实践过程中,我们感到主要有以下三方面的体会。

（一）形成了一支队伍

参与课程研究与编写的有四所学校的领导和20多位在家庭教育指导一线工作的教师。很多项目组的学校在校内成立了家庭教育指导项目小组，负责研究与探讨活动方案的编写与实践。很多领导与教师通过编写与实践，都成了学校家庭教育指导工作的中坚力量。通过一年半的课程编制过程，这支有30多位学校领导与一线教师组成的队伍已经成为总支家庭教育指导方面的骨干力量，为课程向区域辐射奠定了良好的师资基础。

（二）经历了一次磨炼

参与项目的学校领导和一线教师，一开始对家庭教育指导的工作认识还不够清晰。通过项目前期的调研，在一次次课程框架、活动案例形式的讨论中，我们的观念逐渐清晰起来。在第一次向市家庭指导中心和区德育室的领导专家汇报时，领导和专家给我们极大的鼓励和信心，并提出要我们做成一个供全区共享的小学家长学校课程资源。当时，我们既欣喜，又焦虑。欣喜的是我们的研究思路得到了专家的肯定；焦虑的是对于编写区域共享的课程，我们都没有经验，不确定是否能做成。但领导和专家们肯定的目光和深入细致的指导，使我们坚定了信念。于是，我们踏上征程，在原有框架的基础上进一步修改、补充，一次次拿出自己觉得还行的东西，又一次次否定自己，不断思考与探索。最终，当课程基本成型时，我们回过头去看，深感这是一段艰辛的旅程，也是一段令人难忘的合作经历，收获最大的是我们自己。

（三）实现了一次提升

"与孩子一起成长——基于儿童成长需求的家长学校课程指南"家长学校课程体现了三个转变：首先把家长从被动学习变为以学校为主导、以家长为主体的主动学习；其次，变教师单向指导、居高临下的关系为教师和家长互动交流、相互学习的关系；其三，从原有的学校为主，家长配合，转变为从学生身心发展需要出发，想家长所想，给家长所需，由此建立双向互动型家庭教育指导模式。这是一次区域家庭教育指导观念的整体提升，也是一次家庭教育指导工作实践的全体提升。

（执笔：中共上海市静安区小教第三总支委员会　　吴叔君）

No.11 社校联动 融通共育
——长桥社区家庭教育指导机制探索

上海市徐汇区长桥街道社区学校

一、背景

随着时代的发展与社会的变革,我国的学校教育面临着重大的发展机遇和挑战。《国家中长期教育改革和发展规划纲要(2010—2020 年)》提出将"建立现代学校制度"作为改革方向,要求推进政校分开,管办分离,并且建构学校与学生家庭、社区的新型合作关系。毫无疑问,学校、家庭、社区三类教育资源以及教育功能之间的融会贯通已经是大势所趋。然而,当下的相关研究往往聚焦于打破教育形态之间的隔绝状态,未能深入探索促进三者间互动的因素、模式与机制,需要采用适切的理论视角加以引领。自 20 世纪 70 年代后期以来,西方越来越多学者利用教育生态学的概念与框架对区域教育生态进行考察和研究,积累了丰富的经验及成果。教育生态学是借用生态学的观点来探讨教育系统内部规律的一门科学,包括生态群落分布、生态位竞争、生态链脱节等关键概念,有利于改变对家社校联动的表层化探索这一局限。另一方面,随着 2015 年《教育部关于加强家庭教育工作的指导意见》、2016 年《教育部等九部门关于进一步推进社区教育发展的意见》、2017 年上海市教委《关于进一步加强家庭教育工作的实施意见》等文件的陆续出台,家庭教育及其指导工作的重要性被提到了前所未有的高度。事实上,家庭自行开展子女教育,学校、社区分头指导家庭教育的单向并行模式由来已久,亟待有所突破。因此,如何开展多元主体下家庭教育指导机制的融合创新,满足广大家庭对家庭教育指导的多样化需求,从而切实提升广大家庭科学育儿的水平及能力,成为一个崭新的重要课题。

近年来长桥社区主动立足区情、街情,牢牢把握居民需求,切实依托优势资源,不断加强社区学校这一主阵地建设,完善以"全员、全程、全方位"为特征的完整教育体系;同时进一步坚持特色引领、实践创新,陆续完成了外来流动儿童心理健康教育、生态道德教育等实验项目,积累了社校联动、社校资源共建共享的宝贵经验,进而明确构建社区教育服务联合体的发展方向,并开展了有效探索。围绕"如何进一步整合社区教育资源、进一步完善社区教育网络、进一步创新社区教育的服务方式",在"建构社区教育服务联合体"的基础上提出了"打造社区教育和谐生态圈"这一新命题。

长桥社区尝试探索互动融合机制,强调社区可作为一个大的平台或公共空间,具有以共同学习、终身学习的理念积极、主动地与学校教育、家庭教育相融合的潜力。同时希望深入探索促进三者间互动的因素、模式与机制,从而建立长效机制,促进本区域的教育生态平衡。

二、机制的具体内容

本项目根据行动研究这一主体方法,通过确定问题和设计方案、实践运作和反思提高等环节,逐步推进长桥社区家庭教育指导新机制的探索。

(一) 确定问题和设计方案

本项目通过查阅相关文献编制访谈大纲,于 2017 年 5—6 月走访了长桥社区具有代表性的两所小学——徐汇区实验小学、长桥二小;两所初中——徐教院附中、长桥中学,对学校骨干教师,特别是班主任和心理老师开展了开放性访谈。每个学校受访人数在 10 人左右。访谈结果整理如下。

1. 作为外来人口导入区域,长桥社区的中小学可根据招生对象大致分为两类:以外来务工人员随迁子女为主和以本市户籍子女为主。前者同质性较高,需要普及家庭教育的基本理念与方法;后者则呈现异质性需求。本项目偏重于回应家庭教育的异质性需求。

2. 家庭教育的主体——家长存在一定程度的缺位或错位现象,造成了家庭教育指导困难重重。具体表现为祖辈带养为主;重成绩轻品行;不善于进行亲子沟通及处理子女的情绪行为障碍。

3. 学校开展家庭教育指导的瓶颈主要体现在两个方面:一为教师,特别是一线的班主任普遍反映分身乏术,不堪重负;二为过分单一,流于形式,以讲座普及为主,与当下家庭教育指导的需求多样化这一现状不相匹配。

4. 社区开展家庭教育指导以家长学校为主要载体,整合社区教育资源以讲座、咨询等形式有序推广指导工作,大力普及《徐汇区家长学校读本》中的科学育儿理念,但是与学校指导模式一样,存在精准性和深入性不足的问题。

5. 社区与学校在家庭教育指导的合作上缺乏持续性和深入性,在整合资源、创新机制方面存在较大的作为空间。

从教育生态学视角来看,受长期行政功能碎片化的影响,目前长桥社区家校社三大系统之间的能量流流动不畅,在家庭教育指导工作上存在生态位竞争(功能重叠)与生态链脱节(各行其是)现象,亟待打通壁垒,建立可持续的、基于内生性需求的互动机制,形成相互依存、平等共生的教育共同体。

基于访谈结果,一线教师在家庭教育指导工作中的主导角色凸显。为了回应他们在这项工作中面临的主要挑战与重大困惑,同时借鉴上海市金山区朱泾地区"区域家校联盟"的理念与做法,本项目于2017年9月策划推出"长桥社区家庭教育指导沙龙"(简称"沙龙")这一载体。沙龙以一线教师为服务对象,全力打造"社区搭台、学校支持、专家引领、教师指导、家长主角、学生主体"的新型家庭教育指导运行新机制(见图5)。

图5 长桥社区家庭教育指导运行机制

(二) 实践运作和反思提高

由于教师本职工作繁忙,经过与学校的协调,并考虑社区学校自身的工作安排,沙龙时间定在周三下午1:30—3:00。从10月初到11月中旬,原则上每两周活动一次,事实上根据学校的期中考试安排等作出了微调,目的在于提高沙龙成员的出席率,实现成效最大化。在首次沙龙活动中,长桥街道领导到场并讲话,阐明开展沙龙活动的意义,强调规则与纪律,鼓舞成员们的士气;学校领导全程给力,尽量保证老师参加活动的时间;沙龙还邀请了沪上的教育名家亲自分享与指导,启发成员学以致用;大部分成员能够排除各种困难,做到准时出席,并在活动中积极投入与反馈。沙龙活动遵循"自助——助人——整合"的思路,内容包括"教师压力管理与心理调适"、"学校家庭教育指导重难点解析"、"学生常见心理问题和障碍的识别与处理",并在"学校家庭教育指导案例分析"中对所学所思进行融会贯通,板块安排较为科学合理。

随着沙龙活动的推进,本项目在实践与反思中总结出了三种家庭教育指导的有效策略。

1. 间接指导。毋庸置疑,教师特别是班主任在家庭教育指导中发挥着举足轻重的作用,他们自身的心理健康以及开展家长指导的专业能力直接关系着家庭教育指导的质量与效果。同时这一群体面临着较大的职业压力。通过支持教师群体可以达到间接开展家庭教育指导的目的。

2. 分类指导。现代家庭的结构功能出现分化,家庭教育的个性化程度提升。相应地,家庭教育指导也不再是"一刀切"的工作,而是必须以区分为前提,有的放矢地推进实施。围绕隔代抚育、情绪行为障碍等难点问题开展专题探讨可以达到事半功倍的效果。

3. 融合指导。社区在家庭教育指导中具有独特的优势,即善于整合资源,能够吸纳区域内有意愿的中小学校,打造家庭教育指导联盟。一方面突破校际界限,实现区域内的共享和自助;另一方面引进外部资源为联盟所用,达到资源利用最大化与最优化(见图6)。

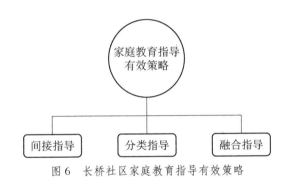

图 6 长桥社区家庭教育指导有效策略

三、初步成效

1. 帮助教师改善从业心态,补充知识,更新思维,提升教师开展家庭教育个别指导的专业水平。徐教院附中王露斌老师在学习体会中谈道:"沙龙活动中,让我最感动的是杨敏毅老师现场给我们所讲解的案例分析。杨老师从心理学角度分析了每个案例中孩子各种行为背后的心理。在分析中,她始终秉持着尊重每一个个体的理念,循循善诱,走进学生的心里。这一点让我十分敬佩,也十分感动。不得不承认,作为班主任和学科教师,我们在德育工作中通常都抱有今日事今日毕的想法。殊不知,在初中时期,学生的心理和生理同时处于高速发展的阶段,班主任应该带着发展的眼光,像杨老师一样通过访谈,走进学生的内心,想他所想,明白行为背后的原因,再去做学生的德育工作。这次沙龙活动让我深刻感受到德育工作绝不是班主任一个人的事情,他们是我们的学生,更是家长的孩子。我坚信,充分的家庭教育指导和家校沟通合作一定可以让更多孩子健康成长,高效学习,和谐生活。"徐汇区实验小学的王依婷老师说:"我们在沙龙活动中收获了许多教育心理学方面的知识。面对来自不同学校的班主任,专家们通过案例、游戏等各种方式,用深入浅出地表述方法,让我们理解一些心理健康和精神医学领域的专业知识,让我们明确在自己的职责范围内可以尽力做到的事,并提供给我们一些可求助的社会资源。要把教育实践中碰到的种种难题看作资源,看成挑战,视为宝贵的经验。例如,在日常管理工作中,我们的定位究竟如何摆正?如何和家长沟通?如何看透一个'不正常现象'背后的本质?在这里,我们重回'学生'的身份,认真学习,并在课后结合自己的工作经验撰写案例,借助专家们的经验和指教,探索自己的教育途径。"

2. 打造优质丰富的资源库和资源分享平台,为学校开展家庭教育整体指导提供专业支持。西南模范中学党支部书记在介绍学校开展家庭教育指导的具体做法时说:"学校充分利用社区和学校资源,依托家长会的载体,根据不同年段的学生年龄特点,邀请热心于家庭教育事业、具有较高专业知识和修养的专家,或者有着丰富家庭教育指导经验的老师为家长培训。通过学习,帮助家长树立科学的家教理念,及时解决子女在成长过程中所遇到的各方面问题,确保学生健康快乐地成长。如起始年级入学教育家长会,每年新学期的家庭教育辅导报告,毕业班学生家长指导会等,实现了学校和家庭教育互动,取得了较好的成效。"

3. 拓展社区家长学校这一传统指导载体,发挥社区作为教育黏合剂的独特功能。一是课题引领,探索科学育儿方法,提高家长科学育儿能力,促进未成年人健康快乐成长。与上海市人口与发展研究院联手合作开展"母婴健康进社区"、"好父母优学"等婴幼儿课程,开拓"以社区基础家庭生殖健康促进工程"、"妈妈职场礼仪"等研究课题。通过研究指导,使家长明确肩上的重任,知晓家教规律,解除生活中的种种困惑,让家长们小心谨慎地在孩子的心田播撒爱的种子,使科学家教落到实处。二是开展亲子活动,在活动中融洽亲子关系。结合创建学习型家庭的相关要求,开展"全民阅读"亲子活动,举办"父母和孩子共读一本书"活动,交流读后感、发表微博、参加征文等,营造家庭学习氛围,提升市民文化素养,促进亲子的沟通交流。开展未成年人及家长"走进上中路教育一条街"名校系列社会实践体验活动,亲子体验学校科技、文化、艺术特色项目。组织大型教育政策咨询活动,如"家庭教育周"、"大手牵小手服务社区"等活动,架起学校、家庭与社区教育的"立交桥",让各教育单位与居民进行直接、良性的互动。

总的来说,本项目基于这样一个信念:社区可作为一个大的平台或公共空间,具有以共同学习、终身学习的理念积极、主动地与学校教育、家庭教育相融合的潜力,从而实现本区域的教育生态平衡。我们将继续探索长桥社区家庭教育指导新机制!

(执笔:上海市徐汇区长桥街道社区学校 马春梅 朱冬英)

下编：学校智慧篇

第一章 家校合作：组织建设的创新

引言

任何有效的家校合作实践都离不开家校合作组织的推动。纵览全球，无论是西方国家，如美国、英国、法国等国，还是亚洲的日本、新加坡等国，以及我国的港台地区，中小学家校合作实践都有赖于家校合作组织的推动。比如，美国有三级的家长教师联合会组织：全国家长教师联合会（National PTA）——州家长教师联合会（State PTA）——地方家长教师联合会（Local Unit PTA）。家长教师联合会是由家长、教师、学生以及热心于学校和社区事务的市民共同组成，属于非营利、非派系的组织，发挥的主要功能有：在学校、社区以及任何政府机构和其他组织作出影响儿童的决定前，支持并为儿童代言；帮助家长掌握养育和保护儿童的技能；鼓励家长与公众参与美国公立学校的教育。

不同国家的家校合作组织有的名称相同，有的名称迥异，但作为一种社会组织，都有明确的组织目标、组织机构和组织规范，在家庭与学校合作方面发挥积极的组织功能和作用。同时，发达国家和地区的家校合作组织或由基金会资助，或成立于大学这样的非行政机构内，从法律关系上大多属于非政府的社会服务组织，广泛吸纳社会各界人士，如国会议员、专业人士、工会代表、社区领袖、媒体代表、家长等。家校合作从组织性质上不隶属于任何行政部门，保证了组织运行的独立性，真正实现教育参与的独立建议权、评价权、监督权等。

一、学校家校合作组织的建设

相比发达国家和地区，我国的家校合作组织建设历史并不长，而且是以学校家校合作组织——"家长委员会"建设为主。自从 20 世纪 80 年代以来，我国颁布了多项教育政策来强调家校合作的重要性。1988 年颁布的《中共中央关于改革和加强中小学德育工作的通知》指出："要把社会和家庭教育同学校教育密切地结合起来，形成全社会关心中小学生健康成长的舆论和风气。"这一通知的颁布，有效地促进了我国中小学以提高家长家庭教育水平、促进家长配合学校教育为主的家校合作实践工作的蓬勃开展，家委会也逐步成为中小学推进家校合作、促进家长参与的重要组织。

随着社会的发展和时代的变迁，家校合作在推动教育内涵发展上的价值愈发凸显，教育部于 2012 年从专题文件的角度，颁布了《关于建立中小学幼儿园家长委员会的指导意见》，重申建立家长委员会的重要意义，明确家长委员会的基本职责，再一次推进了基层学校家委会规范建设的工作。

家长委员会，是当前中小学普遍设立的，代表家长利益、发挥家长权益的常规组织。通俗意义上，家委会是学校与家长之间形成良性互动的桥梁，也是两者之间矛盾冲突的缓冲带和润滑剂。中小学家委会从总体上来说，已经走过了建立机构的初创阶段。在家校合作中，作为学校常规配置的家委会起到了不可估量的作用。不过，目前家委会建设存在着校际发展不均衡现象，家委会作为家长代表组织来主动促进家校合作也不尽如人意，一些学校的家委会组织在实际运转过程中也凸显出"地位不高、职责不明、代表性不强"等问题。

二、学校家校合作组织建设需三点突破

（一）赋予地位，明确家委会组织地位

赋予家委会在学校办学中应有的地位，确保组织运行的独立性，是激发家委会活力的重要保障。与学校众多内部管理部门相比，家委会毕竟是一个处理学校外部关系的组织机构，本质上属于家长自愿结成的促进家校联系的民间团体。在很多校长看来，它的存在与否似乎与学校良好的自我运转并无太大的直接关联，因此家委会是学校可有可无的"花瓶"之说一度盛行。

从家委会的产生和组织运转来看，几乎所有学校成立的家委会，都是由学校代为或者协助组建的，在学校的直接指导下开展各项工作。因此，家委会组织自身的独立性和自治性较差，在一定程度上容易成为学校的"附庸"，家校联系也成为一种自上而下的权力意志的贯彻。

让家委会从"附庸"走向"独立"，一些学校开始了积极变革。比如上海市大宁国际小学，他们从办学之初就坚持现代学校制度建设的方向，树民主办学之魂，践科学办学之实，组建社区、家庭、学校三位一体的教育协商组织——教育议事委员会。作为一种家校合作组织，教育议事委员会在预先设计中就被定位成学校——家庭——社区合作发展的最高组织机构；而中小学惯有的家委会组织则是在教育议事委员会的整体框架指导下，行使其参与学校教育职能的相对独立的组织。教育议事委员会这一组织的架

构,以及随之的听证、建议、决议、提案、家委会等运行机制的完善,真正从体制上确立了家庭、学校和社区既相互合作又相对独立的地位,保障了家长、学校、社区三方的权利和义务,极大地改变了家委会职能定位不清的通病。传统家委会组织的主体作用未能充分发挥的一个重要原因,是学校往往把家委会作为自己的组织附庸,不愿意与它"平起平坐"。在教育议事委员会这一合作组织架构下,大宁国际小学的家委会不再是学校的附设机构,而是与学校并列的、相对独立的行为主体,在参与的领域和程度、参与的效果和评价方面都有成熟的组织制度和依据。

再比如,加强学校章程建设、赋予家委会"法"的地位,应该是一个十分重要的关键突破口。虹口区第六中心小学在区域整体推进学校章程建设的过程中,结合学校三年发展规划重新修订了学校章程,在章程中明确提出"三位一体"、"和谐共生"的思想。其中第八章对家委会的含义、相关制度等做了规定性阐述,从现代学校制度建设高度明确了家委会在学校教育中的地位、角色、权利和义务。

(二) 完善职能,杜绝家委会流于形式

家委会被很多人诟病的一大原因就在于家长委员会流于形式,无明确的职责界定。一个有效的家委会在学校办学中究竟应该发挥什么样的职能,也是众说纷纭。传统的校级家委会基本有4—5名委员组成,在家校间起到信息上传下达、协助学校开展各类活动的作用。由于家委会基本由学校主导,组织松散,导致服务学校、服务全体家长的职能并不明确,部分学校还停留在运用校级家委会开展学校重大情况通报等阶段,家委会职能少,家长参与面也小。

随着校级、年级、班级三级家委会组织架构在许多学校的普遍设立,家委会成员队伍扩大,家委会不再是部分家长的"联谊会",也不是学校推行某项教育举措的"挡箭牌"。但它的组织职能发挥还有很多改进和完善的空间。

笔者曾对上海全市的家校合作做过一个调查,数据表明中小学校长们对家委会职能有更多的期待。按照相应百分比的高低排序,其中,"帮助学校提供资源"(24.00%)、"参与各类学生事务管理"(16.30%)、"参与学校管理与决策"(14.70%)和"组织各类家长活动"(14.30%)这四方面的家委会职能是学校迫切需要的。

在家校合作实践中,我们发现,学校如果能够对家委会的职能分工有一定的建议的话,家委会的效应发挥就会大大提高。例如,上海市虹口区第六中心小学对家委会职能给予了重点关注。学校在家委会设立了"三大职能部"及对应的"三员制"。显然,家长以视导员、协理员和指导员的身份参与学校重大决策,保障了家长对学校教育的知情权、监督权、评议权和参与决策权。虹口区第六中心小学家委会职能创新实践,为其他学校破解家委会功能发挥不佳难题,提供了一条改革的路径,值得其他学校学习

借鉴。

(三) 机制创新,确保家委会工作实效

新形势下家校合作的推进,关键在于学校的制度建设和机制创新,其中健全和完善家委会制度是重要内容。上海市家校合作调查结果表明:首先,家委会这一组织自身的"家长代表、代表家长"的特征不明显,这成为学校家校合作情况中"家长自我感知"是否满意的一大软肋。家长对家委会组织的权利与义务、对家委会组织的各类活动知晓度不高。

其次,家委会委员的产生不公开、不民主。目前中小学家长委员会委员的产生方式基本以"教师推荐+学校审核"为主。相对而言,有意愿的家长参加家委会的自主推荐渠道不多,由家长群体自主决定家委会委员的学校较少。可见,在家长委员会组成之初,便存在着丧失监督功能的危险。

今后,中小学家委会规范建设,从机制上要注意两方面:

其一,学校一定要按照一定的民主程序,在自愿的基础上,选举出能代表全体家长意愿的在校学生家长,组成家长委员会。充分发挥家委会"家长代表、代表家长"的组织特点,让其真正成为全校全体家长的代言人,而不仅仅是一部分家长自娱自乐的小圈子。目前,有一些学校先行先试,探索形成了家委会委员竞选制度、直接选举制度等,取得了良好的效果。

其二,转变观念,切实搭建各类活动的平台与载体,真正让家委会发挥沟通、监督、管理、评价等多种职能,避免搭空架子。工作机制的确立,能够让学校家委会有日常工作的平台和实际运行的内容,切实发挥家委会功能。

(上海市教育科学研究院　郁琴芳)

上海市闵行区汽轮小学

汽轮小学作为曾经的工厂子弟学校和如今招收了大量流动人口子女的公办学校，始终把做好"家校互动"工作作为办好学校的一个基本策略。20世纪90年代以来，在学校开展的雏鹰奖章活动中，我们率先在学生家庭中开展了"红鹰奖章"活动；此项活动是与雏鹰奖章活动相配套的系统工程，是以全面提高家长家庭教育素质为目的的。把学生比作"雏鹰"，把家长比作"红鹰"；通过一枚枚形象的章目，把亲子教育具体化为一个个具体可行的目标。学校还曾于2001年召开了全市现场会，形成"大手牵小手——孩子们向父母学习，小手牵大手——家长向孩子们学习"，师生同行，家校同行，主动发展的德育格局，积累了一定经验。

今天，在基础教育转型发展的进程中，学校作为公共教育服务的基本单位，直接面对家长的多重诉求，是否能顺利转型并形成家校无缝对接的育人环境，既关系到教育大局面，也关系到学校生存小天地。

我们知道，实现家长对子女教育的知情权、参与权、监督权和决策权，是现代学校制度建设的基本内容之一，也是新时期深化"家校互动"的主要抓手。保障家长权利的关键在于制度的建设与运行，对此，我们重新审视了学校以往的经验和今天学生、家长的实际情况，强烈地认识到：

第一，传统家校互动虽然内容多、形式多，但多为阶段性的或一次性的，呈现碎片化特点。总体来讲，缺乏系统的家校合作的整体计划和制度框架设计。第二，今日汽小家长70%以上是来沪务工人员，他们参与子女教育的主动性不够，因此必须要建立一定的制度和机制，引导甚至约束他们与学校一起教育孩子。第三，家校互动形式内容单一，家长参与的渠道有限。对升学的过度关注和对学业的片面认识，使得教师、家长、社会舆论都将眼光集中在学生学科成绩和升学情况上，致使家校合作的内容大多数被限制在学业学习上，形式多为开家长会或者个别约谈等，家长参与子女学校教育的渠道非常有限。第四，家校地位不对等，亟需建立双向互动机制。在良性的家校互动中，家校双方都应发挥主体地位。但由于双向互动的机制不足，学校实际上处于领导和主导地位，发号令、提要求居多，而家长只能参与、承办和协办。

基于这样的思考，我们把体制机制建设与创新作为转型期深化"家校互动"的主要抓手。近几年来,结合上海市家校互动项目的要求和指导,从学校家长和所在社区实际情况出发,通过"变革组织架构"、"聚焦合作互动"、"注重制度建设",以合理的组织架构和科学的运行机制,构建一个真正能够"满足与回应家长诉求"、家校双向互动的"家校合作"新机制。

一、组织架构变革,实施"家校管理委员会双主任制"

根据学校的实际需要,我们组建了"三级九部"家庭教育指导委员会("三级"即"班级、年级、校级";"九部"指"参与决策部、课程督导部、安全护校部、学习交流部、健康营养部、激励评价部、活动策划部、信息网络部及乡韵传播部")。参与家长占在校学生数的45%,学校为他们定制了一件"紫色马甲"作为标识,称之为"汽小紫马甲行动",意为"志愿参与家校互动公益服务"的非行政性社团。

家校管理委员会实施"双主任制","双主任"是由一名在校学生家长和一名社区工作者组成。在校学生家长主管校园生活,社区工作者主管学生校外拓展实践,各自都有明确的岗位职责。为了弥补我校家长群体专业结构不足的缺憾,还从地区聘任"五大专业人士"为"紫马甲家校管理委员会"兼职成员,包括"法制教育指导员"、"医教保健指导员"、"航天科技指导员"、"乡韵传播指导员"、"消防安全指导员"。这些专业人士的加入,更好地发挥了社区教育资源优势。

在我校名誉校长的资助下,学校还成立了专项工作奖励基金会,专门用于奖学金和助学金发放、"年度十佳红鹰家庭"奖励、亲子活动经费等,使得激励评价导向机制的长效性有了保障。

二、形式与内容突破,实施"420紫马甲护校家长义工制"

建立家长义工制度,并成立引导和约束家长参与的紫马甲护校队。随着组织架构的变革,家长参与学校活动的形式也发生了变化。"九部"以各自的职能,用制度化的形式,按照规章制度,规范地组织志愿者队伍参与学校的各种活动。如针对校门口街道狭窄、车辆繁杂、存在安全隐患的情况,"安全护校部"组织实施了"420紫马甲护校家长义工制",收到了良好的效果。据统计,目前参与此项目的家长达到每学期380余人次,占比80.8%。家长轮流在每天早晨7:30至8:00,下午4:30至5:30,分三路在校门口、居民区及交通要道上执勤,及时分流车辆,疏散人流。用实际行动奏出了一曲"家校携手创平安"的校园新曲。在校门口不足3米的水泥路上,往日车辆繁杂、人流拥堵现象不见了,出现了"机动车门前绕行、非机动车门前推行、学生安全出行"的喜人场景。

依托"相约星期一·轮值校长制",拓宽家长参与的渠道。每逢星期一,汽轮小学的校园里都有三位"紫马甲"参加升旗仪式,巡视校园,随堂听课,走访教师办公室,找学生访谈等,他们便是我们的"轮值校长"。这些"轮值校长"将收集到的各类信息记载下来,当天巡视活动结束后及时向校领导反馈,形成了"轮值校长巡视日志"等记载性的制度文本。同时,家长们还自发设计了"观课评价指南"、"听课访谈随手记"、"我心中的好老师'实话实说'"等与教师教学相关的记录文本。

创新校本课程研发过程和课程实施的"双认证制"。基于我校生源遍布广的特点,我们联合家长一起合力开发编写了《人杰地灵大中华》、《布嵌画》、《魔法天裁》,以及《我和太阳的互动》等校本教材。这些符合时代特征的校本教材,在较大程度上满足了学生对课程设置个性化的需求,也满足了学生不同年龄阶段的成长需要。在课程的研发过程中,学校学科专业委员会通过"现状调研"、"专家认证"、"课程统整"、"方案设计"等环节进行把关。在试点运行阶段,组织教师先行实施,其间观察学生对本课程学习状况,及时了解家长意见,调整教学内容与教学目标,进行满足学生和家长个性化需求的"学习者认证",形成了校本课程设置的"双认证制"。另外,为了丰富拓展学生的视野,满足和发展学生的兴趣爱好,我校还开发了选修性质的校本课程,通过让家长参与"快乐半日活动"课程设计活动,更多地了解和体会学校课程设置的出发点是为了学生全面发展。如"布嵌画"、"民族舞"、"水仙花"雕刻、"神奇小修理手"、"卫生保健我在行"等兴趣选修项目,都是在家长的参与策划下开展的。丰富多彩的选题,不仅激发了学生的学习兴趣和参与热情,还推动了学生社团活动的发展,学校成立了"布嵌画"社团、"民族舞"社团等,丰富了学生的课外活动,提高了学生的自信心和自主活动、自我发展能力。

三、决策制度变革,实施"五方联动听证议事制"

每学期汽轮小学都会举行"社·企·家·校·军"五方联动听证议事会,让学校能够深入广泛认真地听取社会、家长的意见和建议,让社会各方力量和资源共同参与学校重大决策的制定。

每学期初始,我校"紫马甲"家校管理委员会成员便开始策划听证会议题。寒暑假里,"三级九部"家校管理委员会成员兵分三路(社区街道、所在企事业单位、子女同龄小伙伴)采集信息,调研需求,形成议题并提供给校级"九部"讨论协商,大家达成共识后将议题反馈给学校来甄别选取"最先发展区"。至今我们已经开展过的主题有"'品年味重乡情'家校互动喜乐会"、"孩子眼中的学校课程"、"校园安全联防"、"'行有规、思无疆'家教献计献策会"等。

实践证明，根据这些主题开展的活动都收到了很好的效果。如在"东西南北新年风"大型主题活动中，学校基于生源分布的地域特点，以红红火火中国年为背景，组织师生、家长自编自创了"东方之珠上海馆"、"南国风情东南沿海馆"、"灵动江浙皖馆"、"东北三省馆"、"革命老区晋察冀馆"、"陕甘宁西北馆"，抒发了对祖国的热爱之情，同时传递了"共生·融合"的学校精神。全体师生和家长都热情投入，积极参与，把活动搞得有声有色，还引起了社会各方的关注。上海教育电视台、闵行电视台、《上海教育》、《闵行报》等多家媒体作了报道，收到了良好的社会反响。

成功的尝试带来了可喜的变化，我们的创新实践有了收获，通过变革学校得到了跨越式的发展。

四、变革推进方式，龙头课题引领机制

为了有效推进学校的家校互动工作，我们以市级课题"城市化进程中，校园共生文化的构建与实践研究"作为提升学校整体发展水平的龙头课题，引领学校开展家校互动的实践和研究。我们认为，实践的创新必须在科研的引领下，才能保证其科学性和先进性，因此，我们把所有实践探索的内容都纳入课题研究的规划之中。

在我们的实践创新中，无论是在变革组织架构还是在建立各项规章制度的过程中，都以设立子课题的形式，在教师、家长中进行各种调研活动，查阅相关文献资料，在研究的基础上边实施、边总结提炼，并逐步形成制度。

我们的学生中随迁务工人员家庭超过72%，分别来自全国18个省市和地区；他们带着自己的文化烙印，融入了上海这座海纳百川的城市。我们要通过家校互动机制创新，将学生家庭成员中蕴藏的异地文化资源融入校园"共生文化"建设之中，帮助他们"成长在上海"、"成人在上海"、"成才在上海"，以及将来"成功在上海"。

我们通过课题研究引领，把创新现代家校合作管理体制机制建设作为聚焦点，探索一种适合我校实际的家校合作模式，充分发挥家校共育的作用，促进学生健康成长。

五、不断反思与时俱进

通过实践我们深深地感受到，创新"家校合作"机制，能唤醒家长教育责任的回归

和教育行为的自觉,积极参与学校的建设与发展;能实现家校关系由学校"单向作用"转向"互动合作",形成新型的"家校合作"模式;能改善教育生态,实现"社·企·家·校·军"五方联动的新格局;能增强教师的家校共育意识,提升教师学习力和课程执行力。

同时,我们也清醒地意识到,我们更需要坚持在变革中思考。未来,我们将坚持在家校合作的体制机制上进行实践创新,牢牢聚焦"合作互动",不断加强组织建设和制度建设,逐步完善长效运行机制。目前我们正在对全体教师进行家校合作方面的系统教育和培训,提升教师相应的能力和技巧,主动开展家校合作活动。我们还在通过各种渠道和方法,引导教师和家长逐步形成一致的教育观念,增强共育意识,构成共育合力,促进学生健康成长。

我们坚信,在市区课题组领导、专家的关心与推动下,在一大批热衷于家校互动管理文化建设的志愿者团队的帮助和参与下,一定能发挥学校优势力量,包容和融合各地文化差异带来的冲突,让原本"南腔北调"的校园呈现出"多元融合、好学自信、智慧互启"的"共生文化",整体推进家校合作项目建设,营造让每一个学生健康成长的"幸福校园"。

(执笔:上海市闵行区汽轮小学　王培颖)

No.13　家校合作,打造学校和谐教育生态

上海市实验学校东校

这是一所展现生命活力的学校;

这是一所回归生活世界的学校;

这是一所关注生态和谐的学校。

我们所做的一切,是为每个孩子的幸福童年和美好未来服务。

这是上海市实验学校东校团队共同描绘出来的学校发展愿景,美好而激动人心。这巧合的"三生"——生命、生活、生态,较为完整地反映了办学的主体、办学的源泉和办学的形态。

我们发现,学生和教师之间、学校和家庭之间构成了学校教育最为主要、最为关键的两对矛盾,所涉及的问题包括:学校能提供什么样的教育服务?学生需要什么样的教育服务?教师、家长、学校、家庭如何在矛盾中达成共识,形成良性的教育生态?对此,我们抓住主要矛盾,努力推进家校合作,营造和谐的教育生态,已取得了良好的办学效应。

一、直选家委会,家长行动有章可循

2004年,学校建立之初,家长对新学校缺乏信任,意见纷纷,学校考虑与其让家长在外面对学校指指点点,还不如通过组织让他们成为办学合作者。第一年便成立家委会,我们对它的定位是:可以代表广大家长和学生与学校进行平等对话的自治组织。所谓自治,就是对自己的事务行使一定权力,引导家长督促、协助新办学校不断发展完善。学校与之对接成立家校合作部,专门处理家校联系与合作事宜,努力扶持与培育家校合作机制。

一直以来,普通学校的家委会是学校的附庸,其职能主要是服务于学校需要其服务的工作;其成员也由校方指定。但就现代学校而言,家长不仅仅是学校的协作者,更重要的是作为被服务的主体,也是孩子教育上的学校同盟军,因而应有其利益的诉求渠道和关注孩子教育问题的发言平台。在这样的思想指导下,上海市实验学校东校着力建立一整套有利于家长参与、有一定自治权力的家委会机制。家委会是东校全体家长分层直选产生而组成的自发性组织,其成员由班级到年级再到学校逐级民主直选产生。直选过程的组织、主持由上一届家委会成员担任,同时邀请社区代表共同参与。随着学校的发展,家委会还建立了家委会主任及其成员的任期调整和评估机制,以促进家委会的自身建设,使之更好地开展工作。依据《上海市实验学校东校家长联合会章程》,家长享有知情权、发言权、参与权、隐私权、决定权等,教师和学校都应当予以尊重。作为代表全体家长实现家校平等合作对话的家委会组织,有权就学生培养中的重要问题与学校协商对话。为此,我们建立了相应的共商流程,分"预设——实施——反馈——改进——完善"等步骤。对于学生营养午餐、教室空调安装、学生校服选择确定等问题,都通过以上流程听取意见,协商解决,在最大程度上达成共识。

家委会的家长们在《家委会委员行为指导》的规范下自律有效地开展各项工作,创造性地建立了家委会秘书长负责下的常设机构,每周2个半天的工作日来校坐班。学校专门设立了学校家委会办公室,接待家长来访,处理家校日常工作事宜。学校实行了财务通报制度,科学支配由家委会募集来的爱心基金,包括奖学金、帮困基金、活动基金和备用基金等，并合理使用，使之发挥最大效益。在每学期的开学和结束，家长联合会都与学校、社区共同就学校工作计划畅谈意见和建议。每月举行工作例会，就学生、家长共同关心的问题提出提案，商讨解决办法，以"通报"形式反馈学校，学校会就此在行政会议上进行讨论并回复。

"爱心节"是实验东校的传统节日，更是学生眼中的"狂欢节"。要让孩子们玩得开心又有意义，家长联合会成员动足脑筋，几位全职妈妈几乎每天都来学校"上班"，甚至比老师都回去得晚。"'爱心节'那天人多拥挤，要尽量避免使用棍子、剪刀等利器，安全第一。""最好设计一个规则，适当控制进场人数。"家长联合会办公室里，家委会生活组人员记下家长代表们的意见和建议，并商讨相应的对策。"看来，活动当天的节目要作出一些调整，像吹糖人、糖画等表演，因为要用到棍子，就不得不取消，而面塑可能会考虑换用相对安全的短棍。"等等。

二、挖掘家长有效资源，为课程建设注入活水

实验东校确立"大课程"观，将学生在校期间的各种学习和生活经历都视作课程。课程是学校的产品，也是学校的一张名片，是家长始终关注的一个热点。

新课程改革给了学生更多了解社会的机会，学校、家长、学生都意识到有必要立足课堂，放眼社会，贴近生活，到生活中学习更多的知识，了解生活百态。上海市实验学校东校在家长的支持配合下开展了多方面的拓展课程的活动。学校提出"生命、生活、生态"这一课程主题，让东校成为一所回归生活的学校。回归生活的学校首先是"以人发展为本"的，我们通过家委会向家长宣传这一课程理念，取得家长的理解和支持。

学校提出的"生命、生活、生态"主题课程，需要大量社会资源的注入。学校先从家长资源库征询反馈单中挖掘家长课程资源，让家长和学校共定考察方案。"半日营社会考察"是实验东校的一项社会实践特色活动，活动方案由班级家长和班主任共同商议制定。该活动以学生家长的单位或家长熟悉的社会场所为考察地，让孩子们在考察中接触社会，了解更多生产中的知识，更重要的是体验了父母的工作环境，知道了他们为社会创造财富的辛劳。通用汽车、家乐福物流、商务印刷所、冠生园大白兔奶糖厂都是孩子们的第二课堂。家长在活动中帮助联系考察地点，联系车辆，和老师们一起带学生参观、体验，负责他们的安全。这一切都体现了家校之间良好的合作关系，为孩子们拓展课外知识搭建了舞台。

学校从家长资源库征询反馈单中挖掘家长课程资源，请家长走进学校，当回教师，

根据自己的专业特长进行授课,让学生、教师不出校门就能体验各行各业的工作特点与工作内容,感受家长们渊博的专业知识,拓展学生的视野。例如,一年一度的"三月大讲堂",2011学年仅中学部就开出营养卫生、网络电子、环境保护、学生心理等20余门"微型课程"。这些课程全部由家长主讲,内容丰富,涉及领域广阔,其中很多专业性知识是学校教师无法提供的;孩子们则自由报名,各取所需,收获颇丰。每周一下午是"快乐活动日"活动时间,丰富多彩的课程令东校孩子们眼花缭乱。最令人惊喜的是,由二年级家长组成的"东校故事妈妈"团队也正式进入了东校小学课堂,成为二年级组"快乐活动日"中一道亮丽的风景,为东校的多元化课程增添了新鲜血液。其实,早在"快乐活动日"课程筹备之初,东校教导处老师就与家委会及时联系,希望"故事妈妈"能够正式进驻东校课堂,成为东校孩子们受教育的又一平台。"故事妈妈"团队立即欣然接受,她们克服了时间紧、人员少、资料缺乏的困难,积极认真备课,每周一下午在二年级组轮流授课。

家长义工,给学校教育打开了另一扇窗。家长走进校园,他们了解学校的工作计划,协助设计某项活动方案,各类家长义工的身影活跃在学校食堂、图书馆、英语角,甚至课程办公室。比如,"英语角"活动实施六年来,形成了一支稳定的英语角志愿者队伍,由英语老师和家长组成。目前已有60名义工,分设校家委会负责人和各年级负责人,协同英语组老师组织管理。他们每学期都制定详尽的英语角活动方案、岗位职责、各年级分工;分别以文本和照片形式记录每周活动信息,上传至公共邮箱;每学期举办英语角志愿者沙龙,交流分享经验;通过新闻媒体,对英语角的策划、组织、内容等作深度报道。家长义工还策划了英语角的"国际文化月"活动,组织了韩国、日本、美国、德国、新加坡、埃及、英国的文化周系列活动,让东校孩子们了解更多跨国界的文化知识,拓宽了学生国际视野,丰富了校园文化内涵。学校也以此为契机,对优秀家长义工进行表扬,并颁发证书与爱心礼品;组织优秀家长义工代表发言,让全校师生共同感受高尚的义工精神,为培养具有国际视野、大胸怀、大智慧的世界人而努力。

上海市教育学会领导对实验东校进行调研后说:"实验东校非常善于挖掘、使用和开发资源,在校长的视野里面,处处有可用之处。资源的充分开发增强了学校的实力,为学校发展奠基。广泛的资源利用同时涉及人与人的关系、人与环境的关系,这就营造了一个非常良好的生态环境。"

目前,在家长的协助下,我们从实际出发,分析学校的传统、文化和优势,学生的兴趣和需要,师资水平与特长,已开发人文素养类课程、科学素养类课程、生活技能类课程共30多门,并建立了14个稳定的校外考察基地。

三、开展家校交流，凝聚家校教育合力

从促进孩子健康成长的立场来说，家庭教育和学校教育有共同的目标，但在实践中往往又有各自的价值取向。如何把家庭教育和学校教育凝聚成一股力量，实验东校进行了有益的探索。

在实验东校，家长与老师的沟通无障碍，学校为广大家长搭建了零距离的沟通体系。从暑期的全面家访，到每次的家长开放活动、家长会和家长接待日，以及校园网中的"家校直通车"，班级网页中的家校互动，都为家校沟通提供了很好的途径。我们为发挥学校教育的主动性，尊重家长在家庭教育中的作用，还通过论坛等形式交流家庭教育和学校教育实践中表现出来的不同观念、做法，使家长和教师互相理解、互相配合。例如，学校围绕当时全市发生的四起令人震惊的初中学生自杀事件，组织了以"关爱生命　关注成长"为主题的家长、学生、教师三方论坛。论坛以谈话的形式，选择发生在家长与孩子、老师与学生之间的一件涉及生命与成长的实事，让家长、孩子、教师在讲坛上畅谈自己对生命的感悟和对成长的瞩望，从生活中悟到我们究竟能做些什么、该做些什么。在这个论坛上，家长可以直抒胸臆，老师可以一展胸怀，孩子也可以畅所欲言，得到一次在公众场合中表现自己的特殊锻炼。

学校在大力推行素质教育的过程中发现，还是有很多家长采用给孩子补课等方式片面追求分数。为此，我们采用家长学校、家长会等家校交流活动引导家长转变教育观念和行为。学校依托市级课题"义务教育阶段学生良好学习方式养成教育的实践研究"，召开了一个别开生面的家校交流活动。中国游戏大王吴纪安老师通过"历奇训练"活动带领师生与家长度过一个非同寻常的周末。"历奇训练"一共组织了10个互动游戏：勇敢战胜困难的游戏——"摸老虎屁股"；培养合作、探究和创造能力的游戏——"叫号接龙"；培养发散性思维的游戏——"张开您想象的翅膀"；培养解决问题、增强团队凝聚力的游戏——"钻报纸洞"等。通过创设情境、游戏与互动，学生激发出多元潜能，找到了自信和快乐；家长看到了自己孩子的可爱和希望；教育者也得到了深深的启发：孩子的才能是多元的，潜能是无限的，关键是我们如何激发和开拓。学校组织这样的活动，是希望给家长传递这样的信息：实验东校的办学理念在于积极开发潜能，帮助学生展能成志；我们教给学生的不仅是知识，更重要的是终身享用的良好学习品质；把孩子培养成不断进取发展的人，才是我们学校与家庭共同的愿望。

2012年初夏的一个晚上，浦东的一个庄园里灯光闪耀、笑语不断。在一半是火焰一半是海水的巨大背景布前，宾客们鱼贯而入：女士们轻施粉黛，身着晚装；男士们西

服革履,风度翩翩;孩子们有的装扮成古代骑士,有的化身为蝙蝠侠。来来来,签上大名,转过身,笑意盈盈。闪光灯此起彼伏,熟人们相见甚欢……这是哪里举办的明星酒会?噢,不。这是东校家长合唱团的成员们在此庆功“团聚”呢。实验东校家长合唱团由学校提供钢琴、排练场地、音乐指导教师,家委会发起倡议,家长自愿报名参加。在每周日下午,70余位家长分4个声部排练学习3个小时;孩子们也参加小小合唱学习班。大人孩子一起来,不亦乐乎。在东校艺术节上,家长合唱团不辱使命,出师大捷。整齐的队伍、醒目的服装、灿烂的笑容、甜美的歌声,团员们唱出了自己最好的水平,王玮航校长指挥的亲子合唱成为当天演出的一大亮点!合唱团的活动精彩纷呈,家长们用歌声唱出了健康和快乐,唱出了家校联手打造和谐教育生态环境的美妙音符。

为什么要成立家长合唱团?家长们表示,唱歌不是目的,让孩子们学会享受生活拥有人生小乐趣才是父母放歌的缘由;表演不是目的,让孩子们知道认真投入追求可以创造奇迹才是父母的动力;聚会不是目的,给家长们一个互动空间分享教育的经验才是父母的心礼。

教育生态成为办学的土壤,家校合作不仅仅停留在沟通渠道、资源利用上,而是变成学校内涵发展、产生教育合力的重要元素,给教育生态带来了生机。

四、家校合作的困惑与思考

上海市实验学校东校在推进家校合作、打造和谐教育生态方面取得了一定的成效。学校在“为每一个孩子的幸福童年和美好未来服务”办学理念指导下,形成“构建和谐教育生态,实施优质教育服务”的办学思想。在植根传统文化基础上,学校着力凸显和谐生态中“生命和生活”这一现代教育主题,构建和谐教育生态,营造学生主动发展和教师自我提高的生态环境,指向教育的多样、和谐、开放、渗透、可持续发展的目标,为学生可持续发展创造条件。同时,我们在实践中也存在一些困惑或困难。

(一)如何将家校合作纳入现代学校制度建设的大命题之下

《国家中长期教育改革和发展规划纲要(2010—2020年)》提出了家委会这一课题,山东、浙江也对家委会的建设和作用发挥提出了相关意见。但是,要更深入地推进家校合作,必须与现代学校制度建设紧密结合,必须突破教育行政化桎梏才能发挥更广泛、更深入的作用。在现有教育体制下,家校合作仍无法深入到学校管理的深层次问题。现代学校制度要求构建政府、学校、社会之间的新型关系,家委会作为社会维度的重要组成部分,在三者关系中,除了家委会的地位、作用需要进一步明确外,还要处理好其与中小学校长负责制的关系。不能像现在这样仅仅依靠校长个人的重视程度和协调能力来推动家委会的发展,而更加需要有制度性的保证。同时,落实和扩大学校办学自主权也需要社会各方面的支持,其中,家委会可以发挥参与、监督和评价的作用。

(二) 如何界定家校合作的领域

目前,实验东校家校合作的领域主要集中在学校的课程资源建设、社会和家长资源的开发利用等方面。实际上,现在的家校合作还属于体外循环,没有深入教育体制内部。比如家委会是否可以介入学校的管理,是否可以建议学校调整课程设置,是否可以监督学校的教育教学活动等深层次的领域,还无法通过家校合作的形式推进。这也需要通过现代学校制度的不断完善才能更加明确。

(三) 推进家校合作必须要转变广大教育管理者和教师的观念

目前大多数管理者和教师对师生关系的认识仍简单地停留在师道尊严的字面意义上;大部分学校和教师对于如何与家长建立新型的家校关系、与学生建立新型的师生关系还停留在理论表述阶段,缺少实践层面的操作性经验,教师与家长沟通合作方面也缺乏相应的培训。教育是一种公共服务,但这种服务却不像其他服务行业有明确的规范。家校合作一定程度上带来教师工作量的增加,如何在绩效工资改革背景下设置教师激励机制,是摆在学校管理者面前的一道难题。

No.14 教育议事委员会架起社区、家庭和学校的合作桥梁

上海市大宁国际小学

上海市大宁国际小学创办于 2007 年 9 月,作为国际社区板块建设重要内容的大宁国际小学,从创办起,就承担起探索基础教育国际化的使命和责任。作为具有招收境外学生的公办小学,目前学校规模已经发展到 46 个班级、1 600 余名学生。学校不仅面临着国际社区多元构成的家庭对高品质教育的期望与需求,同时也面临着来自全市的境外家庭在渴求学习中国文化和优质基础教育的同时,对儿童发展的多元需求。特殊的家庭背景和国际元素,既是学校办学发展面对的现实,也是未来上海国际化进程中教育必须回应的重要课题。

一、微笑：家庭和社区也是源泉

学校提出"大宁国际，微笑每一天"的办学理念，围绕"微笑"理念，学校积极推进在学校管理、课程改革、学生评价、教师发展等方面的改革与实践。家庭和社区是学校教育服务的基础，在学校办学的过程中，学校深刻体会到现代社区和家庭的变化及其对学校教育带来的许多新启示：

其一，作为新兴社区的大宁国际社区，家长的学历层次普遍较高，民主意识较强，对教育的理解和诉求较多，因此必须要通过一定的渠道吸纳和释放来自家长的诉求。

其二，学校建校以来，我们逐步体会到，家长通过参与学校各项活动，能够更多地了解学校的教育教学理念和要求，有了更多近距离熟悉学生学校生活的机会和平台。同时，家长多元的职业分布和专业背景，也能为学校课程活动提供非常丰富的资源。因此，无论是家长，还是学校，都需要建立一个稳定的机制去保障家长参与学校各项活动的权利。

其三，需要打破传统家委会主动性不足的局面。我们通过逐步建立各级家委会的方式，鼓励家长参与和了解学校事务。而在实践的过程中，我们也反思，现有的家委会运作存在着被动运作的局面，一方面，家委会的运作基本是围绕学校事务的安排来进行的，其自身存在的价值和功能定位不明确，家长参与学校发展的主体性和积极性得不到长效机制的保障。另一方面，家长和学校作为各自直接利益的相关体，在重大事务的讨论和协商的过程中，彼此的利益、立场可能会造成沟通过程中的直接冲突和矛盾。这种矛盾和冲突的缓和需要在更理性、更民主协商的基础上，保障和协调各方的意见和建议，提升学校办学的开放性、民主性和科学性。

因此，我们设想进一步引入社区力量，形成社区、家庭、学校三位一体的教育协商组织。一方面，社区、家庭和学校的联系非常紧密，具有相互合作和协商的条件与需求；另一方面，我们希望通过引入社区第三方力量，来形成彼此相互制约、相互合作、相互协商的运作机制，从而将学校办学提升到机制创新的层面。

由此，2010 年 9 月 1 日，上海市大宁国际小学首届教育议事委员会第一次全体会议正式召开，闸北区副区长鲍英菁出席了揭牌仪式，并为委员发放正式聘书。

二、教育议事委员会概述

首届教育议事委员会的组成结构是由社区、家庭和学校三方代表构成，共 14 名委员。其中学校代表5人,包括校长、书记、工会主席3人以及中层代表和教师代表各1名;家长代表4人,由学校校级家委会推举产生;社区代表5人,包括学校所在街道办事处、周边对应四个主要社区各1名代表。教育议事委员会每两年进行一次换届。

教育议事委员会制定了基本章程,明确规定:

(一) 组织性质

教育议事委员会是社会(社区)、家庭和学校共同促进学校教育、管理、发展的协商组织。

(二) 组织目标

全面贯彻国家教育方针,围绕"大宁国际,微笑每一天"的核心办学理念,努力打造"负担轻、质量高、资源活、口碑好"的现代小学。

(三) 基本组织架构

1. 教育议事委员会设会长一人,根据实际需要可增设副会长。

2. 教育议事委员会设常务秘书组,其常务秘书由常务秘书长根据实际工作情况增减,增减方案事前报会长批准。

3. 教育议事委员会可根据需要聘请特约人员,特约人员可列席教育议事委员会会议并发言,但不可参加表决。

(四) 教育议事委员会委员的权利和义务

首先,明确提出,"教育议事委员会所有成员皆为学校教育之当然志愿者,共同为学校发展出谋献策"。

其次,社区、家庭、学校三方代表在行使权益的过程中彼此尊重,平等协商。

再次,规定教育议事委员会具有知情权、参与权、建议权、监督权和评估权,并围绕这些权益进行相应的机制创新。知情权,即教育议事委员会有权知道学校规划与重要工作的目标、内容与实际进展。参与权,即教育议事委员会有权参与学校日常生活与学校的重大改革的管理与决策。建议权,即教育议事委员会有对学校各项工作提出建议和意见,并保障其建议和意见能够得到重视、应用与回应的权利。监督权,即教育议事委员会对学校各项工作的状况,能够在法律法规的框架下,依据学校规划、计划和规章的要求,监督学校各项事务的运转。评估权,即教育议事委员会能够就社区、家庭对学校教育的满意度,学校重要项目完成的情况有听证和评估的权利。

三、教育议事委员会的运作机制

教育议事委员会由哪些人构成? 如何选举? 教育议事委员会委员享有哪些权利

和义务？应该履行哪些职能？教育议事委员会和学校已有的三级家委会的关系如何处理？从建立伊始，一系列的问题就摆在了学校的面前。机制创新，成为建立和发挥教育议事委员会职能的根本途径。

（一）选举机制

教育议事委员会的组成应当由社区、家庭和学校三方共同构成。对于代表的选择，我们最初拟定了三个基本原则：

第一，代表应具有一定的知名度和影响力；

第二，代表要具有一定代表性，保障能听取不同层面群体的声音；

第三，代表能够确保有条件履行自己的职责和行使自己的权利。

由于已有的良好机制，因而家长和学校的代表比较容易形成有效的选举机制。而对于社区代表，从本身选举理念上，希望其能够代表学校对应社区的多方面。但是因为社区居民和学校教育之间并没有很多互动的基础，对于教育议事委员会这一新鲜事物也需要一个熟悉的过程。因此，在社区代表的选举上，我们选择了推荐制。

首先，由社区所在街道推荐1名当然代表；

其次，由街道代表联络各社区进行知名人士调查，通过社区和知名人士的沟通，确立其余代表人选；

最后，学校发送邀请函，正式邀请其成为议事委员会代表委员。

（二）运作机制

教育议事委员会的成立，标志着社区、家庭、学校的三位一体办学有了组织机构上的保障。但是围绕教育议事委员会的运作，还存在一系列的问题需要思考与解决。议事委员会的委员如何履行各自的职责？教育议事委员会又如何能够与学校管理、教育教学、教师发展等有机结合起来，真正发挥其效应？

通过第一届议事委员会的会议讨论，我们确定了议事委员会基本的运作机制。

1. 定期和专题听证、建议和决议机制

为了保障教育议事委员对学校重大计划的知情权、参与权和建议权，教育议事委员会拟定期初和期末听证机制。教育议事委员会听取校长的学期工作计划，并对部分内容进行适当建议，而校长针对重大活动和问题进行解释与答疑；期末听取学校工作小结，并对学期工作做出评估。

同时，议事委员会还会在学期中不定期地就某些问题进行专项研讨，针对学校教育教学的重要事项进行听证和协商。

为了保障日常教育教学的知情率，同时基于教育议事委员会委员职业和工作性质分散等特点，为加强联络和运作，教育议事委员会设立秘书长。秘书长负责协调和联络议事委员会委员,每月负责将学校重要活动简讯发送给每一位委员,并做好教育议事委员会定期和不定期会议的通知与组织工作。

教育议事委员会成立以来,通过听证和议政的方式,协助学校做了许多具体的沟通和协调工作。比如,学校建校以来,根据学生在校的时间,为学生提供水果和点心,受到了家长热烈的欢迎。但是根据收费规范要求,点心和水果的收费必须取消,这就需要耐心地和家长做好沟通工作。我们通过教育议事委员会,通报了这一举措的调整和理由,得到了教育议事委员会的支持。随后,议事委员会通过商议,由家委会邀请在物价局工作的家长出面来解释收费的要求和相关细节规定,使学校规范收费、取消水果点心的举措得到了家长的谅解。

再比如,由于学校门口对着北宝兴路马路,交通经常拥堵。为了学生的安全,教育议事委员会提出社区、家长志愿者参与放学护导,并建议采取错时放学的方式,对学校放学的有序进行提供了及时有效的建议。

另外,学校为了加强社区和家长对教师发展的监督和促进,也将学校特色的教师评价方案、学校魅力教师评选标准和流程、学校"受学生爱戴的好老师"实施方案等进行了针对性的听证、建议和监督,为完善学校的教育机制发挥了应有的作用。

2. 形成了议事委员会委员提案机制

提案机制是教育议事委员会委员行使建议权的基本机制。鉴于议事委员会委员相对松散的家庭分布,在应知应会通晓的基础上,发挥议事委员会成员参与学校事务的权利,经教育议事委员会协商,确立提案这一基本机制。提案以书面或电子形式提出都可以。

提案机制的好处有二:其一,突破实际沟通条件的限制,能够保持相对通畅的沟通渠道;其二,能够将个别意见提升为集体意见,有利于矛盾问题的解决和处理。

比如,在学校走班教学方案出台后,家长群体对于走班的形式普遍比较肯定,但是境外部部分家长对于学校打通境内班与境外班、实施统一走班的形式存在异议,他们坚持认为境外班应独立走班,享受更小班化的教学资源。个别家长通过初期对班主任质疑的途径,提出了明确的需求。学校在了解这件事情的基础上,认识到问题的症结在于家长对走班教学实施的目的和基础,以及学校境外班与学校整体教育改革的关系存在一定的误解。因此,学校通过教育议事委员会,由家长代表通过调查和征询形成走班教学的听证提案。随后,学校出面和教育议事委员会代表、班级家委会代表、家长代表共同解释走班教学的设置目的和教育价值。通过议事委员和家委会的力量,有效消除了家长的质疑,为学校落实和推进走班教学建立了良好的沟通机制。

提案是沟通的途径,既能够反映家长的需求和意见,同时也能够将激烈的个体矛盾通过形成提案并给予答疑的正常程序,得到较好的解决。

　3. 建立教育议事委员会框架下的家委会运作机制

　　教育议事委员会运作的一个重要关系是教育议事委员会和家委会之间的关系。家长群体作为学校教育最直接的利益群体,他们的需求、意见和资源是学校教育推行开放办学、合作办学的重要原因和目标。学校已有的三级家委会机制,如何在议事委员会框架下定位和发挥职责,是推进教育议事委员会工作的重要议题之一。

　　在教育议事委员会设计与制定章程的过程中,我们通过协商,确立教育议事委员会为学校—家庭—社区合作发展的最高组织机构。教育议事委员会的家长代表由家委会推荐产生,代表家委会发挥协商参与等职责。同时,鉴于家委会相对成熟的体系和渠道,以及家委会和学校工作的密切性更高,因此,在教育议事委员会整体框架指导下,家委会可以相对独立地组织和行使其参与学校教育教学管理的职能。

　　在教育议事委员会框架下,学校家委会也进一步协调运作机制,创新并形成了一些重要特色。

　　一是每学期初,家委会在听取学校工作计划的基础上,制订家委会学期工作计划。其中既有参与配合学校活动的内容,也有加强家委会自身建设的内容。形成家委会阶段性工作进度。

　　二是为加强学校资源建设与扩展,丰富学生的学习生活经历和体验,家委会形成家长志愿者机制。学校倡导"人人都是家长志愿者"的理念,每一位家长每学期初都会收到家委会的一份志愿者征询表。除了活动参与的需求,也根据家长的职业和特长,提供家长自主申请志愿服务的内容。同时,涉及与社区资源相整合的活动,则通过教育议事委员会协调,开拓和丰富社区资源。

　　自家长志愿者机制建立以来,家长志愿者成为学校各类活动的亮丽风景线。在学校学生综合实践活动课程中,家长是乘车安全的维护员,分组活动的协调员……在圣诞节、运动节、超级变变变等活动中,家长是活动的设计者,活动组织的服务者,活动内容的参与者,比赛过程的评估者……家长还走入课堂,为学生介绍文化课程、金融课程等。家长志愿者既充分发挥了家长资源的教育价值,同时也通过活动理解了学校教育的要求,关注到学业以外,学生在人际交往、行为礼仪的养成、社会实践能力等方面的需求。

　　三是家长学校论坛机制。在现代社会,家庭类型的多元化造成许多家庭教育的问题,比如单亲家庭、隔代教养、双生子问题等;同时许多家庭对于孩子的生理心理发展以及家庭教育的问题存在认识差异。优化家庭教育环境,推进家庭教育的开放互动成为家委会的一项重要工作。因此,家委会确立了家长学校的论坛机制,每学期就家长感兴趣的话题进行征询,通过汇总形成学期论坛的主题;和学校、社区沟通与联络,确定论坛的主持人、辅导专家、活动内容和形式,并进行相应的辅导。

家长学校借助学校平台,能够就家长共同关注的问题进行合理的资源挖掘和利用,切实为改善家庭教育环境起到了积极的促进作用。在家长学校基础上,学校每学年也开展健康家庭评选机制,通过对亲子关系、亲子活动等方面的评估,以评价促发展,配合家委会家长学校创建和谐家庭的相关工作。

四是轮值家长机制。2012年9月,为了进一步促进家长参与学校管理的试点工作,学校通过和家委会商议,并报教育议事委员会审议,决定推行轮值家长机制。轮值家长由家委会征询人选,每天2名,每周5天。轮值家长进入校园后,对学校日常管理、教育教学规范等方面进行实质性的监督,同时也协助学校在学生用餐礼仪、课间安全等方面进行维护。

自轮值家长机制建立以来,家长积极参与,报名踊跃。家委会在接受报名的基础上,着手制定了轮值家长的职责和规范要求,并设计了《轮值家长每日工作日志》,由轮值家长来记录和分享每日监督工作的情况。轮值家长发现问题后,可及时形成提案,提交学校以促改进。

四、依托议事委员会深化开放办学

学校教育议事委员会的建立与运作,让我们真正开拓了对学校民主办学、开放办学机制创新的视野。教育议事委员会框架下的机构改革与机制创新,其成效具体主要体现在三个方面:

其一,真正激活了家庭、社区参与学校教育的主体意识。形成了共同关注孩子成长的责任意识和行动理念。

其二,形成了促进家庭、社区参与学校教育合作办学的机制基础,并支持教育议事委员会框架下组织机构职能的有效执行。这些机制创新,有效探索并形成了现代学校办学的基本经验。

其三,有效推动了学校教育教学的各项制度的完善与改革创新。从基本的日常规范管理,到师德师风建设,到教育教学改革与创新,家长的理解、支持和监督成为学校发展越来越重要的保障力量。

当然,教育议事委员会的建立和试点工作还处于初步阶段,很多机制与运作还不成熟,需要我们在下一阶段进一步深入探索,而机制创新是根本途径。

其一,在社区、家庭、学校三方运作过程中,社区代表参与的机制和力度略显薄弱。我们将在三个原则的基础上,协同街道,进一步完善社区代表的选举机制,切实增强社区代表参与学校日常教育教学管理、监督和评估的机制创新。

其二,加强教育议事委员会在宣传途径和方式上的创新。着重加强教育议事委员会的议事决议、活动过程和其他重要事项的宣传,加强服务家长群体的意识,增加全体家长的知晓率与参与率。

其三,在学校设立教育议事委员会及家委会办公室,加强和完善议事委员会和家长轮值机制。

其四,进一步完善教育议事委员会根据职能分工进行细分合作的部门设置和职责要求。

社区、家庭和学校办学一体化,是现代学校建设的必然趋势。学校教育议事委员会的建立和运作,是丰富学校办学模式,增强开放办学、民主办学、科学办学的重要举措。通过机制建设与创新,相信未来的学校教育将更富有生命的活力,成为促进每一个孩子健康成长的微笑校园。

（执笔：上海市大宁国际小学　徐晓唯）

No.15　家委会职能创新　促进学校主体发展

上海市虹口区第六中心小学

苏霍姆林斯基说:"最完备的社会教育是学校——家庭教育。"家校合作是家庭与学校之间架起的一座桥梁,建构新型的家校合作关系在今天已成为影响孩子健康成长的至关重要的因素。

一、明确目标任务,携手同心共育

（一）明确共育目标任务

学校自成为"十一五"上海市家庭教育指导实验基地以来,立足本校实际,坚持"抓基础、重建设、求实效、创特色"的工作思路,在学校办学理念"手牵手,心连心,自主快乐同成长"的引领下,开始了学校、家庭、社区三位一体"和谐共生"的积极探索。我们的重点目标任务是:设立学校家长委员会,完善学校、年级和班级三级联动的"家委会";建立多元整合家长教育资源制度,有效提升学校办学水平和教育质量;建立多种形式的家校互动制度,培育家长主人翁意识,充分发挥家长在办学过程中的重要作用;普及现代家庭教育科学知识,提升家长和教师的育人素养等。

(二) 树立同心共育理念

从 2010 年以来,学校一直致力于家庭教育指导的实践性研究,经历了"小学生家庭中培养孩子自主能力的实践研究"(2011 年),"学校、家庭、社会协同,培养小学生五种自主能力"(2012 年),"家委会职能创新,推进三方联盟主体发展"(2014 年至今)三个阶段的课题研究。通过营造积极合作的文化氛围,开展持之以恒的实践探索,已基本形成了鲜明的家校工作特色。

首先,第六中心小学的家校工作,有自己一以贯之的基本信念:(1)学校与家庭携手互助,成就孩子美好的未来;(2)教师与家长都是孩子健康成长的教育者和责任人,双方地位平等,应互相学习,互相尊重;(3)参与学校教育是家长的权利和义务;(4)家庭是教育资源的富集带,应广泛加以开发与利用。

其次,基于这样的信念,在家校工作中,围绕着怎样让家长拥有对学校工作的积极主动参与的心态和行为;如何开发、利用好家长资源,为孩子成长服务;怎样借助家长资源为孩子们开辟一条走进社会、感受社会生活的绿色通道,让孩子们在体验社会、融入生活的过程中身心得以健全发展等问题广泛开展家校合作工作。

二、完善合作机制,家校双向互动

(一) 完善组织机构

通过多年实践,我校已形成完善的、可促进自主发展的组织机构,构建了以学校家长委员会——级委会——班委会为纵线,项目组(如家长志愿者项目、家长助教团项目等)特色家校活动为横线的网状型家校共育工作架构,从原来学校引导式的状态过渡到现在家长主动开展工作的状态,让家长更为深入、细致、融洽地与学校进行沟通、交流,全方位推进学校家校工作。家校共育的组织架构如图 7 所示。

(二) 完善保障机制

1. 人员保障机制

学校以"引领区的家校合作特色项目"定位,成立家校工作项目组;建立了由校长

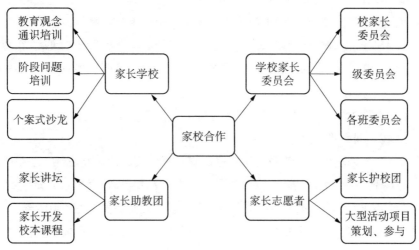

图 7　虹口区第六中心小学家校共育工作架构图

全面负责,书记具体负责协调,教导处、科研室及部分优秀班主任组成的家校教育工作小组;此外还有全体教师共同参与的强有力的人力资源,推动家校合作常规工作的组织实施。

2. 制度保障机制

学校家校工作理念以教育责任为上位,通过不同的方式转化为教师的教育信念。从师德观念意识入手,完善评价教师家教指导工作的制度,规范教师与家长的沟通用语及方法,调谐教师与家长的关系,以教师高尚的职业道德赢得家长的尊重与支持,形成以制度规范促使行为内化的保障机制。

3. 培训保障机制

包括家长培训和教师培训。学校联动各方力量,搭建家长学校新平台。学校通过身边的榜样(本校家长)、市内专家、区知名专家为家长们开设式各样的课堂;有针对性地开展小幼衔接、中小衔接的系列家长讲座,解决不同阶段家长的困惑,让家长学会更智慧地教育孩子;学校还聘请了市区专家对我校老师、家长进行指导;成立了由校"国家二级心理咨询师"、"全国家庭教育指导师"为坊主,家长和教师共同参与,以特殊个案生为研究对象的彩虹驿站工作坊等。

4. 完善责任机制

经过长时间的实践,教师与家长已明确"家校合作"是双向互动、主动有为的教育教学行为。在"家校合作"的过程中,我们需要进一步形成双方的具体职责,有明确的责任机制,并落实监督管理。

5. 完善的沟通机制

有效的沟通是合作的基本前提。目前,我校的家校沟通和交流已有效地解决了"缺少交流、被动交流、单向交流"的问题,并建立了媒介信息交流和双向交流相结合的沟通方式,开发了更深层次、更具实效的沟通方式。例如,班委会陆续开通了 QQ 群、微信群,定期出版校刊或班报,组织特色家长会、读书会等。

(三)完善评价机制

1. 完善家长参与对学生评价的机制

学校打破以成绩作为衡量学生唯一评价标准的模式,让学生在不同主题的奖励中得到肯定和鼓舞。因此,在探索多元激励方法上,完善家长参与评价学生的机制,形成由家长对学生个人一月表现的评价、各类学生评选的评价、各类比赛的评价等。

2. 完善家长参与对学校(教师)评价的机制

家校合作体现在互相促进、同步发展的效能上。构建家长对学校管理及对教师教育教学的评价监督机制,使学校的各项工作让家长了解和放心,从而更有效地促进平等、互信氛围的形成。为此,我校做了以下的尝试:组织家长对学校食堂进行检查;组织家长对班级管理进行综合评分;每学年调查家长对学校及对教师的满意度等。让家长评价学校,构建了一种平等对话的氛围;家长不再是局外人,他们的意见和建议越来越中肯,同时,他们对学校的归属感也越来越强。

3. 完善学校对教师开展家校工作的评价机制

每位教师都有责任和义务大力推行家校合作工作,包括学期普访、及时电话及约见;另外,引入短信联系平台,要求班主任每月统发、或个性发短信给本班每位学生家长,让家长及时了解学校、学生的状态,更好地支持学校的工作等。通过问卷调查、访谈了解的方式对教师的工作进行评价。

三、特色实践研究,家委会职能创新

我校在区教育系统开展的以学校章程为统领的现代学校制度体系构建中,制定了多轮学校三年发展规划。在第三轮规划中提出了"手牵手,心连心,自主快乐同成长"的办学理念。这里的"手牵手,心连心"是多角色(生生、师生、家校、社校)的沟通、联系、协调、共进。通过对接各方的优势资源,促进学校的改革与发展。

2013 年学校再次修改了《学校章程》,明确提出"三位一体"、"和谐共生"的思想,其中第八章是对家委会的含义、相关制度等的阐述。我们认为家长委员会是代表全体家长参与学校民主管理,支持和监督学校做好教育工作的群众性组织,是现代学校制度建设的重要组成部分。因此，建设好与时代发展和学校办学特色相适应的家长委员会，是实现家校联合、推进现代学校制度建设的关键。2014年，学校开始了家委会职能创新的实践研究。

（一）从组织机构入手，让家长委员会有位

1. 家委会的定位

家委会相对独立，并由广大家长选举产生，家委会代表家长，对家长负责，行使权利与履行义务。家委会与学校是平行的、互动的、监督的关系，起到相互制约、相互促进的作用。家长委员会是学校教育改革的参与者、教育资源的开拓者，是教育问题的应对者、家校关系的协调者，还是学生良好成长环境的创建者、学校教育教学行为的监督者，在提高教育教学质量、促进学生全面发展等方面，具有不可或缺的重要作用。

2. 家委会的产生

在学校刚开始筹备公选家委会时，不少家长有顾虑，有些老师也担心会影响正常教学秩序。各方参与热情低，家长报名寥寥无几。经过学校管理层的精心策划、动员，老师与家长打消了顾虑。为确保家长委员会的质量和水平，使其真正代表每位家长的利益，及时反映家长们的心声，我们采用自我申报和民主推荐相结合的方式，选出委员会代表。每届新生入学的第一天就召开全体家长会，开始家长学校的第一课；同时号召有意愿为家长及学校服务的人员报名。申报之后，由班主任组织召开竞选会议，由全体家长无记名投票选出班级家长委员会代表5名。正是这种民主推荐的方式，使每个当选者都有一种强烈的责任感和使命感，都想发挥自己最大的能量和最高的水平，以赢得全体家长的认可。因此，我们的家长委员会始终充满生机与活力，有力地推动了学校的教育教学水平。

3. 家委会的运行机制

哪些工作该学校做，哪些该由家委会管，都必须有制度加以明确规定。我们主要从六个方面推进家委会的运行：建立层级家委会；完善家委会组织机构；制定家委会有关制度；做好相关培训；遵守议事规则；保障家庭教育指导经费。

（二）从职能出发，让家长委员会有为

为了进一步发挥家长委员会的主体作用，让家长有位有为，我们设立了"三大职能部"——视导部、协理部和指导部，以及对应的"三员制"——视导员、协理员和指导员。三大员积极参与学校重大决策，进一步保障家长对学校教育的知情权、监督权、评议权和参与决策权。

视导员，主要观察家校间的情况，将一些"问题"提供给校方或家委会，通过客观分析给出初步建议。根据需要可分为"一日视导制"和"日常视导制"两类。"一日视导制"是指,家长通过观察了解学校一日教育教学常规管理工作,参加学校的重大会议等,充分了解学校日常管理情况,对学校工作提出意见和建议。"日常视导制"是指,请家长视导员在日常观察学生、家长、教师之间的情况,及时传递信息,及时了解处理一些应急情况,避免家校间一些误会情况的发生。"视导制"的推行,不仅使家长对学校的常态教育教学管理有了直接感性的认识,看到了学校的文化教育环境的变化,看到了教师们的辛勤付出,同时对学校管理也有一定的促进与监督。由此,家校间的信任度加强了,家校合作关系也进一步提升了。

协理员,是在遇到视导员不能解决问题,或校方接到家长的反映,需要家委会配合进一步听取班级家长的意见等情况时,在家校间进行协调,以达到解决问题的目的。例如,上学期一位协理员在以"六中心"命名的一个 QQ 群里,看到作为版主的家长发出一条帖子质疑学校午餐的质量,而紧随其后有家长跟帖谈论。对于这一事情,协理员在第一时间就向学校反映情况,也让我们校方紧急启动《家长委员会议事规则》,将全体校级家委会委员聚集在一起。通过参观食堂,察看学校学生中午用餐情况,并围绕如何帮助家长和孩子树立正确的午餐营养意识、午餐食谱如何合理搭配等两个议题展开讨论,最后与学校及食堂代表达成共识。会后,协理员就此事情的调研讨论情况在群里发布,得到了广大家长的理解认同。协理员的建立就是希望家长在出现矛盾的萌芽期就能找到问题的根源,尽早将问题解决在初期。以家长身份开展视导和协调,更能客观看待问题,也更能从家长角度思考问题,说服力也更强。

指导员,主要对各年级家长开展各种形式的指导活动,完善家长学校的课程建设,为学校教育提供各种资源,丰富学生的社会实践,拓展学生思维。特别是家长教育资源在课程实施中的有效运用实现了突破,如家长资源在主题活动开展中的运用、家长资源在课程建设中的运用、家长资源在环境布置中的运用、家长资源在亲子活动课程实施中的运用、家长资源在教育资源共享平台上的运用等。

目前我们经过整体构思,分层推进,设计了较为完整的课程体系。课程分为四种类型:第一类是公共课程。由学校领导及家长指导员担任主讲,主要向家长们宣传党和国家的教育方针,推介新课程改革,解读学校的办学理念,引导家长们站在国家和民族的高度理解教育,遵循教育规律和青少年成长的规律,做学校教育的理解者和合作者。第二类是班级课程。以班级为单位,分年级进行。由班主任和家长指导员担任主讲,向家长传授家庭教育的科学理念和具体方法,帮助家长提高家庭教育的水平。第三类是研讨课程。由家长们自愿参加,围绕人格培养、习惯养成、亲子沟通等内容开展研讨,旨在解决有针对性的问题。第四类是活动课程。由家长和孩子共同参与,以增加亲子间的沟通。特别是由家长资源组织的社会实践课程让学生兴趣盎然,收获良多。此外,我们还挖掘家长专业资源为学生设置部分选修课程,引导学生学会选择与学习。

(三) 促进工作成效,实现四个提升

家委会作为大力推进学校教育治理体系和治理能力现代化的抓手,在实现教育公平、办人民满意教育方面起着推动作用。学校的家校合作大大推进了现代化学校制度的建设。

1. 工作成效

在学校层面,校级、年级、班级三级工作网络共同构成了一个广大家长参与教育工作的网络,有利于从组织上保障家长参与学校管理的权利。各级家委会主任均由在校学生家长代表担任,体现了家长在家委会中的主体地位,有利于在学校民主管理中进一步发挥家长作用。家长积极主动参与学校管理教育教学、督导评价等各个方面,有利于进一步保障家长对学校教育的知情权、监督权、评议权和参与决策权。

2. 四个提升

第一,家长的权利与义务的提升。在"法治精神"的层面确认家长的权利与义务,保障家长对学校教育的各项权利,尊重家长的志愿精神。第二,家长的角色和地位的提升。从"民主管理"的视野定位家长的角色和地位:家长是学校管理的参与者、决策者;是学校教育教学的推进者、合作者;是家庭教育研究的实践者、探究者。第三,家委会建设水平的提升。以制度平台的力量推进家委会的建设,朝着规范化和科学化迈进。第四,实现学生综合素质的提升。以素质教育的理念整合和开发家长的志愿,促进学生全面、主动的发展,实现学生综合素质的提升。

四、开拓及深化

我校在历年的实践研究中认识到,完善的组织及丰富多彩的课题项目开发,是家庭教育工作向内涵发展的重要因素,为此,家校深度合作需要不同的平台和载体去让家长开发及发展,使合作的形式更加灵活。在明确所有项目和活动的核心是促进人的主体发展的基础上,学校大力倡导级组、班级、项目小组多层面开展家校合作活动。因此,接下来学校将继续坚持一条主线:学校家长委员会——级委会——班委会;做实做深四大项目:深化"三员制"的内涵;继续开发特色主题家长会;优化"家庭互助小组";开拓多渠道的家校活动项目,构建合力育人共同体。

推进具有现代意义的家庭教育指导工作是创办现代学校的重要一环,我们将继续强化"整体推进"这一顶层设计,大胆探索与实践,努力建立起新型良好的家校合作有效渠道。我们期望学校的深度研究能够真正形成家校合作的核心文化：服务孩子，共同成长；成于大气，精于细节；问题中来，问题中去；心静下来，行沉下去；换位思考，用爱育人。

（执笔：上海市虹口区第六中心小学　尹　杰）

No.16　以"法人治校理事会"促进开放办学的创新实践之路

上海市虹口区凉城第三小学

一、"法人治校理事会"提出的背景

现代学校制度的重要特征之一是把学校视为一个开放的组织，不仅关注学校内部的运作过程，而且也重视学校与家庭、社会的互动过程。"构建政府、学校、社会之间的新型关系"，就是要打开校门办教育，实施"开放式"办学。2013 年 4 月 2 日，虹口区事业单位法人治理机构试点工作在虹口区教育局正式拉开帷幕。同一天，凉城三小第一届理事会第一次会议也正式举行。这标志着学校管理从人治走向法治，依法治校，依法治教，开创了凉城三小优质办学的新篇章。

这些年来，凉城三小的重点工作之一，就是以"每一个学生都重要"为办学理念，积极构建学校"共同体文化"。而家校合作正是学校指导家庭教育，家长参与学校教育，相互配合、互相支持的"联动体"，是现代学校教育的重要组成部分。在"法人治校理事会"试点工作的契机下，我们正式将家庭教育的指导工作纳入法人治理结构，为家校合作打开了一条开放办学的创新实践之路。我们带着新思路，制定了一系列有效的工作机制和详尽的工作计划。围绕着"法人治校理事会"这根主线，立足于"家"的平台，换位思考，重心迁移，推动家校互补、协调、整合，多渠道、多角度地开展学校的家庭教育指导工作，使家校合作真正"承担起塑造人的细致、复杂的任务"。

我们希望通过依法治校，完善学校管理的内部治理机制，通过社会和家长的协同参与，建设一套现代学校制度，从而在各方面保证学校依法自主办学，提高学校的教育

教学质量。

二、学校"法人治理结构"的内涵与家校合作的互动框架

(一)学校"法人治理结构"内涵

学校的"法人治理结构"是指从事公益活动的事业单位,以实现公益服务最大化为目标,实行所有权与管理权分离,是决策层、执行层、监督层及其他利益相关者之间的权力和利益分配与制衡关系的制度安排。说得简单点,就是由原先的学校说了算,变成现在的决策权、执行权和监督权分开,达到管理、办学和监督在同一目标下各司其职的目的。三方面虽然各自独立,但相互联动、分工负责、齐抓共管,努力形成三位分离又联动的有效运行机制。

新的学校章程确立了学校理事会的作用和决策层的地位。理事会的成立,是创新学校管理方式的必然要求,更是强化民主决策和监督,实现学校依法自主办学、科学管理的重要环节。它是各方主体利益的"平衡器",教育资源的"整合器",学校发展的"助推器"。

(二)家校合作的互动框架

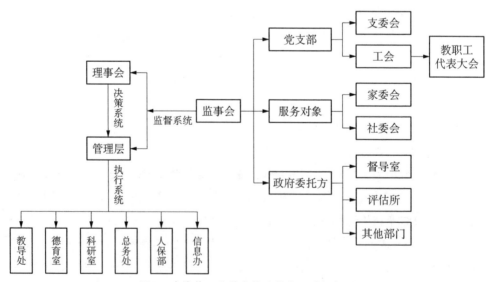

图 8 凉城第三小学家校合作的互动框架图

理事会由 10 名左右成员组成,其中家长代表占 20% 以上。理事会是我们的决策系统,把握着学校发展的方向。

管理层由学校教师构成,是学校工作的执行系统,其主要职责是在日常一般性工作中发挥自主运行功能,在重大事情执行前要向理事会报备,在执行中要根据理事会决策严格实施,在执行后要向理事会进行汇报并接受监事会的监督评议。

监事会是学校法人治理工作的监督系统,由内部监事和外部监事组成。其中内部监事包括党支部领导下的支委会和工会组织;外部监事包括政府委托方(区政府督导室、教育评估所、未成年人保护办公室等)和服务对象(家委会和社委会)。监事会的主要成员来自服务对象中的家长们,占监事会成员的80%以上。学生、家长和社区是学校发展的主力军之一,学校的各项进程都离不开这三方面的支持、配合与监督,因此我们设立了这样一个机构,作为学校监督层。除了监督理事会的决策力和管理层的执行力之外,监事会还担负着维护学校利益和职工权益的职责。

三、学校推进家校合作的主要举措与核心抓手

学校管理需要与时俱进,创新改革,这是时代发展对学校管理的要求。作为社会管理的一个方面,学校的发展与完善也必然避不开社会的影响,其中,家长的积极参与尤为重要。在学校"法人治理结构"理事会中,家长代表占据了20%以上。而我们所需要的不仅仅是那一席座位的旁听,而是真正意义上的认同和协作。

(一)心开放

家长到底在这个学校的"法人治理结构"中做些什么?"坦诚相待,打开心扉",这是开门办学的第一步。我们在"法人治理结构"中安排校级家长委员会的主席参与决策和管理学校的工作。作为家长,他可以站在代表所有家长心声的角度谈教育的理念、教育的策略、教育的指导性建议;可以让理事会其他成员了解目前作为学生家长的教育困惑和迫切需求;还可以拿出可实施性的意见和建议提供给理事会,以影响对学校教育教学的决策方向。总之,鼓励家长参与,加强家校合作,调动一切积极因素参与、协助学校的管理。

我们在理事会结构中设置了"监事会"。该部门的家长委员要每月一次走进校园,和师生们一起参与一天的校园生活。而家长进校园的工作并非仅仅是一次监督检查,而是学校与家长的一次心与心的沟通和理解。当家长们自己走进校园,面对面地与我们的老师、学生亲密接触时,家长们才能用心感悟到家校合作的必然性和重要性。

(二)智联动

实行理事会制度,构建一种科学、民主、开放的教育管理体制,不仅能监督学校教育方针的贯彻执行,推进学校的建设和发展,还能协调家长、学校、社区等各方面的关

系,吸引社会各方面的力量来关心和支持学校建设,并建立良性合作关系,以达到最佳的办学效果。理事会成员中的家长代表把握理事会其他成员的资源与信息,及时提出合理化的建议,为学校搭建了丰富多彩的活动舞台,为学生提供了多元化发展的途径。

1. 与区青少年活动中心携手。学校在理事会的大力引荐下,参与"指南针"行动,让学生们体会中华文化的独特魅力。我们把"行动"搬进课堂,在兴趣组内制作扇书、绢画;在拓展课上造纸、拓印;组织学生前往活动中心,使学生更深入地了解中华悠久文化的传承与发展。在"指南针"的指引下,孩子们兴趣盎然。

2. 依托街道社区资源。理事会邀请社会实践指导站的教师义务来校指导学生,让学生们学有所乐,学有所长。清脆的古筝、悠扬的阮、奔放的拉丁舞、充满智慧的象棋,社区老师们把学生们带入一个个全新的殿堂。每周一次的活动时间,让学生翘首以盼,乐不思蜀。

3. 体育运动学校的协助。我们的运动队也逐步走向成熟。每周,运动学校都会委派专职足球教练为我校足球队指导训练;校田径队与区体校也时常互相学习,互相切磋,取长补短。在体校的关心下,小运动员们在近几年的学生体育大联赛中荣获了许多奖项。

4. 理事会参与学校 20 周年校庆。理事会各部门家长们的齐心参与和协助,让学校 20 周年校庆熠熠生辉。在此次校庆筹备过程中,理事会家长代表所在单位——海军七〇二厂给予了学校物力和财力的保障:舞台设计、大屏 LED 背景、服装道具等,使整台演出呈现出最好的效果。监委会的家长成员们充分利用好家长学校的平台,他们群策群力,协助校庆后勤工作:布置舞台、装饰道具、联络车辆、维持秩序、化妆换装、摄影拍照等,为校庆锦上添花。

5. 理事会参与学校规范化办学。2014 年 4 月,为了迎接三年规划督导,我们召开了第三次理事会会议。校长就学校近三年的发展历程做了工作汇报。各位理事从自己的视角出发,对学校工作汇报进行了评议,提出了各自的意见和建议。会议中,除了校理事会成员外,家委会成员还就三年来的发展情况、目标实现情况以及新三年发展规划各抒己见,出谋划策。本次讨论犹如一场激烈的头脑风暴,让我们思路大开,对学校新三年发展有了明确的方向和深入的思考。也让我们初尝理事会民主参与学校管理、担当决策咨询之后的甜头。理事会的家长代表定期召开全校家长委员会,通过宣传介绍、交流互动,让家长全面了解学校动态与发展;组织家长们参与学校工作的评议与监督,再由家长代表共同参与校园网络平台的信息公布,把家校互动的实施情况与实施内容进行实时发布,推进开放办学,形成教育合力。"法人治校理事会"的家校合作互动为学校搭建了发展的平台,通过这个平台,我们充分体会到校内校外的互动机会增多了,学校发展了,学生快乐了,家长满意了,良性循环的正向效应也充分地显现出来了。

(三) 情互动

家校互动是学校家庭教育指导的一个重要环节。在"法人治理结构"的试点工作中,家长们在各个部门中的参与以及发挥的作用使我们越发意识到,所谓的互动绝对不是单一性的开放,而是要在所有的家校互动活动中"有爱的味道,有情的交汇"。

1. 儿护无明

孩子们在学校的安全是每一个家长最为重视的一件事情,"开开心心来上学,平平安安回到家",看似一句简简单单的口号,实则需要每一个在校老师有强烈的责任意识。我们设立法人治理结构的"监事会"部门,让家长作为督察员和视察员走进校门,观察了解了学校的日常,从而发现学生的安全保障的确需要大量的人力的支援。三级家委会及时发挥效应,通过校级—年级—班级家委会网络进行呼吁,得到了全校家长们一致的应答。每一天每个班都会有三位家长和蔼可亲、笑容可掬地在上学和放学时间,和学校护导老师共同参与校门口的治安管理、留校学生的看护、家长队伍的秩序维护等事项。

2. 亲子互动

学校为家长提供必要条件,坚持举行每学期的"家长开放"活动和"魅力家长进课堂"活动等,是家长们在学校理事会治校结构体系中尝到的甜头。学校在家庭教育指导上搭建亲子教育平台,让家长们深入参与学校的教育教学实况,了解孩子们在校学习的各种状态。在"魅力家长进课堂"活动中,上课的内容与课本有很大不同,不是枯燥的知识,而是有趣的生活。自学校成为"法人治理结构"试点单位以来,家校合作的工作开展得更具实效性。2名校级家委会代表作为学校理事会成员,在理事会中呼吁各位理事发挥各自的能力,多方面、多角度地为孩子们提供优质有效的教育教学条件,让每一个孩子都能健康快乐地成长。每学期一次的"魅力家长进课堂"活动,就是家长支持学校工作的最好表现。在理事会的推进下,家委会代表献计献策,如何利用好家长资源,拿出一堂精彩的、有质量的课是大家商议的主题。

学校利用理事会各部门的功能,极大地开发和利用了家长们的资源。例如,三年级的"十岁生日"主题队会,五年级的"毕业季"集体感恩会等活动均受益于理事会家长成员的鼎力相助。这些家长来自不同的工作岗位,拥有不同的专业知识、兴趣、爱好,他们为学校的活动注入了新的思维和创意,带来了活力,创造了更广阔的人力和物力的资源。家长们大胆创新,积极参与,忙碌于学校的各类开放活动,极大地吸引了孩子们的兴趣,有效地激发了孩子们主动参与活动的热情。在这些亲子互动中,家长们用爱付出了他们的热情和精彩。我们惊喜地看到,"法人治理结构"的试点工作为学校的家校合作注入了新的生机和活力。愿这种交叠影响的经验不断地帮助学校提高学校教育教学质量,增强家庭参与,使社会充满活力,并促进学生获得成功。

四、深化家校互动的着眼点和着力点

学校理事会自成立至今,在拓宽学校办学视野和办学空间上展现作用。但是,目前已实施的项目还很有限。对于理事会的未来,我们还有许多设想有待实践。我们想在今后的试点中尝试以下几方面的探索:

(一) 改革和完善家校合作中学校家长委员会人力资源开发机制

在理事会的参与下,进一步改革和完善学校的家委会制度,形成一套新的科学规范机制,确保学校能招募到符合学校办学特色、满足学校发展需求的资源。改革和完善家长激励机制,建立体现学校办学需求,具有积极性、主动性、创造性的多元化激励机制。完善家长委员会骨干的培养机制,形成合理的、可持续的梯队。

(二) 发展课程资源,开发以"自主学习"为特色的现代学校课程

我们想进一步借助理事会力量,开发学校的课程资源,充分利用社区、活动中心、企事业单位等资源,进行学校课程开发,拓展学生的学习领域。依托各类资源,进一步树立学校"每一个学生都重要"的办学目标,形成以"自主学习"为特色的学校课程体系。

(执笔:上海市虹口区凉城第三小学　胡文洁)

No.17　三心相约,三方合力,共育学子
——中光高级中学家、校、社区共建模式的探索和实践

上海市嘉定区中光高级中学

一、学校创建"三心相约,三方合力,共育学子"模式的需求

2006 年,学校从嘉定乡镇搬迁至城区。学校在对生源、周边社区机构进行调研后

发现,多数学生的文化课基础较薄弱,部分学生存在习得性无助心理,缺乏自信;多数学生学习习惯欠佳,自我管理能力较差,对升学发展迷茫;70％家长的学历文化水平在大专及以下,对孩子的期望目标是考上本科;家长渴望获得亲子沟通、情绪调节、选科等方面的指导;周边企事业单位拥有丰富教育教学资源,但缺乏走进校园、服务学生的有效机制。基于此,学校发展面临新挑战:学生的成长困惑,亟需悉心引导;家长的教育低效,渴望专业指导;社会的关心参与,需要有效途径;学校的资源困乏,亟需多方共建。

学校分析资源优势,成立"家—校—社区理事会"。针对家长养育孩子、学校指导学生、社会关心教育的需求,将"三育模式"全面融入学校管理、环境和课程建设中,从而实现学生全面、个性、可持续的发展。

自2014年9月上海市推出高考综合改革试点方案以来,我们一直关注综合改革下的高考新政,思考如何有效地帮助并指导家长培养孩子的综合素养,进行有关家庭教育指导、生涯指导的理论和实践探索。家长、社会对于高考新政的理解和认同存在一定的偏差,家长和社会对于教育综合改革、学生社会实践、志愿服务等多种新生事物感觉很陌生:加三如何选择? 一本二本取消后,孩子如何志愿填报? 在三加三情况下,孩子的学习经历该如何有效分布? 家长如何为孩子的成长助力? 社区如何有效地参与孩子的成长? 学校面向全体师生、家长和社区,围绕"你在孩子成长教育中有哪些困惑,希望得到哪些指导与帮助"这一问题展开调研,发现学生成长无目标,需要教师引导;家庭教育盲从低效,渴望学校指导;社区关心教育有爱心,可惜参与教育无途径;学校教育资源困乏,亟需家校社区共建。这些都将成为我们研究的问题和需要解决的点。

基于以上需求,学校开始探索、实践和完善"三心相约,三方合力,共育学子"模式,以此凝聚家庭、学校、社区的力量,为学生的健康成长保驾护航。

二、"三心共育"模式的界定

所谓"三心相约,三方合力,共育学子"模式(简称"三心共育"模式),是指将"家长养育之心、学校培育之心、社会关爱之心"整合在学校教育整体框架中,通过课程教学、家长督学、家校论坛、个性化的家长沙龙、家校社区共建理事机制等方式,在生涯规划、学业指导、家庭教育等方面进行科学指导、方法培训、信息互通、资源共享,实施对学生的全面发展教育,达到教育共建、携手共育之目标。

三、"三心共育"模式的实施途径和载体

(一)开展"三心共育"模式机制建设

1. 成立领导小组

以校长为组长,副校长为副组长,政教主任、生命关爱中心主任、年级主任、团委书记、骨干教师为指导小组,形成"校—部门—年级—班级"四级管理网络,定期策划、研讨,做到组织落实,管理到位,责任到人。

2. 建立五支骨干队伍

建立"五一"骨干团队,即一支专兼职心理教师队伍、一支生涯指导骨干教师队伍、一支家庭教育指导团队、一支高考自主测试指导教师队伍、一支家长督学接待队伍。其中包括专兼职心理教师7人,获得国家二级心理咨询师或上海市学校心理咨询师中级认证6人,获得"国家生涯规划师"资质认证55人;家长成为讲师10人,家长承担学校课程研发5人;社区单位人员成为学校讲师20人,承担课程开发和课程教学45人。

3. 开展教育共建,探索现代办学

一是建立共建机制,实施开放办学。创立由学校所属社区、企事业单位、家长、学生、教师、学校管理层代表等组成的家校教育共建理事会办学机制;建立与高校合作教育机制;建立与博物馆课程共建机制;建立与民间艺术园区资源共享机制;建立与社会职业互通培训机制。

二是整合多方资源,丰富校本课程。与同济大学汽车学院、上师大生命与环境科学院等近20家单位携手共建,开发了160门校本课程,为学生的兴趣培养、性格完善、能力发展、潜力开发和生涯规划提供了丰富的课程资源。

三是家长参与教育,凝聚教育力量。家长组建家长讲师团队,组织策划"家庭教育微沙龙",通过亲子沟通、青春话题、生涯规划、学业发展等活动,实现家长之间、家校之间的交流,共同凝聚教育力量。

四是形成实践基地,拓宽成长平台。建立了校外国学教育基地、文化艺术学习基地、社会实践基地、科技创新体验基地、家校社区共建基地,为学生寒暑期生涯发展体验和社团活动提供多元实践平台。

(二)开发家长VIP课程,落实工作载体

学校在"家—校—社区理事会"的指导和帮助下,凝聚三方力量,共同构筑VIP心育课程,为家长的成长提供"多样化选择课程、个性化需求课程、基础性保障课程"三位一体的课程结构板块。

"V"即 variety,多样化选择课程,整合三方力量开发供家长自主选修的校本课程。"I"即主格的"我",个性化需求课程,是为满足家长育子需求而专门开设的个性化课程。"P"即 primary,基础性保障课程,是全体家长必修课程。

"V"课程:学校开发出家庭教育指导系列课程,家长自主开发出亲子沟通、青春话题、生涯发展、个性发展、学业发展等课程,供学生家长和社区单位的成员们共同参与选择。学校在服务家长的同时也要尽量做到服务共建单位成员的家庭教育。

"I"课程:建立家长督学制度,实现家庭教育个性化指导。学校每天邀请两位家长督学来校工作,家长督学通过校园参观、安全检查、听课、与教师沟通、学生午餐管理等"七个一"工程,全面了解学校教育全程,体验孩子的学业压力,实现与教师的个别沟通,有效落实家庭教育的个性化指导。实现家长之间、家校之间的交流,指导家长科学育儿。

"P"课程:组织学校、社区、家长共同参与课程开发,开发面向全体家长,主要涉及"怎样做家长、如何关爱学生、教育的本源"等内容的基础课程,进行教育理念和规律的指导,达成教育共识。

(三)"三心共育"模式的操作途径

1. 开设各级家长学校,达成教育共识

家长学校落实面上指导。由中层部门负责,依据各年级特点,确定具体的主题。高一以适应高中校园生活、减缓叛逆为主题;高二以确立目标、合理选科、正确处理青春期问题为主题;高三以确立生涯规划、实践理想拼搏、舒缓学业压力为主题。学校还利用微信公众平台、校园网、心理热线等媒介,定期发布心理、家庭教育指导文章,让家长在家校互动中学习实践,运用于家庭教育中。

2. 举办家校共建论坛,形成教育合力

年级论坛注重方法指导。学校以家长在教育中的热难点、共性话题为载体,形成论坛课程体系,邀请学生、家长、社区代表、教育专家、班主任共同参与,分年级开设家校教育共建论坛,从方法和操作上给予方法指导,形成家校社区合力,共同帮助学生解决成长困惑,实现科学育子。如我校基本形成如下论坛专题,高一年级:"家长如何帮助孩子度过高中适应期","如何帮助孩子制定科学有效的学习计划","沟通是家庭教育成功的关键","家有'问题'孩子";高二年级:"家长如何帮助孩子正确定位,合理选科","即将步入高三,你准备好了吗","如何正确看待高中男女生交往过密问题";高三年级:"如何处理高三备考压力","如何营造良好的家庭备考氛围","家有高考生怎么办"。

3. 建立家长督学制度,实施个性化指导

针对家庭教育中存在的个性化问题,学校还创设家长督学制度,开展个性化家教指导。家长督学完成校园参观、听课、与教师沟通、校园安全检查、学生午餐管理等"七个一"工程，全面了解学校的教育教学工作，感受丰富多彩的校园生活，同时也体验学生的学业压力。班主任根据家长需求，有针对性地安排家长到校参与学校管理，体验学生生活，并进行个性化家庭教育指导。

家长督学经历了不断发展的过程：从选拔到自愿、从一个到若干、从自由组合到有意组合等不同模式。家长学校解决的是面上的共性问题，家长督学解决的是点上的个别化问题。

4. 家校社区携手，共建心育平台

学校所属社区、企事业单位、家长、学生、教师、学校管理层等组成的家校教育共建理事会定期开展理事例会，共同研讨学生和家庭的教育问题。共建单位和校外实践基地为学生的性格完善、兴趣培养、潜力挖掘、能力发展和生涯规划搭建实践与发展的平台。如上海大学数码艺术学院、同济大学汽车学院的大学生社团每周走进校园，指导学生社团开展社团活动，为学生举办生涯发展指导类讲座，如"相信品牌的力量——跨专业创业项目团队实例"，"大学，你好准备好了吗"等；环境监测站辅导员指导学生开展科技类课题研究，为学生提供暑期环境监测岗位实践；社区居委会寒暑假为学生提供居委主任助理岗位工作；嘉定博物馆定期来校开设专题文化讲堂，让学生通过志愿者、影视体验等活动进行社会实践，增进对社会、对职业的了解；家长讲师团进驻校园，利用主题班会、午间文化大讲堂等时间，对学生开展生活、生涯、健康、科技等方面的指导。

四、"三心共育"模式的成效与经验

(一) 提升学校办学品质

"三心共育"模式有效整合各方力量，在课程教学、队伍建设、师生素养等方面促进学校的品质提升，成为学校发展的助推器。教师人人有自己的教学主张，人人成为心育的课程人；家长获得全面、个性化辅导，理解与支持学校，满意率高达100%；中光学子健康自信成长，人人有兴趣爱好，个个会一技之长，人文素养明显提升。八年来，那些原先仅比公办学校最低录取分数线高5分的学生，最终有80%的学生能考入本科，学校的办学水平赢得了学生、家长、社会的高度认可，学校先后获得上海市文明单位、上海市中小学心理健康教育示范校等荣誉。

(二) 品牌辐射广泛引领

"三心共育"模式与教育共建品牌吸引了10多个省市学校前来学习借鉴。尤其是

学校"家长督学"、心理健康教育、与社区周边单位共建而开发的"VIP"课程体系等,都受到区内外专家和同行们的一致好评和赞扬。学校也曾在市区等各种研讨会上交流过学校"三心共育"模式。

（三）创建实践收获体验

历时9年多的"三心共育"模式机制探索,我们经历了从组织机构的设置到人财物和课程的保障,从单一的家长学校到多元的家校论坛,从全体的家庭教育指导到个性化的家长督学,从校内教师队伍建设到校外教育资源整合,从学校孤军奋战到家、校、社区共建。相约制度的不断完善,相约方式的不断改进,相约内容的不断深化,最终实现了全程全员育人、教育共建的办学模式。

五、"三心共育"模式的未来设想

1. 开发家长家庭教育指导课程。学校制订家庭教育指导纲要和计划,并针对纲要开发和编制家庭教育指南和课程。编辑《中光高级中学家庭教育指导手册》和《中光高级中学家庭教育读本》,为家长和社区在培养教育孩子方面提供一定的理论指导和方法帮助。

2. 开展专题讲座,提高认识和理论水平。学校定期邀请知名的家庭教育专家,对学校家庭教育中存在的常见问题,开展定期专项指导,各年级每学期一次。

3. 开展家庭教育师资队伍建设。一是学校基于中光家庭教育、心育教育中存在的主要问题,归纳出"3大模块、8大实操、16个系统专题"。邀请专家对课程进行开发,并邀请专家分别教授"3大模块、8大实操、16个系统专题"的课。同时带教本校教师,最终实现我校教师能够胜任"3大模块、8大实操、16个系统专题"的课。

二是对我校优秀骨干班主任,实行一对一培训。与家庭教育指导中心合作,以24小时网络指导的形式促进我校班主任的教育工作,全面提升其家庭教育指导能力、班级管理能力和问题处理能力。

4. 家庭教育研究基地建设。与上海市家庭教育指导中心(社会机构)合作,成为其研究基地,共同研究中光家庭教育的现状,为家长提供家庭教育指导:一是建立高一高二、高二高三两个微信群,在线答复家长在群中的问题与困惑;二是购买上海家庭教育中心提供的52个家庭教育的微视频,并挂置在我校家庭教育网页上,作为我校家庭教育的资源库,可供家长随时收看;三是在校园网家庭教育栏目中,挂置"家庭教育测评软件",每学期定期开展测评,并提供每次测评的报告和指导方案。

5. 整合家长、社区资源,共建"三心共育"平台。以讲座、论坛、沙龙、微信公众平台等方式提高家长教育能力,同时整合家长、社区的优势资源举办心育讲座,提供心育资源,搭建心育实践平台。

6. "家长讲师团"进驻校园。成立"家长讲师团",邀请家长通过主题班会、国旗下演讲、社团指导、研究型课、拓展型课、午间文化大讲堂等形式对学生开展身心保健和生涯发展指导活动。

7. 推进生涯导航项目,以指导学生"适性"发展。通过生涯发展指导课程群的开发,如心理健康课、职业导航课、生涯主题班会课、生涯测评、理想生涯研讨课等,促进学生更全面地了解自己的兴趣、性格、能力、价值观等,更好地适应高中不同时期的学习生活。通过"我的职业梦想"、"生涯人物访谈"、"我的职业体验"、"生涯专题讲座"、"生涯专题展示"等主题活动,帮助学生更全面地了解自我,认识职业,了解社会;通过校园文化节、社团活动、职业体验等活动,给学生的"适性"发展搭建实践平台。

(执笔:上海市嘉定区中光高级中学　艾冬娥　谢晓敏　陈妍玮)

第二章　学校开放：打破围墙的边界

引言

现代学校治理的核心思想应是开放，只有真正的"开放"，打开学校的"门"，推倒学校的"墙"，才能让政府、社会、学校、家庭多元主体参与学校教育，让学校充满生机活力，不断提升学校的核心竞争力。

开放办学，就是要吸引更多资源参与学校治理，为学校发展提供更多的教育资源，助推学生的全面发展，助推学校的良性发展，促进教育的优质均衡和谐发展。《中共中央国务院关于进一步加强和改进未成年人思想道德建设的若干意见》强调："家庭教育在未成年人思想道德建设中具有特殊重要作用。要把家庭教育与社会教育、学校教育紧密结合起来。各级妇联组织、教育行政部门和中小学校要切实担负起指导和推进家庭教育的责任。"如何开放办学，实现真正意义上的家长参与学校教育就成为当前学校的重要任务。

在当前的社会形态下，学校要想发展，就不能保守，更不可能闭门办学。必须以开放的姿态，让家长参与学校管理和改革。陶行知先生早在 20 世纪 20 年代就提出了"生活教育"的理念。"生活即教育，社会即学校"是生活教育的内涵。遵循陶行知"社会为学校，人民是老师"，"世界为学校，真理是老师"的教育思想，对于学校教育来说，一定要"打开学校的门，推倒学校的墙"，让学生接触社会这所大学校，才能真正促进学生成长。上海市中小学校在不断地拓展家校合作的内涵，不少家庭和学校在观念上已经有了家庭和学校合作的意识。但是对于开放办学还处于摸索阶段。开放办学应该怎么开放？开放什么？如何实施？各自的责任是什么？双方在理解上还是很模糊的。就家长而言，很多家长把开放办学看成是到场、参与，是义务而非权利。就学校而言，把开放办学看成是学校教育的补充和延伸，是相对比较次要的工作。这样，双方对开放办学本身缺乏正确一致的理解，在实践中必然导致开放办学的低效，甚至无效。

根据各区县中小学在家校合作中开放办学的现状，笔者就开放办学、服务家长问题，建议从"开放式管理、开放式课程、开放式评价"三方面加以突破。

一、赋予家长话语权和监督权,实施开放式管理

管理,是指以管理主体,有效组织并利用各个要素(人、财、物、信息和时空),借助管理手段完成该组织目标的过程。赋予家长话语权和监督权,让家长成为学校教育教学管理者的一部分,是实现开放办学的首要条件。在学校看来,学校管理理所应当就是由学校来完成,家长只要配合学校管好自己的孩子就行,只要按照学校的要求去履行家长的义务即可。即家长只是学校教育教学的单纯的参与者,开放办学徒有形式。

现在,虽然学校每学期都会有学校开放日活动,但是开放的程度仅仅停留在让家长到学校来听听课,看看孩子的表现,了解一下学校每天的教育教学的安排,参与一下学校组织的主题活动等较浅的层面。家长的角色是被动的,游离在学校之外。美国学者兰根布伦纳和索恩伯格把参与学校教育过程的家长分为三类,其一就是作为学校教育决策的参与者。家长参与学校教育决策的全过程,即决策形成、决策执行和决策监督。我国的学者认为,我国现阶段家长应该承担的角色是:学校教育的合作者而不是指责者。学校教育在改革过程中遇到了许多困难和挫折,一旦出现问题,家长要密切配合,多合作少指责,为教育的健康发展出谋划策。

因此,开放式管理并不是指把学校所有的管理权交出去,全权让家长负责,而是学校充分利用家长的资源,请家长进校参与学校教育活动,让家长知晓学校的办学目标、办学理念、办学方法和办学手段,让家长和学校在理念和行动上保持高度的一致。同时,将家长的意愿、问题以及需求及时传递给学校,让学校知道家长的想法。让家长代表参与学校方针、政策的制定,参与学校后勤的管理。还有在教学过程中,让家长进教室听课,与孩子相互交流,使学校教育更透明。

开放式管理首先要摆正学校领导、教师、家长各自的位置,因为他们在不同的事务中担当着不同的角色。凡事绝不能以谁为主,要具体问题具体分析,明确各自的角色后才能更好地去履行相应的责任和义务。例如,静安区陈鹤琴小学在开放办学实践中,结合学校的家校合作特色,开展 SFEA 计划,让家长建导员发挥家长指导效能的研究。家长建导员队伍从属于校家委会,受校家委会直接领导、管理,是家委会参与学校管理工作的一个重要载体,并在家委会的领导下定期召集组员商讨建导工作。

二、赋予家长参与权和议事权,建设开放式课程

赋予家长参与权和议事权,让家长成为学校课程建设的一分子,是实现开放办学

的重要保证。教师既不是全能人才，也不是某个领域的专业人才，受个人阅历及行业知识的影响，知识的局限性不可避免。作为教育消费对象的家长，经常被一些学校教师认为是"外行"，因此常常处于被动接收信息的地位，致使家庭和学校合作步履艰难。而事实上，许多学校活动都需要家长的支持和配合，这种支持可能是精神上的，也可能是物质上的，还有可能是责任上的。只有学校和家庭相互支持，家长共同参与，才能保证学校教育教学更有效的发展。

根据美国学者兰根布伦纳和索恩伯格对参与学校教育过程的家长角色的分类，第二类家长就是作为学校活动的自愿参与者，自愿为学校提供无偿服务。家长可作为班主任的辅助人员帮助教育学生，可就某门学科对学生进行指导，可就自身经历给学生做非正式报告等。我国的学者认为，我国现阶段家长应该承担的角色是：学校教育的智慧者而不是观察者。学校教育需要家长的参与，家长要用智慧、真诚来支持教育，成为学校课程建设的执教者，让学生接触社会这所大学校，促进学生真正的成长。

通过建设开放式课程，让具有一技之长的家长走上讲台，把家长群体的丰富知识转化为孩子们身边宝贵的学习资源；同时也让家长更好地支持学校工作，了解教师工作的辛苦。开放式课程把学校教育内容、方式方法与学生家长直接联系起来，为学校和家长这两个"天然"的合作者创造了合作的契机与空间。家长参与校本课程的实施，主动关注，进行监督，并作出评价，提高了校本课程的质量，激发家长参与学校教育教学的意识和兴趣。

三、赋予家长知情权和评价权，开展开放式评价

学校评价是对学校整体办学水平的肯定和认可，是学校发展不可或缺的一个重要环节。赋予家长知情权和评价权，让家长成为学校教育教学的评价者，是实现开放办学的重要手段。传统的评价方式是：学校通过实施针对学校办学满意度的简单的问卷调查来对学校整体的办学水平作出评价，家长往往都是被动接受和认可的。而事实上，一个学校的好坏，家长的口碑是至关重要的。这就需要得到家长的认可和肯定，得到社会的肯定和认可。

根据美国学者兰根布伦纳和索恩伯格对参与学校教育过程的家长角色的分类，第三类家长就是作为学校的支持者和学习者。当家长作为这种角色参与学校教育时，他们能成为其孩子有效的家庭教育者，家长的自信心以及家长对其孩子和自身的教育期望都能随着参与有所提高。我国的学者认为，我国现阶段家长应该承担的角色是：学校教育的鼓励者而不是批评家；学校教育的发展还需要家长的鼓励和宣传。

评价,既重视对教师的评价,也重视对学生的评价,更重视对学校的评价。开放式评价,就是打破过去封闭、神秘的评价格局,让家长有知情权,参与学校评价,帮助学校来改进和调整学校的办学方法,促进学校的发展。上海市霍山学校在开放办学中,结合学校的原有家校合作的基础,开展了学校面向社会、家庭的办学情况公示的研究。在公示途径上,学校采用"请进来"和"走出去"相结合的办法。"请进来"是指:家长参加学校的教育教学活动,参与学生的评优工作,参与学校政风行风评议活动等。"走出去"是指:结合学校社区巡视员队伍,在社区对学校的相关教育教学政策以及学校开展的系列活动进行宣传。同时,学校校长等人在社区举办"百名家长学校"讲座,让更多人了解和知晓学校的办学情况。

(上海市宝山区教育学院　张　萍)

No.18 学校办学情况公示机制的研究

上海市霍山学校

一、提出的背景

（一）加强现代学校制度建设的需要

家校合作是现代学校制度的重要内容。现代学校教育必须拓宽自己的视野，充分利用各种教育资源，将学校教育活动置于更加广阔的领域，调整学校与家庭、社区的关系，建立健全家庭、社区参与学校管理的机制，不断增强学校服务家庭社区的功能。

霍山学校在学校章程里明确规定：加大社区、家长对学校落实有关规定的督查力度，规范学校办学行为，扩大学校在社区范围内的知名度。现代学校制度下的学校办学，就是要让家长有知情权、参与权、监督权、评价权；要让家长成为推动学校发展的变革力量；要让家长成为学校的合作伙伴，与学校拥有共同的目标。为此，学校制定社区教育委员会章程，建立协议制度，表彰制度，家庭教育指导巡视员制度，学校面向社区、家庭办学情况公示制度，保证学校的各项工作在听取家长代表、社区巡视员的意见基础上加以实施。

（二）传承和弘扬陈鹤琴教育思想的需要

霍山学校是在 2008 年，由建江中学和霍山路小学两校合并而成的一所九年一贯制学校。建江中学 1956 年建校，京剧艺术教育是学校特色教育项目，于 2002 年成立"梅兰芳艺术学校"，梅葆玖先生曾任该校名誉校长。霍山路小学 1928 年建校，前身是著名儿童教育家陈鹤琴创办的东部小学，具有浓厚的文化底蕴。陈鹤琴先生说过，教育追求的是让自然、社会、儿童生活和学校教育内容形成一个有机联系的整体。因此，学校希望通过面向社会、家庭的开放办学，优化育人环境，促进学校、家庭、社会的相互融通、协调配合，加大学校在社会上的影响力。

（三）利用各种资源促进学校发展的需要

学校依法治校，开放办学，需要进行面向社会、家庭的办学情况公示。这样既有助于学校和家长、社区之间的沟通和融合，又有助于开发和集聚学校与社区的各种教育资源；既有助于家长、社区对学校工作的管理、监督和支持，又有助于实现学校、家庭、社区形成一个互相理解、互相支持、共同发展的良性循环;为学校成为北外滩地区一所学生喜欢、家长满意、社会声誉良好的九年一贯制优质学校起着积极的推动作用。

(四) 家校共建促进学生健康发展的需要

一所学校的发展,家长是不可忽视的主体。霍山学校的学生家长的主要特点是,外来务工人员家庭占学校总家庭数的 66.5%,少数民族家庭占总家庭数的 3.5%。特殊家庭居多,多数家长的文化教育程度比较低。这些家长普遍存在的问题有:对新的教育理念难以理解或接受,缺乏正确的家庭教育思想,家庭教育手段极其简单甚至粗暴,自身的学习和修养严重不够等。在这种情况下,学校必须建立家校共建平台,以促进学生的健康发展。

二、基本内容

学校公示的内容主要是围绕三个维度:学校发展、教师发展、学生成长。

学校发展维度包括:学校章程、办学理念、培养目标、规章制度、规划方案、课程方案和课程计划、环境改建、设备安全、招生方案、教材征订、教育收费、社区联席活动、校园开放日活动、艺术节、运动节等。

教师发展维度包括:师德要求、政风行风要求、"我心目中的好老师"的教师评选活动等。

学生成长维度包括:好习惯养成教育要求、伙食标准、校服征订、作业内容、作业用时、学校作息、初三推优、学生评比、素质评价、健康体育、家委会工作等。

以一年级"零起点"开放日活动为例:一年级新生一下子要学习语文、数学、英语、音乐、美术、品德与生活、地方课程、体育等众多课程,孩子一开始会不知所措;再加上面对很多新伙伴,小朋友常常沉默寡言,感觉很孤独。学校针对学生入学的不适应,积极采取措施,让其更快适应小学的学习生活。学校通过开设"如何做好幼小衔接"的家长讲座、为期两周的"幼小衔接期"、好习惯的养成教育要求、家长开放日活动、教学展示课等各种形式的活动,将一年级学生在校内的学习、生活情况及时告知家长,让家长放心帮助孩子顺利度过这个"困难期"。

又如,"活教育"课程方案和计划公示:学校确立"以学生发展为本"的课程目标,把基于陈鹤琴"活教育"目的论的校本课程建设作为提升学校课程文化的载体。"培养学生做人的态度,养成优良的习惯,发现内在兴趣,训练人生的基本技能。"这是陈鹤琴先生对学校教育功能的基本概括,涵盖了教育的各个方面,是全面、整体的育人观。为此,我们利用家长学校、家长会、家长问卷、参与教育活动等多种途径给家长"输入",期望学校的课程理念得到家长的认同,这样才能促进学校的内涵发展,促进学生的健康成长。

再如,招生考试工作及推优的信息公示:招生工作和推优工作始终是家长和社会非常关心的事情。为此,学校多次召开家长会,传达中考政策和招生事宜,指导家长共同学习《提前批招生报考指南》《中等学校招生计划》;划出重点和关键点,讲解疑点,PPT 展示网上报名步骤;公布教导处电话,专人、专线负责接待家长们的咨询。同时,学校设计高中阶段招生考试工作信息公示及反馈表,罗列招生考试工作和招生报考的要点,打造精华版招考指南,这样不仅便于家长们温习,更能全面了解家长们对招生政策和招生工作的知晓情况及对学校毕业班工作的建议。本届初三家长全部参与了信息反馈,对招生考试工作和招生报考信息知晓率 100%。有一位家长希望学校提供中本贯通学校的录取分数线。对此,教导处老师根据各校的招生公示,打电话逐一联系,询问 2014 年的录取分数线,并及时地在第二次家长会上进行解答。这一小小的举动,不仅解决了一个家长的需要,也让其他的家长得以共享,更体现出学校对家长需求的重视,对招生工作的严谨,以及信息公示的规范化、透明化和及时化。关于推优,我们请家长代表到学校,全程参与我们的方案制定、人员推选、名单确定等工作;家长认真做好笔记,对学校的推优工作表示满意。

三、项目推进的途径与方法

(一) 公示的途径

学校采用"请进来"和"走出去"相结合的办法。"请进来"是指,家长参加学校的教育教学活动,参与学生的评优工作,参与学校政风行风评议活动等。"走出去"是指,结合学校社区巡视员队伍,在社区对学校的相关教育教学政策以及学校开展的系列活动进行宣传。同时,学校校长等人在社区举办"百名家长学校"讲座,让更多人了解和知晓学校的办学情况。

(二) 公示的方法

1. 在校门口设立公示栏、滚动显示屏,利用黑板、告家长书、意见征询单等形式将学校的相关信息不定期地张贴、公示,并滚动显示,让家长能够直观地了解学校的相关信息。为充分发挥学生、家长和社会的监督作用,学校还设立举报电话,接受社会各界对违反规范办学行为问题的举报。

2. 发挥社区巡视员队伍作用。这支队伍由社区干部、社区民警、家委会成员以及热心学校工作的社区居民组成,通过社区联席会议、巡视员定期沙龙聚会,把学校的规范办学流程、学校发展的情况、师德师风建设情况公示于众，以开门办学的胸怀，让更多的家长和社区居民了解学校。

3. 向家长、社会开放校园，欢迎家长进校、进教室，参与学校的教育教学活动。例如，我校的一位学生家长，因为孩子行为上有点障碍，提出要求陪读。于是，从一年级开始，这位家长就全天候地参与学校的一切教育教学活动。直到现在，已经三年级的小钱同学在家长的陪伴下，幸福快乐地成长着，孩子的家长也成为霍山校园里名副其实的家长监督员。

四、项目运作机制

一个学校的成长需要全社会的关心和支持。学校采取"请进来"和"走出去"相结合的方式，提出"三个满意"的口号（即"让学生满意，让家长满意，让社会满意"）。霍山学校的办学目标是成为一所学生喜欢、家长满意、社会认可的九年一贯制学校。对此，为了便于家长及时准确地掌握学校教育工作动态，为家长和社会参与教育工作决策提供参考依据，学校结合教育工作实际，通过设立公示栏、公示牌、公示墙等形式，将学校主要工作内容进行告知。

（一）教育收费公示

开学前学校就按上级下发的收费公示表，在学校校务公开栏将收费项目和收费标准进行公示，同时将收费项目和收费标准在开学通知上一并向社会公开，接受学生家长和社会的监督，将对经济困难的学生实行减免的政策也进行公开。在此基础上，学校认真执行学生代收费的使用规定，每学期将代收费使用明细在学期结束时发到每一位学生家长手上，接受家长监督。

（二）学校重大事项公示

凡涉及学校工作重点、学校建设和发展等重大事项，学校家委会若有意见或建议，可用书面形式与学校联系，学校采纳后及时公开。

（三）学校重大活动公示

对于学校教育教学各项重大活动，如"六一"儿童节、田径运动会、各种总结表彰会等，都会以学校"大事件"形式告知。

（四）学校教学成果公示

对于学校课程的开发、实施、评价等工作情况，定期向学校家委会成员展示、汇报。

（五）学校重大事故公示

涉及校园安全的重大安全责任要求、卫生防疫要求等都要及时向家长公示。

五、项目的反馈

（一）学校与家长构建沟通长效机制

第一，家长走进课堂，反馈教学评价。学校实行"邀请您进课堂"的教学开放计划，所有课程随时面向家长开放。家长可以走进教室观摩孩子在校表现，了解教师教学情况，填写《教学评价反馈表》，对教师的课堂教学提出自己的意见和建议。第二，教师与家长建立微信群，交流教育信息。为了让家长随时了解学校近期教育教学工作动态，感受孩子的点滴收获，及时宣传学校教育工作新发展，传递家教新理念，学校为家长搭建了交流沟通平台。在实践中，学校进一步结合各班特色，针对学生容易出现的困惑与问题，邀请学校分管领导等负责人与家长定期进行面对面的沟通与交流。

（二）社会监督依法办学

第一，通过学生家长面向社会广开纳言渠道，创新监督方式。学校聘请家长担任监督员，让家长及时掌握学生在校情况，调动学生家长教育管理学生的积极性，关注学生和家长切身利益的热点问题，协调学校与家庭、教师与家长的关系。建立开门纳言制度，在学校内安装了"意见箱"，随时从家长、社会中吸纳好主意、好建议。定期向家长发放问卷调查，采取无记名形式，由家长委员会进行分类统计汇总。针对家长意见，学校采取办公会拟措施、教师会提要求、后期跟进落实等有效措施，做到广泛征求意见，真诚接纳建议，及时解决问题。四种开放的"家校"沟通方式，既可以得到家长的认可与配合，又可以让家长深入了解学校教育教学情况，赢得了家长的信任和理解，增强了合作育人的信心和基础。第二，在学校与家庭良性互动中提升家长素质，强化家长委员会代表的履职能力。家长委员会紧紧围绕学生生活中出现或可能遇到的问题，从多方面指导家长找到解决方法与对策。针对不同学生的情况，家长委员会选定不同专题进行授课。通过学习，家长不仅了解了学校的教育管理制度，更重要的是与专家一起分享了先进的教育思想与成功的教育经验。家长委员会提倡互相学习，定期举办"家长沙龙"，加强家长与家长之间的沟通与交流，使家庭和家庭之间取长补短，更好地为学生发展创造良好的成长环境，更好地履行监督职能。

六、项目的成效、收获与思考

1. 把规范办学化为教育自觉。通过学校面向社会、家庭的办学情况公示的实践，学校不但加强了校内校外的监督力度，更是让家长了解、支持、信任学校工作。这项工作已成为学校规范办学的自觉行为。

2. 三位一体传递育人正能量。霍山学校的每位教职工都在为实现学校的办学目标而传递着育人正能量。这种能量已经从个体到群体、教师到学生、学生到家长、学校到社区无限传递着,学校、家庭、社区三位一体,逐步形成相得益彰的"教育共同体"。

3. 学校的办学理念与家长的教育理念的差异,客观上阻碍了学校的发展。例如,家长的学历层次较低,与学校在沟通理解上存在差异等。

4. 社区巡视员的工作还应得到更多支持。虽然学校对社区巡视员有很多的感情投入,但他们毕竟在社区有其他工作要做;让他们帮着宣传学校,为学校在社区里工作奔波,我们既感激,也很无奈。

(执笔:上海市霍山学校　王　晨　张晓庆)

No.19　育儿坊
——校园内家长活动区域的设计与安排

上海市静安小学

一、提出背景及意义

(一) 背景

《上海市0—18岁家庭教育指导内容大纲(试行)》明确提出,家庭教育的工作任务是帮助家长更新教子观念,树立正确的育人观,明确为国教子的责任和义务;传授家庭教育的基本知识,指导家长掌握科学育儿的方法,交流和推广家庭教育的成功经验,提高家长教养子女的能力,促进家长和学生共同成长;优化家庭教育环境,增强家庭、学校、社会共同参与素质教育的意识,形成育人整体合力,使之成为一项社会系统工程。

作为一所寄宿与走读并存的公办小学,学校坚持"智慧学习,阳光生活,健康成长"的办学理念,积极探索寄宿与走读并存的办学规律。学校充分认识到家庭教育指导需要社会、家庭的共同关心和支持,因此从提高家长素质入手,以未成年人个性化健康成长需要为出发点,积极推进家庭教育指导。在家校共育的探索路上,学校做了一些开拓与创新,例如,家长行政助理日、家长开放日、父子阅读联盟等。我们发现,要让家长真正参与、融入学校管理,从被动请来"做客"变为校园中的真正一员,中间还有一些"障碍":

1. 校园安全因素阻碍家长入校。近年来,家长普遍有要求进入校园的愿望,近距离地了解学生在校的学习和生活情况,但出于寄宿安全管理,家长进校园的机会很少。

2. 学校网站、网络留言、班级QQ群、飞信、微信群等利用现代信息技术的家校互动方式迅速成为学校与家长之间的纽带,有助于家长第一时间了解学生的动态,及时发现并解决问题。然而,我们也发现,虽然网络交流方便了家校沟通,满足了家长的需求,拉近了学校与家庭的距离,使双方互动的速度、效率、效果得到了明显的提高,但是直接的、面对面的情感交流更受到家长的欢迎。

3. 家校共育项目缺少家长活动阵地。我们发现,学校家长委员会在履行参与学校管理、参与教育工作、沟通学校与家庭等职责时,大多在会议室或教师办公室。另外,每次家长接待或家庭教育个别化指导等项目的开展,没有一个固定属于家长办公、交流、探讨的区域。没有专属地,家长缺乏归属感。

因此,我校设想并实践了"育儿坊"这一创新举措,借助固定的场所来创新地打造一个校园内家长的活动区域。通过这个家校互动的实体平台,让家长有归属感,成为校园中的一员,更好地实现家校共育。

(二) 意义

"育儿坊"为学生创设了一个学校教育和家庭教育互相协调、互相支持的成长环境。家长不再是将学生送进学校后便一了百了,而是能在这个环境氛围中学习一些家庭教育方法,学会做智慧的家长,用心、用情并有方法地教育好自己的孩子。

1. 让家长走进校园,成为学校大家庭中的一员

让家长根据自己的需求,选择不同时段走进校园,使更多的家长有方向地"走进来",有目的地"融进来",成为静安小学这个温暖大家庭的一员,与学生共同成长。

2. 从家长的愿望出发,为家长提供更满意的教育

"育儿坊"使每一位学生家长都能成为学校管理一员,为学校的发展出谋划策。这一活动区域的设计与安排,让家长能更科学规范地获得家庭教育的指导。从家长的愿望出发,为更多的家长提供满意的教育,共同促进学生的个性化发展。

3. 架起家校共育平台,为学校发展增添一股力量

要实现家校共育,需要有坚实的体制保障,完善的支持体系和有规律性的、有主题性的活动。在之前的一系列探索家校共育的研究基础上,"育儿坊"是基于我校家长行政助理日、家长开放日、家庭教育指导个别化等研究之后的又一创新举措。家长活动区

域的设计与安排能让家长更好地参与学校管理,为学校的可持续发展增加一股力量。

二、操作流程

(一)"育儿坊"的含义与特点

1."育儿坊"的含义

"育儿坊"是针对现阶段家庭教育具有多元化、亲情化、个性化的基本特征,以"指导、服务、帮助"的现代家庭教育指导为基本理念,借助固定的场所来创新地打造校园内家长的活动区域。"育儿坊"是一个家校互动的实体平台,旨在开辟一个探讨式、体验式、个别化的互动空间,创建家长间、家长与教师间的互动交流,有针对性地改进和促进家庭教育;同时,根据家长的需求,提供相应的菜单式课程,提高家庭教育的个性化服务功能。

2."育儿坊"的特点

"育儿坊"位于我校教学楼的二楼左侧。2014年初,在学校进行校园安全工程的时候,我校的学生家长通过精心设计,将60多平米的空间进行了三个区域的设置:交流探讨区(开放性——智慧碰撞)、创新实践区(独立性——支持实施)、沟通指导区(私密性——干预介入)。

(1)开放性

"育儿坊"作为校园内家长活动区域,其首要的特点就是开放性。"育儿坊"全天开放,便于家长入校后,老师对家长的接待,家长与家长之间的交流,家长行政助理办公等。其次体现在对象的开放上。"育儿坊"面对的是全体家长,而非某些特定家长。家长的各类活动可以满足不同家长的不同需求,让家长们可以通过不同的方式参与学校管理或解决自身疑惑,提升家庭教育指导水平。

(2)独立性

"育儿坊"是真正属于家长的区域,从管理到运行都由家长自主决定。参加家长行政助理日的家长行政助理是由家长们通过报名、自荐、推荐等形式产生的。由他们进行轮值,让家长们充分享有公平的管理权。

学校联合校级家委会根据对各年级家庭教育指导需求的调查,整合社会以及学校、家庭的资源,设计和安排了创新家校共育的内容,让不同需求的家长受益。

(3)私密性

有些家长在育儿方面有了困惑,在家庭教育方式上希望能得到一对一的指导。学校心理辅导老师或者班主任请家长进入沟通指导区,进行家庭教育的干预介入。家长在交谈中放松了心情,在沟通中学会了方法,既改变了育儿方式,又排解了育儿压力。

（二）家长活动区域安排

1. 交流探讨区——智慧碰撞

（1）家长行政助理日：各年级学生家长自愿报名，定期研究和讨论学校的各项教育教学工作，由学校"家长委员会"负责监督实施。"家助"享有的权利为：知情权——参加学校的行政会议，了解学校的重大决定和发展规划。咨询权——能向校领导咨询教育教学工作情况。参与权——参与学校重大问题的决策，并代表家长及时向学校进言，巡视学校；参加校内各种教育、教学活动；参与听课和评课；与教师、学生开展谈心活动；过问学生伙食安排；检查学生宿舍环境卫生等。建议权——对学校工作提出建议和意见；参与决策；监督并促进学校工作。通过家长行政助理日，帮助家长提高素质，促使家长逐步由配合做好学校工作的从属地位转变为自觉提高自身素质、提高家庭教育水平的主体地位。

（2）百家课堂：邀请来自不同行业的学生家长走进课堂，为学生们带来自己所从事行业的相关知识，介绍自己的兴趣，展示自己的才艺，传播知识和技能。因为家长拥有不同的专业知识、兴趣、爱好，可以有效地为学生提供丰富的优质教育资源，做到课内与课外、学习与实践、系统知识与现实生活的连接。例如，三年级学生小马的爸爸是一位建筑工程设计师，在 2014 年的 3 月拿到百家课堂的征询表时，马爸爸很愿意参加但又担心自己因为没有教授学生的经验而上不好课。他向班主任提出了顾虑，没过多

图 9 百家课堂菜单和申报流程图示

久就接到了参加在"育儿坊"中开展的百家课堂教研活动的通知,在活动中,他认真观摩了家长代表上的"创意挂件"一课,聆听了教研中的活动设计指导。这增加了马爸爸进入课堂的自信心,当天他就确定了上课的时间和内容。

(3)父子阅读联盟:在亲子阅览区,组织了各种形式的亲子阅读活动:"好书推荐","亲子阅读心得","我在读……书单推荐","书签设计","×××,爸爸妈妈想对你说","爸爸妈妈,我想对您说","教子有方——家庭教育细节","好习惯让我受益"。鼓励家长与学生一起阅读,感受读书的快乐,在阅读中开启智慧,学会感悟。由校方精心挑选适合家长和学生共同阅读的书刊,家长可与学生一起在阅览区现场看,也可填写借阅卡,借阅回家去看。学校及时将家长的感悟刊登在校刊校报上,供广大家长分享,激发家长思维碰撞。

2. 创新实践区——支持实施

(1)以往的家庭教育指导大多是班主任单一指导家长如何科学育儿,效果不甚理想。我们综合学生在各阶段的行为表现和年龄特点,梳理整合教育资源,及时开设分年级的育儿讲座,建立年级家庭教育指导菜单,供家长借鉴与参考(见表6)。

表6 静安小学各年级家庭教育指导菜单

年级	内容(第一学期)	内容(第二学期)
一年级	学生的责任	快乐学习 快乐入团
二年级	好习惯伴我成长	快乐入队 雏鹰翱翔
三年级	家有三年级生	真诚沟通 共育未来
四年级	情绪管理与沟通	共享课堂 成长无限
五年级	减负增效,提高学业效能	父母与学生之间的话题——谁说?谁听?

(2)我们根据家长提供的内容,进行梳理和分类,确立了人文、生活、建筑、自然、安全、健康、科技、公益、环保、创意等10种类型的课程,列出2014版、2015版的课堂菜单。家长进入课堂之前,学会了如何与学生沟通交流确定主题;在课堂上体验了如何与学生们互动,观察到了自己孩子在群体中的表现。课后,我们当场询问学生感受、授课家长感受以及听课家长的感受、建议或想法,及时调整、删减、增设课程环节,丰富内容,完善课程。

(3)一堂课、一次讲座只能解决一些共性问题,更多的家长需要的是个性化家庭教育指导。从家庭教育现状调查问卷反馈来看,100%的家长都认为家庭教育非常重要,95%的家长需要学校向其提供家庭教育的方法和经验,80%的家长愿意利用休息时间来参与学习。另外调查中发现,90%的家长在教育学生的问题上出现了困惑。我们开发了专业的家庭教育指导课程——"5+2>7",营造一种探讨式、体验式、小班化的学习模式,分六步进行实施。

先期在同年级家长中发放一份家庭教育现状调查问卷,内容涉及家庭教育的重视程度、家庭教育中出现的问题等。在汇总了同期家长在教育学生问题上出现的困惑的基础上,整合开发形成了各类系列课程。家长可根据家庭教育指导菜单选择课程进行学习(见图10)。课程主要以问题探讨、角色扮演、游戏体验等方式帮助家长获得深刻的教育经验,反省自身的教育问题,形成正确的教育理念和教育方法。

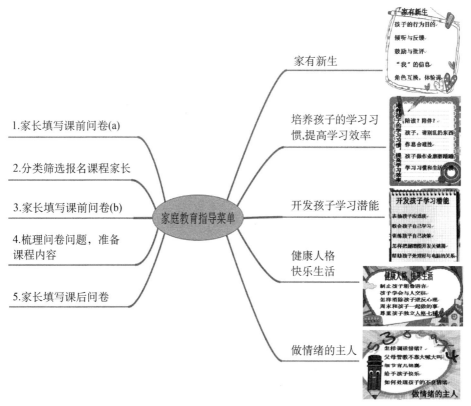

图10　家庭教育指导菜单

3. 沟通指导区——干预介入

由于我校寄宿生活的特殊性,生生间、师生间相处的时间往往比走读学校多。学校老师容易从学生的言行中解读出学生的急躁、焦虑,以及以学习紧张为借口逃避学业的想法。例如,轻轻是个乖学生,在面临钢琴考级和中学择校上,家长给予了她极大的压力。轻轻在校的情绪很低落,学习状态也不稳定。于是,避开轻轻,我们将轻轻的妈妈请进了沟通指导区——育儿坊的私密空间,一对一地与家长沟通,提醒家长学生正值青春前期,要小心处理轻轻的情绪问题。轻轻的妈妈意识到了这点,回去后与轻轻协商,及时调整作息和学习、练琴时间,倾听轻轻的想法,与她做了深入的沟通,达成共识。轻轻的苦恼在老师和家长的努力下一一化解了,7月轻轻成功地通过了钢琴的考级,也进入了她自己理想中的中学。

(三) 实践效果

1. 家校合作互动,促使学校可持续发展

在家长行政助理"增加学校教育教学透明度"的建议下,我们在原有的家长开放日、接待日、家长学校等活动的基础上,让家校互动更加实在。不但组织家长听课,参加班会、运动会、升旗仪式、文艺演出、开学典礼等;还组织热心的家长一起策划"亲子"活动、主题班队会等。与"家长助理"共同研究学校教学时,学校决定把原来的教学开放日,由仅让家长参与听课扩展为让家长参与评价反馈、教学检查、作业精选等过程。

许多家长自愿报名担任家长行政助理,都能及时收集民意,并向学校进言。我们会定期组织召开家长行政助理日反馈沟通会议,针对家长行政助理提出的问题迅速作出回应。例如,课间铃声的替换,是否能定期按年级、性别、喜好整理一套小学生阅读指南,食堂能否尽量减少辛辣食材,象棋棋盘支架调整高度,家长来为学生上课等。会议后,家长助理们也会及时向其他家长们反馈情况。

2. 家长融入学校,成为校园中的一员

虽然家长们不是专业的教师,但成了学生们课外最有亲和力的老师。他们热心参与,各施所长,带来不同的课堂主题和风格。家长的课兼具专业性和趣味性,他们用朴实的语言、生动的课件、各种有趣的实物道具等,使学生初步领略了各行各业的风采,在他们幼小的心灵里洒下了小小的种子。家长们在活动后深有感触地说,百家课堂构筑了学校、家长和学生三方互动的平台,是学校尊重家长意愿的表现,也是学生感知书本之外领域的一个重要窗口。而很多从未站上过三尺讲台的家长,不仅自身得到了一次难能可贵的体验机会,而且对教师的辛勤付出、人格魅力有了更为深刻的理解。父子阅读联盟的亲子阅读活动,让家长通过活动,获得与学生沟通交流的新途径。

3. 家庭教育指导的分层,提升了家长的育儿能力

综合学生在各阶段的年龄特点、行为表现,梳理整合教育资源,我们不仅开设了分年级的育儿讲座,还从家长的家庭教育困惑与需求出发,拟定个性化的家庭教育指导菜单供家长选择课程。自从开设了课程之后,先后共有近百余位不同年级的家长参加了学习。100%的家长认为课程内容非常好;98%的家长认为课程内容贴近需求;80%

的家长认为课程内容有效地解决了家庭教育中的困惑,改变了自己原先的教育方式以及沟通方式。与此同时,我们还为参加过此课程的家长提供分享感悟的平台,即组织参加课程的家长成立沙龙,前一期的家长与后一期的家长再进行深一层次的沟通、分享,探讨教育的困惑和难题。

"育儿坊"是指导和服务家长的主阵地,也是家庭教育指导工作的主渠道。我们积极探索家校互动的机制,努力创建相互学习、相互促进的平台,为不同群体的家庭教育提供指导。

(四) 推广建议

我们认为"育儿坊"可以在学校里推广实践,设立家长活动区域满足每一个有意愿参与学校管理的家长,让各方都受益。只需一个教室的大小空间,设置简单,划分区域,定位准确,功能明确,运行不繁琐,便于学校尝试。在操作过程中我们有以下建议:

1. 家校合作有基础

作为学校,只有和学生家庭建立良好的家校关系,才能顺利开展工作,形成教育合力;针对家长、学生的不同需求,提供有效的家庭教育指导,积极努力地尝试家校合作共育的创新实践。在开展"育儿坊"——校园内家长活动区域的设计与安排的过程中,我们得到了学校老师和家长们的大力支持和积极配合。

2. 活动形式呈多样

面对不同年龄阶段的学生,顺应家长的需求与困惑,需要给予"育儿坊"这个家校互动实体平台更多的空间和时间。在"育儿坊"实施过程中,我们对学生家庭教育情况进行了深入的分析,从家庭教育个性化指导入手,给予多角度的个性化家庭教育指导,设计安排各类活动,形式呈多样性,提升了家庭教育指导的实效。

（执笔：上海市静安小学　顾春慧）

No.20　SFEA 计划,让家长建导员发挥家长指导效能

上海市陈鹤琴小学

上海市陈鹤琴小学 2005 年由原延安中路小学更名而来。陈鹤琴老先生说,家庭

教育和学校教育的密切结合在儿童成长中起着重大作用，学校教育终究不能代替父母，没有家庭的合作，也决不能教育得十分有效。在传承、实践陈鹤琴教育思想的过程中，我们发现，当前的学校教育对孩子的教育投注了大量的心力，却往往忽略了对家长的教育和关心。其结果是，学校教育的成果往往被不太成功的家庭教育所影响，出现了 $1+1<2$ 的现象。

由于时代变迁，家长对学校的需求发生了很大变化：其一，社会竞争越来越激烈，在孩子的压力越来越大的同时，家长的压力也越来越大。尤其随着社会越来越多元化、离婚、重组、外来务工、外来引进、隔代抚养等多元化的家庭不断出现，这对孩子的成长也带来了一定的心理影响。其二，由于家长的文化层次日益提高，以及独生子女相继成为父母，他们不仅对孩子学习成绩提出了高要求，更对孩子的知识能力、心理品质、交往能力、人格素养也提出了高标准。家长对子女教育的高期望，使家长本身也有着诸多心理烦恼和教育困惑。其三，还有一些家长，虽然懂点教育，但不了解学校的情况。信息的不匹配，使家校沟通中出现不融洽的现象。其四，我们还发现有不少的家长在面对学生学习、行为上的问题时感到很无奈，处理的方法也不恰当，错失了教育的时机。

如果在家庭教育指导中能够加入更多关于如何帮助家长调整状态、当好家长的内容，把主体放到家长上来，给家长本身多一些关心和帮助，那么他们对孩子的教育自然会更好。家庭是一个系统，每一个成员都是家庭教育的关键。整个家庭的成长是指孩子、父母以及每一个家庭成员的成长，而不是只有孩子。我们对家庭教育的发展要落实到家庭中的每一个成员，而不是简单地把重心放在孩子身上，不要孤立地把家庭教育看作是家长教育孩子，而是要从系统整体的角度，去看待整个家庭的成长。

一、SFEA 计划，重视家长对家长的引导作用

在新时代背景下，我们要发扬陈鹤琴家庭教育的思想，构建新型师生关系、家校关系；要做好家庭教育指导工作，给予家长精神上的支持和安慰。同时引导不同的家长在各种交流过程中听取、发表自己的看法，思考并逐步影响其他家长的观念和行为，在比较和衡量的基础上作出选择并加以实践、反馈、修正。

以往的家校合作的主要形式不外乎请专家到学校给家长们做一些讲座，或者学校定期组织一些家长会、家长沙龙等。我校考虑到家长与家长之间的共同语言更能促进沟通这一特点，引进了新加坡家长支援小组的理念，即：在全校家长中招募既有能力又热心于家庭教育，愿意与学校一起帮助孩子成长的志愿者家长，为他们提供定期的

专业培训,让他们成为家校合作的核心力量,将他们所学所思的内容用他们家长的视角与其他家长交流。这样做更能让其他家长敞开心扉,使我们更能够理解家长的困惑,从而更实际地帮助到家长。我们把这些志愿者家长称为家长建导员,建导的含义是指提供建议与指导。我们构建了家长建导员培训系统,努力为陈鹤琴小学组织一支有理念、有爱心、愿意付出的家长建导员队伍。我们称之为"陈鹤琴小学家校合作行动(SFEA)计划"。

二、了解家长的需求和困惑,为 SFEA 确定内容和方向

我们在各年级进行问卷调查,内容涉及家长目前最大的烦恼,家长最希望参与学校的家长讲座话题及家长参与家庭教育活动的意愿等。通过对回收的调查问卷进行分析,我们了解了家长目前最关切、最迫切希望得到帮助的问题,同时确定了整个项目的内容,即:

- 打造家校合作的有效沟通渠道;
- 形成家长互助合作的氛围;
- 切磋教育孩子过程中遇到的问题;
- 分享成功的经验;
- 给予家长精神上的支持和安慰。

三、招募家长建导员,为其提供专业培训

从 2010 年 3 月开始,我校在一至五年级家长中进行了建导小组的介绍和招募工作。经过家长个人申报、学校考察、资格核准、家长承诺、与学校签约等步骤,首批由 24 名家长建导员组成的队伍成立了。

学校向建导员家长进行建导员课程的培训,内容涉及家庭生命周期、四个成长阶段、婚姻对家庭教育的影响、隔代养育对孩子的影响等教育孩子的专业知识,以及建导工具、操作流程、具体方法、实战演练等建导方法。这些实用的技巧和方法为家长沙龙活动的开展打下了扎实的基础。当家长们在日常生活中遇到家庭教育方面的问题时,能够很快地得到有效的指导和支援,更好地帮助到我们的孩子,形成真正有效的家长互助网络。

随着家长建导小组队伍的不断扩大,武装他们专业知识的培训也在不断跟进,使这支队伍成为不断学习的团队。第一批家长建导小组成员接受了系统的培训,之后他

们成为合格的建导员,但他们的学习并不是就此停止了。家长建导小组在所有的家校合作的活动中并不只是组织者,他们要有专业的能力去引导参与到他们小组中的其他家长去思考和讨论,所以吸收新的知识、深入了解家庭教育相关知识对他们来说非常重要。因此,学校仍然定期为他们提供专业的培训,他们自己也会通过论坛发帖等形式互相学习,这使他们在组织活动的时候更专业。

四、多种形式的家长建导活动,提高家校互动有效性

我们采用家长辅导课程和家长沙龙有机结合的方式推进。我们安排了丰富、实用的家长辅导课程:如何培养良好的作业习惯;如何激励你的孩子;如何跟孩子讲话,让孩子听你的;管教孩子的策略和方法;解决亲子冲突的双赢策略;大脑与学习风格;如何处理孩子的行为问题;等等,让家长懂得科学育儿的方法。在家长沙龙中,各建导员根据每个年级的学生问题,通过专题分享、案例分析和讨论、问题应对等形式,分享育儿经验,协助解决家庭教育中遇到的各类实际问题,并向学校反馈,使每位家长都能从中有收获、有体会,从而把家庭教育落实在实处。这样的沙龙避免了传统讲座中因台下坐的家长很多而使主讲人顾及不到所有家长的情况。家长支援小组组织的活动也是如此,往往一个小组 8 个人,其中两人为支援小组的成员,一个负责抛砖引玉启发家长们交流和思考,控制主题;另一个负责记录并及时提醒。这样的交流和沙龙更有针对性,来参加的家长每个人都有发言的机会,每个人的问题都能得到展现和讨论,也都能得到思考,这使得讨论能更深入、更有效。例如,2010 年 6 月,针对期末学业检测开展的沙龙——"家长应该用怎样的心态帮助孩子准备考试"。2010 年 9 月,开学时,针对新生家长的沙龙——"用怎样的方式让孩子更快地适应学校的学习和生活"。2010 年 11 月,针对测验结束开展的沙龙——"看到孩子的成绩,应该怎样跟孩子交流"。

学校老师作为不同场次家长沙龙的嘉宾,对沙龙中的问题进行点拨和提升。在沙龙中,教师与家长"教学相长",双向提升,从而找到新的角度去帮助学生(孩子)成长。会后,家长们反响热烈,不少家长觉得这样的活动切实有效,能解决实际问题,感到收益很大。因此,家长积极参加每次活动,参与热烈的探讨与学习。

家长建导小组有自己的规章制度,工作的过程更严谨。他们是学校管理的一员,对学校的工作有发言权。同时,他们每一次活动或者培训的过程都非常严谨。每次活动的主题来源于学生、学校或者家长,接着建导小组会通过访谈、问卷等方式来确定主题,然后根据调查结果进行分析,将分析结果作为培训与沙龙活动的内容分享给更多的家长。活动结束后,会有反思和总结,每个建导小组的成员会对自己组织、主持这次

活动的感受、想法和遇到的困难进行讨论。学校有专业的老师与建导家长们一同反思讨论,将这些生成性问题进行总结。最后建导小组会对活动进行整理,形成活动简讯、活动报告等材料,为今后的活动积累经验。

另外,活动结束后,我们还请来参加活动的家长填写活动评估,及时给予相关反馈:家长参与活动的愿望、对活动成效的满意度、参与活动后的心情、运用方法后的情况、建导员建导是否流畅、与家长交流是否默契、学校对本次活动支持的程度等。每学期开展一次阶段总结。这样持续的评估和总结,让我们不断改进活动形式,丰富活动内容,提高建导水平,把关注点时时聚焦在孩子身上。

五、家长建导员队伍的建设机制,保障建导活动可持续发展

要保持这支队伍茁壮成长,最重要的是有人数充足、凝聚力强的爱心家长的参与。第一,我们每年九月利用各种机会,在新入校学生家长中动员更多的热心人士加入,壮大队伍,并为他们提供一定的培训和指导,使之胜任沙龙活动的组织工作。同时,建立"爱心建导员联谊会",由组长牵头组织各类聚会活动,如亲子活动,郊游,聚餐聚唱,观赏演出,展览等,频率以每月 1 至 2 次为宜。第二,推动爱心家长群的活动。请 1—2 位爱心家长在网络、书籍、杂志上收集各类家庭教育的好帖好文,另请 1—2 位爱心家长专门收集各类免费参观场所的资讯,例如上海博物馆、上海规划馆、上海美术馆等,发布到群里,让所有爱心家长都能从中受惠,使他们愿意到"群"里来讨论、分享,而不只是潜水。第三,学校对爱心家长给予肯定与认可,如组织老师和爱心家长的联谊会,在学期结业会上表彰爱心家长等,激励他们继续积极参与建导员工作,也带动更多的热心家长参与进来。

家长建导员队伍从属于校家委会,受校家委会直接领导、管理,是家委会参与学校管理工作的一个重要载体;校家委会副会长兼任建导组的组长。家委会根据志愿家长的个性、喜好、能力,将建导小组分为管理组、教育组、后勤保障组。每个组都有明确的分工,有一位核心组长,在家委会的领导下定期召集组员商讨建导工作。校家委会对建导员们参与活动的热情、积极性等进行定期观察,安排协调参加建导活动的人员。

六、传承中的实践,推动着和谐家校的成效显现

通过陈鹤琴小学家校合作项目的实践探索,家校之间架起了合作互动的彩虹桥。其间,家长、教师都提升了自己的教育理念,理解了孩子的身心发展特点与孩子学习的

关系,了解了家庭关系、师生关系对孩子健康成长的影响。特别在关注儿童心理发展特点和重视环境系统建设对家庭教育的影响方面,学校根据自己的实际情况,秉承了陈鹤琴的思想,提升了家庭教育在现代社会中的内涵。家长、学生、教师发生了根本的变化,从原来单纯要求家长配合学校的工作,变成了家长积极主动协助学校的教育;从原来相互脱节的家校联系,转变为目标一致的共同教育;从原来学生怕家长见老师,变成了希望家长多和教师沟通。"家长互助支援"的模式避免了家长面对老师专家时的尴尬和拘谨,使家长之间更能互相理解,促进了家长对自身问题的反思,从而对自己的思维和行为习惯做出改变,成为孩子成长中重要的聆听者和朋友,在自我提升的同时也帮助孩子全面发展。教师、家长、学生三位一体的良好合作,构建了和谐家校,使学生在充满温馨的家校环境中幸福地成长。

家长建导小组的工作方式是我校的一个尝试,取得了一定的成效,但仍在探索实践阶段。家长建导小组自己组织、主持活动的这种形式其他学校也可以尝试。家长建导小组的工作有比较规范的流程,操作性强,实施比较容易,但对家长建导小组成员本身的要求比较高,培训也是个难点,需要专业老师的介入,可能其他学校在实施过程中会遇到困难。家长建导活动只是众多家校合作途径中的一种,冰山才刚刚展露一角,我们任重而道远。

(执笔:上海市陈鹤琴小学　胡轶旻)

No.21　从传统家访到"游学"式家访

上海市宝山区宝林路第三小学

家访是学校中的一项常规工作,如我们学校的制度规定:一年级要普访;二到五年级要循访;寒暑假要指标访;突发事件要特访;特别的学生关爱访等。

近年来,随着生源情况发生变化和教育转型对学校提出新的要求,我们从学校的实际出发,对传统的家访进行了改革创新,逐步形成了"多点互动,多向辐射,多方得益"的新型"游学"式家访,受到教师、家长和学生的积极响应,使家长参与学校活动的热情高涨,展现了全新的家校互动合作关系。学校与家庭、家庭与家庭之间的联系和互动日益加强,经验得到交流,资源得到共享,真正收到了"多方得益"的效果。

一、传统家访的不足与变革

以往的家访,主要是老师向家长汇报孩子的学习情况,家长再介绍一下孩子在家的表现。可是随着现代社会人们生活、行为方式的改变,传统的家访越来越显得与教育转型和现代学校制度发展不相适应。

几年前,我校有位班主任为了完成家访指标,打了28个联系电话,只有6位家长同意在家接受家访,还有近10位家长联系不上。原因是一些家庭没有固定住址;一些家长不愿让老师看到窘迫的家境;还有一些家长觉得与老师没话可说,以打工忙作托词……

面对传统家访的困惑,我们进行了全面的分析和反思。我们发现,传统的家访确实存在不少问题:一是家访的形式比较单一,仅限于教师上门与家长进行单独沟通;二是家访内容大多是讲学习,谈孩子素质培养的比较少,有时候是教师告状,有时候是家长叹苦经,还有时候是教师家长联手揭示孩子的小秘密等;三是缺乏有效的家庭教育指导,一些良好的家庭教育案例不能发挥示范作用,其他家长较难获益。除此之外,教师家访的积极性也不高,对学校的家访考核指标颇有微词。从学校管理角度来说,对教师家访的数量和质量也难以把握。

直面现状,我们认为必须从学校的实际情况出发,对传统的家访在形式和内容上都进行改革创新,建立新型的家校互动合作关系。尽管我们学校地处城乡接合部,不同家长和家庭在经济、文化背景方面差异很大,但我们感到家长之间的差异也是一种资源,家庭文化背景的多样性带给我们家访新的思考。我们可以改变家访的形式和内容;可以改变传统家访的物理空间;可以让学生和家长一起参与老师的家访;可以组织引导学生家庭与家庭之间相互访问,交流经验,共享资源;可以让有困惑的家长随老师去访问成功家庭,观察生活中的好习惯培养,教师还能在现场作情景中的指导,建立一种新型的"游学"式的家访。

二、"游学"式家访的架构

新型家访是相对于传统家访而言的。"游学"式家访是指本校内家长、学生在班主任的帮助下,实现家庭教育的互访,使隐形经验显形化。通过到对方家庭去"游学",相互体验各自的学习与生活,感受不同的家庭教育文化,感受小伙伴的成长氛围,以实现家庭教育的自我反思,自我学习,自我成长。我们的"游学"式家访具有以下特点:

(一)"多点互动"的形式

"游学"式家访的形式和地点是多样化的,可以是一对一的访问,也可以是一对多的访问;有多对一的访问,也有多对多的访问(见图11)。

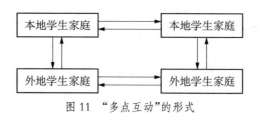

图11 "多点互动"的形式

一对一访问,主要是基于特殊性和针对性的个别问题,用于解决个别问题的访问。老师家访不一定要去学生的家里,可以在家长的摊位边、小店里。家访可以是谈心,了解情况等。一对多访问,主要是基于特殊性和针对性的一个或几个问题的访问。老师选取几个学习对象,针对一个学生及家庭的问题,通过几次不同的访问和学习,使问题得以解决。多对一访问,主要是基于普遍性和针对性的几个问题的访问。老师针对一两个普遍性问题,选取一个学习对象,组织几个家庭,孩子和家长共同上门访问和学习。多对多访问,主要是基于共同点和针对性的一个或几个问题的访问。老师找一个公共场所,聊一个共同感兴趣的话题,解决一两个问题,达到优势互补、启发帮助和共享快乐的目的。

考虑到安全及家庭环境等因素,我们把每次"游学"实践活动的时间定为一到二个小时,需要家长或者老师一同参与。

(二)"多方得益"的原则和目标

为了突出家庭教育指导的针对性和有效性,我们在传承传统家访的基础上,制定了"游学"式家访的目标和原则。

我们要求在"游学"式家访中要遵循的原则是:既有共性特点又不失个性特色;既有快乐的分享又有实效性指导;既有教师把控又有家长自主发挥。

我们在"游学"式家访中要达到的目标是:有一个需要解决的问题,能给予家长家庭教育的帮助;有一个甄选家庭的理由,能给予家长有指导与被指导的满足;有一个缜密互访的计划,使参与的学生和家长收获实效;有一个访问过程的反馈,能给予家长启迪,使学生得到综合素质的培养。

三、"游学"式家访的运行机制

对于传统家访,虽然学校、家庭褒贬不一,但毕竟都习以为常。在新型家访中,学校要创新,教师要更多地动脑筋,家长也要有所改变。我们在推进过程中,对参与的各方都制定了相应的规章制度,以保证运行有序,操作规范。

(一)争取家长的理解和支持

我们在家长中进行了开展"游学"家访的可行性与意愿度调查,了解家长参与学校"游学"式家庭体验教育的态度和需求,了解家长对培养孩子的期望,了解家长、家庭中家庭教育资源的状况(家庭文化背景、家长教育能力、家庭学习氛围等)。在此基础上,建立家长、家庭教育资源库。

(二)帮助教师创新和践行

每次主题家访展开前都会对班主任进行针对性培训:对主题进行解释,让班主任了解我们为什么要做和怎样做,对工作量化呈现形式进行讨论,对难点进行对话。班主任与家长的接触最直接,他们最了解家长,往往会提出一些自己的想法,帮助我们调整完善访问主题和"游学"方案。另外我们还通过模拟课堂的指导方式,通过模拟家校对话,讨论班主任如何对家长培训,如何与家长沟通,如何争取家长的理解和支持等。特别是对要接待客人的、做榜样的家长更是有一些细节指导和针对性培训,消除了班主任个体进行游学活动的困惑,帮助其打开思路,这样也保证了每一次访问的有效性。

学校建立了"基于项目的绩效管理"的相关制度。在过程实施中,学校分管领导会和班主任进行交流沟通,了解工作进程、工作质量、工作困惑,及时对计划进行调整。对家访成果从选材、特色、亮点等几方面进行点评。在班主任会议上对家访成果进行展评,通过绩效考核,肯定班主任对新型家访付出的辛勤劳动。

(三)规范操作有效推进

按照学校规定,我们要求每次家访都要精心备案,班主任要提交计划详案。这一方面强调了每一次活动的严肃性和责任性,另一方面也为我们后续研究有所积累。

1. 确定时间

考虑到小学生的特点,以及安全和家庭环境等因素,我们把家访安排在节假日,特别是寒暑假,时间比较充裕,也便于管理。我们把每次活动的时间定为一到二个小时,每一次活动需要家长和老师一同参与。

2. 甄选主题

选题很重要,必须符合小学生的特点和学校家长、家庭的特点。我们以融洽感情、好习惯的养成等为主要教育内容,并有机结合了两纲教育。这样可拓展的内容可以非常宽泛,而切题却比较容易,是大家都力所能及的,既有统一性又有自主性。从 2010年起,我们家访的主题有:在本地与外地同学的家里,了解年俗,品尝特产——"我和伙伴互拜年";在租借的"螺蛳壳"里,看看书桌,理理书包——"寻访学习小天地";在一个个榜样的家里,学做家务,矫正陋习——"自理我也能行";家访不仅仅在家里,也可以在摊位边、小店里,个性访谈,家长互助——"特别的关爱给特别的你";去公园、博物馆、家长工作场所,快乐出游,资源分享——"都市生活幸福之旅";相聚社区、公共绿地、麦当劳、肯德基、聊聊教育,做做游戏——"为了梦想,为了奇迹"等。

3. 确定对象

根据学校的教育要求和需要解决的具体问题,一方面班主任会从班级实际情况出发,征求学生和家长的意见和建议,确定由谁去访问哪个或哪几个家庭;另一方面家长也可以依据自己的特长和需求,报名参与。采取自主与自愿相结合,指定与自愿相结合等形式;可选择本地学生家庭与外来人员学生家庭配对,家庭文化背景相同的和不相同的配对。

每一次互访结束以后,学校对参与各方都会给予评价,激励进步,提高质量。评学生,我们以小报展示形式进行。基于我们学校学生家庭文化层次的不同,家庭经济能力的不同,我们要求小报可以是手绘的,可以是照片的,也可以是电脑数字化的,其中学生收获了什么是我们最关注的。评教师,我们除了点评和展示教师的家访成果外,更多关注的是教师的专业成长,服务意识的提高,与家长沟通能力的提高,以学生为本教育理念的提高。评家长,我们以激励、鼓励为主,通过学校或班级交流会,给接待家长以表扬信和小礼物,让参与做客的家长谈谈收获和体会,分享家庭教育的经验。

四、"游学"式家访内涵的丰富与拓展

通过对"游学"式家访的实践尝试,我们感受到这种新型家访与传统家访相比,凸显了三个转变:一是关系的转变,即从单一到多维,实现了多点互动,多向辐射,使得多方能够得益;二是内容的转变,从只谈学习到关注每一个孩子综合素质的培养;三是空间的转变,从一对一的物理空间拓展到每一个人的心灵空间。

在漫长的家访路上,老师可以倾听家长内心真正的呼声;可以让家长不遮不掩、无所顾忌地敞开自己的心扉;可以让老师了解学生在教室里看不到的一面,走进未知的世界;可以让家长认识老师,触摸到老师那颗爱孩子的心;可以让学生消除对老师的恐

惧感,缩短老师与学生之间的距离。

每位老师心中都藏着一些关于家访的小故事,还有与之相随的心理感悟。每一次家访都是老师与孩子、老师与家长之间的心与心的对话。家访,体现了学校对学生学业源头因素的关注,让学生感受到老师的温情,让家长感受到学校的温暖,也让教师更直观地认识学生、理解家长。

虽然开展"游学"式家访已有几年,但我们仍保留着一些传统家访的形式,比如年级普访、突发事件特别访等。因为"游学"式家访需要组织和培训的过程,所以我们开展"游学"式家访的数量不能过多,要保证每一次的质量,以求得日积月累、可持续发展的效果。

新型家访,从文化差异的相互了解,到好习惯的相互学习,满足了家长的需要。我们要给予家长的是他们与现代教育的话语权。所以我们在每一次的推进过程中思考最多的是如何与家长沟通得更好,让家长们理解、支持现代教育,积极参与学校的建设和发展。在这个过程中我们发现不同职业的家长、家庭成员,衔接、涵盖着各种各样不同的教育资源:小摊、商场、工厂、各行业部门等。他们中不乏有对家庭教育的正确认识和好的做法,我们将在今后的"游学"式家访活动中充分发挥这些资源的作用,不断拓展丰富"游学"式家访的内涵,真正建立起新型的家校互动合作关系。

(执笔:上海市宝山区宝林路第三小学　吴愈华)

No.22　按需引领优管理,小组约谈见成效

上海市青浦区华新幼儿园

3—6岁幼儿有其特定的年龄段特点,教师在日常观察中发现幼儿在发展过程中往往存在一些教育的共性问题。我们认为,以小组约谈的方式来解决个别幼儿面临的共同问题更富成效。这种方式引领小组家长关注幼儿发展,针对当下幼儿存在的共性问题作改善,改变原来全体或"一对一"谈话的低效性,有效提升家教指导成效,提高教师工作效能。

一、机制与制度的保障，约谈活动有序开展

为确保教师和家长的密切联系，我园每周都会针对具有"共性问题"的幼儿家长，开展小组式家长约谈。可以由班主任预约家长，也可以由家长预约班主任。我们以月为单位，基本每位孩子的家长都会被邀请参与一次。

（一）有目的地制订约谈计划

首先，我们调整了"华幼教师家长约谈计划"，要求教师提前一周上传约谈计划。计划围绕主题、问题的由来，活动的准备，过程安排，教师提升与小结的内容，约谈的人员，约谈过程性记录，家长后续操作的共识与反馈等七个方面进行思考，从而使教师的思路更清晰，约谈更有针对性。

（二）网上预约登记

我们利用华幼主页，要求教师提前一周进行网上预约登记；管理人员每周二会将本周约谈的班级、时间、地点及内容等信息发布在大厅电视机上供家长观看。在此基础上，考虑到部分家长工作繁忙等诸多因素，我们还采用电话预约的方式，提前一周友情提醒家长。这样的形式大大提升了家长的出席率，有利于约谈活动正常有序开展。

（三）修订家教考核评价奖励制度

将约谈列为家教工作的月重点考核项目，并在半年度考核和年终考核中有所体现等。

二、课题引领促进成长，有效提炼经验梳理

在"开展小组式家长约谈，提升幼儿园家园共育质与效的实践研究"、"提升幼儿园0—3年教师家教指导能力的途径和策略研究"等市级课题的统领下，综合利用各种教育资源，在实践中不断与时俱进地探索家教工作的新途径、新方法，转变家长的教育理念，提升教养水平，形成高合力的家园互动，促进孩子茁壮成长。

（一）小组式家长约谈，辐射引领面上教师

目前，我们根据《3—6岁儿童学习与发展指南》与教师日常观察，梳理了"各年龄段幼儿成长中面临的阶段性问题和小组约谈操作建议"，供教师参考。建议共分三个年龄段，每个年龄段分为上、下两个学期；针对一个内容点我们又提供了2—3种详细的方法、措施建议和可利用资源供教师参考，引领我园教师的家教指导能力有了质的飞跃，为教师日常开展约谈指明了方向。具体内容见表7：

表 7　华幼小组式家长约谈操作建议（小班部分）

一级目录	二级目录	内 容 安 排	资源利用
身心状况	如何培养稳定的情绪	1. 情绪化对幼儿发展的弊端。 2. 产生不良情绪的原因分析。 3. 如何培养幼儿稳定的情绪？	家长讲座资料 网络资源
生活习惯与生活能力	幼儿进餐习惯的培养	1. 养成良好的进餐习惯的意义。 2. 家长该如何培养孩子的进餐习惯？	"一日生活操作常规" 网络资源
	幼儿偏食、进食障碍的矫正	1. 幼儿偏食、进食障碍对幼儿生长发育的影响以及矫正的方法。 2. 家长如何纠正孩子偏食、进食障碍？	《幼儿问题行为及其矫正》
倾听与表达	倾听习惯的培养	1. 倾听能力对孩子发展的意义。 2. 导致孩子不认真倾听的原因分析。 3. 如何培养孩子的倾听能力？	《抓住孩子成长的8大关键期》 网络资源
	幼儿语言表达能力的提升	1. 培养幼儿的语言表达能力对幼儿发展的意义。 2. 如何在生活中培养幼儿的语言表达能力？	《抓住孩子成长的8大关键期》
人际交往	愿意与人交往（性格孤僻）	1. 大胆与人交往对孩子发展的意义。 2. 家长如何培养孩子与人交往的能力？	《抓住孩子成长的8大关键期》 家长讲座资料
	幼儿自信心的培养	1. 建立自信心对孩子发展的意义。 2. 自信心不足的原因分析。 3. 家长如何培养幼儿的自信心？	网络资源 家长讲座资料
社会适应	喜欢上幼儿园	1. 小班幼儿不愿入园的原因分析。 2. 家长如何正确疏导幼儿的分离焦虑？ 3. 家长如何引导幼儿适应幼儿园生活？	家长讲座资料 网络资源
	幼儿基本行为规范的养成	1. 小班幼儿行为规范的培养目标包含哪些？ 2. 日常幼儿的行为表现。 3. 家长如何引导幼儿养成基本的行为规范？	《3—6岁儿童学习与发展指南》 网络资源

我们具体分两步走：

第一步，精心设计"约谈"方案，有效把握约谈核心。在教师结合自己班级部分孩子共性问题的基础上，我们提供了"各年龄段幼儿成长中面临的阶段性问题和小组约谈操作建议"，指导教师选择、梳理"约谈"核心问题，有针对性地收集指导策略等，充分地预设"约谈计划"，使"约谈"真正做到"心中有数"。通过一次次的选择、梳理、收集、设计、交流的过程,使教师对于"约谈方案"的设计有了更深的理解及自己独特的见解、想法等,使"约谈计划"在实践中逐步完善起来。具体内容见表8:

表8　华幼教师家长约谈计划

主题	幼儿独立能力的培养
问题的由来	我班大多数幼儿都是独生子女,在万分宠爱的家庭环境中成长,从小就比较娇生惯养。而本次约谈的几位幼儿平时做事比较依赖成人,什么事情都难以独立完成,或者在大人的帮助下才能完成,缺少独立生活的能力。针对具体情况,为了培养他们独立生活的能力,提高自我锻炼的机会,所以开展了本次约谈。
活动的准备	1. 网上查阅相关的资料:《培养孩子的独立性》、《决定孩子一生的36种关键能力》。 2. 事先了解每位幼儿在家里的具体情况。 3. 幼儿在园日常表现的视频、照片等。
过程安排	1. 让家长认识到培养孩子独立性的重要性。 　提问:在家里,当孩子需要帮助时,大家是怎么做的? 　　　　如果家里的爷爷奶奶包办孩子的事情,你是怎么做的? 2. 幼儿园在培养幼儿独立能力方面的方法策略。(播放视频:幼儿园里孩子的表现) 3. 指导家长如何有效地引导孩子独立能力的培养。
教师提升与小结的内容	首先,我们要让幼儿认识劳动的意义。为了使幼儿认识劳动的意义,知道"劳动创造了世界"。在日常的教学中,必须增加有关于劳动的课程活动。例如,可以通过观察建筑工地等公共场所的图片,让幼儿了解劳动与人民生活之间的关系,使他们明白生活中的一点一滴离不开劳动的付出。另外,老师通过讲述有关这方面的故事,让幼儿知道只有通过劳动才能有幸福生活的道理。例如,通过讲述《勤劳人和懒惰人》、《勤奋的小猪》等故事,又或者通过学习歌曲《勤劳的小蜜蜂》、《小红花找朋友》,使幼儿明白劳动的含义,从而为其培养独立的生活能力打下良好的认识基础。 　　其次,对中班幼儿独立生活能力培养的各项内容,要有明确的要求。应有别于对小班的要求,必须从小班要靠成人的帮助才能完成的情况下,逐步过渡到自己独立完成。独立生活能力培养的主要内容有:自己脱衣裤,自己穿衣服,会扣纽扣,会系鞋带,自己洗手、洗脸、刷牙,会使用手纸,会做力所能及的家务事,帮助成人拿东西等。这些平时幼儿身边的小事,既不能小看它们的重要性,也不能忽略它们的存在,它们将是生活能力培养的重要事项,也是幼儿的生活技能。 　　最后,生活中,我们如何培养幼儿的独立能力呢?为了使幼儿能熟练地掌握生活技能,家长必须在日常生活中有意识地创造条件,让幼儿反复多次地进行练习。所以在日常生活中,要抓紧可利用的机会,提供有利的练习途径,比如我们可以在家中设置值日生轮值表,家庭成员每天轮流当值日生,用餐前擦好桌子,分发家中的碗筷,让幼儿学习收拾自己的用品;平时也能协助有困难的同伴做些力所能及的事情。通过日常生活中持之以恒的练习,使幼儿逐步掌握这些生活技能。

第二步,观察记录"约谈过程",有效分析改善问题。由于"约谈"请的是具有共性问题的孩子家长,因此人数往往比较少,对于教师而言是一个新的挑战。过程中我们结合跟踪记录表边观察、边记录教师约谈中的言行,家长约谈中的言行、反应、互动等。直观的现场观摩记录,有力地支持我们共同分析教师行为,判断沟通策略的有效性等。具体内容见表9:

表9　华幼家长约谈记录

约谈过程记录	…… 睿睿妈妈:也许是因为在孩子小的时候,就没有培养好他的独立性,导致现在孩子对我们大人非常依赖。特别是在生活上,现在中班了,在家还是不肯自己穿衣服。跟他说你自己穿,妈妈帮你一起穿,他就耍赖,要么睡觉,要么就哭,怎么也不肯自己穿,问他原因,也不肯说。吃完饭,让他把自己的碗拿到厨房也不愿意,还说道"我才不会拿呢"! ……
家长后续操作的共识与反馈	通过本次约谈使家长了解了自己的孩子在幼儿园里的具体表现,也有了一个比较的过程。老师向家长介绍了一些帮助孩子培养独立自理能力的方法,大家都认为这些方法相当好,在家里可以试一试。所以家长们也达成了以下共识: ＊给孩子准备一块小毛巾,饭前让孩子帮忙擦桌子。 ＊和爷爷奶奶达成一致,家里设立值日生制度,大家每天轮流分发碗筷。 ＊当家里来小客人时,让幼儿做小主人来招待,家长从旁协助。 ＊鼓励幼儿克服困难,并对幼儿做出的努力给予充分的肯定。 有个别家长也有困惑,怎么样才能让孩子在家里和在幼儿园一个样,而不是在幼儿园里是个乖宝宝,而在家里却是个脾气大的孩子。所以我们也与家长沟通,并不是只有爸爸妈妈这样做就能让孩子养成好习惯,爷爷奶奶也要这样做,要进行一致的教育。
反思 (约谈成效的自我评价及策略调整)	本次约谈中,家长在孩子独立能力的培养这方面还是有一些共识的。但当老师抛出一个问题后,家长参与较少,只有个别几位家长在交流,其他的家长都是旁听的角色,场面不够活跃。这时候就需要老师拿出事先准备的材料让家长来念一念,学一下先进的幼儿知识。 本次约谈中还有一些方面没有达到很好的效果,要在下次约谈过程中注意。比如,老师说得比较多,家长参与比较少,没有很好地调动优势家长发挥作用。今后在组织时可以让家长事先了解家长个人准备的情况,以便教师在过程中掌握与反馈。

(二) 小组式家长约谈,促进青年教师家教指导能力快速发展

由于"约谈"是面对面地与家长沟通,它考验着教师的专业能力和沟通技巧。因此,我们在发放实施建议的同时,通过教研沙龙与培训,帮助教师研读、理解"各年龄段幼儿成长中面临的阶段性问题和小组约谈操作建议",在理解的基础上有效落实,提升

教师与家长对话的能力。

1. "沙龙式"专题教研。谈起"沟通"艺术,这正是我们教龄为0—3年的新教师所欠缺的。因此,我们在教研中,把新教师聚在一起,根据新教师开展小组式约谈中的新问题、困惑等,有针对性地开展"沙龙式"专题教研。教研活动的氛围轻松、自主,能帮助新教师进一步发现问题、理清思路并积累经验,进一步了解教师在开展小组式约谈家教指导中的新型角色定位以及家园沟通的技能技巧等,并梳理了"华幼家园沟通艺术操作要点",新教师在实践中能积极运用。在调查分析中我们发现,新教师最大的弱势就是没有底气和家长进行交流,在专业知识方面还是比较匮乏的。当家长问到一个问题时,有些教师无法应对,不知道如何与家长沟通,并给予家长一定的指导和有效的方式方法等。于是我们组织新老教师结对,共同参加专题教研;课题组的老师们结合实例进行分析,提供操作的建议,使新教师在与家长的交流中变得更加自信了。

2. "家庭演播室"体验培训。当每月新教师把实践中遇到的棘手问题在"华幼微行平台"中自由发表后,我们根据问题进行筛选、汇总,将其变为一个个生动的实例。如,幼儿出现挑食现象时,如何与家长沟通交流?对于幼儿不敢大胆举手发表意见的情况,如何与家长沟通?共总结出9个实例。同时分三期开展了"家庭演播室"的模拟、体验活动,新老教师们互相结对,选择一个实例先进行思考,再进行讨论,然后进行模拟演练,最后轮流展示模拟,共同观摩。活动后大家共同提出建议,通过互动、研讨、模拟、反馈等过程分享经验,提升了新教师们沟通交流、随机应变的能力。

案例:模拟享经验

在不定期开展的"体验式实训"中,我们会选取相应的案例来进行模拟演练,大家通过互动、研讨、模拟、反馈等过程进行经验的共享。比如,孩子平时有挑食的现象,如果碰到溺爱的爷爷奶奶,该如何沟通?有的老师对爷爷奶奶动之以情晓之以理,分析道:"看孩子不吃的这些菜都是他需要的营养,如果没有这些充足的营养,对孩子的身体健康影响可能不好。"也有的说:"其实我们也不是让孩子一下就改正挑食的问题,只是想让他多尝试尝试,一点一点慢慢来。"又比如遇到孩子不敢大胆举手发表意见的情况时,如何与家长沟通?有的老师说:"其实孩子的点子很多,想法也很好,但如果可以由他自己大声地告诉其他朋友是不是更好一些?"还有的则说:"今天孩子想了很多好办法,大家都非常认同并且喜欢他的想法。下次如果能更大胆一些,一定会更棒的。"在模拟情境中,大家各抒己见,在与经验老师的交流和互动中,我们都希望能找到最适合、最有效的沟通方式和话语。

3. "相约星期五"实践练习。新教师在每周五定期开展"小组式约谈"工作,就自己班级部分孩子出现的一些共性问题,邀请家长一起交流、沟通。这是非常好的实践练习,通过与不同家长的互动交流,提升新教师对不同问题的沟通及应变能力。新教师也通过定期观摩本年龄段经验教师的"约谈"过程。现场观摩、记录的过程能有效地折射自己的言行,新教师对此进行一一比较,从而发现"老教师"在约谈中的亮点,自己存在的一些不足;在对比中更直观地发现问题、分析策略,从而不断提升解决问题的能力。

案例:任务显成效

每次制定约谈方案前,我们都会和经验教师沟通,关注部分孩子最近表现较为突出的问题,以此来制定约谈的方案。而在制定后,我们又会就以往约谈中比较困惑的问题请教经验老师。比如,约谈过程中往往教师讲得比较多,而家长参与较少,如何才能扭转这样的现状?经验老师分析道,新教师学习过比较完善的专业理论知识,在家长面前可能也会套用一些"专业词汇",但这样往往会导致家长的话越来越少,甚至在约谈过程中漫不经心。这是因为老师们没有将话语权交给家长,一味地阐述自己的观点,而没有注意聆听家长的声音。其实在倾听的过程中我们能够了解孩子在家的情况,可以以此来补充和完善我们对于孩子的认知,帮助分析他们面上的共性问题;同时也关注他们在家庭中突出的个性情况,以此来帮助指导家长开展家庭教育,这样的指导才更富有针对性,也更有效。

对于我们新教师而言,家长指导能力的提升是一个需要长期推进、逐步积累的过程,只有通过计划(想法)——实践——反思——再实践的循环往复才能真正获得成长。而课题组的老师给予了我们一个良好的机会和平台,在这个大背景下,我们不仅能够通过互动交流畅所欲言,道出心中的困惑和问题,还能够通过模拟实践、专题教研收获来自经验教师宝贵的意见,着实受益匪浅。在平时的工作中,我们也都尝试运用习得的策略来解决实际面临的问题,从而获得了更多家长的肯定和信任;他们也更愿意和我们交流孩子的情况,这为我们今后开展家教工作增添了更多的信心和动力。

三、按需开展指导活动，有效增进家园成效

由于小组式约谈使沟通更富成效，因此，家长们从心底真正接纳并认同我园的教育理念，也更热衷于参加学校的各项活动，其教育水平在一次次活动中得到提升。我们的家长在实践过程中也学会了总结，将自己的育儿经验梳理成案例故事，与他人一起分享。家长和孩子们积极报名参加市、区、园组织的各项亲子比赛，并取得了优异的成绩。另外，家长们还积极参加区、园组织的"好家长"评选活动，其中2位家长荣获区"好家长"称号，9位家长荣获园"明星家长"称号。

我园扎实的工作、真诚的合作，赢得了家长对我园工作的大力支持，形成了"孩子的成功需要你我共同努力"的家园共育氛围，共同促进幼儿的全面和谐发展。

（执笔：上海市青浦区华新幼儿园　周慧蓉　侯润芳）

第三章　家校沟通：新媒体的新作为

引言

家校之间坦率而又真诚的交流是良好的家校合作关系的基础。在信息化的大数据时代，人人在庞大的"网"中，学校与家长之间的交流相比传统有了更多现代化、技术化的工具给予辅助。任何技术的作用与价值都取决于它的使用者，因此从工具走向人文，是新媒体环境下家校合作的学校应有之道。

一、家校沟通新趋势

（一）新媒体技术促使家校合作平台日趋丰富

众所周知，家长会、家访、家长学校、家校报等，均是大众非常熟悉、十分传统的家校合作平台。在 Web2.0 环境下，一方面，依托于互联网、移动通信、数字技术等新电子信息技术的媒介形式层出不穷；另一方面，传统媒体运用新技术以及和新媒体融合也迅速产生或发展出来新媒体形式，例如电子书、数字广播、数字报、IPTV 等。因此，新媒体技术会促使家校合作的平台日趋丰富，有传统媒体，有新媒体，也有新旧媒体融合。比如，学校官方网站、学校微信公众号、专门订制的学校 App、网上家长会、家校电子杂志等。

目前，大部分学校直接借助常用的社交性软件来打造家校沟通平台，比如微信、QQ、微博等。但将社交性软件运用于家校沟通还是会有各种不适之处，因此有些学校会借助新技术来自主研发新的网络平台，比如上海市金山区海棠小学研发了"E 视通"、上海市闵行区莘庄幼儿园和上海市静安区威海路幼儿园研发了适合自己幼儿园使用的家校沟通 App。合作平台的多样化也在一定程度上加大了家校合作的深度，为家长提供多元的选择，更好地满足家长的各种需求。

（二）新媒体沟通方式成为家校互动的新常态

家校间的日常沟通是家校合作的重要组成部分。传统的书面通知、家长到校、固定电话联系、手机短信联系等沟通方式依然通行，不过大众越来越熟悉的新媒体沟通方式成为家校沟通的常态，这也是不争的事实。笔者曾随机调查过 1 565 名教师运用技术工具与家长交流使用的情况。将"从不"、"偶尔（每月 1 次）"、"较少（每月 2—3 次）"、"较多（每周 1 次以上）"，按 1—4 赋分统计，均值排在前七位的分别是电话、手机短信、微信、QQ、家校联系报（册）、飞信、学校网站。调查结果也印证了我们的判断：以微信、QQ 等为代表的新媒体沟通形式逐渐成为教师日常沟通的新宠，在实际工作中使用频繁。

（三）虚拟家长社群成为家校合作重要组织形式

如今，任何一个班级的班主任、任课教师，往往会面对一个与传统截然不同的班级家长组织。传统的家长组织型态，基本以孩子所在的班级为单位而松散存在。如果不是同事、邻居或朋友的话，家长相互之间没有过多的来往和交集。大多数情况下，家长们或许只有在学校、班级召开各种活动的时候，增加一些面对面交往的机会，相互间才会逐渐熟稔起来。概言之，传统的班级家长相互之间是一种相对松散的关联。而在当前，班级家长特别是志同道合的家长一般都会在线上建立虚拟的精神家园，如 QQ 群、微信群、微博群等。这些虚拟的家长社群有些由家长自发组建，有些由班主任主动建立。他们会在线上相互交流，相互鼓励，相互支撑。和传统家委会一样，虚拟家长社群成为一种和学校建立沟通联系、合作关系的重要组织形态，在一定程度上也会成为家长舆论的策源地。

二、新媒体环境下学校的新应对

互联网时代的进步，也必然促进教育的更新和发展，传统教育向教育 2.0 发展成为必然的趋势。家校合作既是当前基础教育现代化进程中所面临的一个瓶颈，但也是基础教育现代化发展的一个台阶。面对新的互联网应用，教育部门和学校都不能"缺位"和"失语"。从深化推进家校合作工作角度来看，学校需要建立互联网思维，增强新媒体意识，采取有效措施以应对新的网络时代的挑战。

（一）众生喧哗之下学校需要主动发"声"

应对 Web2.0 时代的新挑战，学校首先需要熟悉新媒体，创新宣传形式，强化媒介话语权意识。媒介话语权是指某一社会群体掌握和利用大众媒介的能力。在以互联网数字技术为代表的 Web2.0 时代，媒介话语权与控制权正在发生转移，原本由政府和利益集团主导的话语权格局改变了，民众真正享有了话语权。对于学校而言，一直处于相对封闭的教育系统，以往面向公众有天然的话语权平台和优势。但在新的网络时代，学校也一样要被裹挟抛入众生喧哗的新媒体环境，摸索如何与学校公众（主要包括上级领导、社区民众、学生家长、教职工、学生）共享媒介话语权，积极主动引领学校舆论。

根据腾讯2017年第二季度财报显示，微信和Wechat的合并月活跃账户数已达9.63亿，微信公众号的总数已经突破了2 000万。其中，代表公信力的政务微信公众号、学校微信公众号成为一支不可小觑的力量。目前，大多数学校开通了学校官方微博、学校微信公众平台来发布学校信息，树立新媒体形象。仅仅推出新媒体平台还是远远不够的，学校还需要不断明晰价值观，优化信息源，提高组织自身主动认识、占有、整合、传播信息的能力，从而更好地掌握媒介话语权，引领学校的公众舆论，打造学校媒体信誉和形象。

（二）迅速提升教师的新媒体素养

学校与家庭的合作是以微观层面的亲师合作，即由教师个体与家长个体之间的合作和互动为基础的。因此，在新媒体环境下，教师与家长之间的新媒体互动必然会成为互联网时代家校合作不可阻挡的潮流，而教师的新媒体素养也成为制约家校合作有效性的关键要素。当教师成为事实上的学校媒体把关人，他们就担负着指导虚拟家长社群、引领家长舆论的重大职责。尤其是在家校沟通的网络环境中，教师、家长等不同主体在网络对话过程中，能让事实性的信息碎片不断转化成为意见性的观点结合。而教师在其中必须积极扮演意见的整理者，这对舆论的发展起着至关重要的作用。

目前，教师的新媒体素养并不足以确保教师胜任新技术支持下的家校沟通。从促进工作成效、提升专业成长、保护教师利益等多种维度考虑，学校迫切需要加强教师新媒体素养提升的专业培训。这类培训既有别于专门的教育信息化培训，也与一般的家庭教育指导培训主旨和内容完全不同。学校要创造条件给予教师此类专业培训，以帮助教师更好地掌握知识，学会技术，提升素养。

（上海市教育科学研究院　郁琴芳）

No.23 "E视通"
——家校合作"E"点通

上海市金山区海棠小学

《国家中长期教育改革和发展规划纲要(2010—2020年)》明确指出,要"充分发挥家庭教育在儿童少年成长过程中的重要作用",学校要建立家长委员会,引导相关人员参与学校管理和监督。在当今社会背景下,加强家庭与学校之间的沟通以至合作,是家校达成教育一致的迫切需要。目前我国传统的家校合作方式及途径(如家长会、家长学校、开放日)普遍以学校向家长单方面传递信息和问题为主,缺乏一种和谐互动、及时开放、多元智能的教育环境,家校沟通中的问题随之产生。

镜头一:

随着生活水平的日益提高,日趋严重的停车难、行车难问题让家长和学校都头疼不已。尽管海棠小学门前的马路还算宽敞,但由于学生人数多,一旦召开全校学生的家长会,校门口一定会堵得水泄不通。所以每到家长会,家长们总是早早出动,上演着一场场真人版的"抢车位"大战。

镜头二:

每次去开家长会,家长都是听老师表扬这几个,批评那几个;被表扬的家长乐开花,被批评的可就憋屈了,说不定回家就对着孩子劈头盖脸一顿骂。这种类似于"成绩报告会"、"新闻发布会",又或是"培训会"的家长会老套路,缺乏新意,流于形式,甚至令人反感。

镜头三:

家长会结束,总会有一些家长里三圈外三圈地把班主任围住,询问各种个性化问题。有些家长即便有事情想和老师个别交流,一看这情形,也只能先撤退了。一个班级,学生多、家长多,时间也有限,教师要做到与每个家长互动交流的确困难,即便有机会交流,也无法做到面面俱到。

如何破解上述难题?在新媒体时代,随着计算机技术和网络的普及,让家校互动的空间无限扩大,给我们传统的家校互动提供了新的可能。学校教育需要网络,家校互动同样需要网络。建校伊始，学校即以信息技术特色立校，在发展过程中以"网络环境下现代学校建设"、"网络环境下新型课堂建设"等项目为依托进一步深化学校信息技术特色，为家校合作提供了更多元的选择和互动的平台。我们结合学校信息技术的优势，创立了新的家校互动平台——"E视通"。

"E视通"——家校互动新平台

"E视通"平台是基于学校网络电视台而发展出来的一种互联网双向音视频交互系统。原先的学校电视台功能较为单一，只限于学校内部网络的单向视频传输。而"E视通"平台既具有实时交互功能，又具有资源存储、共享功能；既具有局域网内的视频直播功能，又可实现互联网的多点视频交互。同时结合网络上第三方的聊天软件的优势，通过互联网技术消除传统的家校沟通受时间、空间限制的弊端，实现了更便捷、更广泛、更有效的家校互动。"E视通"作为全新的家校互动平台，从2014年实施以来，受到了家长们的欢迎和支持，实现了家校"E"点就通，开启了家校合作新旅程。

1. 构建基于多方参与、网络互动的家长交流、分享和互动的平台。我们利用学校现有的信息化应用平台与网络视频直播平台，进行有机整合，打造"E视通"互动式家校合作平台。

2. 基于网络视频技术，开展新型家长会和家访活动。"E视通"平台提供了突破时间和空间限制的网络互动型家访模式，使班主任对学生的家访工作可以随时展开。

3. 开展远程教学辅导，提高家庭教育质量。当学生因特殊原因不能到校学习时，教师可以通过平台予以辅导，实现网络授课、答疑解惑等。

4. 以信息技术为依托，建立"网络家长学校"的课程体系。挖掘家长群体中的潜在资源，建立家长志愿者队伍，凭借他们自身优势开发家长服务课程，通过"E视通"向广大家庭发布。

二、"E视通"——家校合作E点通

基于学校网络视频技术，把现有的信息化应用平台与网络视频直播平台进行有机整合，打造多方参与、网络互动的家校交流、分享和互动的平台，形成多维互动的家校合作模式。

（一）"E视通"：搭建多元化家庭教育

作为新型家庭教育指导平台，"E视通"延伸了家校互动的时间和空间，让家教指导更多元、便捷。为了让家长不再担心错过家长会，也为了让每个家庭能够得到更专业、更适合的家教指导，我们通过"E视通"制定了丰富的指导菜单，邀请教育专家指导解惑，邀请家长介绍育儿经验，还会邀请孩子和家长共同探讨教育问题。

以色列著名教育专家沙拉·伊马斯曾两度来到海棠小学，为家长们带来精彩的"家教"盛宴。沙拉的讲座，对于家长们来说是一次非常难得的家教观念的洗礼，不容错过。因此，在满足主会场300多位家长的情况下，我们通过"E视通"向全体家长进行直播，用网络将沙拉的育儿经验广为传播。家长们可以在会场，可以在家里，可以在任何一个有网络的地方来欣赏这一场讲座。同时，现场和网络的互动打破了空间的束缚，家长们在聆听的同时可以实时在网络上传递他们的感悟；家长们的育儿困惑也可以随时提出，让专家予以解答。

除了专家的科学指导，我们还请家长们走进"E视通"，向大家分享更多的育儿经验。王抒语爸爸是一位让孩子口述日记，将孩子的点滴成长记录下来的好父亲。这样的坚持，从幼儿园开始，每天记录从不间断。孩子通过口述日记，不仅在文学创作和口头表达能力方面有了很大的进步，更重要的是慢慢养成了一种和谐的亲子关系。我们借助"E视通"，将这样的家庭教育方式传递给更多的家长学习借鉴，共同提高，得到了家长们的欢迎和支持。针对一个家庭教育难题，我们还会请孩子们来谈谈他们眼中的家庭教育，从孩子们的视角来审视教育是否是真正为了我们的孩子们。如"我眼中的海棠"专题讨论活动，孩子们就向学校和家长们提出了他们的需求；而在这样的讨论中，我们孕育了一个孩子们都喜欢的"星天地创意中心"。"E视通"让家庭教育指导真正落到实处，为学校开展家庭教育指导提供了坚实有力的平台。

（二）"E视通"：开展便捷式教学辅导

"大班化"的课堂教学有其优越性，但也有其不足之处。为了促进学生的平衡发展，保证学生人人发展，学校利用"E视通"平台，提倡教师开展远程教学辅导，构建学生新型网络学习模式，提高家庭教育质量。

如学校一个班级学生因特殊原因停课二周，在家休息。为了让他们能及时了解一周各学科的知识点，不耽误学习，该班级的语文、数学、英语等老师在学校阳光电视台，通过"E视通"对全体学生进行视频授课。三位老师经过精心的准备，用PPT、试卷等形式讲评了重点内容，分析了错题；班主任王老师还对同学们在家休息时的注意事项进行了教育。网络视频教学这一模式，让孩子们既新奇又兴奋，也受到了家长们的欢迎。特别在互动环节，孩子可以针对某个知识点单独和老师沟通解决，也大大提高了教学实效。

（三）"E视通"：推进丰富性课程开发

作为新型课程开发平台，"E视通"能充分挖掘家长群体中的潜在资源，建立家长服务课程,拓展全方位育人的网络空间。凭借家长自身优势和专业技能,我们鼓励家长走上"E视通",走上"家长讲坛",为孩子们带来课本之外的知识和技能。

如上海频繁出现的雾霾天气,对学生的生活和学习带来了影响。班主任老师就抓住这个话题,挖掘班中家长的资源,请班级中专业的环保工作者作"雾霾天气,孩子如何保健"的互动讲座。该家长主要从饮食、早晚保健以及雾霾防护三方面和各位家长交流了自己的育儿经验和具体操作方法。经验分享之后,参加网络互动讲座的家长们用视频聊天和语音聊天功能,向该家长咨询了很多有关孩子保健的问题,并一一获得了解答。

通过"E视通",家长们带来了丰富的课程内容。在此基础上,我们组织家长整理和开发了校本特色课程,如"漫游理财星球"、"我爱厨房 我爱生活"、"小小种植家"、"海贝乐拍拍卖行"、"安全小达人"。这些课程都是在"E视通"家长讲坛中慢慢形成和完善的。这些深受孩子们喜爱的课程,开阔了孩子的视野,提高了孩子的综合素质,帮助孩子健康成长,同时也是学校教育最有利的补充和延伸。

(四)"E视通":营造特色型主题交流

在越来越重视家庭教育的现在,家长们之间沟通的需求也越来越强烈。通过"E视通"这个互动平台,让老师、家长及学生围绕一个话题,交流分享各自的想法,存异求同,形成教育的一股合力。网络的互动性大大地激发了家长与老师携手教育孩子的热情,家校合作形成合力助推孩子成长。

一年级刚入学的学生在校已经学习生活了一段时间,新生家长们渴望知道孩子在学校的学习情况以及各方面的表现。班主任就根据学生的年龄特点,一边召开视频家长会"好习惯,奠基孩子幸福未来",一边将平时拍摄的照片以及视频通过网络展示给每位家长,让家长们更直观地了解孩子在学校的表现。家长们则通过文字、语音、视频等多种形式,针对孩子的习惯培养发表自己的看法和意见。活动中,家长们分享了他们培养孩子养成学习和生活上的良好习惯的做法。视频家长会面对的不只是家长,还有学生。这种形式的沟通不仅让参加会议的家长受益匪浅,更让在一边旁听此次家长会的小朋友也意识到哪些是好的行为可以再接再厉,哪些是不良行为需要不断改进。通过参加这样的主题讨论,家长和孩子们在面对即将来临的新学期时,对于崭新的小学生活少了一份焦虑,多了一份从容。

通过"E视通",家长们之间的联系更加紧密,家校之间沟通变得更畅通,很多的不理解和误会也在一次次的深入沟通中得以消除。正因为这样的交流,一次次精彩的亲子互动也在平台应运而生。通过讨论交流及班主任指导,渐渐地,家长们从被动参与到主动组织,从单纯玩乐到主题策划,从亲子活动到社会实践,从照搬模仿到百花齐放——"大金山岛寻访活动"、"海警部队结对仪式"、"小小暴走公益行"、"我是小小收银员"等独具特色的海棠亲子活动俨然已经成为我们学校另一道亮丽的风景线。

三、"E视通"——家校助推共成长

"E视通"的建设有助于改善家校合作,实践中主要体现在以下几个方面:

(一) 教育体现"及时化"

"E视通"可以有针对性地对本年龄段的家长宣传教育科学知识和正确的家庭教育原则与方法,引导家长改进家庭教育,更新教育观念,提高教育水平,并可解决家长出差异地无法参加现场家校活动的问题,实现了随时随地的互动。

(二) 交流实现"双向化"

"E视通"为学生、老师、家长提供了交流沟通的新平台,促使老师和家长对于教育理念和教育心得及时互动,促使老师对家长和学生提出的问题及时解答。

(三) 家校合作"移动化"

只要能上网的地方,就能使教师与家长随时随地保持畅快有效的沟通和联系。老师也可以不用再去学生家里家访了,通过"E视通"平台就能了解情况。

(四) 学生展示"个性化"

通过"E视通"这个桥梁,我们可以将学生的社区实践活动情况上传到网上,让老师、家长和同学观看,给学生一个个性化展示自我的平台。

(五) 教育管理"科学化"

家校互动资源的共享与家校沟通的及时呈现,便于学校掌握更全面、微观的信息,从而进行科学决策,实现教育管理科学化。

"E视通"用这样平等的方式,让老师和家长之间的关心和温暖在网络之间传递。它送给家长和孩子的,更多的是期待与激励。它使激发家长主动性和积极性的网络家校互动更能焕发出新的活力。正如家长们称赞说:"这样的网络互动方式很新颖,家长们都不用出家门,就能相聚在一起,相互交流育儿经。我点32个赞!""这下,咱不用担心去学校开家长会停车难的问题了。而且以前因为学校场地的关系,家长会只要求一个家长去,我和她爸老抢着去开家长会。现在没这种尴尬啦!全家一起开都行!"这种家长和老师、家长和家长之间无障碍的互动方式,让原本不是很熟悉的家长们都劲往一处使,一切为了孩子的发展。

总之,"E视通"互动式家校合作平台的构建,充分体现了互联网等先进现代技术优势,在整合现有网络平台优势的基础上,整合家长学校课程、亲子活动、家长培训等

多层次、多方面的内容,打破时空局限,营造家庭、学校、社区共同体,以学生发展为核心,促进家庭、学校共同发展,同时辐射社区发展,实现了传统家校合作模式向开放、和谐的家校合作模式的转变。

"E视通",让我们的家校合作真正实现"E"点就通。

（执笔：上海市金山区海棠小学　钱欢欣　钱艳兰）

No.24　基于交互技术的家园共育平台的实践
——幼儿园微信公众号的使用与管理

上海市静安区安庆幼儿园

在倡导大教育观的今天,作为3—6岁学前教育工作者,我们也一直在思考多元视角下的家庭教育,家园共育的需求正在被不断地提升。尤其是在大数据时代,家庭教育手段也在技术的视角下得到多渠道、多策略的延展。

安庆幼儿园是上海市示范性幼儿园,多年来,一直致力于新媒体技术下家园协作的管理模式的研究。目前,随着微信在讯息传递中的普遍使用,它的功能已经不仅仅是一款通信软件,更已成为一种生活方式。如何借助微信来宣传幼儿园教学理念?如何通过微信与家长增加教育的契合度?如何让毕业后的家庭与教育依旧"亲密无间"?如何让新生家长对教育"情有独钟"?安庆幼儿园以"互联网＋家庭教育"的思维,尝试利用微信公众号建构新型的家园共育平台,将其纳入家园协作之科学育儿的一个实践点,提升幼儿园家园共育的效度。

一、公众号的功能设定——源于家教理念的推送与宣传

"上海市静安区安庆幼儿园"公众号建立于2014年,其间经历过微信账户性质及名称的变更;截止到2016年6月,幼儿园微信公众号的关注人数已超过2 000人次,其中将近一半为我园幼儿家长。从数据上看,每一篇推送内容的阅读和转发量都有数百人次甚至上千人次。每天都会收到数十条来自不同人群的私信,家长会提出科学育儿

的问题,涉及新生入园焦虑分离、幼儿行为习惯养成、隔代教养、大班幼小衔接等问题,及时的释疑和解答使得微信公众号成为便捷、有效的家园互动平台。

(一) 关于创建

随着信息技术的发展,网络信息技术融入生活的方方面面,手机移动和互联网技术让人们随时随地处于信息交互的空间中,微信已经成了很多人生活不可或缺的一部分。微信公众平台以零资费、操作便捷、发布及时、内容丰富、交互对话的强劲优势受到大众的青睐。当前的幼儿园的家长大多是80后及部分的90后,他们的成长环境为信息网络不断发展的环境,大都有很好的现代信息技术素养,接受能力也很强。

幼儿园微信公众平台的建设能实现学校和家长之间有效的沟通和联系,让家长和学校对孩子的教育和管理实现有效化。作为幼儿园,借助微信公众平台来构建新型的家园互动模式,既是家长的需求,也是幼儿园管理的需要。

安庆幼儿园的信息工作一直走在上海幼教阵地的前沿,幼儿园主页和论坛内容丰富、全面,长期受到家长和同行的认可。我园还定期发布电子月刊《安·家》,帮助家长了解园所动态。因此,当掌间互动逐渐成为人际沟通的主要方式时,我们提出了新的目标:依托媒体技术平台,增加幼儿园管理的家园合作新途径,从幼儿园和家长两个维度协作开发并逐渐放大家长的教育主体地位,从而达到架构均衡、合作有效的管理状态。

(二) 关于定位

幼儿园的微信公众号面向的群体包括:所有的家长以及全市乃至全国想要了解、走近学前教育、家庭教育的人群。鉴于公众号最重要的受众是家长,所设置的板块和发布的内容都要满足家长们的需求。

在公众号建立伊始,我们就依托"问卷星"平台发放在线调查问卷,征集家长的意见。如,家长最希望通过微信平台了解的内容;家长对于我园特色的认知度;家长心中微信公众号与园所主页、论坛的区别……通过网络后台汇总、分析之后,我们发现幼儿园的公众号有以下几个定位的特点:

首先,是年轻父母园所共育的期望。其实年轻父母有着与园所、老师、专家探讨的强烈期望。但一方面因为他们无暇顾及对子女的直接教养,另一方面也缺乏有效的教养手段和育儿知识;而幼儿园或者前辈拥有的经验,又无有效的途径进行传播,让更多人受益。家园共育与移动互联的融合,开启了解决上述问题的新篇章。主流的80后父母对手机有着浓厚的兴趣和依赖感,更在意幼儿园服务的品质及服务的时效性。

其次,是家长了解幼儿情况的服务窗口。园方实时发布公告通知、校园特色活动、调查问卷、幼儿园的食谱、分享园中学习生活的照片,家长看到后的感动是不言而喻的,而家长也可以对活动给予评论与回复。幼儿园精心策划的活动,通过自发式的有效传播,让所有家长及更多的潜在受众在第一时间了解到园所的用意与初衷。

再次,是幼儿园课程特色的展示。零成本打造透明可控的服务窗口,既是为家长提供"零资费"的幼儿园信息的渠道,也是幼儿园特色宣传的窗口。因此,对于板块内容的选择,幼儿园充分考虑到了与课程相结合。如,"玩动数学"栏目,每周根据一个数学元素推荐一个有趣的数学亲子游戏,使家长可以在家庭中与幼儿共同建构数学经验;"爸爸妈妈的加油站"则提供有意义的家庭教育指导策略,"成长天地"则由保健老师根据园所幼儿的情况、季节、社会动态等,有针对性地和家长一起探讨如何健康育儿等。通过家长关注及微信朋友圈的传播,有效地传播了幼儿园的办学特色和成果。

(三) 关于设计

公众号的对象是家长和社会人士。为了把最优质的内容呈现给他们,安庆幼儿园在内容的基础上,选择了针对性强、易理解、家长迫切需要了解的内容来构建栏目系统。

1. 全面性和针对性的整合

为了有效地体现幼儿园的特点,在设计初时,主页上的栏目就有"精彩安幼"以及"家年华"两大板块(如表10)。首先,"精彩安幼"板块下分设了"消息速递"、"玩动数学"、"小安陪你讲故事"等栏目,呈现的是孩子们的活动、幼儿园的保教研究动态以及教学特色。这个板块的栏目充分凸显了我园的办园理念、办园特色,使家长更快了解幼儿园及幼儿的活动动态,参与幼儿园特色课程,更好地成为孩子活动的观察者和协助者。其次,幼儿园公众号面对的是时刻关注孩子的家长,因此在"家年华"板块中设立了"爸爸妈妈的加油站"、"成长天地"、"科学育儿1+1"、"06论坛"等栏目。在"06论坛"中,分设了各个班级的论坛,家长们点击栏目找到所在班级,就能看到宝贝所在班级的活动了。家长们可常常看到孩子在园情况和活动,并且与班级内的家长、老师进行互动,这个栏目尤其受到新小班家长的欢迎。

2. 栏目的固定和时效的互补

固定时间推送栏目,星期二推送"玩动数学",星期三推送"爸爸妈妈的加油站",星期四推送"成长天地"、"科学育儿1+1",星期五推送"小安陪你讲故事",以及不定期地即时推送"消息速递"、"06论坛",这样的安排充分依据了幼儿园的工作情况与家长需求。如,"消息速递"栏目根据幼儿园的各类活动情况,在活动的同时即进行信息的采集与整理,并在当天及时推送给订阅用户,保证了信息的及时性。又如,"小安陪你讲故事"栏目配合幼儿园每周末的图书漂流亲子阅读活动,在周末的晚上推出由幼儿、家长为主播群体的绘本故事,成为周末幼儿家庭生活的一个重要内容,也是幼儿园公众号的一个热点栏目。

3. 栏目的优化和特色的凸显

幼儿园的微信公众号既受成人的关注,同时也很受幼儿的欢迎。因此在每天推送的内容上,我们在色彩和图案上充分体现童趣和特色。如,"科学育儿1+1"栏目,老师们将每周的菜谱通过儿童简笔画、照片等不同形式来呈现,既凸显童趣,又让孩子也能看懂。又如,"玩动数学"栏目,以幼儿园主色调深蓝色为基调,配合图文并茂的游戏说明,让孩子与家长在游戏中,了解数学,爱上数学……可以说,每一个栏目的设计都体现出安幼人的追求和特色理念。

表10 安庆幼儿园公众号栏目结构表

主要板块	名称	内容说明	责任部门	更新频率
板块一:精彩安幼	消息速递	实时传递幼儿园各项主题活动、专业教研等活动,以图文并茂的形式展现我园整体保教现状。	行政信息部	活动当天即时推送
	玩动数学	数学亲子游戏,家长可以在家庭中与幼儿共同建构数学经验。	师资部	每周二更新
	小安陪你讲故事	邀请老师、小朋友和家长们成为主播,每周末为大家带来经典绘本故事。	师资部信息部	每周五更新
板块二:家年华	爸爸妈妈的加油站	每周分享一个孩子成长的小秘密,提供家庭教育好方法、好策略。	家教部	每周三更新
	06论坛	各班班级论坛。	各班教师	及时更新
	成长天地	保健老师结合季节、幼儿在园情况等和家长一起进行健康育儿方面的分享探讨。	后勤部	每周四更新
	科学育儿1+1	呈现图文并茂的每周食谱,以及各类营养食谱的推介。		

实践表明,这类教育公众号的定位与互动既满足了现代社会人们对私密生活的需要,也实现了不拘泥于时间、空间,多角色全方位共同互动的需要。家长在这样的交流模式下更加主动地参与,减少或不会再发生只能联系到爷爷奶奶,而父母对于幼儿情况一无所知的尴尬情况。可以看到,幼儿园微信公众号的合理建立与使用,能有效助推家庭教育科学育儿理念的宣传与家园之间协作的效度。

二、公众号的管理——基于家庭科学育儿的需求

要使微信平台有效发挥技术支持下的家园互动的功效,架构推动整个平台的运作机制就很重要。

（一）信息采集和推送机制

幼儿园微信公众平台的规范管理能够确保其安全、有效、有序的运作,使之成为幼儿园对外辐射及家园联系、家教理念推送的新窗口。幼儿园在公众号建立初期就成立了基于教师专业特质的推送小组,由信息部和家教部联动,与板块相应的专业教师负责组织推送信息的采集和重组,同时建立与完善信息相关的管理制度,使微信推送工作的开展更具规范性和条理性(如图12)。

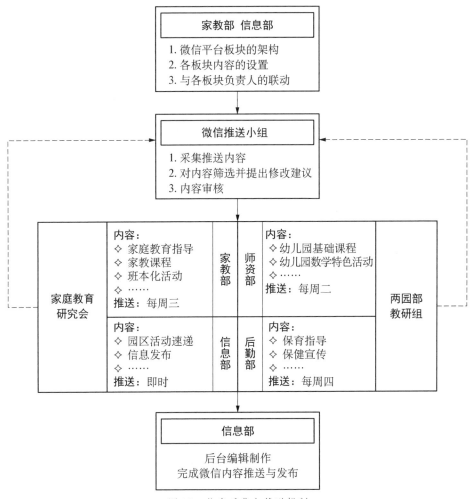

图 12　信息采集与推送机制

每学期初,为了保证推送内容的连贯性和有效性,信息部、家教部及各板块负责教师都会共同商讨本学期将要发布内容的主题,并梳理基本框架。如,开学初,就会针对新生入园问题,设置缓解分离焦虑的话题;大班下学期,针对幼小衔接主题,罗列一系列家长关注度颇高的话题,还会邀请专家进行线上解惑答疑。

每周五,各板块负责人便会把下周将要发布的内容上传给微信推送小组。发布前,由推送小组对各栏目负责人将要发布的内容进行审核,避免在信息中出现错误的学前教育观念和敏感的政治问题。根据幼儿园最新动态及时收集各类文字、图片等信息,设计好版面展示,保证每次信息发布及时、到位。

(二) 信息反馈和调整机制

在微信信息发布的过程中,我们也会不断收集来自家长、幼儿、教师的信息,对推送的信息和内容进行调整。在整个运作调整过程中,我们会考虑以下几个需求:

1. 基于课程的需求

我们依据幼儿园园本课程"童心玩数学"中的数学核心经验,设计更适合家庭亲子的数学游戏,丰富了"玩动数学"板块,更是激发了家长和儿童"生活眼看数学"的学习兴趣。

2. 基于互动的需求

"小安陪你讲故事"建立初期,主要以儿童为主播。从反馈中我们了解到家长跃跃欲试的热情,便把该栏目的主播对象扩大到了家长。在信息技术的支持下,让家庭真正成为微信推送内容的主角。

3. 基于家庭科学育儿的需求

有关于科学育儿的内容,我们会定期通过"问卷星"和论坛等方式,收集家长在家教过程中的需求,并通过"家年华"板块给予回应和支持。

机制的建立和推进使得微信平台不仅仅成为普罗大众的阅读平台,更成为基于家长需求、直指科学育儿的互动平台。

三、公众号的特色与发展——打破传统的家庭教育模式

自 2014 年起,幼儿园申请了官方的微信公众号"上海市静安区安庆幼儿园",作为基于信息技术的家园互动和协作的一个全新的、重要的网络平台。其初衷并非是取代幼儿园的官方教育网站,而是更好地利用及时的通信手段进行 3—6 岁科学育儿的宣传。较之于传统学校网站浏览,微信平台最大的优势为便捷和互动。

(一) 基于微信的交互方式与传统网页浏览的家校互动方式的对比

首先,传统网页的最佳浏览方式为电脑,如用手机浏览,基于分辨率和屏幕大小的局限性,阅读较为麻烦。有了公众号以后,家长只需拿出手机扫一下二维码,便能在任

何地点、任何时间浏览孩子在幼儿园内的一日活动,家长们觉得非常方便。一年下来,很多家长表达了对我园公众号的赞许。有的家长说,每天利用一点点休息时间浏览,不知不觉中获得了很多最新的学前教育理念和科学的育儿观念;有的家长表示每天和孩子一起看看微信内容、照片,说说在幼儿园发生的事情,增进了亲子之间的交流。

其次,传统学校网页只能浏览不能留言,互动性较弱。而在微信公众号上,家长则可以在浏览的同时,通过手机端留言,后台也会即时把留言反馈给我们,互动性更强。有的家长忍不住也把自己写的教育随笔或是孩子的成长记录发给我们,希望能在公众号的平台上发布。为此,在2017年的假期,家长们将孩子们在假期中的生活、旅行趣事等内容投稿到家教部,推送小组审核编辑后推出了"假期亲子之旅特辑",受到了幼儿与家长的欢迎与喜爱,纷纷表示要求"上镜";甚至有些家长还将我们公众号上的文章分享到了朋友圈,无形之中扩大了对幼儿园的宣传。

最后,学校传统网站是全开放模式,任何人都可以浏览。而微信公众号则先需要关注我园,才能进行浏览。从一定程度上而言,关注人员是我园可见和可控的;从信息流转的角度看,安全性更强。

(二) 基于微信交互的教育咨询的发布与家园共育具有共享与共生关系

在一年多的实践过程中,幼儿园在微信公众平台的建设中更注重家园互动以及教育咨询的共享与共生。

1. 发布重教育内容

信息的发布是否是多多益善呢? 群发应是提醒而不是骚扰。若每天推送的信息基本以家庭教育的转载文章为主,会给家长造成筛选信息的压力,针对性也不强。且单向的信息传递,也容易造成家长的厌倦心理。一条与园所有关的家园共育信息,比多条泛泛的家教信息更受家长欢迎。如,在中班主题活动"好吃的食物"中,老师们和家长志愿者一起带领着孩子们去菜场体验了一回买菜的乐趣,活动后教师通过"为啥去买菜"、"出发前的小任务"、"爸爸妈妈们的担心"、"孩子们的收获"以及"精彩花絮"等几个方面,让家长充分了解了这次活动给孩子们带来的成长的意义。只有这样的信息才会将家长与幼儿园紧紧联系在一起。

2. 交互重主体互动

微信平台应该更多地进行线上互动,与家长增加交流,加强幼儿园与家庭的沟通,还原家园共育的本质。例如,"06论坛"将家长的互动直接链接到官方的幼教平台"上海学前教育网"的官方管理论坛,既保证了家长教师间的互动,也确保了信息的安全。同时,发送的信息不是简单的广而告之,不能以单方面的发布信息为主。如,幼儿园在毕业季推出的"我的毕业季我做主——2016 毕业季奇思妙想征集令"中,召集家长集思广益、各出奇招,充分调动家长们的积极性,共同参与毕业季的活动设计,和园方教师一起为孩子制造惊喜,使家长真正成为孩子活动的参与者。此外,微信的推送小组每天针对平台上的留言及评论给予及时的回复。

3. 板块重共生质量

我园的微信公众号类型是服务号,1 个月(30 天)内仅可以群发 4 条消息,可申请自定义菜单。这就意味着幼儿园在可以个性化地设计平台上的板块与栏目的同时,每月只能有 4 篇内容可以以微信消息的形式推送,而微信公众号中的其他内容则需要家长每天自发点击查阅。因此,微信公众号中的各板块内容就更需要注重内容的选择和呈现方式的多样,提高信息质量以便吸引家长每天自发地点击查阅。

移动互联的家园共育服务对传统的家园共育不是一种颠覆,而是一种新的成长与进化,催生了新的园所品牌宣传推广及运营模式的出现。线下丰富多彩的园所活动和线上灵活多变的展现与参与方式,给予家长极其丰富的参与感和存在感。微信公众平台打破了传统单向发布的方式,抛开电脑终端的即时沟通,让家长不仅仅作为阅读的人群,更可以直接参与推送内容的选择,甚至成为教育内容的主播。这也是安庆幼儿园微信公众号基于家庭教育需求的特质。作为信息技术支持下的教育平台,幼儿园的微信公众号成为家园协作、科学育儿的又一条便捷的途径。

四、基于大数据时代家园共育的思考

信息工具单纯作为载体的时代已经过去了,教师不再仅仅是"舞台上的智者"的角色,基于技术交互的家园共育受到了越来越多的关注。作为学前教育工作者,我们会更多思考大数据背景下的"触屏时代"带给我们的新型的家园关系;作为园方,我们要更多思考大数据背景下的幼儿园家园共育的多范式、新范式。

(一)建立系统变革的思想

首先是策略多样式——我们要明确今后教育会呈现出更多的方法和策略。对学前教育工作者来说,基于家庭本位的教育课程的设计,以孩子成长体验为中心的家园共育设计与技术整合的研究不容忽视。

其次是互动多范式——我们要更多尝试依据幼儿年龄特点和家庭教育特质来寻求新技术支持下家园协作的范式,让家长们更多地在幼儿教育的过程中成为主动者、主导者。

（二）重估家园互动的价值

家园互动，是教师和家长、幼儿园和家庭之间发生的一种人际互动，其互动的质量决定了幼儿教育方案的实施效果。那么，在大数据时代，我们怎样来重估家园互动的环节和价值呢？面对面互动还需要吗？怎样互动更有效？如何看待人机互动和人际互动的关系？

我们认为，任何技术的社会作用都取决于它的使用者，所以互动是必须的，有效的人机互动是为了更好地推动家园活动中的人际互动。教师的专业发展也在教育信息技术变革中被重新定义；教师如何更好地引导家庭参与体验幼儿教育过程，这给互动提出了新的要求。

信息技术让幼儿教育更趋于自然、体验、民主的模式，对幼儿园的家园教育的管理和实施也提出了挑战。我们更要直面所处的信息时代，面对将来的后"奇点"时代，站在儿童发展的视角审视家庭教育所面对的挑战，努力接触到最核心的以儿童为本源的家园共育的教育，这样的转变才会是有价值的转变。

（执笔：上海市静安区安庆幼儿园　温剑青）

No.25　"静安万小"
——@家校互动新风景

上海市静安区万航渡路小学

一、引子：纠结的冬瓜

2013 年冬，如常的一天。"滴、滴、滴……"我的手机传来微信的提示音，打开一看，原来是微博管理员韦老师的紧急呼叫。"马老师，有个家长在我们发布的'一周学生营养菜单'下面留言，说冬瓜不是当季的蔬菜，提出能不能尽量给孩子吃当季的蔬菜。你赶紧给出出主意，看怎么回复。"

面对突如其来的家长意见，作为学校该如何处理和应对？根据以往的经验，我明白如果把家长的意见看作是无理要求而不予理睬，也许一个家长的声音会造成一系列的连锁反应，从而造成不可控的局面。此时，我们需要在第一时间正面应对，尽可能摆事实、讲道理，用积极的态度发出我们的声音。

于是，我先针对冬瓜是不是反季节蔬菜，上网做了搜索。说实话，冬瓜是常见物，但冬天的冬瓜是否是反季节蔬菜，我也吃不准。一番科普后，冬瓜被定性是反季节蔬菜无疑。虽然学生午餐进食量不大，不至于对身体产生有害影响。但是，如果我们直接回应家长说没关系，估计效果会适得其反。于是，我又针对冬天可以吃冬瓜这一问题做了相关网络搜索。突然，有一篇题为《冬天也该吃点冬瓜》的文章进入了我的视野。为什么我们不可以链接这篇文章给家长阅读呢？于是，在和信息管理员沟通后，我们做了这样的回复："家长您好，目前冬瓜可是一年四季都有的蔬菜呀，对于您的意见我们特意查找了资料，您看这篇文章……另外，在我们的菜单中还有'炒时蔬'，这道菜是学校食堂选择时令蔬菜做的。请您放心！"

我们的回复，再一次得到了家长的回应，微博评论中出现了"好认真"、"长知识"的互动回复。

作为微博维护团队中的一员，我对自己应对新媒体背景下突发危机事件的机智暗暗自得，但是对于冬瓜的问题依旧纠结。纠结的背后，其实是家长对孩子进入学校，离开自己视线范围的种种担心。我们首先必须承认，家长是有期待、有感情的人。作为家长，当孩子远离自己的视线，参加学校集体生活的时候，他们会迫切地想知道：孩子是否安全健康，是否幸福快乐，是否在成长进步。

于是，在微博运行工作小组的会议上，我把"冬瓜事件"拿出来和大家探讨。经过讨论，学校决定由家委会牵头，对学生的午餐情况进行实地考察和亲身体验，用行动打消家长们的种种顾虑和担心。

在接下来的日子里，"冬瓜事件"从线上发展到了线下。学校召开家委会会议，就学生午餐议题听取意见。经家委会讨论，形成两项提议：一是每学期联系配送学生午餐的公司，组织家长们实地考察。二是每月开放一次家长进校用餐体验活动，当天学生吃什么家长就吃什么。提议由家委会的家长代表在班级公布，征询全体家长同意后形成决议，并成为学校管理的常态机制沿用至今。

结果是纠结的冬瓜不再纠结，学校用开放的心态引入家长建言，使家长们感到被重视了，同时促使学校的管理天天到位。

正如网络上的那句话所讲的，"微博办好了是项链，办不好就是锁链"。在"学会参与、主动发展"的办学理念下，我校自2012年9月以"静安万小"的名称正式注册新浪微博，开始了运用新媒体创新家校互动模式的探索。

二、学校运用新媒体开展家校互动的基础

学校分别编制了教师和家长问卷各一套,对已有家校互动方式的满意度、学校建立和使用新媒体互动方式的实际情况和效果、新媒体在家校合作互动中的主要问题及因素等多方面情况进行了问卷调查。

调查结果表明,99.8%的家庭拥有智能手机,其中69.8%有两台或者更多移动智能设备。没有智能手机的家庭,主要原因是学生和长辈住在一起。现阶段小学生家长使用微博、微信等社交软件的频率非常高,不少学生家长经常使用微信和班主任老师进行单独沟通和交流。偶尔使用的家长占35.2%,经常使用的家长占59.9%。从数据可见,学校开展基于新媒体背景下的家校互动实践具备了基本条件,而家庭智能手机拥有比例和家长多种媒体的使用比例,随着学校官微的开通与广泛应用应该会有进一步提升。

三、学校推进官方微博的工作流程

学校对于官方微博筹备、推广、危机处理等不同工作阶段,以典型案例的形式,理清工作思路,具化操作流程,梳理出学校推进官方微博的一般操作流程。

(一) 分工、组建微博运行小组

学校组成了微博运行小组,这支队伍的成员包括:微博管理员、教研组长、年级组长、教导处、校长室。

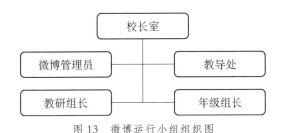

图 13 微博运行小组组织图

具体人员分工如下:

微博管理员(信息发布者)——他就是具体的操盘手,全校只有他有信息发布的权限,负责将各条线提供上来的信息尽可能在当天发到学校官方微博这一平台上。

教研组长、年级组长(信息提供者)——他们带着发现的眼睛,把发生在校园里的

新鲜事编制成微博内容提供给微博管理员。

教导处(信息发动机)——他们对学校教学研究、德育活动、科研培训等信息进行采集、编制,不定期地向微博管理员提供微博内容。

校长室(信息审核者)——以校长为核心的校长室会对代表学校观点和立场的微博进行审核,在遇到微博危机事件的时候协调各部门进行危机应对和处理。

(二) 梳理微博编制发布的工作流程

回顾学校官微运行之初,当时我们并没有对微博的内容进行分类设计。把眼睛看到的、身边发生的,编制成微博的内容。在微博运行实践的过程中,我们发现:

1. 官方微博不同于个人微博,对于学校的发展而言,它不仅是一个平台、一个窗口,更应当承担一个战略推手的作用。也就是说,我们要办成什么样的学校,微博就要对外界呈现相应的学校形象。

2. 在全面呈现学校办学情况的时候,微博应当进行细节设计,实现整体的推进。微博内容的发布和学校整体工作的推进是同步的。微博的主题、人物、活动需要精心设计,立体呈现。

3. 微博对外发布的过程就如同插花一般,要根据艺术构思来选择植物素材,遵循一定的创作法则,才能呈现出最美的意境和最佳的效果。

4. 我们采用轮值制进行微博发布。学校的新闻小组分不同的班级、不同的学科,在周一至周五工作日当中,每天至少有一个学科、一个年级负责。这样的安排,至少保证每天有 2 条微博信息可以对外及时发布更新,也给更多的学生以多角度、多方位的机会来鼓励进步,展示个性。

5. 微博内容推送时加以归类,比如学生活动、学科活动、教育方法指导、生活提示、公告公示等。我们对微人物、微主题、微活动加以设计、细分并逐步推出,在满足家长需求的同时打造学校品牌。

最后,我们在实际运行中逐步形成了一套基本的采编流程:一般的微博由各条各线收集相关的信息并编辑成文字后,发给微博管理员后台操作,统一进行发布;代表学校观点和立场的微博由校长室审核后发布;遇到突发或者危机事件时,由小组协商后发布。

(三) 学校微博运行的管理办法

微博运行是一件长期和长效的工作。学校官微的长效运行就是需要这样一群"乐干事,能干事,干好事"的实践者。

1. 以"核心团队"为引领的组织保障

学校建立起课题组成员的微信群,让课题组成员的沟通变得更加顺畅、及时。同时，我们又以项目组微信群作为另一个开展工作的平台。在微信群里，大家有分享，一张照片，一条短信，一个个点赞，让教育的智慧得到碰撞。大家有担当，线上线下，缩短了上传下达、下情上达的沟通时间。

2. 以"建章立制"为指导的制度保障

在实践中我们认识到，没有规矩，不成方圆。建立相应的制度，能保证网络畅通无阻，实现资源共享，突破信息传输时间和空间的局限，是做好工作的重要保障。学校建立的制度包括：常规管理、总结交流、表扬奖励等多方面。

常规管理制度：我们编制了《万小知心联盟工作章程》、《学校官微管理条例》，每学期，我们将家校互动作为学校德育工作的重要组成部分纳入工作计划，注重过程的规范管理。

总结交流制度：为了保证信息的质量，我们经常进行交流和互动。每学期，组织家校开展交流互动会，问需家长。组织老师们开展主题式的研讨活动，表扬先进，提炼经验。

表扬奖励制度：建立以"网络动态数据"为依据的多元评价激励机制。通过开展"万小头条"、"万小网络之星"的评选活动，把微博运行的情况作为绩效奖励的项目，对有质量、有成效的教师予以一定的表彰和奖励，在奖惩机制上为微博推进保驾护航。

3. 以"卷入式参与"为载体的对话互动

在学校的官方微博运行之初，家长是通过和学校微博相互关注后，实现评论、私信、转发微博等操作。但由于很多家长注册后的用户名大多是昵称而非真实姓名，给家校之间的互动、家长与家长之间的互动造成了一定的限制。在后续的运行过程中，我们则尝试对家长做适当的授权，选择一些家长代表、意见领袖，请他们定期负责发布一些家庭育儿、阅读好书推荐等方面的内容。让有意愿、有需求、有能力的家长动起来，从而带动班级、年级的家长都参与进来。

为了发挥微博汇集科学教养理念的功能，学校微博上专门设立"教子一得"栏目，每天发送关于育儿、教子方面的内容。栏目的内容选择、信息的发布全部出自信息管理员之手。从万小微博开通至今，他也逐渐摸索出一套工作方法。其中一条就是通过关键词来搜索和关注的操作机制，关注了"上海电视台超级家长会"、"静安区家庭教育指导中心"、"静安警民直通车"、"文化静安"等相关的人气较高的微博，形成了教育互动圈。通过关注，呈现出另一个显著的特点，就是共享性，在第一时间就能实现信息的即时传递、智慧的转发共享。每天他都会主动地找一些与学校的办学理念或教育热点相关联的家教内容进行发布。他说，虽然这些内容下面的评论不多，但能让家长在空歇之余有一些思考和觉醒,他的工作也就值了。

四、学校运用新媒体开展家校互动的成效与展望

从 2012 年 9 月份正式开通微博运行至今,已拥有 3 664 名粉丝,共计发布微博 3 086 条,月平均阅读数 22 159 次,互动参与数 626 次,日均页面访问次数 37.13 次,平均访问时间 2 分 29 秒。学校官方微博 5 年多的发展,让我们重新认识了新媒体促进家校互动的巨大作用,在实际工作中也取得了实实在在的效果,不仅让家长实质性地参与学校教育教学管理活动,同时也极大地提升了家校互动鲜明的育人文化。具体而言:

(一)传播学校文化,确立学校形象

运用学校官微是学校过去一系列开放办学实践的延伸和发展,其实质是微博搭台、文化唱戏,从而打造富有特色的学校品牌。运用微博这一网络媒体,呈现多点对多点的传播优势,以图文并茂、即时发布的形式,对外传播学校正能量,树立开放办学的学校形象。

(二)汇集科学教养理念,聚集有为家长

家长有参与办学的热情,有表达诉求的意愿,同样也有监督办学的权利。学校尝试将教师、家长打造成一个全新教育组合,建立起更加有利于家校沟通、互动的移动网络平台。学校对家长做适当的授权,选择一些家长代表、意见领袖,团结全年级学生家长,丰富家长资源,促使家长实质性地参与办学,为学生成长提供更好的环境和条件。例如,学校的家长微课开讲了,微课的内容就是通过官微公布的,学生则在家长的指导下在微博下方的评论区内进行微课报名。报名结束后,由课程组的家长对报名的情况进行汇总,并通过微博公示。在老师和家长的共同组织和协作下,家长走进校园,走上讲台;学生自选课程,走班上课。

(三)缩短家校距离,实现信息互动

当今的社会,随着科技的不断发展,微博、微信等已悄无声息地成为人们日常生活中不可或缺的部分,成为快节奏“速食时代”中人们实现倾诉和聆听的公众交流平台。我们觉得,学校与家庭应共同参与,合作互动。学校要顺应时代的需求,尝试引入新的媒体形式,及时倾听、捕捉,并回应家长、社会对办好教育的需求。例如,对于放学时校门口的拥堵情况,家长通过微博为我们提出了宝贵的意见:希望能够参加学校放学秩序的维护工作,为学校贡献出自己的力量。在看到了这样的倡议后,校长立即联合德育活动处、校级家委会讨论,制定了《“爱心护校”家长志愿者活动方案》,并及时在微博

发布,通过微博招募家长志愿者。一时间微博回复爆满,家长的报名信息源源不断。经过校务会议的讨论和筛选,最终确定了家长志愿者的名单,一直执行至今。

自学校开展基于微博探索家校互动实践以来,微博以一个信息全开放的平台,以其传递范围广、受众面多的特性,为学校在品牌推广、实现战略推手、树立学校形象方面取得了良好的效果。当然,在享用微博对促进家校互动成果的同时,我们也感到还存在着一些局限需要突破:

1. 信息不够对称。在官微上,家长可以通过关注学校微博,实现评论、私信、转发等操作。然而,由于很多家长在注册后使用的用户名不是实名,大多是昵称而非真实姓名。这一现象给家校之间的互动、家长与家长之间的互动造成了一定的限制,造成有些回应的不及时、不到位。

2. 使用人群流失。随着互联网的飞速发展,新媒体技术也在不断更新之中。特别是近几年,人们对于微信的使用越来越频繁。一部分人弃微博而选择使用微信;还有一部分即使保留微博,但是登录和更新的频率大大降低。对于如此现象,微博探索家校互动的出路在何方? 微博最终的命运是淡出吗?

在新媒体不断发展的今天,我们的感受是学校和家庭在新媒体背景下的合作已成为趋势,而且将越来越显示出其强大的生命活力。家校互动合作的技术条件比任何时间都要来得丰富,学校要做的是:把家校互动从"单一"转向"综合",从"要我用"变为"我要用"。关于利用新媒体促进家校互动,这一课题必然延续下去,我们的探索仍然在路上!

(执笔:上海市静安区万航渡路小学　马爱丽)

No.26　App平台:家校互动从"+ 互联网"到"互联网+ "

上海市闵行区莘庄幼儿园

在李克强总理提出"互联网＋"之前,莘庄幼儿园的家教工作与互联网已经有了千丝万缕的关系,有幼儿园主页网站、有班级 QQ 群等。"家园互动＋互联网"也确实在一定意义上促进了部分家长与幼儿园的相互了解,提高了家园互动的效率。然而,幼儿园网站单向发布的信息,有多少家长真的会去主动查看?又何谈让家长参与幼儿园的管理和课程建设!当每个班级都有自己的 QQ 群时,精彩的互动数据如何采集?幼儿园家教中心的作用何在?当微信朋友圈里有了家长,是朋友圈还是公共圈?谁来保护隐私,把握舆情导向?当 80 后成为家长和教师群体的主力军,我们是否该思考,他们的需求是什么?他们最习惯怎样的交流方式?

基于新媒体时代的到来,教育信息化已是不可逆的发展趋势。在上海基本实现教育信息基础设施的全面覆盖和教育信息资源广泛应用的社会背景下,作为一所示范性幼儿园,如何合理有效地挖掘家园合作的新媒体资源,以便更好地服务于幼儿的全面和谐发展?如何创新新媒体背景下的家园合作机制,以便更便捷、更快速地利用好庞大的新媒体资源?这一直是莘幼家教部思考的问题,在 2013 年底,幼儿园信息室发现了这样一个现象:莘庄幼儿园精心经营的家长论坛 BBS 登录和发帖比例,与 2 年前相比,下跌 40%。于是,幼儿园调研了全园 1 000 多名家长,其中 60% 左右的家长表示像 BBS 这样的传统平台,操作、互动已经明显不够及时和方便了。

"互联网 + 家园互动"追求的不应仅仅是提高家园互动效率,而是要改变"幼儿—家长—教师—幼儿园"的连接关系,让他们都成为真正的自媒体,互相影响,互相促进。幼儿园应主动推动这种连接关系的建立,并收集分析数据,从而最终实现家长及幼儿需求定制化满足、幼儿园向个性化教育转型的目标。

一、建立"用户思维",变革家园互动平台

据统计,25—40 岁的年轻群体在下班之后,除非加班需要,否则都极少愿意再登录电脑端。相反,他们更愿意通过手机、平板电脑端来获取资讯。当前互联网企业正主动从"客户思维"向"用户思维"转变。"客户"是在有需要的时候才会建立联系,客户与客户之间不会主动产生联系。而家园互动中的用户思维包括这样几层含义:会经常性使用家园互动平台,但不一定是因为需要教师的家教指导才使用平台;一定要产生即时性的直接联系;家长与家长、家长与幼儿园之间会主动产生联系。

基于这样的思考,建立"幼儿园—幼儿—家庭"之间有效的联动机制,用 App 的形式开展家园互动势在必行。这样能够更好地满足家长对幼儿教育的需求,让家长随时随地了解幼儿在幼儿园的一日生活,知道幼儿园所发生的故事,参与到幼儿园的发展中;同时也能帮助教师与家长共同协作,保证家园共育的一致性及有效性。

我们也思考,孩子和家长在怎样的情况下才能得到保护,家长和教师在怎样的工

具中才会真正地畅所欲言？作为长期优化管理工作的依据,这些互动数据能否进一步为学校决策规划所用呢？考虑到这些因素,我们在最初设计家园互动 App 的时候,就排除了使用既有的 SNS 社交媒体。因为完全开放的社交氛围,有时候也会遏制教师和家长们的交流欲望,保护不了孩子们的隐私。更重要的是,这些交流数据将会不断被刷新,也无法被收回、统计、分析,用来优化之后的管理。

基于此,莘庄幼儿园邀请第三方教育大数据研究机构,共同开发了园本化家园互动 App——"莘幼嗨儿",以保证"从教育的视野中用好互联网技术"以及"让云服务保障学校隐私信息的管理"。

二、颠覆连接关系,变革家园互动主体

"家园互动 + 互联网"所建立的连接关系,主要是园方发布方案和提出要求,家长学习领会和完成指令的"因果式"连接方式,而"互联网 + 家园互动"需要在以上的连接关系的基础上建立碎片时间内片段式、跳跃式的"自然"连接。而这种连接关系的转变,必然带动家园互动模式的变革。

(一)从"发布"到"进入":让幼儿园找回"人"的角色体验

在家园互动 App 上,幼儿园家教部不再是只负责发布信息的一方,而是作为"莘幼家教"这个主体与每一位家长在同一个界面上发表自己的观点,幻化为与家长完全平等的一个人,置身于家园互动场域,有自己的情感立场,对家长的回应会产生情感体验,"进入"了一个主体角色。

幼儿园不再生硬地要求家长在离园时"安心排队、有序等待、刷卡验证",而是以幻化成孩子的角色来引发家长的共鸣。

案例1:"因为挚爱,所以我们都在"——离园时段幼儿园的爱心护送宣传稿

放学啦,放学啦,要放学啦!

是谁在这里,举着班牌?

是志愿者奶奶。奶奶您好,谢谢您举起班牌,让我的爸爸妈妈和爷爷奶奶能看到我的班级在放学……

是谁在这里,组织排队?

是保安叔叔。保安叔叔您好,谢谢您每天接我进幼儿园,送我离开幼儿园,您的保护,让我感到很安全……

是谁在排队,他们在干什么?

我的爸爸在排队,我的妈妈在排队,我的爷爷奶奶也在排队。老师说:"爸爸妈妈、爷爷奶奶有秩序地排队,刷爱心接送卡,是为了给宝贝提供一个安全的环境,也是为了教宝贝学做文明的小绅士。"

那我也排好队,我要做文明的小绅士……

放学了,老师再见,老奶奶再见,保安叔叔再见!谢谢你们送我放学,我想我明白你们的爱……

(献给莘幼所有家长,请您在幼儿园放学时段,安心排队,有序等待,刷卡验证。因为挚爱,请您与我们同在……)

这条信息在 App 上一经发布,瞬间收获了近 50 个家长的点赞和近 100 个家长的感动回复。这种即时反馈的力量深深地鼓舞着我们推进家园互动平台的精致化。

莘幼家教不再是家教部主任的一言堂,而是家委会成员的新领地。家教部把"莘幼嗨儿"的发帖权利分享给家委会的家长们。家委会的家长们每周向全园教师和家长们推出宣传报道,包括家教指导、家庭教养、幼儿发展等。这不,这位家长正在向大家分享"父母陪伴与幼儿专注力的提升"的经验。家长们这样回复:"说得极是,我这方面的毛病得治治,老是急着让孩子做这做那,没有考虑给他充分时间探索,培养他的专注力!"这种自然的回复,引发了更多家长的共鸣,纷纷主动说出自己的问题所在。

(二) 从"独立"到"共通": 家长本身就是课程资源

在家园互动 App 上,家长和幼儿园其实不再是互相独立的群体,而是共同参与幼儿教育的共同体。

现在的家长早已经不能满足于做一个被动接收信息的人了,他们会把自己对于家庭教育的理解和幼儿的日常活动发布到 App 上;而幼儿园可以随时跟进家长动态,分析家长的需求,完善幼儿园的课程。

案例 2:小小眼睛看阅兵:创意武器 DIY——莘庄幼儿园"2015 亲子利废制作"主题活动的宣传帖

9 月 3 日的"中国人民抗日战争暨世界反法西斯战争胜利 70 周年"即将到来,家长们在 App 上纷纷表达自己的爱国之情。乔乔妈妈更是与乔乔在家里自制起了"坦克和战斗机",家长们调侃道,我们一起制作武器,也来个大阅兵吧!

家教部与课程中心组意识到这是一个爱国主义教育的大好契机,立即启动课程生成预案,对各班幼儿进行了调研。结果显示,90%以上的幼儿知晓9月3日的节日主题,且对武器充满了好奇。于是,我们把"2015 亲子利废制作"的主题定位为"小小眼睛看阅兵:创意武器 DIY"。创意武器作品让老师们也大开眼界,制作精良,选材环保,折射出家长和孩子们浓浓的爱国情怀。

为了让这样的情怀得以延伸,圆家长的"阅兵"梦,我们邀请家长来担任本次利废制作的评委。其实,除了这种正式的课程评价方式,家长们早已忍不住把自己的作品放到了 App 中,点赞评论不断,完成了虽非官方但最深入家长内心的评价,延续着家长的成就感。

更让我们惊喜的是,有教师反映,有一个孩子的爸爸刚好是解放军叔叔,建议可以让解放军叔叔走进幼儿园,走进班级,让孩子们与他们崇拜的解放军叔叔零距离接触。我们不禁感叹,也许"互联网＋"时代的教师就是这么"任性",但只要这种任性是为了孩子的成长,幼儿园也都愿意为之付出努力!

"我是小小兵,走进大军营"活动就这样产生了。孩子们问:"叔叔,你们为什么走路那么整齐?""为什么解放军叔叔的衣服颜色会不一样?""为什么其他国家的解放军叔叔也会来参加大阅兵?"从孩子们的问题中,我们深刻地体会到,他们虽稚嫩,却总能看到问题的本质! 而这也正是家长和幼儿园成为共同体的基础,因为我们都需要去守护他们的好奇心和童真。

(三) 从"前喻"到"后喻":教师专业发展呈非线性路径

如果说一个家园互动平台就能推动教师专业发展,似乎有点牵强,但这个平台却折射出了"互联网＋"时代教师专业发展的路径的变革。"传帮带"、"手把手"地推动教师发展的方式已经不能完全满足新生代教师的成长需求。

随手拍、即时记,用精美的照片和生动的文字展示自己和孩子的风采,是新生代教师的本能,却是很多老教师需要去跨越的心理障碍。新生代教师开始越来越多地走到台前,去向老教师分享自己的体验——"如何利用家园活动 App 促进家园合作",老教师们也不得不认真聆听。年长者向年轻人学习的"后喻时代"已经来临。

建立家园互动 App 并不是我们的最终目的,我们需要的是基于这样的一个平台,去发现挖掘幼儿教育资源及教师专业发展的可能性。作为家园互动的重要主体之一,推动教师专业发展的任何蛛丝马迹都不容错过。

这时,幼儿园也需要启动"用户思维",如何让教师能够有属于自己的专业发展路径,幼儿园是否给教师提供了非线性、多样化的发展可能性。

于是,幼儿园启动了"项目申报制度",让每个有志于领衔某个项目发展的教师都有成为领导者的机会。"主题博物馆"、"基于 iPad 数据跟踪的科探室"、"幼儿创想空间"等项目应运而生。这些项目申报人均为 80 后教师,他们在申报之前不曾担任过教研组长或骨干教师,但是有一股创新的热情和探索的冲劲。这不就是推动幼儿园不断砥砺创新的重要力量吗?

三、读懂大数据,变革家园互动生态

只是发现家园互动 App 上的散点状家园共育故事和课程开发的成功案例,还远不能称之为从"+互联网"到"互联网+"的转变。大数据是"互联网+"时代的显著特征之一,各国政府已将大数据发展提升至战略高度,大力促进大数据产业的发展。幼儿园也不能回避这种大趋势。莘庄幼儿园在建设家园互动 App 时,就建立了大数据收集云平台,能够在数秒内统计家园互动的人、内容、数量、时间等生态元素,为作出决策变革提供了可能。

(一) 从单向发帖到互相点赞: 培养"引导型"家长

在家园互动中,家长群体内部也形成了良性动力。你爱点赞别人,可能你也会成为最受欢迎的人之一。在对家庭点赞行为进行分析后,学校发现,有些家长不仅乐意对看到的内容点赞,给其他家长和老师们以肯定,而且自己也是高质量内容的生成者,经常收到大家的"赞"。

于是,幼儿园每学期基于大数据评选 App"人气王",他们往往能在 App 中起到引领舆论导向、激发讨论热情的主导作用。

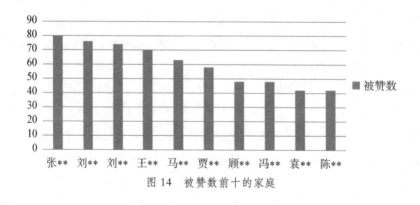

图 14 被赞数前十的家庭

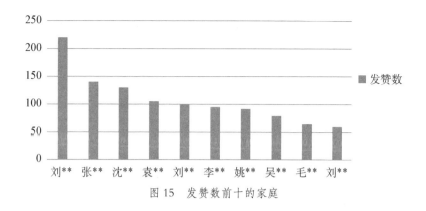

图 15　发赞数前十的家庭

　　邀请他们向全园家长分享经验,在全园家委会中颁发奖章,并力邀其成为家委会成员成了必然选择。

(二) 从被动协作到主动发言:激发教师参与家园互动的内生动力

　　家长和教师是否活跃,和班级活动数量关系不大。使用定制的 App,有一个重要的原因是,希望可以减少教师的工作负担。因为在隐私、开放的平台上,家长是自主的交流者,会自动产生丰富多彩的内容。而许多科学育儿知识、防病知识、安全宣传等常规内容,也不需要幼儿园一一准备,可以由家长和教师自发进行内部分享。

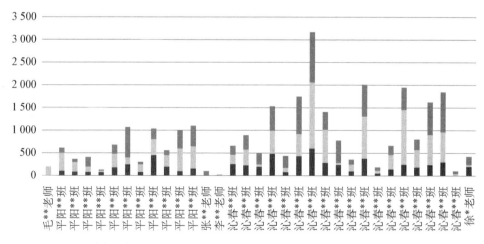

图 16　班级活动发布情况及家长、教师的发帖和点赞情况

　　那么哪些人更能成为学校的热衷粉丝,更愿意支持学校活动呢?从数据分析可以看到,对于两个活动量类似的班级,却会出现两极化的活跃互动数量。所以,学校更有了为教师减负的理由,硬性规定活动数量并不科学,更重要的是应该找到让老师、家长

们感兴趣的话题和活动,真正吸引家长们与教师们碰撞出智慧的火花。

(三) 从幼儿园和家长的错峰登录到建立沟通立交桥:让沟通畅通无阻

我们对幼儿园和家长的活跃时间段的数据进行统计,幼儿园最爱在上午 10 点左右发布班级活动情况,而家长们晚上 9 点左右才得空积极评论。

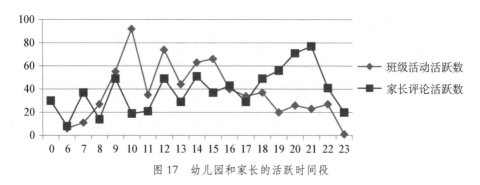

图 17　幼儿园和家长的活跃时间段

过去的家长工作常常是单向的,学校负责"通知",家长负责"执行"。但有谁想过,到底家长何时最有空、最愿意来了解学校想宣传的内容?

现在,当学校使用 App 来向家长发布孩子的动态、日常公告通知、校园特色活动、调查问卷、幼儿园精心策划的活动时,也可以让所有相关家长在第一时间了解到其主办的用意与初衷。

由于移动终端的即时性,家长可以对问卷、通知做出即时反馈,这样也将有效地提升调查问卷的反馈率,同时也不会发生只能联系到爷爷奶奶、外公外婆,而爸爸妈妈对于幼儿情况一无所知的尴尬情况。家长也可以选择在自己方便的时候进行信息查阅。而学校甚至班级,能够了解家长们的行为特点,从而在更适宜的时候优化交流模式。

2015 学年,幼儿园 App 家园互动平台总发帖量为 3 879 条,其中包括教师的 1 853 条,家长的 2 026 条;总回复量 13 829 条,教师 962 条,家长 12 867 条。幼儿园微信公众号发帖 11 条。幼儿园网站公布家教指导信息 78 项。另外,各班还有班级微信群、飞信群等交流平台。

今后,我们准备分析这些新媒体数据背后的故事,以科研及案例的形式呈现研究的意义,并一一梳理和提炼基于家园互动 App 的家园合作的机制创新。

从"+互联网"到"互联网+"的闵行区莘庄幼儿园家园互动变革故事会一直延续。我们以"悦纳"的情怀,希望接纳与包容每一个个体,让家长、幼儿和老师享有创造的空间,不断衍生出新的家园互动生态,推动幼儿教育的发展。

(执笔:上海市闵行区莘庄幼儿园　姚莉莉　郁亚妹)

第四章　家校互动：学生事务的协商

引言

　　家校合作已经成为世界教育发展的一个重要趋势。建立学生事务民主协商制度，是家校合作中一个非常重要的内容。如何科学规范地实行学生事务的民主协商，是我们需要进行探索和研究的重要课题。尽管开展家校互动，建立新型的家校合作关系已经或正在成为学校和家长的共识，但在现实中仍然存在诸多问题，既不能适应现代学校制度的建设和发展，也不能满足家长日益增长的对学校教育的诉求。近年来，不少学校在实践中进行了探索，取得了一些经验。例如，上海市静安区大宁国际小学建立学校、社区、家庭三方代表所组成的教育议事委员会，明确议事会在有关学生事务中有知情权、参与权、建议权、监督权和评估权。上海市长宁区愚园路一小通过与家长民主协商，先后推出"错班放学"、"每日作业发布"、"社区爱心晚托班"等举措，深受家长欢迎。

一、学生事务民主协商制度建设的主要内容与现状分析

（一）基本内容

　　学生事务是指与学生的教育教学活动、衣食住行、收费等相关的各项事务，比如校服、晚托班、吃饭饮水、作业布置等。协商是一种常见的沟通行为，它通过各种途径交换意图、增进了解，争取达成某种共识。建立学生事务民主协商制度，就是要让学校、家长代表在平等的地位上，以有利于学生成长和发展为目标，充分表达自己的诉求，然后对具体事项达成一致意见并实施。通过这种民主协商，实现家长的知情权、参与权、建议权、监督权和评估权。

　　学生事务民主协商制度的基本要求是，以协商的制度形式，充分体现学校和家长之间的平等民主。其内容应来自学生事务中需要解决的问题，其主体应代表学生，其方式应体现平等，最终保证其效用能直接服务于学生。建立学生事务民主协商制度，必须充分体现民主的精神，体现公平公正的原则，使协商活动具有明确价值追求和行

为规范。协商活动由学校和家长根据沟通需要而举行。对于协商什么、什么时候协商、谁来协商、怎么协商、怎么处理协商结果等基本问题，要按制度规定进行，参与协商的家长代表的协商意见应具有代表性。对协商作出的决定，可以保留意见，但必须共同遵守。

（二）基本形式

根据学生事务的具体事项和学校、家长的不同情况，民主协商可以采用多种层次和多种形式。不少学校在实践探索中逐步创建了不同层次的协商程序，丰富了协商形式。例如，对于学校大事，采用学校、社区、家庭三方代表所组成的教育议事委员会联席会议、决策听证会等民主协商形式；对于学生午餐、校服等事项，采用议事会、理事会、民主评议会等形式组织协商。有些学校在多年实践的基础上，已经形成各具特色的民主协商制度。虽然这些制度可能还不够全面，不够完善，但在学校处理学生事务中解决和化解学校和家长之间的矛盾，让家长和社会增加对学校工作的了解和理解，取得家长和社会对学校工作的参与和支持，起到了非常积极有效的作用。

（三）现状分析

教育仅仅依靠学校的力量是难以完成的，它必须依靠社会的各种力量，尤其是增强家长与学校相互配合，才能更好地促进学生的健康发展，推动社会的进步。近年来，世界各国都在强调学校教育的开放，家长与学校的合作成为学校教育改革的一个热点，家庭在学校教育中的地位和作用已引起全世界范围的关注。人们逐步改变了家庭教育从属于学校教育的看法，强调了家庭和学校在教育中的平等地位和作用，平衡了家校之间的关系。这样有利于调动家庭对其子女教育的积极性，发挥家庭教育在少年儿童成长发展中的巨大作用。成功的合作，需要学校和家长的沟通，沟通是合作的基础。民主协商就是一种良好的沟通方式。

上海是全国较早开展家庭教育指导的城市，二十多年来在家庭教育研究和指导方面作了许多积极的尝试和探索，也有过很多成功的经验，但整体上呈现发展不平衡现象。学校之间的差异很大，有不少学校非常重视家庭教育指导工作，把建立新型家校合作关系纳入现代学校制度建设，积极开展研究探索，体现了较高的家校合作水平。然而，也有相当一部分学校缺乏正确的观念，家校合作仍停留在较低层次，甚至流于形式，在制度建设方面，尤为薄弱和滞后。政府和教育行政部门在政策法规建设方面也显得滞后，至今仍没有制定出相关的政策法规，缺乏对学校开展家庭教育指导和建立新型家校合作关系的督导和引领。从一些学校的成功经验看，大都是学校在办学过程中遇到了问题，然后从问题出发，在解决问题的实践中，逐步形成了各具特色的经验。

二、建立和完善学生事务民主协商制度

(一) 大力宣传新型家校合作观念

近年来,绝大多数的学校领导者和教师以及家长都逐渐意识到开展家校合作的必要性,家校合作也有了一定的实质性进展,但依旧存在着认识错位、家长被动、观念陈旧、互动不够、活动无序、合作随意等问题。因此,学校亟须开展正确理念的宣传,如对一些成功经验进行展示推广,以起到辐射引领作用。

家庭和学校在教育中是平等的,但在目前中小学校的家校合作中,学校并未真正实现由指导角色向服务角色的转变,不少学校仅把家长作为一种可利用的资源,而忽视了家长的知情权、参与权、监督权等合法权益。家校合作的相关制度缺失,从而使家校合作出现交流不畅、无章可循等现象。学生事务民主协商制度作为一种双向互动,是家庭教育与学校教育的相互配合,是社会参与学校教育的一个重要组成部分。应该加大宣传力度,倡导学校和家长树立新型合作观念,在教育活动中相互支持、共同协作。双方应在合作互动中加强沟通,民主协商,进一步明确各自职责,强化各自责任,逐步形成制度化的运行机制。

(二) 积极开展实践探索和专项研究

要逐步建立包括学生事务民主协商制度在内的家校合作的相关制度,有赖于广大学校进行实践探索,在家校合作的实践上还有许多未开辟的领域。要吸引家长参与学校教育,与教师相互了解、相互支持、相互配合,让家长在学生发展中承担责任,享有参与学校管理的权利并对学校事务及其决策发挥影响作用。建立学生事务民主协商制度,有助于提高家长在学校管理中的责任感,激发家长对学校教育的参与热情和监督意识,从而使学校教育更加科学合理。在管理活动中责任与权力是相互制约、不可分割的。因此,学校管理过程中有关各项决策、措施的制定有家长的参与,就会增强家长在学校管理中的主人翁意识和责任感。家长最了解学生的成长经历和兴趣爱好,家长参与管理,可以促使学校教育更加科学合理。在当前教育资源不充分、不平衡的条件下,家长对教育的诉求日益增长,学校面临的新问题不断呈现,更需要广大学校在实践中进行探索,不断创新,积累成功经验。

在积极开展实践探索的同时,还必须开展专项研究。一方面要对成功的经验进行总结梳理,形成科学的操作体系,成为可复制、可推广的研究成果,为政府和教育行政部门出台相关政策法规提供实践依据;另一方面,应该开展专项研究,包括家校合作相关制度建设的专题研究、家校合作未来发展趋势的研究等,为决策部门提供理论支持。

(三) 出台相关政策法规,建立学生事务民主协商制度

目前,因没有相应的政策法规,很多学校的家校合作还停留在较低层次,无法深入开展,对家校合作制度也没有相应的考评、制约机制,缺乏政策法规层面的管理、约束和科学引领。因此,尽快制定相应法规,就显得十分迫切。可借鉴国外家校合作的一些经验,如英、法、德等国家都把家校合作作为教改的重要组成部分。美国中小学家校合作不仅有体系化的制度保障、规范化的组织机构,而且形成了广泛而深入的合作内容,使家长积极而有效地参与学校教育。

政府和教育行政部门应该尽快推出家校合作的相关政策法规及与之相对应的督导检查制度,以保障学校能够正确、规范地开展家校合作互动,推动家校合作常态化、制度化,激活家长参与管理学校的热情,引领家校合作不断深化,形成具有时代特征的新型家校合作关系。学校应在健全和完善家委会制度的基础上,逐步加强包括学生事务民主协商制度在内的家校合作相关制度的建设,吸引家长积极参与学校管理和重要决策,特别是针对与学生和家长切身利益相关的事项提出意见和建议,形成平等和谐的民主协商运行机制。

(上海市教育科学研究院　王君瑶)

上海市长宁区愚园路第一小学

愚园路第一小学是上海市二期课改实验基地学校,学校以"促进师生在合作、和谐的氛围中自主、幸福的成长"作为学校文化精神。为了让每一个人在合作的氛围中自主成长,学校形成如下基本共识:家庭和社会是教育的重要组成部分,发掘和运用好家长与社区的资源,能使学校教育事半功倍。敞开胸怀,真诚地接纳家长与社区的监督与评价,是现代教育的重要标志。所以,我们站在现代学校制度建设的高度,深层次地思考和设计家校合作制度和运作机制。我们以创建"和乐"学习型共同体为目标,以探究学校与家庭、社区合作发展的有效途径及创建科学合理且可操作的评价标准和方法体系为抓手,实施"四个三"策略,加强学校与家庭、社区的沟通合作,充分调动、利用、整合社区的教育资源,促进学校与社区的合作发展。

一、整合"三力",构建多方合作共同体

"三力"指学校(教师),家庭(家长),社区(领导、专家)的力量。

我们构建的合作共同体由主管校长、副校长、德育教导、团队干部,校级家委会成员及社区代表三方组成。共同体成员定期研究学校家校合作教育工作计划,并分工落实家委会、家长学校、青保、帮困、帮教、家访等各项工作,组织、指导与协调学校家校合作教育工作的正常有序开展。

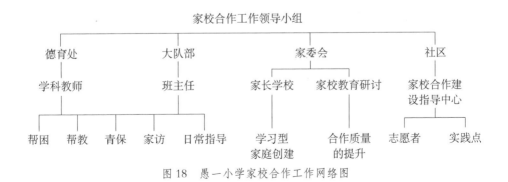

图18　愚一小学家校合作工作网络图

学科教师和班主任是学校实施教育工作的重要队伍,他们每天面对学生,落实基础教育工作。德育分管部门德育处和大队部具体负责学科教师和班主任工作的具体目标、要求、评价。"家长学校"的创建、评比和"家校教育研讨"主题、流程主要由校家委会策划完成。"家校教育研讨"重在研究家庭教育与学校教育如何取长补短,相互补充。社区资源丰富,成立"家校合作建设指导中心",可以开展一些家长和社区成员的志愿行动,提供学生活动的实践点,弥补学校教育空间的不足。家校合作工作网络一旦建立,各方各司其职,确保共同体的合力实效。

二、"三会"助力共同体成员达成共识

"三会"指联席校务会、专题行政会、家校社联席会。

每学期定期召开"联席校务会",出席联席校务会的人员有学校校级领导、家委会主任和社区领导。精学"学校三年发展规划"和本年度的"学校与社区合作发展"项目实施方案,修改"学校、社区、家庭合作发展"的相关制度,总结和评价"学校与社区合作发展"项目实施情况。之后,校方汇总各级领导、专家和家长的意见和建议,修改并调整项目实施计划,将家校社共建活动与学校综合实践活动相结合,精选内容,精心设计,认真研究,合理指导。

定期召开"专题行政会",交流各部门"学校与社区合作发展"项目实施情况,及时互通信息,促进多方合作共同发展。例如,在一次"专题行政会"上,教导处提出让一年级新生抄备忘录是个难题。如果让刚入学的孩子自己抄写,显然不可能。每天抄写在黑板上,由家长接孩子时抄写,也给家长带来很多不便。怎样更好地解决这个问题,让家校信息沟通更快捷、更方便? 大家想到了充分利用网络的办法,在校园网上设立"每日作业发布"平台,家长即使坐在办公室,只要进入愚一校园网的相应班级,就可在第一时间了解当日的作业情况。这个建议很快被采纳并付诸实施,并且逐渐延伸至五个年级的语数英学科。在又一次的"专题行政会"上,大家进一步讨论这一行之有效的举措,认为既然这一平台已为家长所熟悉,不如更进一步,每月通过网络,向家长发布教研组讨论形成的"单元学习指导建议",主要与家长沟通本单元的学习要求、学习内容、本班学习情况、存在的主要问题、基本建议、对有进步的学生予以表扬等内容。建议又很快被实施。虽然老师们增加了一定的工作量,但这样做,家长不用到学校或致电老师,也能更好地了解阶段教学要求和孩子的学习近况,大大提高了家校沟通的效率,很受家长欢迎。同时,"单元学习指导建议"也促使教师阶段性的反思、跟进,家校双方得益。

定期召开"家校社联席会"，落实"学校、社区、家庭合作发展"的相关制度，沟通"学校三年发展规划"和本年度的"学校与社区合作发展"项目实施方案及上学年度"学校与社区合作发展"项目实施总结，评价"学校与社区合作发展"项目实施情况。在联席会上，学校还就学生餐费调整及校服征订事项征询家委会意见，经民主投票后再实行调价与校服征订等工作，充分体现了家长参与学校管理的知情权、参与权、评议权。

三、"三制"让共同体有效运作

"三制"指"联席校务会制"、"兼职校长轮值制"、"项目负责制"。

（一）"联席校务会制"保障学校决策基于共同体成员的共识

"联席校务会制"是指，定期召开"联席校务会"，审议学期"学校与社区合作发展"项目实施计划，倾听各方面的意见和建议，交流学校与社区合作发展的有效经验与体会，沟通家校社三方可以合作的项目。如，学生放学后的安置问题是由社区出面解决的。街道、居委会为学校招募了社区志愿者，开设"爱心晚托班"，既解决了家长的后顾之忧，也保证了教师的教研活动、课后个别化辅导的时间。江苏路街道还积极为我校编织、航模、桥牌等拓展型课程提供人力资源，发挥社区内社会知名人士或有一技之长的专家的作用，参与学校的拓展型课程的研发、指导、师资培训等，解决了学校课程开发遇到的难题。

定期征询 20％的家长对学校教育的意见，如，"在家校配合提高作业效能方面，您有何好的建议或成功的做法？""对于学校的'家长开放日'活动，您希望以怎样的形式开展？"根据家长的意见，学校进行合理的调整和修改，促进家校合作发展。每年有不少家长在反馈中都表明非常乐意提供自己的社会资源，丰富学生接触社会的机会。我校学生在家长的支持下，参观面包加工流水线，成为轨交三号线贯通的第一批小乘客，研究所的高端实验室也成为我校学生小课题研究的实验基地。

（二）"兼职校长轮值制"获取合作伙伴的意见与建议

我们实施"兼职校长轮值制"，聘请有思想、有能力、有意愿的家长代表来校担任"一日兼职校长"，主动履行校长职责，参与学校教学常规、校园环境的巡视检查，参与教学研讨活动，提出宝贵意见和建议，指导学校工作，力求权责统一。例如，兼职校长沈女士在巡视中发现，虽然学校在放学时段已经考虑到拥堵情况而实行错时放学，但家长一般都习惯带孩子从离教室最近的楼梯下楼。由于分校校舍年代较长，东面楼梯非常狭窄，存在安全隐患。于是，这位兼职校长提出"错班放学"的建议，只要每个楼面的班级间错开五分钟的时间，即可缓解楼道拥挤的压力。兼职校长吴女士发现，存在极个别的由于孩子间打闹升级为家长间矛盾的情况,通常都是由班主任老师出面调解,这样大大牵制了老师的教育教学时间和精力,对此,她提出是否可以由这个班级的家委会成员协助共同解决。学校同意了吴女士的建议,也尝试了这一做法,站在家长的立场上,以平等的身份对话,更能晓之以理、动之以情,使矛盾得以化解。

(三)"项目负责制"充分发挥共同体成员的积极性

我们实施"项目负责制",以项目研究促进各项工作的推进。确定包括"学校与社区合作发展"项目在内的学校所有项目责任部门和责任人,制定实施方案和评价标准,做好中期回顾和调整工作,认真开展学年度项目评估。

四、利用网络让共同体沟通渠道更畅通

信息化高速发展的时代要求我们能用最快捷、最方便的形式实现家校的合作与沟通。我们充分运用好网络资源实现家校互动,老师和家长建立了QQ群、MSN等互动形式,及时传递教育教学的信息,进行个性化的家庭教育指导与沟通。例如,老师在QQ群中发布每日"表扬信"以对学生给予鼓励,或发布"明天要穿校服"、"放学后有体育竞赛或社会实践活动"等提醒信息。三年级某班的一位家长苦恼于孩子做作业速度慢的问题,不知该如何解决。他在QQ群中提出求助,结果很多家长和老师群策群力为其出主意想办法。其中一位家长建议让孩子放学后先到楼下尽情地玩上一小时,尽可能多地释放能量后再回家写作业,果然很有效果。

学校在校园网上开通"家校直通车"专栏,展示班级风采。在家长中开展"关注细节,培养孩子受用一生的好习惯"、"如何培养孩子良好的学习习惯"等主题研讨,指导家庭教育。另外,沟通学校提出的要求,如,交通安全周向家长发出倡议,共同维护校门口的交通秩序,不随意停车;周三无作业日希望家长共同配合,不在家中提供额外的学科作业,更多地给孩子课外实践的机会。还有,创建书香班级,倾听家长的意见。"家校合作创建书香班级"项目更是通过网络实现家校配合,有目标、有方法、有指导地开展课外阅读。老师通过"家校直通车"给家长写信,指导阅读,同时发布优秀的学生创作作品。网络的快速便捷使家校沟通更为畅通高效,家长非常欢迎。

除了校园网络平台,我们还定期落实"面对面"的沟通交流。定期开展"家长开放日",展示日常教学和主题教育活动,如学校科技节活动,主题班会,大型主题集会,孩子成长历程中的重要时刻——十岁生日仪式、入队仪式、毕业仪式等。活动让家长更多地了解了我校的教育教学工作,进一步拉近了家校双方在教育观念上的距离。

五、《家校联系册》为家长提供行动指南

我们建立《家校联系册》，促使家校合作对学生实施全面、客观、公正的评价。我们将学校对学生"讲文明、重修身"的日常生活要求与"创建学习型书香家庭"的要求相结合，通过《家校联系册》的形式告知家长，得到家长的理解和支持，督促孩子从小养成良好的行为习惯和道德品质。比如，孩子的家庭礼仪、待客礼仪、在公共场所的道德规范、家庭亲子共读的要求等，通过《家校联系册》的方式传递给家长。每天离开家时与家人说再见了吗？在餐桌上是否懂得谦让？是否挑食或浪费？又如，对于家庭亲子共读，我们提出每天晚饭后固定半小时、固定地点开展共读。可以是自选书目，也可以是学校各年级推荐书目；可以各自先读后交流，也可以一起读，边读边交流。这样的建议或要求既是对家长榜样示范作用的警示，也是家校合作对孩子实施全面评价的良好途径。

在长宁区提出开展"快乐拓展日"的理念与举措后，我们在充分听取家长、社区意见的基础上，完善了"快乐拓展日给家长的建议"文稿，从经典阅读、体育健身、艺术修养等七个方面给了家长若干建议，引领家长合理地安排孩子每周三的活动，乃至节假日学生的课余生活，呼吁家长带领孩子与健身交朋友、与小家务交朋友、与艺术交朋友、与科技交朋友、与阅读交朋友、与实事交朋友、与棋类交朋友。同时，我们又进一步就"家校配合养成孩子良好学习习惯"，按年段分别给低年级家长和中高年级家长提出了十条可行性建议，得到家长的高度认同。

愚一小学中、高年级学生家庭"培养学生良好学习习惯"的若干建议（节选）

● 认真审题的习惯。做题时，首先要反复领会题目的意图，仔细审题，找出解决问题的突破口。

● 有主动学习的意识和坚持学习的毅力。无需家长督促就能自觉、主动地学习，不虎头蛇尾，会独立思考，不依赖家长。

● 养成及时复习的习惯。每天将当日所学内容回顾、整理，确保当天所学的内容当天即消化、吸收。每天睡前十分钟再快速回忆一下当天的学习内容。

● 养成预习的习惯。能提前对要学的内容根据提示或例题做好预习，把不懂的问题做好标记，以便课上有重点地听、学、质疑。

- 养成敢于提问、善于提问、能独立思考、虚心求教的习惯。在学习上遇到困难或疑惑时,敢于提问,善于提问,能独立思考,并虚心向他人请教,及时解决疑惑。

- 养成爱阅读的习惯。提供一些适合学生年龄的阅读材料(学校各年级都有推荐书目),形成每天阅读半小时的习惯。家长对孩子进行适当的阅读指导,开展"亲子共读",经常带孩子逛书店和上海少年儿童图书馆(南京西路、茂名路口),每次让孩子自己选一两本书,自主阅读。

六、资源共享让共同体放大教育能量

我们坚持"以自主为前提的合作、以合作为'生态'的自主"的理念,探索学校与社区合作发展的有效途径和策略,打破围墙,解放思想,主动与社区沟通、合作,充分挖掘和利用社区资源为学校育人服务。

(一) 家长参与校外课程开发,提供实践基地

共同体成员各有所长,资源丰富。拓展型课程的开发,如 OM 课程、模型课程、桥牌课程、品读上海课程等,均聘请家长与社区的专业人士参与指导,增强了师资力量。此外,家长还积极参与学校主题教育活动,为学校法制教育、安全教育、社会考察提供场地,丰富学生的学习经历,拓宽学习渠道,帮助学生在实践过程体验、感悟、建构并丰富学习经验,实现知识传承、能力发展、积极情感形成的统一。而且,我们已和中科院上海硅酸盐研究所、曼克顿面包加工厂、海军基地等多个教育实践基地形成长期合作关系。

(二) 家长担任校内客座教授

我们每学期都在全校家长范围内招募各行各业的家长志愿者,担任学校"客座教授",发挥自己的专业特长,为自己孩子所在的班级、也为年级里的孩子讲授课本以外的学生感兴趣的知识。科学家讲神九飞天,医生讲述自我保健,金融学家教理财,邮递员讲述一封平信是如何顺利到达收信人手中的,等等。家长参与学校教学,从一定程度上唤醒、深化了家长的责任意识、社会意识,取得了很好的教育效果。

(三) 社区与学校合力创建学习型家庭

我们与社区联办"家庭教育研讨会",吸纳有见解、有方法的家长成为学校家庭教育指导的"导师",以弥补教师单独指导的不足。他们贡献自己的智慧,以细节案例经验推广的形式,在年级、班级、小组中主持论坛,展示有可借鉴价值、可学、可用、操作性强的成功经验,使有不同需求的家长都能找到针对自己、适合自己需求的问题解决方法。例如,有位一年级家长列举了自己针对女儿大大咧咧、注意力涣散的情况,选择在女儿不同年龄段分别进行拼图、七巧板、多米诺骨牌等训练的细节,以培养其集中注意力的习惯和抗干扰的能力。还有一位家长列举了家庭成员之间的关系对孩子性格养成的影响等。我们汇总典型实例,博采众长,并将这些细节案例分类汇总,适时补充、调整、完善"家长学校教材"。我们形成了由学校组织、策划,让有成功经验的家长唱主角的指导格局,使"家长教育家长"、"家长指导家长"成为家庭教育指导的一种有效方式。

(四) 家校合力实践"亲子探究"活动

我们还积极开展"亲子探究"实践活动,倡导家长利用假期带孩子走访上海、走访长宁,寻找生活的家乡新老建筑变化,感受改革开放后发生的变化。我们还倡导家长在民俗节假日,共同带领孩子找一找、说一说民俗节日的由来,写一写春节的春联,做一做元宵的汤圆,包一包端午的粽子等,感受中华传统文化精髓,提高孩子综合素养,优化家庭教育氛围,提升家庭教育品位,提高家庭教育质量。

在学校新一轮发展规划中,我们提出:在公共教育服务视野下,树立幸福而卓越的办学价值观,落实"在合作氛围中自主成长,在和谐校园中全面成长,在文化熏陶中幸福成长"的办学理念,持续培育合作文化,追求幸福而卓越的教育。学校将抓住合作文化培育主线,使家校合作突破机制层面的瓶颈,深度培育家校合作文化。以"家长参与学校管理"延伸至"家长协助参与班级管理"为着力点,尝试实现"家长协管制",使家校合作共建进一步带动并有效促进学校的进一步发展。

(执笔:上海市长宁区愚园路第一小学　周鹤珍)

No.28 "爱心看护"谱新曲,家校合作促发展

上海市浦东新区龚路中心小学

放学后孩子去哪儿,是现代社会许多家庭面临的一大难题。龚路中心小学"爱心

室"解决了家长的燃眉之急。从 2009 年起,每天放学后学校都会安排教师免费为学生开展"爱心看护"活动,帮助部分家长解决学生放学后家长接送难、照看难的问题,"爱心室"成为这些孩子的临时家园。几年来,这一爱心活动切实解除了一些困难家庭的后顾之忧,受到了家长们的一致认可和好评。

然而,在实际操作中,新的问题应运而生:由于有了学校"爱心看护"这颗"定心丸",有些家长干脆把"爱心室"当成"托儿所",置孩子于不顾,把放学后看护孩子的责任全部转嫁给学校,忽略了家庭的责任;不同年龄的孩子对看护的需求也不尽相同;教师在完成繁重的教学任务的同时,还要承担起看护的责任,负担颇重……如何提高家长的责任意识,促进家庭教育与学校教育的有效衔接? 如何调整"爱心看护"的模式和方法,提高工作的针对性和实效性? 这些都成为提高"爱心室"管理成效亟待解决的问题。学校通过召开家委会会议、校务会议,一致商议决定开展"爱心看护中家长参与管理"的研究与实践,改进管理模式,引导家长共同参与学校"爱心看护"活动,在家校合作中寻求解决问题的方法和途径,为学生健康成长营造良好的育人环境。

几年来,学校以"一切为了孩子"为宗旨,积极开展家校携手"爱心看护"活动的探索与实践,摸索出了一套符合学校实际的家校合作模式,营造了有利于学校发展和孩子健康成长的良好环境。

一、探索"爱心看护"的模式和方法,谱写家校携手合作曲

(一) 制定"爱心看护"实施机制,规范工作流程

1. 成立领导小组

学校成立了由校长和两个家委会会长任组长,学校中层干部和家委会成员任组员的"龚小'爱心看护'领导小组",共同商议、制定"爱心看护"工作的实施方案;并把这一工作提到学校议事日程上,在教师会和家长会上广而告之,使家长对"爱心看护"工作理念、参与要求等有所了解。

2. 建立管理网络

建立学校"爱心看护"三级管理网络,即在领导小组的指导下,由校级家委会进行统筹安排——年级家委会组织协调——班级家委会具体落实的工作流程。为了使沟通更为便捷,我们还建立了各级各类 QQ 群、微信群,充分利用新媒体的优势及时做好"爱心看护"中相关信息的上传下达工作。

3. 制订工作计划

"爱心看护"领导小组制订了"龚路中心小学家长参与'爱心看护'"工作计划,同时

制定"家长参与爱心室管理工作制度",对看护内容、看护时间、人员落实等情况进行了具体规定,并设计了"龚小爱心室管理记录表",及时记录家长的参与情况和爱心室的学生情况,以便了解看护活动的实施情况。

4. 征集家长志愿者

"爱心看护"重在人员落实。领导小组及时向全校家长发出了志愿服务征询单,把看护工作的目的和要求告知家长,根据自主、自愿的原则,征集有时间、乐于奉献的家长爱心志愿者。由班级家委会会长对各班志愿者进行统计,并将结果反馈给年级会长。年级会长在掌握整个年级家长志愿者的情况后,统筹安排看护人员。

(二) 探索"爱心看护"工作模式,完善工作方法

本着在实施中改进、在改进中完善的工作原则,学校逐步探索、推进家长参与"爱心看护"的工作模式和方法。

1. 年级对应式

我们采取的是"年级对应式"的看护工作模式,即按年级固定落实每天的看护活动,如,一年级负责周一看护,二年级负责周二看护……"爱心看护"活动刚起步时,看护人员主要由年级会长协调安排。但在实施过程中我们发现,年级家委会会长每周都要与志愿者进行联系、协调,不仅工作量大,而且由于不熟悉其他班级的家长,沟通中也存在一定困难,会出现人员不到岗现象。为了解决这一矛盾,我们重新调整了工作方法,制定了由年级会长统筹、班会长具体落实、各班轮流负责看护的方法。由于班会长对所在班级家长情况比较熟悉,沟通更为方便,人员安排更为合理,使人员不到位情况得到了有效解决,保障了家长参与"爱心看护"活动的有序运行。

2. 交互参与式

在"年级对应式"工作模式的运行过程中,我们又发现经常会有轮到的班级在安排人员时发生困难,如,原定人员有突发情况或临时有事,不能参与看护活动,而班级家委会志愿者中又碰巧排不出人员。于是我们想到了整合整个年级资源,在班级负责的基础上开展"交互式"参与模式,即:打破班级限制,当班级在人员落实有困难时,由班会长在年级微信群里提出需求,联系其他班级的会长,安排其他志愿者到岗补位。这样不仅确保了人员的落实,而且看护工作也由"平行式"向"交叉式"发展,促进了同年级不同班级家长间的相互交流和沟通。

3. 新老结对

每年为了让新一届的家委会成员尽快熟悉学校的"爱心看护"工作,我们不仅召开家委会会议,开展"爱心看护"志愿者的培训、指导工作,而且还开展"新老结对"活动,帮助大家尽快熟悉各自所负责的工作。对一年级家长志愿者,我们还通过"传、帮、带"

的方法,在前两个月内让有经验的二至五年级家长志愿者协助、带领他们开展看护活动,在实践中传授工作经验,规范地开展看护活动。学校还通过举行"家长论坛"、开展"优秀家长志愿者"评比表彰等活动,进一步推进"爱心看护"活动的深化和发展,使"爱心看护"活动朝着常态化、固定化的趋势稳步发展。

(三) 创新"爱心看护"工作形式,丰富看护内容

由于孩子的年龄不同,他们对看护的需求也不同。低年级的孩子喜欢在"爱心室"游玩,而高年级的孩子更倾向于学习任务的完成。于是,"爱心室"里就出现了这样一幕:有的孩子在看动画,有的三五成群玩游戏,有的在做作业,有的在看书……负责管理的老师和家长志愿者既要负责管理好"爱心室"内的秩序,确保学生的安全,还要适时解答孩子学习上的困惑,常常是顾此失彼。怎样解决这一问题呢? 通过商议,学校根据孩子的不同情况,有针对性地组织看护活动,使看护活动的形式和内容由单一化向多元化、多样化发展,看护工作也更为有效。

1. 创建"快乐爱心室",维护学生安全

对于一些低年级孩子或部分短时留校的孩子,请班主任老师在放学后将他们带至"爱心室",由看护人员组织孩子开展一些游戏活动,在轻松、快乐的环境中安心等候家长的到来。"爱心室"里再也没有闹哄哄的现象,孩子们有的聚精会神地观看动画片,有的跟随看护人员在室外进行一些简单的小游戏。除了看护和管理好学生外,看护人员还要认真审查晚接家长的情况,确保学生的人身安全,绝不轻易把学生交给素不相识的人员,直至最后一名学生被家长接回家,切实为学生的安全"保驾护航"。

2. 营造"温馨学习园",辅导学习活动

由于工作原因,有些家长会在固定时间(下午 5:00 左右)来接孩子,孩子留校时间较久。学校根据家长的需求,安排志愿者组织学生在教室里开展一些学习活动,如课外阅读、做作业、自习等,并给予适当的辅导和帮助。由此一来,孩子们不仅能在"临时家长"的督促下完成老师布置的学习任务,而且大大减轻了双职工家长的课业辅导负担,也增加了孩子的休息、娱乐时间。学习辅导活动一直持续到下午 5:00,教室里剩下的学生将前往"爱心室",由爱心室老师继续看护。

3. 开设"快乐兴趣吧",丰富课余生活

为了丰富"爱心看护"的内容,学校还结合"乡村少年宫"的活动内容,开展一些兴趣活动,如剪纸、下棋、科技制作、绘画等,请有一技之长的家长志愿者担任兴趣活动的指导老师。这些学习活动充实了孩子们的课余生活,受到了家长和孩子的一致好评。

二、"爱心看护"显成效,奏响家校合作和谐曲

(一)"爱心看护"让孩子安心、家长放心

学校的"爱心看护"活动有计划、有落实、有推进、有针对性,做到了定人、定点、不定时(从下午3:30开始,直至最后一名学生被接走),严把安全关,逐步形成了"学校精心组织、教师认真负责、家长积极参与"的良好格局,为学生筑起了一道安全屏障。几年来,学校的"爱心看护"活动让爱心无缝对接,真正做到了让学生安心,让家长放心,在社会上产生了良好的反响,引起了诸多新闻媒体的关注,《东方城乡报》、《东方教育时报》、《浦东时报》、《少年日报》、浦东人民广播电台等先后对此进行了报道。

(二)"爱心看护"增强了教育合力,促进了家校合作

随着学校"爱心看护"活动影响力的不断增强,家长志愿者队伍也不断壮大,从原先的以"家委会会长带头,全职妈妈为主力军"的队伍组成,逐步扩大为"全员参与"模式,其中不仅有年轻的在职家长,还有已经退休的祖父母。一位学生的奶奶动情地说:"过去我在村里是志愿者,后来在居委会也是志愿者,现在为学校当志愿者更是理所当然。"而年轻家长则说:"人人为我,我为人人!工作再忙,我也要挤出时间为孩子贡献一份微薄之力!"如今,学校"爱心看护"活动还吸引了周边高校大学生志愿者的加盟,充实了学校"爱心看护"的队伍,形成了学校、家庭、社会三位一体的育人合力。

在"爱心看护"活动的影响下,家长们参与学校管理的积极性和主动性得到加强,服务面也更广。家长志愿者们积极参与学校的一些大型活动,如"六一"庆祝活动、教学开放周活动、仪式教育活动……家长们尽心尽力,出主意、协助环境布置、维持活动秩序……家校合作更为密切,沟通更为直接、有效。

(三)发挥教育功效,深化了"爱心看护"的内涵

"爱心室"工作看似简单,其实纷繁复杂。家长志愿者在维护学生安全的同时,更多的是给予孩子热切的关注和细心的呵护:他们会耐心教育不守纪律的孩子;准备各式小点心给饥肠辘辘的孩子充饥;主动和晚到家长联系;关注爱心室里"常驻"学生的情况,了解家长迟接的原因……渐渐地,家长在"沟通"、"服务"的基础上,进一步发挥出了自身的"教育"职能。如,在"爱心看护"时,志愿者们发现有的家长会先去菜场买好菜再悠哉悠哉地来接孩子;有的甚至因为搓麻将打牌忘了时间,直到打电话跟他联系之后才匆匆赶来接孩子;更有甚者认为反正孩子在学校有老师看着,晚点也没关系。对于这些家长,志愿者们从家长的角度出发,给予"温馨提示"或"友情关爱",甚至是严肃批评。于是,在"爱心看护"中就出现了"家长教育家长"的局面。如,一次,有位家长

因打麻将而没来接孩子，于是家长志愿者就告知对方，"爱心室"是为实在有困难无法准时接孩子的家长提供服务的，不是"托儿所"，希望家长能够理解支持；孩子一天学习下来身心已经很疲惫，而家是最温暖的休息港湾……听了志愿者的话，该家长也认识到了自己的不足，慢慢地，这样的情况就少多了。又如，有位家长志愿者在"爱心看护"中了解到二年级的一个孩子的妈妈教子方式过于偏激，常常把孩子打得鼻青脸肿，她就多次找孩子妈妈谈心，帮她分析这样做的严重后果。在得到学校支持后，又联系了其他家长，一起举行亲子活动，使其在活动中感受亲情，改善亲子关系。实践证明，家长沟通家长，家长教育家长，是一种有效的方式，志愿者们用他们的感召力和影响力去唤醒其他家长对"爱心看护"的关注和参与，构建相互尊重、相互理解、相互信任、和谐的人际关系和校园环境。

在参与"爱心看护"活动中，家长志愿者们从原先的"旁观者"到现在的"参与者"，由简单的"服务者"向"教育者"发展，由关注学生的安全问题向关注家长的教育问题转变，使家校沟通更为密切、和谐，从而实现学校、社会、家庭教育的一体化、优质化。

"爱心看护"中家长参与管理的实践进一步密切了家校关系，促进了家校合作。学校持之以恒，不断探索、改进工作方法，在为孩子提供安全保护及爱心服务的同时，让家委会成为学校管理的智囊团、学校教育的合作者，共同为学生的健康成长撑起一片蓝天。

No.29 家校"双主体"联动 构建事务管理共同体

上海市静安区教育学院附属学校

静教院附校是一所九年一贯制公办学校。十多年来学校紧紧把握课程改革的契机，潜心于提高教育有效性的研究。学校以"为了每一个学生的全面发展、个性发展、终身发展"为目标，紧紧把握课程改革与学校德育工作之间的关系，学生道德提升与学生全面发展的关系，致力于培养"讲诚信、明责任、懂互惠"，具有自我教育力的学生团队，全面关注学生的健全人格塑造与生活质量提升。

2001 年受上海市教委德育处委托，学校对德育课程进行改革。2008 年，课题"构建学校德育课程体系的实践研究"在上海市教育科研成果评比中获奖。2013年,在深入研究的基础上,以"双主体"德育课程为题出版四十余万字专著。2014年,该项研究成果被评为上海市教委教育科研成果一等奖。德育课程的"双主体"实施的研究成果在上海市乃至全国得到了广泛的应用和推广。

我们将"双主体"的理念运用到家校合作中,开展了家校事务管理"双主体"联动的实践研究,构建起家校事务管理的共同体。

一、守护学生生命底线,构建事务管理共同体

(一) 一条微博的回想

学校家委会开通了微博——"绿之桥"。之所以取名为"绿之桥",是希望通过这个微博架起学生、家长、学校和社会之间互通的桥梁,让大家就家庭教育的有关问题畅所欲言。"毒校服"事件发生之后,学校"绿之桥"微博上有家长发出了这样一条微博内容:"你是否知道孩子穿的是哪家公司的校服啊?是不是毒校服的生产厂商啊?校服的质量是谁在把关啊?学校是否可以允许学生不穿校服啊?哪位亲知道的回复我一下啊!"

家委会主任及时将家长的困惑告知了校方,校党支部书记联合学生处、总务处、家委会召开紧急会议,商议回复办法。我们深刻地感受到,虽然学校也竭尽全力地加强对学生校服的监控,展开了严格的送检测查工作,但是这些工作都不为家长所知,缺少沟通的平台。家委会委员也反映家长有参与校服管理的需求和想法,他们在思考学生在校要不要穿校服,选择哪家公司制作学生校服,怎样的面料和款式更适合学生的需求等问题。这些关乎学生生命底线的事务管理问题同样存在于学生每日的午餐、校园的安全管理、学生外出的春秋游活动之中。

家校工作的落脚点是孩子的安全、健康、快乐。于是,学校决定开放学校事务管理的权限,邀请家长作为学校学生事务管理的主体,和学校一起"双主体",参与学生事务管理工作。凡是牵涉学生切身利益的事情,如校服、午餐、春游等,都由家委会决定。

(二) 构建"双主体"事务管理共同体

家校"双主体"是指,学校、家长同为事务管理的"主体",具有相同的权利和地位。家长和学校"双主体"联动,组成工作团队,共同参与学生在校学习活动期间发生的涉及学生切身权益的事务性事宜,如学生的校服、学生的午餐、学校的安全设施、学生的春秋游实践及其他各类校园活动的决策、实施、评价的全过程。家长既分享事务管理决策的权利,又分担事务管理的共同责任。以"双主体"联动机制为抓手,创新组织方

法,引导家长主动参与学校事务管理的决策、实施、评价全过程,激活家校在学校事务管理中的合作力。

1. 组织架构有网络,三级管理重实效

学校家委会是家长参与学校管理的重要组织,通过家长自愿申报、民主推荐,先是每址推选出 5 名有能力、有精力、有工作热情、富有公心的家长组建成班级家委会,再从中各推选一名家委会成员组建年级家委会,然后从各年级推选一名代表组建成校级家委会,分中小学部各设主任一名,秘书长一名,副主任若干,成立了新一届三级家委会。三级家委会代表全体家长参与学校管理,上传下达,为了孩子们的共同利益奉献自己的时间和精力。

2. 事务管理巧分工,各司其职干工作

学校家委会在事务管理"双主体"理念的指导下,充分调动家委会委员的积极性,根据事务管理工作的需要成立了"生活部"、"活动部"、"宣传部"三个职能部门,分别由三位家委会副主任兼任部长,核心组成员根据专业特长加入,并向全体家长发出招募令,自愿报名,参与各部门的工作。

生活部:负责家委会参与学校在餐饮、校服、春秋游方面的工作;

活动部:负责家委会参与学校体育节等活动方面的工作;

宣传部:负责官方微博、微信维护以及视音频资料等宣传工作。

校家委会核心组每月召开一次例会,会前或会后各部门根据各自工作安排进行工作布置。

二、家校"双主体"联动,开放共融齐创新

(一) 家校议事堂,为家长参与学校管理搭建平台

学校注重和发挥家委会在学校家庭教育指导工作中的重要作用。在每学期 2 至 3 次的校级家委会上,学校把最新的教育理念、学校的教育教学情况向家长通报并听取家长的意见。家长则把当前孩子遇到的教育问题反馈给学校,利用家长资源为学校工作献计献策,共同商议解决未成年人的思想道德问题。他们依据学校工作计划提出学期工作议案;设计调查问卷了解家长需求;组织"摄影志愿者",为学校后"茶馆式"教学留下宝贵的资料;开设"公正、包容、责任、诚信"主流价值观家长论坛,邀请学生和家长共同参与,提高家长和学生道德素养;将学生喜爱的作家秦文君请进校园,提高家长和孩子的文学素养;组织校运动会家委会的方阵和家长志愿者队伍,为校运会献计出力……家委会现已成为学校家庭教育指导工作的主力军,在学生、教师和家长中起着

不可替代的积极作用。他们开辟多种渠道,融入学校管理;采用多种形式,办好家长学校;关心校园安全,共建防范体系;监督学校事务,确保健康发展;组织多种活动,支持家校沟通;维护学校形象,提升学校品牌,扎实有效地开展各项工作,取得了显著的成绩。

(二)家长当上了班主任助理

家长代表参与学校管理工作,这不仅是学校决策民主化的需要,也是保障家长和学生权益的需要;不仅有利于提升家长对学校教育措施的认同度,也是家长应该享有的权利。这是一种学校教育社会化开放式的工作格局,是现代教育的必然趋势。

静教院附校在寻求家长的有效参与和支持中,亮出了聘请家长当班主任助理的高招。班主任助理享有知情权——了解班级的管理特色和工作计划;享有咨询权——向班主任、任课教师咨询教育教学工作;享有参与权——参加班级的主题教育、教学活动;享有建议权——对班级管理工作提出建议和意见。此举,真正让家长成为学校指导家庭教育的同盟者;成为学校教育活动的参与者;成为学生心理健康发展的疏导者;成为学生参与社会实践的支持者;成为学生成长的激励者。部分家长还主动请缨,为学校提供探究型课程、学生社会实践、社团等方面的信息资源,真正成了课程改革的积极参与者和建设者。

(三)家校"绿之桥","互联网+"时代的新力量

现代信息技术的广泛运用已成必然趋势,其最大的魅力就是开放性。家庭教育指导和家校合作互动方式的现代化也不例外。家委会建立微博"绿之桥",在其中就家庭教育的有关问题畅所欲言,倡导了以网络为依托的新型合作交流形式。学校还在校园网上建立了家校互动平台——学子天地、家长沙龙、家教金点子、家校论坛等,及时通报学校各项工作,展示特色活动,交流家庭教育体会,倡导以网络为依托的新型合作交流形式。

教师主动把 E-mail 信箱地址向家长公布,利用电子信箱与家长进行沟通交流。在这种形式创新、平等沟通的过程中,促进了教师教育观念的不断更新,提高了教师运用信息技术的能力,也带动了家庭教育与学校教育质量的共同提高。

(四)专项突破,改进校服和午餐

学校家委会生活部以改进学生校服和午餐为目标,开展了系列整改活动。以校服为例,首先在学校家委会会议上,双方形成了统一的意见,校服要有附校特色,而且要考虑价格因素。接着广泛邀请有兴趣的家长来校看样,进行评议、选择,家委会成员负责签到和发放、回收征询单。样衣出来后,学校再次组织家委会成员对样衣的式样、面料、做工等进行审查,并请学生试穿样衣,观察整体效果,做适当调整。当学生穿上新

校服后,学校又细心听取家长和学生的意见,跟生产厂家联系,对校服做局部修改。这期间,学生处和校领导也热情地参与讨论,家校互相尊重,合作达到了高度的一致。

三、家校携手显成效,点亮校园新生活

(一) 衣食无"忧",给力成长

校家委会生活部的家长们开展了多次调查研究,发放了家长问卷1 362份,收集家长对于学生校服的意见和建议。两次赴南京开展校服加工厂的考察活动,为附校小学部一年级新生"私人订制"了一套多功能校服,受到家长学生的喜爱。中学部生活部的部长成功地引进"绿捷"餐饮公司入驻中学部食堂,改善了孩子们的午餐情况;还策划了2次食堂暗访活动,邀请各年级家长品尝孩子们的午餐,汇总意见之后约见食堂经理,保证了孩子们午餐的营养和卫生。

(二) 安全无"患",守护生命

学校家委会联合上海市消防研究所的老师们开展了4次安全疏散演习,2次校园安全隐患的排查,改进了中小学部的安全设施、设备。开发了5门安全教育课程,由家委会老师们送课进校,为孩子们开展了"预防踩踏事故"、"火场自救"、"家庭急救包"等专题安全教育,丰富了孩子们的安全自护自救知识,用知识守护生命。小学部家委会在每天上学和放学时都安排家长志愿者和老师一起开展校园护导活动,保障小学生上下学的安全,让安全伴孩子同行。

(三) 实践有"门",拓展视野

在家委会的全情投入下,学生的春秋游活动、N项社会实践活动也发生了不小的改变。在八年级的十四岁仪式教育活动中,家长们共同参与课程的设计和实施,走进东方绿舟,体验户外拓展活动。在N项社会实践活动中,家委会整合家长资源,为孩子们提供了VIP的实践体验,使其拓展了视野,提升了能力。

(四) 校园有"趣",活色生香

在校园的各类活动中,家委会的宣传部、活动部都会积极配合学校的各项主题活动,提前策划,过程辅佐,资源共享。在爱心义卖活动中,在专业拍卖师家长的指导下,我们成功举办了爱心拍卖会;小学部家长邀请"哈哈"来到学生们身边,奉献爱心,感受童趣;在艺术节的舞台上,亲子同台唱响京剧,爸爸妈妈穿上校服和我们一起荡起双桨;在体育节上,家长统一着装,组成家委会方阵,"绿之桥"的身影活跃在绿茵场上。附校的校园因为家长们的激情创意更显活力与生机。

四、未来工作新方向，且行且思求发展

在"家长参与学校事务管理"的工作中我们投入了极大的热情，付出了很多的精力。作为一种新的工作探索，我们在接下来的研究中会聚焦于以下几方面的思考：

（一）"家长参与学校事务管理"的力量还有待充实

目前，"家长参与学校事务管理"主要依托各级家委会的力量，各年级家委会会长更是中坚力量。这些家长注重孩子的全面发展，自身综合素质比较高，又有强烈的社会责任心，因此在参与学校管理方面总有积极主动的表现。但仍有部分家长缺乏参与学校教育的意识，把教育孩子的责任完全推给了学校，认为教育孩子是学校的事。同时，不同家长对子女的期望值不同，造成家长参与学校管理的意愿相差悬殊。这样，能够积极履行共同教育学生职责的家长就只能固定在有限的人群中，力量显得单薄。

（二）"家长参与学校事务管理"的内容还有待丰富

本着"一切为了孩子"的宗旨，家校"双主体"联动，开展了形式多样的实践活动，如家长参与学生午餐管理、校服的挑选等，并且取得了良好的效果。但我们目前是在试点年级进行推广，可以尝试向更广的范围推进实践，惠及更多的孩子！

家校"双主体"参与学校事务管理的实践，家委会的构建及其作用的发挥，让我们真切地感受到了由此给学校发展带来的积极变化，也深刻体会到其中所凝聚的家长们的心血。在下一阶段的实践中，我们将继续力尽所能，使家长委员会成为学校管理的智囊团、学校形象的推广者和学校教育的合作者，凝聚家庭、社会的积极力量，共同促进学校的全面发展和学生的健康成长。

（执笔：上海市静安区教育学院附属学校　翁慧俐）

No.30　家校互动机制创新实践

上海市继光初级中学

上海市继光初级中学秉承了麦伦—继光优秀的百年历史，确立了"学养丰富　人

文凸显"的办学理念,立足教育改革和发展新趋势,以每个学生的终身发展为出发点,以每个孩子的健康成长为落脚点,直面新问题、寻求新突破,坚持探索家校合作的途径和方法,落实绿色生态教育,为学生全面发展和个性特长的培养提供有力的教育支持。

一、项目提出背景

办家庭满意的学校,已成为学校办学的基本前提。尤其是从学生成长的角度看,为孩子提供整体有机的教育环境、丰富多元的教育资源、相互沟通的教育力量,已是迫在眉睫了。

(一)国内家校合作的现状

学校教育的成功不能单单依靠学校的孤军奋战与教师的独当一面,更需要社会各界的鼎力支持,尤其是家长的积极参与。家长参与在学校教育中占有重要地位,但我国目前的家长参与现状不容乐观,很大程度上是受到了传统家长参与形式的制约。在我国一些经济发达的大中城市,很多学校已经有了家校合作的组织机构。但这些组织均缺乏独立性,更没有形成制度。从整体来讲,还存在一些弊端和问题:

1. 家长和教师之间的观念存在较大分歧,互相推诿,共育意识不强。

2. 家校之间缺乏信息沟通和平等交流。

3. 对家校合作的重要性还缺乏深刻认识。

4. 学校的随意性比较大,缺乏计划性、整体性和连续性。

5. 学校对家长单向灌输太多,缺乏双向互动。

6. 家长一般是参与学校指导家庭教育的各种讲座,了解学校的情况,提出一些合理化建议。普遍存在的情况是家长只关心自家孩子的学习成绩。

7. 家长普遍缺乏与学校合作的意识,参与态度也很消极。有的家长认为自己没有权利参与学校教育;有的家长畏惧与教师合作,认为自己缺乏教育的方法和知识;更多的家长是学校让干什么就干什么,习惯于听从教师的安排。

8. 存在教师指责家长的情况,学校经常把自己要完成的任务推给家长去完成。

通过构建家长教师协作制度,可以使家长和教师联起手来,共同应对和解决问题,逐步改善和协调家校关系。

(二)家校合作研究的基础

在现实中,家校合作很大程度上受到传统的家长参与形式制约。因此自 2013 年起,学校以"教师运用新媒体技术开展家校合作的案例研究"市级研究课题为抓手,鼓励教师采用 E-mail、QQ、博客、微信等形式拓宽家校合作平台,为班级学生与教师、家长与教师、班级家长与家长搭建了沟通的桥梁,方便了家长对孩子所在班级情况的认识,努力创建双向互动的家校合作模式,呈现了家校合作信息化的良好态势。

我校的家校合作实践促使新型协作机制的创新。鉴于以上认识和思考,我们立足于学生健康成长的需求,在"教师运用新媒体技术开展家校合作的案例研究"课题成果基础上,深入进行家校协同教育的探索,努力在家校合作制度建设和运行机制创新方面进行探索,积极构建家长教师协作的家校互动机制,向家长、学生提供优质、均衡、公正的教育。

二、项目实践探索

为更好地贯彻"携手共育,共同关注孩子的成长"的家校合作理念,学校在构建新型协作机制的过程中,不断发挥家长学校和家长委员会的作用。通过多种方式增进家长与学校和教师的联系,相互协作,开展教育活动,形成了以下家校合作管理制度。

(一) 家长委员会制度——家长力量的源动力

我们认为家长不仅是学校形象的维护者、学校品牌的宣传者,更是推进学校工作的智囊团,是学校提升品牌、开展教育教学工作的宝贵资源。

家长委员会制度是充分调动家长参与办学的积极性,配合学校进一步规范办学行为,加强对学生进行教育和管理,优化育人环境的有效方法。

家校是合作伙伴,需要进一步的了解、沟通与交流,保持经常性联系,只有这样,合作才有持续性,才能增进彼此的情谊。在已有的家校联系方式基础上,为了让全体家长对学校动态有更及时、更全方位的了解,学校在 2014 年 10 月 10 日正式开通了微信公众号。在微信公众号的辅助下,我们学校家委会成立的具体流程如下:

时间:每学年 9 月上旬。

主题内容:三级家委会人员调整。

操作流程:

1. 通过学校校园网,发布三级家委会调整公告。

2. 召开全校家长会,告之家长关于学校微信号的作用。

3. 把微信二维码贴在每个教室里,班主任指导家长如何加入,提醒家长定期关注。

4. 利用学校平台发布三级家委会调整以及招募家委会代表的信息。

5. 通过班级家长微信群,班主任结合班级情况,把与班级有关的招募信息进行再次发布。

6. 欢迎关注学校教育教学工作、关爱未成年人成长、热心服务的家长在班级家长群里自主申报。

7. 举行班级家长会,通过班级竞选的方式,每个班级成立以 6 名家长为代表的班级家委会。

8. 通过班主任推荐,每个班级推荐 4 名家长组成年级家委会。

9. 年级组组织第二轮竞选,经过在场年级家委会成员投票、年级组推荐、学校平衡审核,由 20—25 位具有代表性的各年级家长代表组成校级家长委员会。

10. 学校召开校级家长委员会,为校级家委会成员颁发聘书后,在会议上一起讨论双方的权利与义务。如学校定期召开教育教学信息交流会,听取开展家庭教育指导工作的意见和建议等。家长委员会则会协助学校策划、开展家庭教育指导活动,积极保护青少年学生校内校外生活,对学校工作提出批评和建设性意见。校级、年级与班级三个层面的家长委员会之间沟通协作,形成学校家庭教育规划与各年级分层实施的有机结合等。

(二) 家长听证制度(一事一议)——家长民主意识的加强

学校设立听证制度是为了依法对学校事务做出决策,及时了解家长、学生的需求,让家长、学生了解学校的情况,并以最快的速度回应家长、学生中的热点问题,更好地寻求家、校合作解决问题的方式和方法。

学校听证的内容包括:学生午餐、学生校服、初三推优。

以学生校服为例,校服是校园文化的标志,是学生团体精神风貌的一种体现。学生穿校服有利于学校的教育和管理,有利于强化学生自我约束力,有利于增强学生的归属感、荣誉感。2014 年 6 月,学校在广泛听取学生建议、家长意见的基础上,准备启动校服的征订工作,并将之纳入学校听证的新内容。2014 年 9 月 17 日,学校首次召开了中预、初一年级学生校服征订家长听证会。

家长委员会代表、教师代表参加了此会议。会议由政教主任郭燕主持。郭燕老师首先欢迎各位家长代表的到来,然后简明阐述了此次会议的目的以及穿校服的重要意义。接着向家长代表介绍了上海芳草地集团、上海三枪集团、上海健身集团三家校服厂商送来的样品的面料、服装款式、相应价格及安全检验事宜。家长不仅认真聆听,还查看了面料,对校服摄像留影。经过细心比对,家长在对面料、价格、售后上进行了征询后,一致同意学校征订校服的举措。会议中就"款式"的选择问题,有家长提出"校服应该符合青少年的心理特点"、"孩子们愿意穿"等想法。这些呼声恰恰与学校想要通过"学生模特进班级,请学生民主投票选式样"的想法不谋而合。

9 月 23 日,在政教处的组织下,学生模特穿着不同厂家式样的服装进入班级,由班级学生进行现场表决。结果,芳草地集团生产的秋冬装组合以绝对优势胜出。学校立刻将此结果报至学校家长委员会主任,并请了三位家长代表于当天 17:30 到校予以确认后,再由学校发放校服征订单,家长自愿选择订购。

由此,校服家长听证制度亦应运而生。

校服征订听证会流程如下:

时间:每年 9 月中旬。

主题内容:校服的款式与安全。

操作流程:

1. 校方选拔学生模特,穿着投标厂家的样衣,并进行拍摄。

2. 召开年级新生大会,播放学生模特穿着校服的照片,现场调查学生对校服征订的态度。

3. 在校园网站及学校微信公众号上,公布学生表决结果,并发布家长听证会的召开信息。

4. 家长通过班级家长群自愿报名。

5. 召开家长会,征询家长意见。不能出席的家长,可以通过校长信箱、班级博客等途径发表个人看法。政教处与校级家委会主任负责收集并整理信息。

6. 召集年级家委会,将家长意见与建议进行集中反馈,现场提供厂家的样衣及资质证明,给予家长代表自由提问的时间。

7. 厂家出席会议,就家长提问做出解答,由家长代表表决确定校服生产厂家。

8. 学校发放校服征订单,家长自愿选择订购。

听证制度是促进学校依法行政,维护法人、学生、家长合法权益的一项重要制度。坚持听证会制,还有利于学生民主意识的增强,培养其参与公民生活的能力。2015 年 12 月 18 日中午,我校举行了一次别开生面的"学生午餐听证会"。出席会议的有:中预至初三年级的各班学生代表和家长代表,供餐公司负责人以及总务处、政教处、大队部的负责人。大家就硬件设施类、营养搭配类、烹饪烹调类等方面,与供餐公司负责人进行了热烈的现场互动,受到同学们与家长们的欢迎。

三、项目实践效果

通过实践研究,构建促进学生成长的良好家校合作氛围,让我们与家长共同见证了:在学校,凡是与学校发展、学生成长密切相关的工作(学校管理、教学改革、家长开放日、年级活动、班集体建设等),都有家长参与其中。通过采取各类日常家校互动举措,让学生家长与学校及老师之间建立并加深了相互的信任和理解。

(一)增强了家长和教师的共育意识

家长不再是只关心自家孩子的学习成绩,而是更加关注学生的全面发展和健康成长。学校吸引家长参与学校教育,与教师相互了解、相互支持、相互配合,使得对学生的教育更具针对性和一致性,大大提升了教育的有效性。

(二)增强了家长与学校合作的意识

家长开始认识到家校合作对学生成长的重要性,让家长在学生发展中承担责任,享有参与学校管理的权利并对学校事务及其决策发挥影响。激活了家长参与学校管理的热情,引领家校合作不断深化,形成具有时代特征的新型家校合作关系。

(三)学校在家校合作制度化建设方面作了积极的探索

学校的家校合作工作更具有计划性、整体性和连续性;促进了家校之间积极有效的信息沟通和平等交流;有助于提高家长在学校管理中的责任感,激发家长对学校教育的参与热情和监督意识,推动家校合作常态化、制度化,从而使学校教育更加科学合理。

（执笔：上海市继光初级中学　郭　燕）

第五章　家长参与：资源转变为课程

引言

学校课程建设是全面贯彻国家教育方针，提高教育效益和人才素养的重要举措，具有深远和广泛的意义。华东师范大学崔允漷教授在他的《校本课程开发在中国》一文中阐述了学校课程开发在中国的三个时期，即从教学意义上的课程建设活动到校本课程开发实践模式的探索；特别是 2001 年教育部颁发的《基础教育课程改革纲要（试行）》，从国家层面对校本课程开发活动作出规定，要"增强课程对地方、学校及学生的适应性"，以此推动了学校课程建设的进程。

在多年的课程改革推进过程中，虽然学校与教师的课程意识明显得到提升，学校在办学过程中积极开展课程建设，形成了一批有特色的课程，但是我们也清楚地看到，学校课程建设存在学校教师经验的局限性和课程资源的不足，特别是教育评价、专业性以及难度，抑制了教师开发的积极性。如何创新完善学校课程建设，需要寻求推动机制。

现代教育认为，学校与家庭是合作关系，教师与家长是伙伴关系，学校教育应该协同家庭教育，实现家校一体化的合力育人。2011 年上海市教委推出了"中小学家校互动体制机制创新"项目，上海中小学校在推动家校合作中形成了一些有价值、有意义的做法。其中，为家长提供必要的条件，鼓励家长参与学校课程建设，是家长民主参与学校现代化办学的一个重要举措，是家校合作的一项机制创新。

在调研收集了上海部分学校的实际操作和分析了学校的经验成效后，笔者认为，学校课程的建设不仅仅是学校教师、课程指导专家的任务，学校课程的建设其实需要更多方面的合作，比如家长、学生的参与和支持。这样能够促使课程开发的不断完善，能有效地突破学校教师经验的局限性，使学校课程资源愈加丰富，促进家校理解，增进亲子沟通，也为学校个性化办学拓宽了渠道，注入新的活力。家长参与学校课程建设需要抓住三个关键点。

一、找准明确的家长参与学校课程建设支撑点

家长参与学校课程建设前景广阔，对学校、家长和学生具有诸多积极意义。

（一）家长参与学校课程建设是基于教育改革的需要

学校课程建设是教育面对创新挑战的回应，是素质教育实施对学校提出的必然要求。学校改革势在必行，然而家长却不一定理解。家长通过参与课程建设，能获得教育改革信息，增进对家校合作关系的理解，认同和支持学校的改革。家长的参与也能促进教师提升课程意识，使家长有效资源得以利用，实现学校课程创新。

（二）家长参与学校课程建设是学校民主管理的需要

现代学校制度的特点是"依法办学、自主管理、民主监督、社会参与"，吸收社会力量参与学校管理，有助于教育资源的整合与补充，有利于学校管理制度的民主化和科学化。2012年教育部印发了《关于建立中小学幼儿园家长委员会的指导意见》，要求保障家长有效参与学校管理、对学校工作实施有效监督和参与教育工作，由此可见家长在学校管理中的重要作用。

（三）家长参与学校课程建设是学生个性成长的需要

通过家长参与学校课程建设，受益最多的无疑是学生。家长出于对孩子家庭生活、个性品质的认识，参与建设的校本课程更有针对性，能吸引学生学习，有效增强学生学习的动力，促进其行为及心理健康发展。校本课程赋予学生自主选择学习权，促进学生个性成长。

（四）家长参与学校课程建设有利于彰显学校办学特色

为更好地促进学校的特色发展，一方面，家长在参与课程建设中可以为学校的办学特色和文化理念建言献策；另一方面，一些学校在长期的发展中形成了鲜明的办学特色和校园文化，比如其中的校本课程需要让社会认识与认可，通过家长的参与，家长可以成为学校校本课程的宣传者，对学校产生积极影响，有利于提升学校办学品质。

二、聚力合适的家长参与学校课程建设着眼点

由于学校基础不一样，办学特色不同，学校鼓励家长参与学校课程建设的着眼点也不尽相同，其呈现的家长参与学校课程建设的基本形式可以概括为以下四种。

（一）精心架构的全程参与式

由学生家长根据自身特长、职业才能等资源优势自主开发而成的一种内容相对独立、形式短小精悍的家长微型课程。家长自主选择课程学习模块，自主选择学生，确定

相应的科目、主题,设计具体的课程内容,建立上课家长自评机制。这种方式立足校本,开放空间,盘活家长潜在的课程资源,顺应学生发展的需求,有效调动了家长、学生等各方的积极性,形成了促进学生和谐发展的优质教育环境。

(二) 思路清晰的研修一体式

学校首先将先进的育人理念向家庭进行辐射,鼓励家长把思想参悟和行为实践相结合。其次利用好家长资源,使家长逐渐从一个被动参与者转变成主动建构者,从课程资源的享受者转变成育人资源的提供者和课程的开发者。这种方式将育人课堂延伸到家庭和社会,在家庭、学校所形成的相对完整的系统环境中,通过家长与学生共同"行动——思辨——行动",更好地促进学生对于自主发展的理解和追求。同时形成一支由家长和教师组成的研究团队,逐步形成家长、教师共同发展的"研修一体"模式。

(三) 机制保障的教育合作体

家庭教育与学校教育有着不同的分工,家长与教师也有着不同的任务职责,需要建立健全家长参与的职能职责和管理机构,以保证家长参与的规范管理。比如宝山区高境镇三花幼儿园的"教育合作体"是在政府的支持和协调下,由幼儿园及幼儿教师、幼儿家庭和家长、社区及社会区域人员在统一的团队目标之下所形成的教育联合体,以促进幼儿全面发展。它由顾问团与合作组组成,并履行一定的职责,互相协作,建立幼儿园、家庭、社区之间双向循环的运作模式;完成开放式家园亲子互动区域活动、双向式幼儿社会资源活动与协同式三方共育活动;借助政府的力量为幼儿发展提供更大的社会平台,实现更深层面的家、园、社区的和谐共育。

(四) 功能突出的家庭小基地

让家庭成为课程实施的主体,家长成为课程活动的真正主人,同时挖掘家长的潜能。比如金山区松隐幼儿园"区域家庭小基地建设"建立全覆盖——能引领——兼互补的区域家庭小基地准入机制,建立活动机制,建立家长设计主持制共推课程精神的落实,健全了家园社协同推进的课程格局。用心打造的家庭小基地有明确的合作目标与任务,形成了稳定的合作机制、合作内容和方法等,优化活动准备,优化活动过程,优化活动结果,落地"三模块"课程实施。同时改变教研方式,改变活动形式,改变培训模式,提炼出了适合区域家长学习的"三能"经验标准:能现学现用,能活学活用,能拿来就用,推进"三模块"活动实效。

三、探寻可行的家长参与学校课程建设突破点

家长参与学校课程建设,能明显改善对学校的态度和评价,也能有效地增强学校

的学术氛围，为学校提供不同的见解和视角。家长与教师的合作能促使家长对孩子教育更有自信，促进亲子良好沟通。家长参与学校课程建设经历了从认可到支持再到参与的过程，是对学校工作的支持与帮助。家校间必须体现尊重与理解。对于今后家长参与学校课程建设，笔者认为还应该注意以下两点：第一，避免家长参与课程中的包办代替；第二，不能将教师的责任移交给家长。因此必须探寻可行的突破点。

（一）多元化整合利用家长资源

校本课程建设的基本任务是挖掘课程开发资源。一些已经形成校本特色课程的学校，可引入家庭资源，引导家长参与：家长可以利用生活资源，根据自身的兴趣和知识储备，选择有趣的话题开展拓展活动；可以利用工作资源，根据职业特点，设计专业知识分享，开展拓展活动；可以利用场地资源，根据周边环境、部队资源和各类实践基地，组织策划开展社会实践活动。通过家校合作提高校本特色课程的质量，进一步发挥学校特色课程的影响力。

（二）技术化创新丰富学校课程

学校必须清楚地看到现代信息社会的必然趋势，依托网络环境，发挥技术优势，搭建多彩平台，刷新教育内容，创新活动形式，家校协同，共建网络德育课程。通过征集家长课程、筛选课程、组织培训、创建课程、推广运用等步骤，开设家长拓展网络课程。学校可创设微博、班级 QQ 群等家校学习交流平台，借助微信公众平台和基于手机的网站的有效配合，推送网络课程给家长。依托网络共建课程，丰富学生教育内容和教育活动，拓展学生的学习空间，有效提升学校的办学水平和教育质量。

（三）常态化鼓励促进家校合作

改变传统的家校合作关系，促进家校间的广泛互动，让家长成为学校课程改革的支持者。鼓励家长参与学校课程建设，体现他们的教育观点，表达他们的需求，使学校课程更能够适应教育改革的需要。学校课程建设的目标一致，促使更多的教育管理者、教师、专家学者包括家长参与其中，增加彼此更多的沟通与理解。搭建家校合作交流的平台，努力做到教育内容贴近学生的生活实际，通过学习、培训、激发等手段，引导家长力所能及地参与课程建设，提升家长的家庭教育水平，使学校教育与家庭教育相衔接，进一步打开家校合作的新思路，丰富家校合作的新内涵。

（上海市杨浦区教师进修学院　徐　群）

华东师范大学第一附属中学

一、问题的提出

2011 年起,华东师大一附中承担了市教委"高中生创新素养培育"项目,我们认为高中阶段培养的创新素养包括:1. 具备在学习过程中洞悉发现问题的意识;2. 能够开放性地提出问题假设;3. 能够运用思维方式,通过选择、组织相关知识、思维工具解决问题;4. 具备统整"问题意识"、"思维方式"与"知识技能",进行"自主"实践研究与思辨活动的创新人格。其中,"自主"的人格是学生萌生学习兴趣、形成问题意识、开展终身求知、不断自涤更新的内在动力,也是学校育人最为根本的价值追求。学校根据这一育人目标,进行了课程建设和教学改革。

然而实验项目的推进遇到了一些阻力。2011 年 9 月,我校在高一年级开设了创新素养培养的新课程,包括系统思考和系统动力学,TELLA 软件的操作入门,跨学科课程(伦理、元认知)等。开学伊始,学校通过家委会和家长会的途径向家长介绍了实验的理念与课程计划,并取得了家长的赞同和支持。但随着实验项目的开展与推进,研究型课程开始受到家长的反对。如,"研究型课程挤占了学生学科基础课程的时间,同时又与高考并没有直接的关联,意义不大";"研究型课程与高考无关,这是浪费学生正规学习的时间";"创新班就应该是理科班,应该在数理化学科上加强,不需要给学生上一些'没有用'的课程";等等。在学校的创新实验项目进行了三个月后的一次家长调研中,我们发现该年级中有近 10.2% 的家长对我校培养学生创新素养的实验项目新操作模式和途径表示出了明显的反对,近 17.4% 的家长对实验项目表示了异议。

在项目推进过程中我们还发现,阻力不仅仅来源于家长,教师对教育的价值取向同样需要重视。有些教师习惯于"应试"思维,把创新素养培养的新课程的内容悄悄替代成了"高三"的应试训练。更值得关注的是,部分班主任把学生创新素养培养的价值狭隘地理解为"促进学生好好学习,推进升学就业"的工具。比如,有一位班主任在班级活动的教育目标中如是写道:"通过开展×××活动,让学生懂得磨炼创新素养有利于学习水平与能力的提高,这样才能在高考中胜出,从而为学生今后的升学和就业打下基础。"

二、问题的分析与解决思路

基于对上述问题的分析,我们认为学生创新素养的培育需要考虑多种因素的合力影响,不仅包括学生自身已有的学习习惯和主体意识,还包括学校、教师、家庭对教育的价值取向等,各种因素合力产生系统性的影响最终决定了学生"自主"创新人格的养成。因此,学校在推进学生创新素养培育时,不仅要从学校内部出发,开发实施创新教育所需要的课程,改革教学方式,提升教师素质,更要关注家庭和社会对于创新素养培育的系统合力因素,选择可能的切入口,设计有针对性的可行性策略,逐步地延展学校对学生"自主"人格培养的时间和空间。

将家校同步修身作为进一步改善学生创新素养培育环境的切入口,还基于以下的原因:

1. 我校自 2001 年开始进行修身课程开发的尝试,至今已有了丰富的课程资源和可操作的平台;且我校近十五年的特色德育课程——修身课程,已经获得了广大学生、教师、家长和社会各层面的高度认可和认同。再者,"修身"课程作为一门追求"知行合一"的内向性的课程,可以有效弥补当前学校学生创新素养培育课程结构中"关注内心、认知自我"内容的缺位,为培养学生创新素养提供课程的支持。

2. 通过家校共同的修身活动,将育人课堂延展到家庭和社会,将参与修身的主体范围扩展为学生、教师和家长。在家庭、学校所形成的相对完整的系统环境中,通过家长与学生共同"行动——思辨——行动"的修身,更好地促进学生对于自主发展的理解和追求。同时也有利于使学生、学校、家庭在应试价值取向和自主发展价值取向的选择过程中,寻找发展性的平衡。

3. 通过对家校同步修身中培育学生创新素养的策略研究,可以探索学校、家庭、社会在共享德育课程资源、共建德育课程框架、共培德育内涵素养、共享德育经验反思的新模式和新途径,并形成可供借鉴的实践经验。

综上所述,我们的思路是:依托学校已有的修身课程资源,通过家校的共同参与,系统性地将家庭教育与学校的德育课程进行有效的整合,将学生创新素养培育的实践研究与思辨活动延伸到校外环境,为学生认识自我、形成"自主"人格提供可持续生成的、相对一致的内外环境合力。

三、项目实验的实施和操作

我们通过三个阶段的操作推进项目实践。

第一阶段：学校修身课程面向家庭教育的"延展"阶段。

这一阶段主要是通过学校的特色德育课程——修身课程，将学校对于学生创新素养培育的相关资源和育人理念向家庭进行辐射，提升家庭对于育人理念的理解程度，以"亲子修身"的方式，在行动中共同反思，寻找教育中的"实际问题"。在形成共识的过程中，不断缩小家校在创新素养培育的观念和行动方面等方面存在的不一致性。

具体操作是：

1. 丰富家校合作的形式，传递"修身"活动的理念

图 19　学校修身通讯：《家长心学校》

图 20　创建的班级微信群及"晓黑板"App

师生共同出谋划策,通过班级博客、班级家长微信群(飞信群)、修身通讯、家长委员会和家长会等形式,把学校创新素养培养的德育修身课程资源(主要包括班级创新修身课程学习资料、班级创新修身课程 PPT 和相应的课程录像资料等)共享给家长,鼓励和引导家庭与学校同步修身。

2. 倡导知行合一的修身模式,引导家庭教育理念潜移默化的转变

鼓励家长把思想参悟和行为实践相结合,把培养创新素养的家庭教育理念落实到相应的家庭教育的内容和方式的变化上。一段时间后,我们在班级家长的微信群和学生的修身日志中,发现家长在创新素养教育上的观念和行为正悄然发生着变化。例如:

> ××家长:在现代社会,孩子除了高考目标之外,应该让他关注其他更重要的人生目标。
>
> ××家长:我要鼓励孩子每天关注一些生活中习以为常的事情。
>
> ××家长:争取每天少对儿子说"不许"、"不能",告诉他你有潜能,而且可能在……
>
> ××家长:学校搞的创新工坊项目类的研究型课程,对孩子的全面发展还是有意义的。
>
> ……

又例如:

> ××学生:老妈今天一反常态,当我轻轻地告诉她这个双休日不能都留在家里复习功课,要出去进行"上海市垃圾桶合理分布"的社会调查活动——这一与考试无关的事情时,老妈居然爽快地答应了,太神了!
>
> ××学生:最近我爸在吃饭的时候经常会问我一些"怪怪"的问题(我知道爸爸的那些怪问题都是从《十万个为什么》中"抄"来的)。有一次,我实在憋不住问他到底是怎么了。他告诉我——你们修身课程上不是正在讲"好奇心"的问题嘛,我是要提醒你关注身边习以为常的小事情。

第二阶段:家庭修身资源面向学校教育的"反馈"阶段。

在上一阶段的项目实验推进过程中,我们发现,有一部分家长在对孩子创新素养教育方面有着非常先进的理念、颇有成效的方法和更丰富的资源。利用好家长资源,

可以使家长在家校同步修身中逐渐从一个被动参与者转变成主动建构者,从课程资源的享受者转变成育人资源的提供者和课程的开发者,这也可以对更多家庭的"修身"活动起到鼓励和示范作用。

对此,我们的做法是:

1. 发现和整合家庭多样化资源,丰富和发展学校的修身课程

不同的学历、资历和知识文化背景,不同的育儿经验,广阔的社会背景和多样化的实践平台资源,这些都是家长在学生创新素养培育中的优势。充分利用家长的优势,把家长资源纳入学校的修身课程建设,丰富了学校修身课程的内容,增添了学校修身课程的活力。

例如,我校高一(4)班通过密切家校联系,发掘家长资源,开发了以"我的职业规划"为主题的修身课程模块,收到了良好的效果。方案见表11:

表11 "我的职业规划"修身主题活动方案

	课程主题	具体活动方案
第一阶段	你了解哪些职业?	板块一:教师和学生进行相关资料的收集与准备。 板块二:家长与学生座谈——了解爸爸妈妈的职业。 板块三:学生到部分家长所在企业的参观活动。
第二阶段	你最爱哪些职业? 你会选择哪些职业?	板块一:班级家委会策划关于"职业介绍"的团队游戏。 板块二:学生演讲——我要成为…… 板块三:家长为孩子的模拟职业选择写一段评语。
第三阶段	我要为我的职业选择付出哪些努力?	板块一:家长讲座——人才要求与职业素养。 板块二:学生小组活动:通向理想职业的人生规划。
第四阶段	我对职业选择和职业规划的调整。	板块一:主题班会——我要做出改变(邀请家长观摩和发言)。 板块二:个人人生规划的调整。

2. 把修身课程从课堂延展到社会实践,探索"知行合一"的校外操作途径

修身,不仅是一种思辨活动,而且需要学生和教师走出学校象牙塔,把认识与实践结合起来。在操作中,我们把家长丰富的社会资源作为源头活水引进来,为学生尽可能地提供实践活动的平台和渠道。

比如,在"我的职业规划"的创新修身课程中,提供了到某家长所在公司(工厂)实习的社会实践活动的环节;在"留住好奇心"的创新修身课程中,提供了到某家长所在

孙桥工业园区观察自然生态和学习现代农业科学技术的环节;在"合作意识与行动"的创新修身课程中,提供了到某家长所在的"野外生存训练营"活动的环节等。

不仅如此,教师、家长和学生还通过共同合作,及时将实践活动转化为了课程。

比如,某班级家长不仅提供自己的企业作为学生职业体验活动的基地,而且在经历了与学校修身课程的磨合后,班主任和家长共同开发出了学生职业体验活动的课程。

学生职业体验课程方案

一、理论篇——你对物流公司知多少?

由物流公司提供职业背景介绍:包括对物流行业的介绍、对物流行业用人标准的介绍、对公司各个部门及其运作情况的介绍。

二、实践篇——你"愿意"并"能"去哪个岗位?

实践体验内容:部门负责人的模拟招聘,学生寒暑假期间的单位实习。

三、反馈篇——你适合这一工作吗?

由物流公司各部门负责对实习学生进行评价,并出示"用人单位评价表"(打分与写评语)。

表 12　用人单位评价表

用人单位评价表				
部门	事发部			
一、客观评价表				
	好	较好	一般	较差
1. 敬业精神	√			
2. 道德修养	√			
3. 团队精神		√		
4. 组织纪律	√			
5. 竞争意识			√	
6. 心理素质		√		
7. 相关知识		√		
8. 适应能力			√	
9. 计算机水平			√	

	好	较好	一般	较差
10. 组织管理能力			✓	
11. 分析和解决问题能力	✓			
12. 表达能力		✓		
13. 创新能力			✓	
14. 交际能力和社会活动能力	✓			
二、主观评价表				

部分负责人意见：

　　李思佳同学是个热情开朗的学生,善于主动与人交往,特别是在工作中,与其他部门人员的协调能力很强。但工作中不够细心,在文件的整理中会出现一些遗漏归档的情况。工作态度认真,在两个月的工作中,无论刮风下雨,从不迟到,也不请假,严格遵守公司各项规章制度。团队合作精神稍有欠缺,与同龄人合作完成任务的意识不强。

　　利用家校合作的途径,把修身的课堂从课内延展到课外,其结果是家长和学生的"双赢"。学生在社会实践中不断发现书本理论与现实技能的差距,感受和体谅家长的工作艰辛,发现沟通技巧和情智因素对成功人生的重要作用,从而更好地理解学习的价值和生活的意义。家长在这一过程中同样获益匪浅,越来越多的家长在社会实践中发现了孩子在应试之外的潜能,尝试着从更多维度去观察自己的孩子,欣赏他们的优点。在某种程度上,"知行合一"的"修身"活动的价值不仅指向创新素养的培育,这种"亲子"形式德育活动还有生成重构家庭关系、促进代际理解的衍生作用,从而将教育的功能价值延伸到社会。

　　当然,在修身活动中,受益的还有学校和老师。一方面,家校联动的"修身"为学校提供了德育课程家校联动的生成性开发途径;另一方面,课程要求教师也要参与到"修身"中来,这不仅提升了教师的师德素养,促进了教师对于现代教育的理解,还加强了教师和社会的联系,这些都将转化为宝贵的研修资源,成为教师今后进一步专业发展的推动力量。有位教师在参加了家长开发的修身课程后感慨道:"学校就是象牙塔,该走出去的不仅仅是学生,我们教师更要从自己的一亩方寸之地走出去!"

　　第三阶段:家校同步修身的经验反思和"成果"文本化建设阶段。

　　家校共同修身、共育学生创新素养的实践活动,吸引了越来越多的家长的参与。在这个过程中,我们发现,在操作中积聚的家校修身资源有待于文本化的建设,为家校的联合育人提供可持续发展的保障。这是因为:

1. 家长提供的优质资源和培育思路,往往只能在特定的班级和年级中分享,存在着资源利用不充分的现象。

2. 实践过程中积累的丰富的课程资源,有待于通过梳理、整合,为下一步的家校合作和课程开发提供支撑。

3. 学校在具体操作中获得的经验和教训,有待于通过文本的方式,更好地与兄弟学校共享和交流,以开发多元化育人途径。

基于以上思考,我校已经开始着手推进家校同步修身培养学生创新素养的课程的文本化和资源库建设,如"创新素养培育修身课程方案集"、"家校合作修身培育创新素养的课程资源库"和"创新素养培育优秀修身课程录像"等。而这一过程,本身也将转化为开展新一轮家校合作修身的教师研修资源。

四、项目实验的组织管理与保障

为保障项目的有序开展,学校制定了一系列的管理制度,采取了相应的保障措施。

(一)创建教师和家长组成的家校学习共同体

参与修身课程设计与开发的教师与家长,有着不同的学历、资历和知识文化背景,要使这种差异成为推进家校共育学生创新素养的合力和资源,就必须在实施过程中形成一支家长和教师组成的研究团队——学习共同体。"学习共同体"的功能是围绕学生创新素养的培育进行学习和研究活动,以保证不同资历、文化背景的教师和家长"合作"、"共享"和"共新"。

(二)建立"自愿"、"宽松"、"互动"的家校合作共育创新素养的学习制度

学校利用自身资源,邀请相关的教育专家定期为家长和教师做学习辅导报告,并通过现场、微信、QQ群等形式互动交流学习心得。表 13 是本校"家校学习共同体"的学习记录。

表 13　华东师大一附中"家校学习共同体"学习记录表

序号	年级	学习地点	学习内容	参加人员(略)
1	高一	学校	学校对《基于学科"知识结构"教学的高中生创新素养培育——华东师大一附中"研究型学生创新素养培育"实验报告》的解析	高一年级家长会、高一年级组教师

序号	年级	学习地点	学习内容	参加人员（略）
2	高一	学校	专家讲座"激活内在潜能——学生创新素养的评价和培养"	学习共同体成员、高一年级班主任、家长志愿者
3	高一	学校	《大学生创新能力培养新探》等几本书的读书体会交流	学习共同体成员、高一年级班主任
4	高一	学校	《大学生创新能力培养新探》等几本书的读书体会交流	学习共同体成员、高一年级班主任
5	高一	学校	专家讲座"学生创新心理素质"	高一年级家长会、高一年级组教师、家长志愿者
6	高一	学校	有关创新心理素质的团队训练	学习共同体成员、高一年级班主任、家长志愿者
7	高一	学农基地	家长、教师和学生代表关于创新素养培养的研讨会	学习共同体成员、高一年级班主任、家长志愿者、学生代表
8	高一	学校	专家讲座"课程开发辅导讲座"	学习共同体成员、高一年级班主任、家长志愿者

（三）家校合作共育创新素养的例会制度

家校合作共育学生创新素养，不仅有定期的学习活动，还有定期的例会制度。在例会中，我们鼓励家长和教师把个性化的教学体验和实践问题呈献给整个团队，以使教师和家长从不同的角度对学生创新素养培养进行观照，并使一些共性的问题可以借助校级层面的学习共同体的集体智慧和力量予以解决与攻关。比如，怎样设计修身课程以帮助学生把已有知识与社会现实、自身经验相联系，怎样理解创新素养"自主"发展的非线性、滞后性和生成性研究等。一些班级个性化的问题则通过班级层面的学习共同体的智慧和力量共同研究予以解决与攻关。比如，发挥班级学生艺术（音乐和体育）特长培养创新素养的策略，学生的时间管理能力培养策略等。

五、项目的阶段性成效

（一）有效推动了家长对培养学生创新素养的思维方式的转变

在"在家校同步修身中培育学生创新素养"的实验项目中，家长对学生创新素养培养的思维方式发生了转变,由原先"非此即彼"的线性思维,转变为对"应试"与"自主"进行统整的思考。

(二) 为学生创新潜能的实现提供了更多的选择与更多的可能

教师和家长思维方式的转变,减少了来自学校和家庭对于学生在低水平能力发展上的要求,使学生有更多的时间发展和挖掘自身的兴趣和潜能。同时家长的介入,也为学生创新素养的培养提供了更多的校外资源,为学生个性化创新潜能的实现提供了更多的选择与更多的可能。

(三) 逐步形成了家长、教师共同发展的"研修一体"模式

在家校合作共育学生创新素养的修身课程中,家校双方通过对教育实际问题的解决过程,融"学习"与"研究"为一体。在这个"学习与实践共同体"中,研修活动在不同观念、学历、知识背景、社会经验的教师和家长之间展开,依托这个共同体,家校分享群体的实践智慧,让个体的教育智慧发挥最大价值。实践证明,通过家校之间"诊断问题——明确研修主题——组织理论学习——分解研究任务——交流研究经验和体验——开展家校合作实践——归纳研修成果"的操作环节,确保了家校这个共同体的合作、共享和共新。

六、课题带给我们的思考

高中学段,不仅是人生世界观、价值观的重要形成阶段,而且直接影响孩子们对于未来人生的价值判断和道路选择。但是由于长期受到应试教育的影响,部分家庭在教育的价值导向上存在一些盲区或是误区,阻碍了孩子们天性中对于"自主"的追求,甚至激化了家庭矛盾。如重视短期利益,忽视长期发展;重视物质奖励,忽视精神交流;推崇自身经验,忽视孩子感受……正如一个孩子在班级的修身日志上所记载的:

> 其实我们作为学生在接受创新素养教育中的人格是"分裂"的,一方面学校几乎无时不刻地向我们强调创新素养对于一个人的重要性;另一方面当我们一回家,爸妈看着我们的课程安排和作业,会跟我们说,这门课(这门作业)不重要(没什么用),那门课(那门作业)关系高考。高考很重要,关系到将来就业和人生走向。不要管这门课了,赶快写那门课的作业……家长和老师的不同态度让我们无所适从!

"自主"人格的养成、创新素养的培育,理应贯穿于学生成长的整个过程,家庭和学校的二元结构,使包括"自主"人格培育在内的德育教育,局囿于学校课堂这样阶段性的时空,违背了育人的客观规律。家庭教育的改善不应只是社会或家长的责任,将育人作为根本价值追求的学校和教师,有责任将视野转向在更广泛范围内存在着的阻碍创新素养培育的社会成因,从而跨出泾渭分明的家校界限,主动地把学校教育资源向家庭进行延伸和传递,让家校在学生创新素养培育过程中产生所期待的共振效应。

（执笔：华东师范大学第一附属中学　陈明青）

No.32　家长微型课程开发的实践智慧

上海市嘉定区普通小学

孩子是家长和教师共同的关爱,是家庭和学校共同的承担。家长、教师和学校存在一种相互合作、相互渗透的关系。在学生的成长过程中,家长作为学生的监护人,有着教育孩子的义务;家庭教育是学生教育的第一课堂,家长是学生的第一任老师。从孩子走进学校的那天起,学校成为孩子的第二个家,陪伴着其成长、学习、游戏、形成社会认知等。

学生每天更多面对的是家庭和学校,客观上接受着来自家、校两端的教育。只有当家校密切合作形成优势合力时,才能最大程度地促进孩子的健康成长。尤其是在新课程改革,强调课堂转型的今天,学校教育更离不开家长的支持和教育。

如何搭建促进家校合作交流的平台,成为我们苦苦思考的问题。传统形式的家长会、家长沙龙一定程度上促进了家校合作,但还是停留在表层,缺乏深层次的沟通与交流。

新课程改革呼唤开放的课程领域和多元的课程文化,促使着我们开放课堂,引进资源。其中"家长是校外课程资源的重要组成部分,在课程资源开发与利用中扮演着不可或缺的重要角色"。来自各行各业的家长所拥有的专业知识可以构成学校课程资源的宝库。但长期以来家长这一隐性课程资源和师资力量被闲置和浪费。家长作为学校课程的重要利益关系人,有参与学校校本课程建设的权利,以促进家校的进一步沟通交流。鉴于此,我们将家长纳入学校课程资源开发的合力之中,发挥家长潜在的课程资源优势,形成"家长微型课程"的开发创意。

所谓"家长微型课程",是指围绕上海市二期课改精神,根据学校"智慧育人"的办学理念与培养目标,为满足学生个性化学习需求,促进学生个性发展,由学生家长根据自身特长、职业才能等资源优势自主开发而成的一种内容相对独立、形式短小精悍的专题讲座或专题活动。

一、立足学生,创生家长微型课程体系

我们以全体学生的终身发展为本,通过家校联动,使学生在家长微型课程的学习中学会求知、学会尝试、学会探究、学会合作、学会创造、学会做人,促进学生个性健康、和谐发展。

具体来说,我们按照市二期课改标准,结合学校办学理念,制定出相应的家长微型课程目标。以家长课程资源的开发、家校课程的整合为基础,以课程实施为抓手,重视课程管理,落实课程评价,创生出体现学校特点的家长微型课程体系,梳理出其课程逻辑。

进而,学校广泛发动、多途径构建家长微型课程资源库。途径之一:面向全校家长发放《家长微型课程开发意向表》,了解家长的特长爱好和职业才能,征询其开发微型课程的意向。途径之二:通过家委会、家长会、学生家访等途径进行宣传发动,调动更多的家长参与开发课程的热情,充分挖掘其潜能。同时,依托班主任的独特优势,慧眼识才,积极推荐相关家长提供丰富的课程资源。途径之三:通过学校网络和校本亲子读物,向每位新生家长告知"普通小学家长微型课程申报开设基本要点",为家长申报课程提供服务指南。

然后,学校对有课程开发意向的家长信息进行分类梳理和统计,构建家长微型课程资源库。在此基础上,学校根据家长拥有的课程资源优势,针对学生学习兴趣进行整体规划。在学校课程的大系统视野下,明确家长微型课程在学校智慧课程体系中的定位与作用,以及与校本课程间的关系,梳理出其课程结构,确立了"艺体类"、"卫生类"、"文史类"、"科普类"、"活动类"、"综合类"六大类课程学习模块,形成了一个由家长开发并实施的、适合学生发展的课程学习模块组合(如图21所示)。

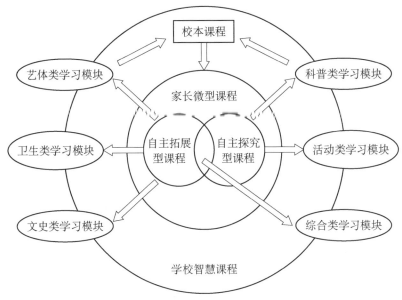

图 21　嘉定区普通小学课程学习模块组合

二、家校联手,推进微型课程开发实施

(一) 开设微型课程超市,家长学生双向选择

开设家长微型课程超市,赋予家长、学生双向选择的权利。每学期,学校鼓励家长自主申报微型课程。由家长根据自身资源优势自主选择相应的课程学习模块,自主选择学生,并结合学校办学目标、学生学习需求确定相应的科目、主题。

学校对家长申报的课程科目进行资格审批。对于通过审批的课程,学校与家长作进一步的联系和沟通,统筹协调,安排选课菜单;再让学生按自己的意愿选择课程、选择上课的家长。三年来累计有 3 985 人次学生自主选择家长微型课程,参与了丰富的课程学习,获得了多样的活动体验。

(二) 引导家长设计内容,形成系列微型课程

学校引导家长扬自己所长、按学生所需来开发课程,确立合适的科目主题,设计具体的课程内容。学校方面积极做好有关场地、多媒体设施等的提供,针对每位上课家长配备一名老师负责课程指导和教学组织服务工作,协助家长做好课程的开发和实施。至今已有 150 多位家长开发出了 150 多个课程科目,指导学生开展形式多样的课程学习活动。在此基础上,学校组织家长对所开发的课程进行梳理,统整内容,集中优

势资源,重点扶持和打造一些精品课程,完成了"嘉定文化"、"小学生营养与保健"、"法律小知识"、"飞向太空"等系列课程的统整,形成了系列化、主题化课程。

(三) 采用多种授课形式,灵活有效地开展实施

在课程实施上以"走班制"、"基地活动制"为主,由家长根据其所拥有的资源特点、学生需求和学校校情,灵活选择。从单一的"请进来"发展为"请进来,走出去"双向互动方式。"请进来"是请家长走进校园,走进课堂,走上讲台,面向自主选课的学生,进行跨年级、跨班级授课。"走出去"即让自主选课的学生走向由家长提供的特定的课外活动探究基地,开展丰富多彩的课程探究实践活动。

在具体实践中,家长微型课程多采取 1 课时的微型讲座、培训、实验或 3—4 小时的课外探究活动等短小精悍的形式,指导学生开展丰富多彩的课程学习活动,灵活而有效。

(四) 建立课程评价机制,多主体实施

针对家长微型课程个性化、多样化特点,采用学生、授课家长、学校等多种评价主体,并视过程评价与结果评价并重。对于每次课程活动,学生通过学习单,以摘星形式作出评价。与此同时,建立上课家长自评机制,通过对话、座谈会交流,撰写课程活动后感等形式表达感受,提出建议等。

最后,由学校作出综合反馈评价:对于学生,学校采用学分制评价方式,制定了家长微型课程学分操作方法。以开设的科目为单位,每学期记载一次学分,采用跟踪记载累计积分法。对获得学分多的学生优先推荐参加校"百名小能人",市、区、校优秀队员等评选。学分卡动态记录学生个性潜能发展的独特领域和生长点,生动形象地反映学生的兴趣爱好和个性成长足迹。对于积极提供课程资源、发挥自身特长、投入家长微型课程开发的家长授予"课程开发好家长"的称号。

这种多主体、多途径、多元化、发展性的课程评价方式,有效调动了家长、学生等各方的积极性,使学生、家长、学校实现多赢,促进家长微型课程的可持续发展。

(五) 采用多种形式,开展课程服务指导

在利用和开发家长课程资源优势的同时,我们做好对家长的课程开发实施的服务指导,分层次、分形式组织开展灵活多样的课程培训活动。例如,上课家长与协助教师的结对交流,请家长参加学校教学开放日活动,组织观摩家长代表上课等形式,发挥教师对家长微型课程的指导力等。此外,学校组织课题研讨活动,不仅有包括家长在内的课题组成员的各类课题研讨活动,还组织上课家长开展家长微型课程教学专题研讨,召开座谈会,聆听感受,听取建议。同时还聘请专家作讲座,对家长进行基本的课程理念、教学方法指导,促进家校在教育孩子方面达成共识,形成合力,从而提升家长开发实施课程的能力,提升教学效果。

三、微型课程,凸显家校合作教育智慧

(一)使学生拥有了个性发展的新空间

课程是学生得以延续发展的基石。让学生只有平等地接受教育的权利就必然意味着让学生享有自主选择课程的权利。家长微型课程赋予了学生更多自主选择课程的学习权,成为供学生自主选择的"生本课程";增强了课程对于学生的适切性,使学生拥有更多学习掌握知识的途径,拥有更多锻炼能力的空间;满足了更多学生多样化的个性发展需求,为学生的个性发展提供新的智慧成长空间。

让我们一起来聆听学生的故事——"我有需求,我发展"。

大千世界,无奇不有。强烈的好奇心,让我脑子里装满了无数个为什么。而每一次的发现都让我快乐,每一次的探索都让我心醉。而家长微型课程"神奇的电磁波"一课令我记忆犹新。

课上展示的那一圈圈神奇的"波纹"深深地吸引了我。家长老师张文志从谁发明了电磁波、电磁波的奥秘、电磁波在我们生活中的应用、电磁波的危害等方面向同学们一一介绍。同学们提出了一个又一个的问题,经过热烈的讨论,知道了收音机、手机、电视机等设备的信号,都是以电磁波的形式传送到千家万户的;医院里使用的 X 射线透视也是人们利用电磁波的原理检查人类用肉眼看不见的病情的一个例子……

这次家长微型课程的学习和探索真是太有意思了!使我在短时间内了解了不少关于电磁波的奥秘,原来它在我们生活中无处不在,非常有用,为人们的生活带来了无穷的便利。使我学到了很多新知识,受益匪浅。听了我的介绍,你对电磁波也感兴趣了吗?

大自然有数不胜数的秘密等着我们去探索。家长微型课程为我们播种了美好的科学种子,使我们学到了常规课堂上学不到的知识。感谢家长微型课程,感谢家长老师给我们带来的精彩课程,激发了我们探索科学奥秘的热情。(五(3)班　张雪菲)

透过一个个故事,我们听到了学生的真实心声。家长微型课程成为孩子课堂学习的有效补充,为孩子拓展了广阔的发展空间,这也是我们的收获。

（二）让家长成为学校课程开发的主人

家长微型课程打破了学校课程范畴,变传统封闭式为开放式。同时还打破了长期以来教师作为校本课程开发主角的垄断局面,赋予家长开发学校课程的自主权,使家长这一潜在的课程资源得以系统开发,实现"我的课程我做主",并从中收获成长。

让我们一起来聆听家长的故事——"共同参与,一起收获"。

参与"家长微型课程",对我而言是一种全新的挑战,更是一份美妙的体验。课前的准备和现场的教学不仅是一种付出,也是一种收获。在自己孩子的协助下、学校老师的热情帮助下,我顺利地完成了课程。下面谈几点感受。

首先,课程的主题应关注时事。我记得应该在 2010 年初。那时候,全上海老百姓都在积极地为世博会作准备,谈得最多的也是如何作为一名东道主来欢迎来自世界各地、五湖四海的朋友和宾客。我想,小朋友们也需要关心社会、关心我们这座大城市正在发生的一些大事和要事。所谓"风声、雨声、读书声,声声入耳;家事、国事、天下事,事事关心"讲的就是这个理。所以我毫不犹豫地把自己的微型课程的主题定在迎世博上。

其次,演绎的内容与工作相关联。方向既定,就开始具体选题。世博是个大话题,值得讲的东西包罗万象,但如何能讲得出彩、独到?我想必须从自己擅长的外事工作着手。在长时间和外国朋友交往中,我积累了不少经验。同时,如何与外国朋友相处,如何让外国朋友喜欢上海世博会,也是包括小朋友在内的每个市民都关心的问题。于是,经过仔细斟酌、慎重考虑,我把自己的课题定为:迎世博、讲礼仪——如何与外国朋友交往。

最后,上课的方式让孩子能喜欢。主题、内容定下后,我就开始着手编写课程讲稿了。因为我的受众是孩子,而小朋友的特点是注意力容易分散,怎么办?学校老师帮我出了点子,告诉我孩子们对新鲜事物很感兴趣,尤其对图画、游戏、竞赛等。

于是,我就把重点花在了如何吸引、集聚小朋友注意力上。第一,动手制作了图文精美的 PPT,并在片头播放了一段世博介绍短片。第二,利用自己专业特长,采用双语形式将世博的故事、交往的礼仪娓娓道来。第三,课程结束时进行有奖问答,奖品是海宝等各种世博纪念品。老师在一旁积极协助,为了增加课堂互动性,暗示我邀请两位小朋友做评委,和我一起主持最后的抢答节目。应该说,同学们的积极性在抢答这一时段达到了顶点,他们踊跃回答问题的热情让我至今记忆犹新。短短的 35 分钟很快就到了,小朋友们还不想结束,还一个劲地问这问那。

开发微型课程,我在兴奋的同时,也有一些压力。因为你不得不花很多时间去作精心准备,但在付出的同时也提升了自我。备课过程也是家长了解学生、学习现代教育理念、自我努力的一个过程。家长微型课程更好地影响了我们的孩子,是以德育德、以行导行的最好体现,是对自己孩子的最好教育。结束搜集后的一段时间里,我明显发现孩子比以前更懂事,也更敬佩我了。

在孩子的学校教育上,我想我们家长绝不是旁观者,也不能做旁观者。苏霍姆林斯基曾说过:"家长和学校作为并肩工作的两个雕塑家,在培养人的工作上,有着相同的理想观念,并应该朝一个方向行动。"而家长微型课程正是家长和学校朝着同一个方向共同行动的一种很好的尝试和努力。(四(5)班 顾卓恒家长——顾唯)

(三) 开辟出家校合作的新途径

家长微型课程以学校"智慧育人"的办学理念和"育智慧之生"的培养目标为基点,从学生发展的需求出发,立足校本,开放空间,盘活家长潜在的课程资源,形成智慧合力。通过成功地构建起家长微型课程体系,并加以优化实施,体现出学校智慧的选择。这已成为百年普通小学学校特色发展的新亮点,学校课程建设的新品牌。

总之,家长微型课程营造出和谐的家校关系,构建了一种多元、开放的课程文化。让学生享受课程,享受学习,从中获得个性的张扬、智慧的成长;让家长在微型课程的天地里展示才华,参与学校课程的开发与管理;让学校在家长微型课程的创生中焕发出新的活力。

四、深化研究的思考

为了孩子的全面健康成长这一共同愿景,家长微型课程成为连接学校和家长友谊的桥梁,建立起家长与校方互相信任的关系链,成为学校特色。

面对未来,如何在现有的研究基础上进一步优化,打造家校和谐、亲密合作的伙伴关系?对此,我们将整合家长课程资源,并与探究型课程、拓展性课程有机统整,提高家长微型课程的实施效果,打造和形成一批特色课程、经典课程,以发挥优秀家长微型课程资源的持久效应。

(执笔:上海市嘉定区普通小学 张 勤)

No.33　家校协同形成合力　依托网络共建课程

上海市嘉定区实验小学

一、设计与规划

　　学校德育课程的设置和实施对学生的身心健康起着极为重要的影响作用;同时,学生的发展状况又是关涉学生家长切身利益的大事。在这一背景之下,学校已无法成为文化传递的垄断者,需要家长共同参与学校教育。家校协同的最终目的是促进学生的健康成长,使家长与学校在教育方向上一致,在教育内容上协调,在教育方法、手段上互补。因此,家长作为学校德育课程的重要利益关系人,有权通过深入参与学校德育课程的建设与管理进行自身的利益表达。

　　上海市嘉定区实验小学地处嘉定区菊园新区,在区域内享有盛誉。目前共有 38个教学班,学生 1 801 人,教职工 107 人,学校蝉联十四届"上海市文明单位"称号,被命名为全国第五届"和谐校园"先进学校、全国消防安全教育示范学校、中国长三角千校网络结对示范学校,并获得市校园文化环境建设示范校、市绿色花园单位、市安全文明校园、市平安单位、市教师专业发展示范校、市中小学骨干教师德育实训基地、市数字化应用先进学校、市语言文字规范化示范校、市体育场馆开放先进单位、市家校互动先进单位、区未成年人保护工作先进集体、区未成年人思想道德建设工作先进集体、区家委会工作先进单位、区艺术特色学校等荣誉称号。

　　近年来,学校保持高位持续发展,成效明显。学校秉承"懂得感恩,崇尚优秀"的校园精神,以"创造适合孩子快乐学习的数字生活"为办学理念,"发现每一位教师,成就每一个孩子",通过实实在在地激发每一个人的内驱力,积极进行教育变革实验,彰显了实小人共同努力的实在、实验、实效。学校以"协同教育"思想为指导,发挥家长资源优势,依托网络环境,搭建多彩平台,刷新教育内容,创新活动形式,家校协同,共建网络德育课程,有效提升德育工作实效。

二、开发与实施

(一) 依托网络环境,搭建多彩平台,改变学习方式

信息网络的高速发展,使得社会文化的传播主体走向多元化。网络学习改变了传统教学模式,打破学生学习时间、地点的局限,扩大学生合作交流的范围,为学生自主选择学习提供更多的学习资源。这是提升学生学习自主性和积极性的有效方式,也是网络学习的优势所在。依托网络环境,家校共建的德育课程,可以在多个平台呈现,让学习随时、随地发生,让学习无处不在!

平台一:Moodle 学习平台

Moodle 学习平台是学校近年来尝试运用的信息化教学平台。在实施过程中,该平台的交互性、学习自主化、远程网络化等优势得到充分发挥,得到了老师的认同和家长、学生的欢迎。

通过征集家长课程、筛选课程、组织培训、创建课程、推广运用等步骤,目前在Moodle 学习平台的"家校互动"栏目中,共开设了"美食小当家"、"珠子串编"、"儿童意外伤害应急"等47门拓展课程。这些课程由各行各业的专家里手结合自身所长创设,贴近学生生活,内容丰富、形式多样,成为课余时间学生们学习课外知识的重要学习资源。

学校还动员全体学生和家长在平台上评选"我最喜爱的家长课程"和"年度十佳家长义工",并在"六一"集会等学校重大活动上进行表彰。通过把获奖家长义工和自己子女的姓名在学校电子大屏幕的光荣榜上进行宣传和表扬,使家长义工的热情得到了大大的激发。

平台二:互动交流平台

除 Moodle 学习平台外,学校还创设了实小摄影博客、班级 QQ 群等互动交流平台。在互动交流平台中,孩子们可以把课程学习中自己的问题、感受随时通过图片、文字等形式发布到平台上,进行头脑风暴式的研讨。基于网络的多个学习互动交流平台,改变了传统的学习方式,打破了学习交流在时间和地点上的局限,极大地丰富了学习资源,提升了学生学习自主性和积极性。第一,打破了以往在学校各类活动中,大家不愿意说、不好意思说、被强迫说的局面;第二,孩子间的思维相互碰撞,体验思考与交流的快乐,升华内在的道德和行为意识;第三,在平台上,教师、家长、学生的地位平等,摆脱了思维的束缚,提高了学生发表观点的内驱力,真正使德育活动扎实落地。

平台三：微信公众平台

被称为微信之父的张小龙曾说："你如何用微信，决定了微信对你而言是什么。"不同学校对于微信公众平台的理念不同，也决定了微信公众平台具体的价值。在我们的设想中，学校建立微信公众平台的意义之重大不亚于开设一门校本课程，不亚于开展一个教育信息化项目。

在此背景下，学校尝试从德育方式的转变入手，从学生可感性、可读性和可模仿性、可持续性上寻找新思路，提出了建设"生活学习化，学习生活化"的德育微课程的新设想。借助微信公众平台和基于手机的网站的有效配合，将家校共建的"德育微型课程"推送到家长、学生乃至关心学校的社会人士的移动终端上，实现了发布的准确、到位。同时，微信公众平台便捷高效，推送的德育微课程强调趣味性、整体性、实效性、即时性；它连起了学校内外，从生活中来，又回到生活中去；孩子、家长甚至是社会大众可以随时随地短时学习，每次启发一点点，由量变引发质变，不断地生成创造，逐步形成开放、互动、共享、有效的"大德育"。

（二）依托网络环境，刷新教育内容，提高学习效率

回归生活本源是德育课程的主旨，如何使学校的德育课程适应学生的学习需求，符合学校的发展要求？大数据时代的来临打破了我们原有的思维方式，网络德育微课程在结构层面上注重两个向度的开放：一是向外，对网络、媒体的开放，对家长、社区、社会的开放；二是向内，在管理上向师生的开放，在教育教学活动中向教师发展、学生发展的可能世界开放。依托网络环境，家校共建的德育课程，真正让德育回归生活，贴近生活，使得学生思想在"细雨润物、化育无声"的教育过程中得到升华——学习简单而有趣，学生聪明有情趣。

"小畅学礼仪"等网络德育微课程内容丰富，力求贴近学生的实际生活，体现实用性、指导性，有效融合了学校基础型课程、拓展型课程和研究型课程，有效结合了家庭教育与学校教育、日常生活习惯与传统文化。既有学校教育中难以深化和突破的内容，如上学礼仪、小畅的心事等；也有在社会公共道德中被忽略或漠视的内容，如微笑礼仪、电梯礼仪等；还有符合时代特征的内容，如西餐礼仪、作客礼仪等。

第一，网络德育课程注重"趣味性"。

关注孩子的关注，喜欢孩子的喜欢，研究孩子的研究。有些课程根据孩子们非常喜欢的动漫作品《赛尔号》中的人物形象，自画、自编、自己配音、家长后期制作完成，全面展现了学生在校一天所涉及的礼仪。这样的课程来源于孩子们的生活，虽然大人们几乎都看不懂，但非常受孩子们的喜爱。

第二，网络德育课程注重"整体性"。

网络德育课程关注学生当下的生活，其目的在于为学生未来的生活作准备。家庭、学校、社区乃至社会教育的有效结合是教育完整性的体现。学生参与创作的过程就是一个很生动的自我教育过程，他们从被动接受到主动思考，从受教育者向教育者转变，从个人走向社会，合作意识、规则意识得到进一步强化。而家长、教师、学校共同参与、协同开发，共同为孩子营造学习礼仪、践行礼仪的良好环境。这样的课程连起了学校内外，连起了现在与未来，促进了学生自我成长，为学生走向社会打下了扎实的基础。

第三，网络德育课程注重"实效性"。

关注伙伴的榜样示范作用，引导学生思辨、交流、讨论，最后达成共识并落实到行动。学生和家长把生活中的礼仪、关注的问题等片段内容做成微视频，由于细说礼仪、示范礼仪的主角是身边的小伙伴，所以学生更愿意去学习，去模仿，去改变。源于身边同学真实生活的碎片化内容，更能引起孩子的共鸣，他们自主认知、自主感悟、自主践行，逐步从他律走向自律。这不就是"润物无声"的教育过程吗？

自"小畅学礼仪"微课程首发式以来，已有一万多人登录学校"德育频道"网站，参加了学习、投票、交流体会和推荐身边的礼仪小明星等活动。截至 2015 年 9 月 30 日，20 个视频的总点击次数为 49 299 次，收到留言点评 4 445 条；其中"电梯礼仪"成为 10 个视频课程中人气最旺的，点击次数为 5 584 次。这种非正式学习深受学生的喜爱，是正式学习的有效补充与延伸，让教师有更多的时间引导学生思辨、交流、讨论，最后达成共识，并落实到行动。

（三）依托网络环境，创新活动形式，丰富实施载体

家校共建的网络德育课程具有"短、平、快"的特点："短"，即立足于短小。创设情景剧式的视频课程，鼓励"5 分钟学习模式"，使每个学生在任何时间、任何地点，用很短的时间、不同方式进行学习。若干个"微时间"会形成"1＋1＞2"的效应。"平"，即来源于生活。所有的教育内容贴近学生的生活实际，一次一个小点，所有课程的策划制作由学生、家长共同完成，教育的主体转换为学生与家长。"快"，即着眼于内化。借助信息技术和设备，可视化的学习内容可以让学生在短时间内学到东西，也不枯燥。同时，学校又依托网络环境，与德育实践活动相结合，不断创新活动形式，丰富实施载体。学生和家长既是教育者又是受教育者，每次启发一点点，通过碎片化的学习，由量变引发质变。

形式一：网络先学，实践跟上

先网络学习，再实践体验，为实践体验活动做好充分的理论知识储备和活动准备，以此提升实践体验活动的有效性。

1. 各个年级的社会实践基地活动，如一年级毛桥村等活动

活动前在网络平台创建活动课程，布置学习任务。学生课余时间在家和父母一起学习，提前储备相关知识，使自己在活动过程中更能深刻地感受实践基地内涵。

2. "追忆祖辈生活足迹 感怀今日幸福生活"——老物件展

首先，老师、学生和家长在实小摄影博客上发布家中老物件的照片和背后故事征文，共有1833篇学生和家长写的博文在摄影博客上发表。随后学校根据网上图片进行筛选并确定正式展品，最后联系学生和家长提供实物展示。五月至今，共有200多件展品在教学楼三楼大厅展示，学生通过线上阅读博文，线下参观展品，了解了展品背后的故事，感受了中国民族优秀传统文化，体会到今日的幸福生活，学会珍爱自己、珍爱他人。该活动还被《文汇报》报道。

3. "守护生命，树立责任观"——绿化瓶制作活动

学生、教师和家长在网络平台征集创意，再实践制作展示。学生们在网络博客平台交流设想和创意，潜移默化地接受活动教育。最终全校共征集到123件大型校园景观作品和1690个植物瓶。

"先网络，后实践"模式，即事先通过网络化解活动难度，为实践活动作充足准备，提高了活动的组织效率，确保了实践活动的有效性。

形式二：实践先行，网络宣传

针对实践体验活动费事费力、学生参与面小、体验交流少、教育作用延续时间短的状况，学校尝试"实践先行，网络宣传"的德育工作模式，以此让更多学生参与，充分交流，最大程度地延续活动教育作用。

学校开展了"向中华艺术宫献礼"活动，通过宣传发动，共有289位学生在暑期学做徐行草编盘托，共征集到347个盘托作品。学校再将这些盘托制作成代表学校的大型展品，最终入选中华艺术宫开宫作品展。开宫当天，学校特派专人记录开宫仪式及作品展示现场，并在网上展示活动状况。学生通过网络分享成功的喜悦，感受传统艺术的魅力，活动的教育效果也得以最大延续。

形式三：实践＋网络，齐头并进

针对有些活动需要学生边学习、边实践、边改进，学校创设了实践、网络相结合模式，以网络自学作为辅助指导，以网络展示作为激励手段，提升德育工作的有效性。

1. 行规教育——"放大镜、显微镜"活动

学生拍摄"值得学习行为和亟需改掉行为"的照片，在实小摄影博客上展示照片，引发学生关注和交流评论。学生在网上学习和评论过程中增长了行规养成意识和知识，最终促使学生提前养成良好行规。同时，学校通过微信公众平台推送"小畅学礼

仪"德育微课程。学生们通过微课程,自主学习,自主认识,自主感悟,自主践行,实现每天改变一点点、每天进步一点点的学习目标。

2. "大课间"评比活动

"大课间"评比前夕,学校开展了"活力校园"网上摄影展,征集师生"大课间"题材摄影作品。学生在每次欣赏和评论摄影作品的同时也潜移默化地接受了一次教育,同时具有展示功能的网络平台也进一步促进学生提升训练效果。

三、收获与展望

家校协同形成合力,依托网络共建课程,不仅丰富了课程内容,还拓展了学生的学习空间,使德育课程实施更有效。同时,进一步打开了家校合作的新思路,丰富了家校共育的新内涵,大大提升德育工作实效,实现家庭教育大格局。同时,用课程建设作为引领,探寻一种基于网络,更适合家校协同建设学校课程的模式,并以此来更好地挖掘家长资源,让广大的家长都来参与学校课程的建设与实施,以此来完善"德育课程"的体系,促进家校协同,实现育人目标,推进学校内涵发展。

展望未来,学校将进一步总结经验,建构"拓展课程在线学习平台"、"德育微视频课程资源库"、"家校合作成果共享平台"。在平等互利基础之上,使学校与家庭、教师与家长面对面,共同发现问题,寻求策略,制定方案,提升家庭教育的实效性。同时,通过学习、培训、激励等手段,引导更多的家长参与课程建设,提升家长的家庭教育水平,使学校教育与家庭教育相衔接,形成教育合力。

(执笔:上海市嘉定区实验小学　龚　京)

No.34　儿童哲学在家庭
——家校合作推进儿童哲学课程的实践探索

上海市杨浦区六一小学

"儿童哲学"是新时期下我校尝试探索研究的校本课程。经过近十年的实践,学校儿童哲学课程逐渐得到了广大家长的认可。为了引导家长参与课程的建设,进一步发挥儿童哲学课程的影响力,学校于 2006 年组建了家长教师联合会(简称"PTA 之家"),尝试开展"儿童哲学在家庭"项目的实践与探索。

一、家校合作推进儿童哲学课程的价值与意义

"儿童哲学"是一门启迪儿童智慧的核心课程,旨在让孩子们运用哲学的认识论和方法论进行思考,促进儿童的辩证思维、价值选择,培养儿童应对生活实际问题的能力。儿童哲学校本课程的发展进程,需要有更多的资源来充实课程内涵。基于此,我们尝试开展"儿童哲学在家庭"项目,力求将家长力量"接入"学校力量之中,家校合作,共同推进儿童哲学课程的开展。

(一)儿童哲学校本课程的主要内容

我校在多年的实践中,形成了系统化的课程内容体系。儿童哲学课程由"人与自然"、"人与自我"、"人与社群"三个主题板块组成。三个板块的内容设计,遵循儿童认识事物的特点和儿童哲学学习的特点,深入浅出地呈现相关学习内容。联系儿童生活,将"启发思考,启迪智慧"这一儿童哲学学习理念贯穿儿童哲学学习的始终。"人与自然"板块通过各种与"大自然"相关的故事,引导学生在阅读、思辨的过程中发现自然现象,认识自然规律,学习与自然和谐相处;"人与自我"板块通过各种与"自我"相关的故事,启发学生在阅读、思考、活动的过程中发现自我、认识自我,学习比较全面地看待自我;"人与社群"板块通过各种与"人际交往"相关的故事,促进学生在思考、讨论的过程中认识到人与人之间由于个性与价值观的不同,因而处理问题的方式也就不同,学习与人交往的方法。

在教学方面,儿童哲学课程结合学校语言课程、科学技术课程、社会课程、艺术课程的建设与教学,围绕生活中的人与自然、人与自我、人与社群的具体问题,引导学生积极思考,澄清价值与目标,发展辩证思维能力,促进解决能力的提升。

(二)"儿童哲学在家庭"——让儿童哲学校本课程向家庭延伸

在新课程改革的背景下,通过课内外贯通、校内外合作,家、校、社三位一体,寻求家、校、社三位合一的力量,以拓展儿童哲学课程的实施基础。为此我校开展了"儿童哲学在家庭"项目,引入家庭资源,引导家长参与,家校合作,共同提高儿童哲学课程的质量。

"儿童哲学在家庭"项目是以家长与孩子互动的形式为主要方式,利用一切可利用

的资源,在一切可以利用的时间里,营造真实、自由、宽松、和谐、快乐的教育氛围,与孩子以平等的方式,以"人与自然"、"人与自我"和"人与社群"三大课程板块,开展体验、实践、讨论、交流,从而培养学生多角度、多方位地看待问题,多元化、创造性地解决问题的能力,提升学生的思维质量,形成自身一定的价值标准,有效促进和提高儿童的逻辑思维和应对实际问题的能力。

在实践中,我们认识到家校合作推进儿童哲学课程要处理好以下关键要素:

一是关系平等。家庭与学校、家长与老师、家长与学生之间应处于平等尊重的关系。问题的提出、观点的表达是自由的、宽松的,其宗旨在于不断地激发学生的质疑、思辨和表达;同时也促使家长与孩子之间的关系变得更和谐、更平等,家校教育观念也更一致。

二是资源多元。家长可利用一切资源——工作资源、场地资源、时事资源、生活资源等,利用随机的时间开展,不受场地、不受形式等因素影响,为学生的成长服务,为学生的思维品质养成服务。

三是形式多样。不拘泥于固有的形式,"儿童哲学在家庭"更崇尚自然、轻松。在体验中抛出话题,在参观中滋生疑虑,在聊天中发表观点,在辩论中达成共识,更在体验中得到答案。

二、组建"PTA之家",为项目开展提供可持续的制度保障

我们意识到,要保证"儿童哲学在家庭"项目开展的有效性与可持续性,关键是建立家校合作制度,促使家长积极参与并融入儿童哲学课程的开发与实施。为此,我们组建了"PTA之家",作为"儿童哲学在家庭"项目的组织机构。

(一)"PTA之家"的运作机制

2006年,在五年级家长、留美博士李博结提议下,"PTA之家"(即 parents and teachers,家长教师联合会)理事会正式成立。"PTA之家"理事会成员30人,下设年级家长委员会、班级家长委员会;年级家委会5个,共30人;班级家委会26个,共78人;每年进行一次改选。学校"PTA之家"理事会成员的产生是由理事会、家委会自下而上选举产生的,而且网上公示,充分体现公开、公正、公平的原则,并在全校家长会上颁发聘书,和全体家长见面。

为进一步完善"PTA之家",理事会制定了《家长理事会章程》,并起草《家长委员会工作职责》、《PTA之家工作职责》、《家庭教育指导实施办法》、《六一小学家校联系制度》、《优秀家长评选标准》讨论稿,提请全体理事会讨论。理事会成员代表家长们的

意愿,制订学校、德育工作计划;同时,学校对"PTA之家"理事会作了具体规划,确定了每一年的工作目标与要求,使学校教育与家庭教育进行有机的整合,形成合力,有效推动家庭教育工作有目标、有步骤地向前开展。

(二)"PTA之家"的主要功能

1. 家校活动信息沟通的通道

对于过程性资料的汇总及共享,学校确定相关的各年级"儿童哲学在家庭"的活动要求及任务,依托"PTA之家",形成一个上通下达的通畅的"儿童哲学在家庭"的活动通道。运用学校的校园网站将每一次"儿童哲学在家庭"的内容进行有效的汇总和整理,突破时间和空间的限制,让更多的孩子有机会参与和体验,有效地促进项目的循序渐进。

2. 项目成果展示的平台

依托"PTA之家",学校有意识地组织、创设和提供更多的平台,对项目的阶段性成果进行多方位展示及表彰,以提升项目的影响力。例如,以家长开放日中的家长活动课、"六一"庆祝活动中的优秀家长表彰仪式等形式,让家长们互相交流、互相学习、共同进步,同时分享并提升"儿童哲学在家庭"项目的内涵。

三、"儿童哲学在家庭"的多样化推进途径

学校依托"儿童哲学"校本特色课程,本着"家校携手、共育新苗"的教育理念,致力于开发和整合家校教育资源,以二期课改为契机,以拓展型课程为切入点,依托家长资源,探索一条家长参与拓展型课程的新路,形成了家校社三位一体的多样化推进途径。

(一)走进家庭:拟定讨论话题,在和谐氛围中分享智慧,拉近距离

在现代家庭中,家长工作的繁重和学生学业的辛苦,让家庭中少了能交流感想、表达观点的时间和场所。学校以儿童哲学课程为基点,倡导父母利用休息、就餐等时间,营造温馨和谐的氛围,和孩子一起展开讨论。讨论以人与自然、人与自我和人与社群为主题,引导学生带着问题走进课堂;同时带着更多问题走出课堂,走进家庭(如图22)。孩子与家长就感兴趣或困惑的问题、儿童哲学课后的思考、新闻时势、社会热点等方面进行讨论交流;家长可以是提问者、倾听者,引导孩子提升思维品质,关注孩子思维变化。

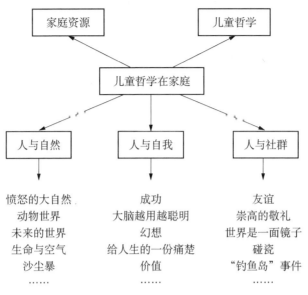

图 22 "儿童哲学在家庭"讨论话题

话题的开展及讨论源于孩子的兴趣或困惑,最终也无唯一的答案,因而环境的宽松更有助于学生脑洞大开。有家庭以"如何解决家长与孩子之间的误解"为话题开展交流讨论,从孩子和家长对问题的客观分析与自身感受的交流中,得出家庭处事哲学——"互相尊重、理解和沟通是解决问题的灵丹妙药"。有家庭以时事话题"中日钓鱼岛之争"展开交流,在家长的引导下,孩子明白了:中国人用不买日货、砸坏日本出产的商品等方式来反对日本是不对的,因为这是不文明的行为,遭人笑话。战争也是解决不了问题的,但是只要努力,在不久的将来,祖国日益强大,就一定会收回钓鱼岛的。还有的家庭则是以关键词开展讨论,比如对"自由"的理解。在交流中,孩子从原本以为想干什么就干什么是自由,到逐步明白小孩子的不自由是爸爸妈妈为了他们的安全和健康成长着想,不自由是因为很多事情他们还不能自己完成。爸爸妈妈有时也不自由,为了工作、加班或者出差,不能出去玩,不能按时睡觉。为了陪着他们去上课也不自由。因此,自由就要学会做很多事情,不自由是为了得到更多的自由。

基于这些丰富主题的开展,"PTA 之家"的理事会成员商议讨论,制作了表格"家庭中的儿童哲学"(如表 14 所示),让参与家庭都能有过程性的记载,促使讨论更有逻辑性、针对性和有效性,也能够更清晰地观测到孩子思维的不断提升。

表 14　家庭中的儿童哲学

班级		学生姓名	
家庭成员			
讨论主题			
孩子感想			
家长感悟			
家庭哲言 （自创）			

在与孩子的讨论互动和交流中，家长与孩子之间的关系更为密切；孩子的"一语惊人"更让家长刮目相看，很多相互间的不理解状况得到缓解。家长与孩子间、家校间又多了一个互动的平台，家庭讨论的和谐氛围逐步形成。家校共同关注孩子的思维发展，让儿童哲学真正走进家庭，提升学校家庭教育整体水平。

（二）走进学校：依托拓展型课程，发挥自身特点，收获课外知识

随着教育的发展，家长的学历层次逐步提高，家长对教育的关注度普遍增加，参与意识正在不断增强。拓展型课程作为新课程中重要的组成部分，着眼于培养、激发和发展学生的兴趣爱好，开发学生的潜能，促进学生个性的发展和学校办学特色的形成，是一种体现不同基础要求的、具有一定开放性的课程。家长参与拓展型课程不是一味地上课，而要根据家长的自身特点、职业特点，根据学生的需求有的放矢地进行合理调整，努力提高教育的针对性。

"PTA之家"理事会从已有的志愿者队伍着手，开学初向全校家长发放"拓展型课程志愿者队伍征询表"，广泛征求家长的意见。在尊重家长的意愿的基础上，以调动家长参与课程开发的积极性为前提，让每个家长认真填写资源意向，首批共有61人成为拓展型课程家长志愿者队伍一员。理事会还在全校家长会上，隆重地向这些家长颁发了拓展型课程指导老师聘书，会后又有许多家长积极与学校联系上课事宜。家长的参与和热情无疑为学校拓展课实践提供了最大保障。

家长拓展课涉及人文、法制安全、科学等47个种类，丰富的课程内容也全部成为学校儿童哲学校本课程"人与自然"、"人与自我"和"人与社群"三大主题的拓展内容。其中，有家长根据自身的兴趣和知识背景，选择有趣的话题开展拓展活动。例如，结合学校迎春闹元宵活动,潘晟轩家长为大家上了"春联的来源和逸闻趣事"一课。曹淳懋爸爸上的《鲁滨孙漂流记》导读课让面临毕业的五年级同学受益匪浅。董梁同学的爸爸董磊来到学校,为同学们上了全校第一堂家长拓展课——中国风土人情。当他拿出一张三十多年前自己身穿印有校名运动服的照片,请大家猜猜哪个是他时,一下子就吸引了同学们的注意力。当讲到自己站在厦门拍到的一张台湾金门的照片时,还不失时机地对同学们进行爱国主义教育。课后,董梁爸爸说:"重回母校第一次当老师太高兴了,以后我会根据同学们的实际情况准备得更充分,让大家喜欢上我的课。"徐赢同学的妈妈王也霞也走上三尺讲台,给四年级部分同学上了绢花制作这一课。学校还专门配备一位青年教师协助家长,整课堂有成品、有讲解、有现场指导,让同学们学会了制作绢花的第一步。更可喜的是,这位家长坚持每两周到校上课,如今一批绢花制作小能手已崭露头角。依托家长资源开发拓展型课程,弥补了原有课程的单一性,也为家长提供了发挥自身优势的空间。

也有家长根据职业特点,利用专业知识分享开展拓展活动。例如,孙若超家长上了"药用植物的认识"一课,让孩子们大开眼界,对中华药用植物产生了浓厚的兴趣。时昕妈妈身为海军医学研究所的博士,上学期为孩子们上了"潜艇和潜艇救援的知识"一课;本学期又为孩子们上了"潜水和潜水装具"一课,还为孩子们带来了潜水氧气瓶等装备,把孩子们胃口吊足。侯鑫森同学家长侯健上的"我与08奥运会跆拳道项目竞赛委员会"一课,既有翔实的图片资料,又有现场跆拳道表演,着实让同学们领略了一番奥运风采。

除此之外,还根据家长的课程内容开设了年级组课程和校级课程。例如,陈思宇同学家长陈新富是一位武术教练,也能保证两周来校一次,为了发挥他的优势,二年级组采取走班制,普及武术。课堂上,同学们学得津津有味,满头是汗;课后还时常会念叨这位老师呢!田心远家长向全校同学开展了团队心理辅导课——"让我们一起游戏吧!",大受同学们的欢迎。同学们在游戏中,学会与伙伴交流、合作,既增进了伙伴间的沟通,又让大家感受到了相互合作的重要性……根据家长的特点,及时与班主任、家长沟通、协调,因人而异,合理调整,才能使家长的潜能得到更大的发挥,也弥补了学校课堂教学资源的不足,使家校合力开发拓展型课程的渠道更畅通。

(三)走上社会:挖掘场地资源,发挥现场时效,收获校外知识

随着时间推移,孩子们已不满足家长拓展课,这一信息引起了理事会家长们的热议。和学校、老师协商后,理事会决定把家长拓展课延伸到课外,带领孩子们走进社会这个大课堂。活动课程开发实施的最终目的是为了每一位学生的成长,为了每一位学生的社会适应性。家长根据自己所拥有的知识结构体系,发挥自身的工作优势,带着队员走出学校,走进社会,开展不一样的"儿童哲学在家庭"。

　　各年级、各班充分挖掘家长资源,利用周边环境及部队资源,在理事会家长的组织策划下,老师和家长一起组织开展社会实践活动(如表15)。其中既有以年级为单位的,例如,一年级在二军大举行的"亲子运动会",二年级在黄兴公园举行的"其乐融融　欢乐无限"亲子户外互动活动,三年级举行的"新鲜、有趣、收获"的海研所参观活动,四年级开展的"我是小海军"登舰艇实地参观活动,还有五年级在第二军医大学航空楼校史馆、三年级在武术博物馆的参观活动。也有班级资源共享的,例如,一(1)、一(2)班国旗广场参观活动,二(2)、二(5)班参与翔殷消防中队消防演习,四(1)、四(3)、四(4)班国和消防中队的实地演练。还有以班级为单位的,例如,一(3)、一(4)班共青森林公园亲子活动,四(2)班宁波二日游,四(5)班国歌展示厅参观活动等,可谓精彩纷呈。孩子们在活动中增长了知识、增添了活力,家长和孩子间有了更多的亲密接触,增进了相互了解。朱明枞妈妈在感想中这样写道:"活动让我更爱我们班的孩子,听他们的笑声,听他们稀奇古怪的各种观点,看他们迅速拔高的身材和言行举止间透出的稚气……希望更多的家长来分享来交流,让我们的孩子体会到集体活动的魅力,学会与他人相处。"

表 15　家长社会资源表

主　题	地　点	活 动 要 求
1. 我是小海军	海军医学研究所	了解海防科技发展的历史,增强科技强国的意识。
2. 崇高的敬礼	第二军医大学	培养良好礼仪,增强社会责任感。
3. 学习解放军 从小树雄心	空军政治学院	了解有关军事知识,培养学生热爱解放军、热爱祖国的思想感情。
4. 感受知识杨浦	中国烟草博物馆	了解中国烟草的发展历史和经济发展的市情、国情。
5. 争做文明小使者	五角场街道下沉式广场	养成良好的行为习惯,践行少先队员的承诺。
6. 水的起源	杨浦自来水厂	知道水的起源和历史,培养环保意识和科学素养。
7. 手拉手、心连心	慈心敬老院实践基地	培养队员关心爱护老人的中华传统美德。
8. 沿着先辈的足迹	少云中学烈士纪念馆	缅怀革命先烈,激发学生的爱国情怀。

主　题	地　点	活 动 要 求
9. 争当小小兵	中原消防大队实践基地	了解消防知识,增强自我保护和防范意识。
10. 科技创新伴我快乐成长	上海院士风采馆	树立远大理想,培养勤奋自强的精神。
11. 中国武术	体育学院武术馆	感受中国武术的博大精深,激发学生自豪感。
12. 临时包扎自我放松	长海医院	学会简单的自救,调节心情,尊重生命。
……	……	……

几年来,家长社会拓展课的足迹遍布学校周边、杨浦区各类实践基地。由家长们策划、参与的实践拓展课,即开拓了教育资源,又拓展了孩子们的视野,使家庭教育资源最大化,让知识得以延伸。

四、项目研究的推广及思考

"儿童哲学在家庭"项目是我校家校合作的新模式,将儿童哲学课程的理念渗透到家庭中,充分运用家长自身的资源和工作场所的场地优势以及家庭中的和谐氛围,引导家长有意识地去关注孩子思维发展,成为孩子的倾听者,培养孩子敢想、敢问、敢说的发散性思维能力,指导家长从哲学角度解决家庭教育中的问题,提高家庭教育的艺术性。

基于该项目对象任务的"因人而异"性,需要根据家长的具体情况而定,可塑性和变通性较强。开展此项活动时要注意:

1. 由于家长来自不同岗位,层次参差不齐,他们参与拓展型课程存在着许多不稳定性。课程开发资源还需不断积累,形成一支稳定的拓展型课程家长队伍,还需家校共同努力。

2. 学校可依托家长资源进行再开发、利用,发挥家校合力作用,进一步拓展学生视野。

3. 家校可以通力合作,逐步建设相关的网络课程,依托云端,进行资源共享,突破时间和空间的限制,更好地促进学生思维能力的培养。

(执笔:上海市杨浦区六一小学　朱媛华)

No.35　"家、园、社和谐教育"课程的研发与运用

上海市宝山区高境镇三花幼儿园

在幼儿园创立之初,我们就确立了明确的办园理念与目标,始终坚持"和谐发展、共同成长"的办园理念,以"家、园、社和谐教育"为特色,着力培育以"和谐"为核心的园所文化,积极培养"健康文明、勇敢乐群、自信大气"的全面和谐发展的儿童。其中促进家、园、社和谐共育是我园办园以来一直努力的重要目标。通过"家、园、社和谐教育"课程的开发,不仅促进家、园、社共育的步伐,促进园木课程的完善,更体现了幼儿教育发展的重要方向。我园长期以来以研究"社区教育、家庭教育与幼儿教育和谐发展"见长,取得了丰硕的研究成果,确立了幼儿园、家庭、社区三位一体的联动机制,形成了促进幼儿社会化教育与培养的组织平台"教育合作体";并致力于研发出一套家、园、社三方全面参与,以促进幼儿和谐、全面发展特别是社会性发展为目标的课程。

一、整合家、园、社资源,形成教育合作体

为了充分挖掘、开发社区优质教育资源,有效联合,整合运作,为"家、园、社和谐教育"课程的实施提供地点、时间与制度的保障,我们基于社会学习理论与人类发展生态学理论,提出了一种教育合作模式。我们的"教育合作体"是在政府的支持和协调下,由幼儿园及幼儿教师,幼儿家庭及家长,社区(各类企事业、商店等)及社会区域人员在统一的团队目标之下所形成的教育联合体,以促进幼儿全面发展。它由顾问团与合作组组成,并履行一定的职责,互相协作,建立幼儿园、家庭、社区之间双向循环的运作模式(如图23)。我们借助政府的力量为幼儿发展提供更大的社会平台,实现更深层面的家、园、社区的和谐共育。

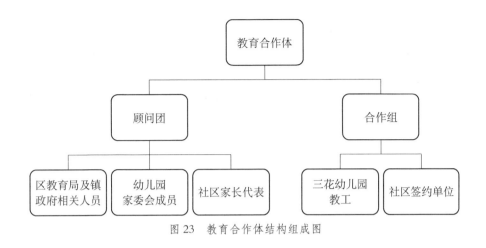

图 23　教育合作体结构组成图

二、确立课程内涵与课程目标

（一）"家、园、社和谐教育"课程的内涵

"家、园、社和谐教育"课程旨在协调幼儿的成长环境（家庭、幼儿园、社区）并形成教育合作体，调控教育场中诸教育要素的关系，创设和谐的育儿氛围。在教育合作体的支持下，以促进幼儿和谐、全面发展特别是社会性发展为目标，由幼儿园、家庭、社区共同建构与实施，包含系统的目标和内容、具体的实施及评价在内的开放式、多元化的幼儿园课程的总和。课程以"亲家庭，爱自己"、"亲社会，爱集体"、"亲自然，爱生活"为三大主题内容，融入共同生活、探索世界、表达表现三部分内容。课程通过双向式幼儿社会资源活动、开放式家园亲子互动区域活动以及协同式三方共育活动三种组织方式与实践途径来实现。

（二）"家、园、社和谐教育"课程的目标

"家、园、社和谐教育"课程目标的架构，包括课程总目标、课程分目标、各年龄段目标，以引领"家、园、社和谐教育"课程的内容建构。

育人目标是引领课程的目标，本课程要培养勇敢自信、友善关爱、大气包容、自由纯真的孩子。课程的总目标是在家、园、社和谐教育理念的指导下，通过构建家、园、社和谐共育的教育环境，培养以下品质：1. 对生活、对自己、对身边的人与事敢于接纳，敢于包容；对困难、挫折敢于面对，敢于承担。2. 知道用正确的方法关爱自己，关爱他人，体验相互协作的快乐。3. 能接纳并尝试融入不同的语言、不同的民族以及不同的国家文化。4. 能在遵守规则的前提下，自由学习、探索，并体验探索的乐趣。5. 初步认识大自然，亲近大自然，尝试保护大自然，产生对大自然的热爱之情。

三、架构课程的内容体系

"家、园、社和谐教育"课程内容是在"家、园、社和谐教育"课程的目标体系下架构的,在课程理念与育人目标的引领下,我们将课程分为"亲家庭,爱自己"、"亲社会,爱集体"、"亲自然,爱生活"三大主题内容,并融入共同生活、探索世界、表达表现三大内容板块(如图24)。

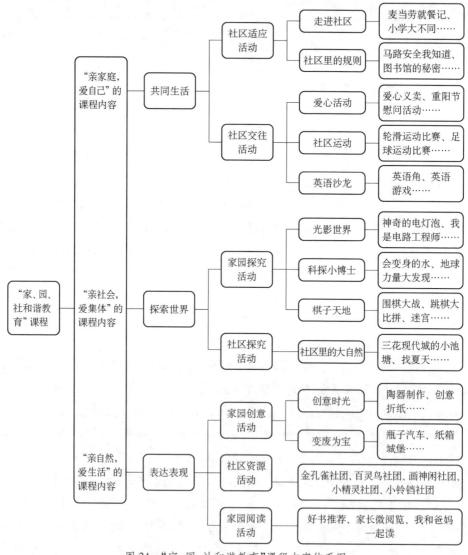

图24 "家、园、社和谐教育"课程内容体系图

《3—6岁儿童学习与发展指南》中指出："幼儿社会领域的学习与发展过程是其社会性不断完善并奠定健全人格基础的过程。人际交往和社会适应是幼儿社会学习的主要内容，也是其社会性发展的基本途径。"因此，共同生活板块主要架构了幼儿社会领域发展的部分，分为社区适应活动与社区交往活动两部分。社区适应活动分为了解、喜欢并适应社区生活(走进社区)和遵守社区的行为规范(社区里的规则)两部分内容，并设计相应的课程内容；社区交往活动从表达爱心、运动文娱、语言交往三方面内容进行架构，并设计相应的课程内容。

对于探索世界板块，我们从家园探究活动与社区探究活动入手，在家园探究活动中开设了光影类探究(光影世界)、科学现象类探究(科探小博士)和棋类探究(棋子天地)等课程；在社区探究活动中主要开设对大自然的探究活动，内容包括对气候的探究、对生物的探究等。

对于表达表现板块，我们从家园创意活动、社区资源活动、家园阅读活动入手开设课程。其中家园创意活动分为无形材料创意(创意时光)与废旧材料创意(变废为宝)两部分；社区资源活动包含内容比较广泛，包括器乐表现(小铃铛社团)、绘画表现(画神闲社团)、演唱表现(百灵鸟社团)、舞蹈表现(金孔雀社团)、表演表现(小精灵社团)五部分；家园阅读活动分为自由阅读活动(好书推荐、家长微阅览)和共度活动(我和爸妈一起读)。

四、实践课程的组织方式与实施途径

按照课程的活动方式与实施主体的不同，我们将课程分为三部分：开放式家园亲子互动区域活动、双向式幼儿社会资源活动与协同式三方共育活动(如图25)。

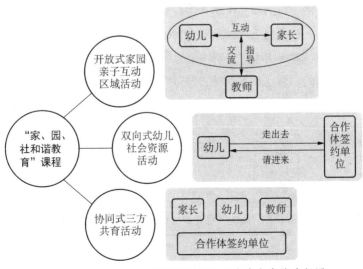

图25 "家、园、社和谐教育"课程组织方式与实施途径图

（一）开放式家园亲子互动区域活动

开放式家园亲子互动区域活动是在幼儿园设置专门的开放的活动空间,由幼儿、教师和家长共同参与的活动形式。这是一种创新的家、园合作教育的活动形式,是对家园共育形式的全新思考。活动以幼儿与家长为主、教师为辅,采取家长与幼儿共同参与、互相配合的教育活动形式。活动内容包括:家园探究活动(光影世界、科探小博士、棋子天地),家园创意活动(创意时光、变废为宝)和家园阅读活动(好书推荐、家长微阅览、我和爸妈一起读)。

由于区域容纳量、材料以及内容有限,因此开放式家园亲子互动区域活动每次不能邀请全部的幼儿来参加,而是通过轮流制来开展。每个班级每次轮到一天,每周轮到一次(见表16)。参与的幼儿由所在班级教师进行安排,也是轮流制,保证每个幼儿都有同等次数的参与权。根据一日活动的时间,开放式家园亲子互动区域活动时间被安排在下午15:30—16:30(半小时为一场)。活动以班级为单位,每名幼儿每月参加2次活动。如因故没能参加活动的,可用预约卡,另约活动时间。

表16　开放式家园亲子互动区域活动安排表

时间 ＼ 星期	周一	周二	周三	周四	周五
15:30—16:00	小一班	小二班	小三班	小四班	中一班
16:00—16:30	中二班	中三班	大一班	大二班	大三班

（二）双向式幼儿社区资源活动

双向式幼儿社区资源活动是由幼儿园与社区共同组织的,由教师、幼儿、社区人员共同参与的活动形式。根据活动地点和方式的不同,又分为:幼儿社会实践活动与社区资源进校园活动,即"走出去"与"请进来"两部分课程。从图26中我们可以看出,双向式社区资源活动的实施途径有两种:"走出去"与"请进来"。途径一:"走出去",即我

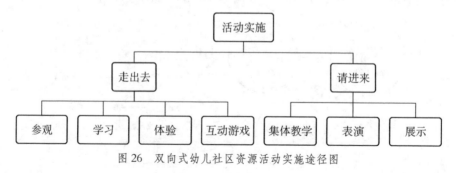

图26　双向式幼儿社区资源活动实施途径图

们可以带领孩子到实践点去参观与体验。途径二："请进来"，即可以请实践点的工作人员来参与幼儿园的教学活动，请他们开展集体教学或者进行表演、展示类活动。

双向式幼儿社区资源活动是在"教育合作体"背景下的活动形式，活动内容包括：社区适应活动(走进社区、社区里的规则)、社区探究活动(社区里的大自然)两部分。具体课程内容是由教育合作体中合作单位及机构情况决定的，经过合作体对与我园签订合作协议的社会实践点进行有效的筛选和合理安排，确定了每个年龄段幼儿参加的社会实践活动的内容，并结合每月主题组织教学。社区资源进校园活动，即邀请社区或家庭中有某项技能的家长或工作人员到幼儿园课堂中来实施教育行为。合作的程序如图27所示，我们可以看出，与实践点取得联系并商讨实践活动的内容与实施方式是我们要做的第一步，只有与社会实践点进行充分的交流才能为活动的顺利实施扫清障碍。接下来通过签约确定我们一个学期的合作关系，为之后课程计划的实施提供保障。与实践点商讨结束后，制订课程计划。最后对活动的反思与总结将为下次活动水平的提高奠定基础。

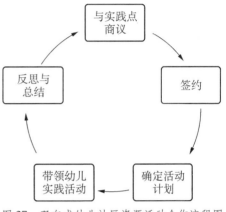

图27　双向式幼儿社区资源活动合作流程图

(三) 协同式三方共育活动

协同式三方共育活动是由幼儿园、家长、社区资源三方共同组织与参与的活动形式，内容包括社区交往活动(爱心活动、社区运动、英语沙龙)和社区资源活动(金孔雀社团、百灵鸟社团等)。如爱心义卖，是在"爱心助困"主题下，由幼儿园发起并提供场地，由家长、社区人员、幼儿园教师及幼儿共同参与的活动。实施方式主要有三种类型：由幼儿园发起，由社区发起，由家庭发起。

由幼儿园发起

方案举例1　社区爱心义卖

此活动由幼儿园发起，联合了全体师生家长、社区居民、媒体等，在幼儿园一起为患重大病的孩子进行爱心义卖和筹款。

由社区发起

方案举例2　社区重阳节活动

此活动由本社区居委会倡议发起，联合幼儿园全体师生及部分家长，与社区艺术团成员一起为社区老人庆祝重阳节。

由家庭发起

方案举例3　听爷爷讲故事

此活动由家庭发起,联合全园师生以及部分家长,由一位退休的老海军战士为大家讲述海军故事。

五、创新家委会运作新机制,保障课程实施

我园以"家、园、社合作共育"为特色,其中家委会是我园家园合作的重要方式,也是课程的重要参与者,是课程运行的重要组成部分。但是在实践中我们发现,家委会运作中最难实现的就是时间的保障,因为家委会的成员是有各自工作的家长。因此,为保障家委会的正常运作,建立有效的运行模式,家委会执行主任轮职制。家委会执行主任轮值制的运作模式是将园级家委会组成执行主任轮职团(如图28),轮流担任执行主任的岗位。根据幼儿园每月工作安排,执行主任轮流进园办公,完成对幼儿园各项工作的监督、评估、检查、反馈等工作,其中最重要的是参与幼儿园特色课程的组织、实施等工作。通过执行主任轮职制,让每个家委会成员都能参与幼儿园管理工作,有效提高我园家委会民主管理的能力,体现家、园、社和谐发展的教育理念,同时也是家长参与和谐教育课程的制度保障。

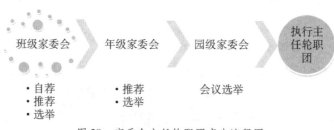

图 28　家委会主任轮职团产生流程图

六、课程实施的成效

课程的研发与实施夯实了幼儿园与家庭、幼儿园与社区资源的教育合作关系,形成了具备丰富学前教育力量的合作团队,具体呈现出以下研效:

(一)促进了幼儿全面和谐的发展,特别表现在社会领域的发展

本课程以幼儿全面和谐发展特别是社会领域方面的发展为目标,致力于培养勇敢自信、自由探索、友善关爱、大气包容、纯真自然的孩子。通过课程的实施,我们发现我

们的孩子在接触到更多的社会资源之后，眼界更开阔了，探索更积极勇敢了，面对陌生人时更大方大气了，勇于应对艰难险阻也成为他们特质的重要组成部分。总之，本课程在使孩子们社会领域方面得到发展的同时也促进了其他领域的健康发展。

(二) 扩展幼儿社会化教育阵地，推进园内外教育形成合力

多方签订了协议书，重视建章立制，规范操作，致力于建立社区教育运行新模式。通过幼儿园、社区合作，共同创建"学前教育合作体"，探索幼儿在社区实践点活动获得的日常生活体验，学习社会交往能力和社会人应有的品行，取得了比较好的教育效果。

(三) 促进教师专业化成长，提升办学质量和水平

在探索研究中，我园教师无论在教育理念、意识，还是在沟通组织能力上都得到了很好的发展。在活动方案的设计过程中，不仅要求教师有所突破、有所创新，更需要教师在教育教学理念上不断提升，将活动设计置于更宽广的教育视野之中，以全面、整合、多元的理念设计活动。

(四) 增强家园互相交流，强化社区与幼儿园的合作互动

我们把家庭教育中的优势教育资源——家长，请进我们的幼儿园课堂，将学生学习的范围、学习的内涵、学习的资源不断扩大。在我们的家园交流中，还会以幼儿园的大活动为载体，让每个家庭都动起来，积极参与活动，如我们的三花创意大赛和爱心义卖活动。家长们在这样的互动过程中体会到了亲子间的愉快感受，同时又感悟到了孩子在这样一些活动中所得到的收获。

七、下一步实施的着眼点

通过对本课程的研发，我园取得了重大的研究成果，使得我园的特色活动有了保障。更重要的是，幼儿在这个过程中也得到了多方面的学习与锻炼。但课程仍存在一些问题，需要我们在下一步实施中进行更深入的研究。包括：

(一) 开展课程实施中幼儿发展评价方案的深入研究

课程实施效果的评价体系仍需继续完善，需要更多操作性更强的方法。下一步我们将在课程实施中建立家、园、社三位一体的幼儿发展评价方案，让评价更全面，更接近幼儿发展的真实水平。

(二) 开展对家长及社区参与人员的教育培训工作

在课程实施过程中我们发现，家长及社区参与人员缺乏对幼儿认知特点及交流方法的知识，这样直接影响我们的课程实施效果。下一步我们将把对家长及社区人员的指导培训纳入课程建设。

（执笔：上海市宝山区高境镇三花幼儿园　杨　静　陈　蕾　邵妙英）

No.36　家园合作共谱课程建设新篇章
——区域家庭小基地建设初探

上海市金山区松隐幼儿园

一、问题引发的思考

（一）由幼儿发展问题引发的对家庭教育指导的思考

我园是一所农村幼儿园,孩子生活基本体现了两大现状:一是三代同堂或以上的大家庭居多,父母基本外出打工,孩子由祖辈养育;二是外来户籍幼儿占了近一半。孩子表现出爱告状、角色游戏不会玩等情况。反观这些问题,其根源更多的是孩子的家庭教育和其所处的成长环境。这样的孩子成长空间,引发了我们的深深思考。

（二）由课程实施问题引发的对课程建设深化的思考

随着二期课改的推进和课程园本化的实施,我园以十年积累的科技教育特色为基础,推出《松隐幼儿园园本化主题活动方案》,以及小班做做尝尝、中班做做用用、大班做做玩玩三个模块的"做中学"系列科技活动,并尝试以亲子制作吸纳家长参与课程建设。在实践中我们发现,在这样的亲子活动中,家长被动参与居多,制作过程中教师"主动教"、家长包办代替等现象屡屡发生。如何使家长主动参与、如何使家长成为课程实施的主体等问题,又引发了我们深深的思考。

问题和思考使我们看清了自己需要的作为:如何通过家、园更紧密和有效的合作来共同推进课程建设,促进幼儿的健康成长? 在反复的揣摩和多次尝试中,"区域家庭小基地"逐渐成型,即根据学区内幼儿家庭分布的疏密情况划分成若干区域,每个区域确定一个或几个家庭作为区域内幼儿家庭活动的固定场所并定期开展活动。活动以我园的"三模块"做中学为主要内容。

二、基于合作的愿景

伴随着"区域家庭小基地"活动的推进,其建设目标从最初的解决当下问题逐渐发生了变化,有了更高的立意。

(一) 深化课程建设,健全家园社协同推进的课程格局

课程实施中我们发现,唯有家园社协同推进,才能使课程真正落地,才能真正促进幼儿的发展。小基地建设既能充分发掘和利用家长资源、家庭资源和社区资源,明确合作目标与任务,又能够形成稳定的合作机制、合作内容和方法等,健全家园社协同推进的课程格局。即便幼儿家庭、老师不断更换,区域家庭小基地这个"社区教育机构"也能与幼儿园教育相辅相成。

(二) 关注发展需要,优化幼儿生活区域的人文环境

农村家庭祖辈带养以及教养观念等因素使幼儿成长空间、社会交往越来越单纯、越来越单调。这样的环境氛围与课程实施所期望的理想的幼儿生活环境差距甚大,对孩子的发展极为不利。为此,通过小基地建设,在家长熟悉的周边区域内选择信任的家庭作为固定活动场所,逐渐扩大社会交往。这样不仅使区域内家长产生很好的心理认同,更使正能量得到正常、有效的发挥,从家庭教养观念转变、优化教养方式方法等方面发挥辐射、引领作用,从而有效优化幼儿生活区域的人文环境。

三、构建行动的机制

(一) 合理规划,建立区域家庭小基地准入机制

小基地建设"以参与者为中心",强调幼儿与家长的主动参与。

1. 健全区域家庭小基地准入条件

我园幼儿以六村一居为主要居住地,但分布不均。为了能更好地发挥小基地的作用,特设"全覆盖——能引领——兼互补"的家庭申报准入条件。

全覆盖:即设立的小基地和基地家庭能辐射到本区域幼儿家庭。为达到全覆盖的效果,我们依据松隐地形特点和幼儿家庭分布的疏密情况建立了五个区域十个小基地;并以能就近活动、交通便捷、住房宽敞等要素,在每个小基地选择一个家庭作为该区域家庭活动的固定场所。

能引领:即基地家庭除了各成员关系、邻里关系和睦融洽外,其家庭成员中必须有一位家长能承担"家长指导者"的任务。两项条件兼具才能成为小基地的备选

对象。

兼互补：为了确保活动有实效,我们还根据家长、幼儿需要设立临时基地,作为固定基地的补充。

2. 招募基地家庭,童趣命名挂牌活动

为了让家长主动参与到以基地为载体的课程建设中,我们向全园家庭发放招募问卷。调查结果显示有 200 户家庭愿意参加小基地活动,占全园幼儿家庭总数的 57%;有 130 户主动报名小基地家庭。最终根据准入条件,我们选定了 10 户为基地家庭。我们还根据基地家庭孩子的姓名和性格特点进行了命名,如潇洒楠楠家等,并举行了授牌仪式。

(二) 规范运作,建立区域家庭小基地活动机制

1. 明确小基地人员配置与职责分工

我们为每个基地配备了两位指导老师、两位家长指导者和一位社区人员。我们同200 名自愿报名的家长在"拉拉家常"的互动中了解他们的才能、教育理念等情况,又听取了班主任的意见,然后从中选择了在教育、沟通、动手制作等方面相对较为擅长的21 位家长作为家长指导者。在社区人员选择上,主要以村居妇女干部、村民小组的妇女队长为主。为了发挥好基地人员的工作主动性,保障活动推进,我们对指导老师、家长指导者、社区人员进行了分工,以扬长补短,形成合力。具体见表 17。

表 17　区域家庭小基地参与人员任务分工表

人员	基地家长	家长指导者	社区人员	指导老师
任务与分工	1. 做好场所的清洁卫生工作。 2. 准备好活动中需要的物品。 3. 检查场所的安全工作。 4. 向幼儿及家长致欢迎词。 5. 热情迎接、欢送幼儿及家长。	1. 每次活动前要和教师一起商讨活动过程。 2. 与教师一起布置好活动场景。 3. 能清楚地知道自己在活动中如何对幼儿、家长进行活动的指导。	1. 作为经验者,提供理论支持,为幼儿、家长开设讲座。 2. 作为领导者,要鼓励与支持活动的开展。 3. 在社区工作的家长参与活动。	1. 负责整个活动的策划和主持。 2. 活动中指导"家长指导者"。 3. 活动后进行总结、反思及资料的汇总。 4. 三大员在技能操作方面对幼儿、家长进行指导。

2. 形成小基地活动基本流程

为了能使基地人员更好地把握和组织活动,我们对基地活动作了规律化的流程安排,见表 18。

表 18 区域家庭小基地活动流程表

流程	具体环节内容
前期准备	1. 宣传策划；2. 与基地互动；3. 双向准备。
活动前的组织	1. 场所环境装扮；2. 欢迎家庭并签到；3. 所带材料整理摆放；4. 家庭人员贴爱心贴；5. 观摩周边环境及活动范例提示；6. 家庭自主选择座位；7. 家庭互动熟悉。
活动中的组织	1. "三模块"活动；2. 幼儿游戏活动；3. 家长沙龙活动；4. 教师观察记录；5. 教师随机引导；6. 教师信息反馈；7. 共同整理现场。
活动后的组织	1. 家庭人员相互道别；2. 教师现场研讨、总结经验并提出改进方法。
后续跟进	1. 赠送家庭照片；2. 访谈获取信息；3. 成果内容宣传；4. 现场活动的书面经验总结；5. 所有材料归档。

从流程表上可以看出，一次基地活动由 5 大流程 24 个环节组成。每一个环节的安排，我们都有专人负责，以确保活动有序有效地展开。

(三) 进退自主，建立区域家庭小基地更替机制

在小基地建立之初，我们并没有考虑到这一问题，但随着毕业季的来临，问题出现了。虽然毕业生家长也有意愿保留，但考虑到园内家长的需求和课程推进的便捷性，我们建立了小基地退出机制：一是孩子毕业后，该基地家庭自然退出；二是如果家庭有特殊情况，家长提出申请也可退出。有基地家庭退出后，我们再根据准入机制招募新的基地家庭。以此更替，确保 10 个小基地有效运作。

四、课程建设的探新

(一) 优势整合，三择优构建"三模块"活动内容

基于实际情况，我园从三个方面整合自身优势，择优开发形成了小基地"三模块"活动内容，使家园合作下的课程建设有了具体抓手（见表 19）。

表 19 区域家庭小基地"三模块"活动项目与发展目标

活动模块	活动名称	应用材料	活 动 目 标
"做做玩玩"模块	1. 魔力高跷秀 2. 缤纷尾巴秀 3. 百变豆豆秀 4. 竹子蜻蜓秀	稻草、麦管、竹叶、树条、绒线、布条、竹子、纸盒、废纸、易拉罐、塑料袋等	1. 培养幼儿爱动脑、爱动手、乐于探索、敢于尝试的科学精神和品质。 2. 创设亲子活动的机会，合作探索利用农村自然物、家庭生活物品、废旧物品等开展"三模块"制作，在

活动模块	活动名称	应用材料	活动目标
"做做用用"模块	1. 饮料瓶大变身 2. 五彩花篮秀 3. 稻草人变变变 4. 欢乐相框秀	藤条、秫秸、竹片、竹棍、木头、稻草、薯片桶、轮胎、塑料瓶等	做做、玩玩、用用、尝尝中感受共同制作的乐趣,体验成功。 3. 捕捉制作过程中的教育指导契机,指导家长根据孩子的表现进行恰当的、有针对性的教育引导,丰富家长的教育手段和方法。 4. 引导家长重视生活中的随机教育,增强有意识利用身边资源,农村自然物进行家庭做做、玩玩等活动,营造良好的家庭教育氛围,优化孩子的成长环境。
"做做尝尝"模块	1. 美味青青团 2. 五彩香香饼 3. 靓丽瓜果灯 4. 营养蔬菜汁	米、面、蔬菜、瓜果、豆类等	

一择优:择松幼课程建设之优势。我园多年坚持科技"三模块"特色教育,选择松幼教师擅长的、有经验的"三模块"科技制作为小基地活动内容,不仅有利于活动成效的取得,还使课程得到拓展和深化。

二择优:择区域家庭与资源之优势。农村家庭的经济、物质条件并不宽裕,但居住环境、自然资源、风土人情有其独特性和多元性,这为"三模块"活动选择提供了丰富的物质基础与人力资源。择农村家庭、家长所长,利于激发家长参与活动的积极性、主动性。

三择优:择幼儿发展之优势。爱动、爱玩是孩子的天性。我们携手家庭坚持回归幼儿教育的本源——玩中学、做中学,由此开发形成了"三模块"活动内容。

(二) 形成模式,三优化落地"三模块"课程实施

1. 优化活动准备,建立家长设计主持制共推课程精神落实

为了使幼儿和家长能切实在"三模块"课程实施中受益,我们不断优化活动准备,特别是在活动设计主持上经历了三个跨越:教师设计主持→教师和家长共同设计主持→家长独立主持。这一变化看起来虽小,但难度颇大。因为我们的家长都来自农村,学生由祖辈带养的占82%;父母文化程度大学及以上的占8%,初中和小学的占64%;外来务工人员子女占近50%,家长基本以个体、手工业、打工为主,忙于生计。跨越克服了来自家长和教师的双重阻力。然而,建立家长设计主持制的背后是教师更大量的准备,与家长沟通、商议次数明显增多,占用的业余时间也明显增加,但可喜的是,由此带来了三个变化:一是家庭成为课程实施的主体,二是家长成为课程活动的真正主人,三是挖掘了家长的潜能。看到家长的教育变化、孩子的学习兴趣变化等,我

们觉得值了!

2. 优化活动过程,"留白"指导促亲子合力达成课程目标

实践中我们探索用"留白"指导的方法,用空白诱发家长开启智慧,激发亲子合力;优化活动过程促使亲子共同获得发展以达成课程目标。留白策略使主持人的话越讲越少,家庭动手动脑变多了;活动规定少了,亲子间协商合作变多了;家长包办代替少了,亲子间情感交流变多了!这样的"留白"指导有力地促成了亲子合力,推进了课程目标的达成。

3. 优化活动结果,"三二一跟进行动"促课程深化和拓展

在活动中,我们一直在思考如何将活动的成效从现场拓展到家庭日常生活中。由此,我们采取了"三二一跟进行动"促课程深化和拓展。

三即三张照片:活动后向每个家庭赠送三张照片:一张参与活动的集体照,一张是家庭亲子研究制作照,一张幼儿与制作成果的合照。这些照片将活动过程物化,为家庭提供了珍贵的孩子成长记录和成长提示,家长百看不厌!

二即两个方面:活动结束后,基地指导老师会对参与家庭进行跟踪调研,一是了解对本次活动的意见和建议;二是了解基地活动对家庭的影响,特别是家教经验在家庭中的宣传,促使家长反思与经验内化。

一即一个提议:引导家长挖掘利用家庭资源和孩子一起活动。如在做做尝尝粽子活动后,我们会向家长建议持续利用传统节日或者继续在家庭中开展"做做尝尝"活动,如做元宵、包饺子、做年糕等,使家庭活动越来越丰富、有趣。

(三) 研培跟进,三改变推进"三模块"活动实效

1. 改变教研方式,使活动成效呈渐进

我们的小基地活动一般放在双休日进行,考虑到老师也需要休息,故上班后再择机进行教研。实践发现,推迟教研缺少了现场感,影响了教研成效。因此,我们改变了教研方式,克服困难借基地家庭进行现场教研。调整后的研讨由于及时,参与人员全面,使发现问题、提出问题的针对性强了。如提炼出了适合区域家长学习的"三能"经验标准:能现学现用、能活学活用、能拿来就用,推进了活动的有效性。教研促成了《区域家庭小基地活动指导手册(一)(二)》的完成,切实反映了小基地建设和活动的过程,旨在为后续活动奠定基础。

2. 改变活动形式,使活动价值显多元

为了使参与活动的家长能得到更多的收获,我们边实践边反思边调整,变一段体活动形式为二段体活动形式,为小基地活动赋予更多元的价值意义。一段体活动:即活动过程就是做一做玩一玩、做一做用一用、做一做尝一尝,家长和幼儿共同活动,随

机指导。二段体活动：即在一段体活动基础上增加家长和幼儿分别活动板块。二段体活动形成不仅使活动更有趣，对家长的指导性更强，对孩子的交往等也更有意义。

3. 改变培训模式，使队伍建设有后劲

为了使指导者在基地建设和活动中发挥同步的引领和指导作用，我们针对家长指导者、指导教师、社区人员三支队伍的基础和活动现状，开发了模拟式培训和接力式培训，并同步进行。模拟式培训：即让受训人员以角色换位的方式，扮演角色模拟现场活动，以发现问题并研讨解决。接力式培训：借鉴接力赛的方法，每次活动时邀请下次活动基地的指导老师、家长和家教指导者一起观摩与现场教研，并对下次要开展的活动畅谈想法和问题。接力式的培训模式使实践者更趋熟练，能在原有基础上持续进步。

五、基地研究的初效

（一）在多元的家教指导实践中推进了教师家教指导能力的提升

在实践常态式、改变式、创新性的家教指导工作的过程中，在体验宣传活动、培训活动、信息管理等活动的过程中，我们的教师在锻炼中领悟，在行动中变化，在变化中提升、发展。

1. 实践使教师"自尊"转向尊重家长，家教的理念发生质变

改变式、创新性的家教指导活动的前提是需要教师的理念转变。教师接纳"变"，并将理念的转变落实于行动中，方能使"农村幼儿园家教指导实践基地自主发展模式"的有效性成果淋漓尽致地呈现。

2. 实践使教师的家教指导从"幕前"转向"幕后"，家教角色行为产生变化

"区域家庭小基地"的活动经历了三个发展阶段，从中呈现了"模式"的扎实运作，螺旋形递进的方法效应。在这三个发展阶段中，从"教师为主体的尝试式展开指导——教师与家长合作展开指导——家长全方位地展开指导（10个区域有10位家长作为指导教师）"的转变，使教师的角色行为从"冲锋在前"转为"幕后"的指导者、引导者、激励者。

3. 实践使教师的个人行为转向家园合作行为，教师的指导能力得到提升

因为"区域家庭小基地"的活动场所在农村家庭，因此在每一次活动展开前，我们的老师需一次次上门指导活动内容的落实，指导两位家长老师的言行把握，指导活动材料的应用，指导活动场景的创设，引导家长沙龙活动……在这些过程中，他们的合作能力、交往能力、沟通能力、设计能力等都得到了切实的提升，而这些提升通过迁移，又

体现在幼儿园的教育教学活动中。

(二) 在家教指导活动参与中,促使幼儿各项能力得到提升发展

通过家教指导活动中的各类亲子活动,使孩子有了充分发展的机会。其一,双休日有了群团活动的场所和同伴;其二,能用认识的熟悉的自家田里的种植物、身边的自然物来做做玩玩;其三,在混合同伴的互动中,发挥着自己的才能,分享着哥哥姐姐、弟弟妹妹的成果;其四,享受着家长放下自己的事件同自己、与自己一起表现才能的乐趣……在此过程中,孩子的交往能力、动手能力、表达能力、互动能力、文明礼仪、行为习惯等都在潜移默化中呈现、提升、发展。

(三) 自主发展模式的运作使幼儿园积累了家教指导经验,积淀了可贵的文本资料

通过家教指导基地自助发展模式的运作,在我们的不懈努力下积累的家教指导经验是无价的;特别是创新的区域家庭小基地的活动,得到了各界领导、专家、同行的认可。

1. 成果的推广

区域家庭小基地的活动成果不仅在亭林镇得到全面推广,还被认定为中小幼家教的基本范本。几年来,推广的次数在增加,推广的层次不断提高,从区级、市级一直到国家级的展示活动,得到了领导和同行的一致好评。

2. 家教指导文本的形式

目前我们共有家教指导小文本三本,分别是:《家园手牵手　宝贝乐成长——松隐幼儿园家长手册》《区域家庭小基地活动指导手册(一)》和《区域家庭小基地活动指导手册(二)》;内容包括区域家庭小基地设点布局、活动项目与活动目标、"三模块"亲子活动范例 6 个及活动方案 24 个和推广活动的花絮。这些文本的形成,有利于家教工作更有效地持续展开,为领导、专家提供理论与实践的信息,也为各同行提供了可借鉴和操作的范本。

（执笔:上海市金山区松隐幼儿园　金　艳）

第六章 家长参与：评价主体多元化

引言

家长参与学校教育教学评价可以理解为家长作为评价主体之一，通过一定的方法、途径，自愿、主动地介入教育教学活动，对学校教育教学计划、活动以及教师教学状况、学生发展水平等有关问题的价值或特点作出判断的过程。随着教育综合改革的不断推进，实现评价主体多元化，是当前基础教育评价改革的趋势之一。探索学校主动接纳家长参与学校教育教学评价的途径与制度，改善家校关系，是现代学校制度发展的必然需要。

首先，具有对学校教育质量评价的权利，是家长作为公民在国家公共事务中行使合法权利的体现。根据世界各国经验以及国内相关法律，家长参与学校教育评价的法律权利最少包括三个层面：作为学生监护人对学校教育的知情权、建议权，作为购买学校教育产品的客户对学校教育质量的评价权，作为纳税人对公共服务机构工作实施情况的监督权、决策权。因此，在教育服务时代，"家长满意"应该是教育服务理念下教育评价的新的标准之一，家长有权利对学校进行评价。

其次，学校教育教学质量的提升需要家长参与评价。家长对学校进行评价的过程也是家校协同的过程，有助于家长和学校形成合力，更好地促进学生的发展。一方面，家长通过参与学校教育教学活动评价，可以增加学校与家庭之间对话的机会，促进家长对学校的理解，能极大地丰富教育资源，促进学校与家长、社会的沟通和交流，争取到更多的社会支持。另一方面，家长在参与评价过程中提出的想法、意见和建议对教师工作的改进有着重要的参考价值，评价有利于促进教育教学的改进。

第三，我国已经为家长参与学校教育教学质量评价提供了政策与法律依据。早在2002年，《教育部关于积极推进中小学评价与考试制度改革的通知》就提出重视学生、教师和学校在评价过程中的作用，使评价成为教育行政部门、学校、教师、学生和家长共同参与的交互活动，要建立以学校自评为主，教育行政部门、学生、家长和社区共同参与的评价制度。《国家中长期教育改革和发展规划纲要（2010—2020年）》要求"建立中小学家长委员会，引导社区和有关专业人士参与学校管理和监督"，"开展由政府、学校、家长及社会各方面参与的教育质量评价活动"。教育部 2012 年公布的《依法治校——建设现代学校制度实施纲要（征求意见稿）》明确规定，要保障家长对学校办学活动和管理行为的知情权、参与权和监督权。这些政策文件为推进家长参与学校教育质量评价，提供了政策与法律保障。

虽然家长参与学校评价具有重要性、紧迫性，而且越来越得到政策与法律的支持，但从上海市中小幼学校实践看，还存在家长参与学校教育教学活动评价的意识淡薄、评价指标不科学、评价内容有争议以及参与形式单一等问题。为了让家长能够有兴趣、有信心、有能力参与，提高家长参与学校教育教学评价的积极性与质量，教育行政部门和学校应该从以下几个方面着手：

第一，加强科学研究，确定家长参与评价的学校事务的范围与程度。

从专业领域的角度，和家长群体相比，学校和教师处于专业地位，对教育教学活动具有不可比拟的专业优势。因此，要落实家长对学校教育的评价权，并不是所有领域都要向家长开放，也不是说家长的意见或评价对于学校的一切事务均具有决定性作用。比如，对于有关教师工作态度、德行等方面的内容，可广泛听取家长的看法与意见，家长的评价在整个评价体系中所占比重可以大一些；而对于课程设置、教学技能、方法等方面的内容则应谨慎，家长评价所占比重应有所减小。

第二，细化相关政策，明确各级政府以及教育行政部门的责任。

只有从政策上确定家长参与评价的权利与责任，才能充分调动家长参与的积极性，实现真正的参与。目前，我国还没有专门保障家长参与评价的法规制度，有关内容只是在一些法规中泛泛提及，缺乏具体化和可操作性。对此，可借鉴国外的经验和做法，结合我国国情以及学校情况，制定具体可行的条例和标准，规定家长参与的权利、范围，应承担的责任和义务等，使家长参与评价活动有规可依，有章可循。

第三，学校方面要落实家长参与教育教学评价相关制度。

首先，学校要重视家长参与评价的制度化建设。学校应制定切实可行的家长参与评价的制度，制定相应的方案，以吸引家长积极参与评价。比如，根据学校的实际情况，确定家长可以参与评价的内容，进而制定评价指标，确定评价方法，如家长对学校的满意度评价、对教师的评价、对课程的评价等。学校可以充分利用家长委员会这一家校合作的核心机构，发挥其应有的组织作用。还可以把家长对学校教育工作的评价列入学校的考核指标，其中包括家长对教育活动的评价，使家长参与评价落到实处。

第四，学校应重视家长培训工作，提升家长的家庭教育水平与参与能力。

有效的评价对评价主体都有一定的要求，家长参与学校评价也是如此。要成为一个合格的评价主体，家长必须具有一定的教育理解与参与能力。但是当前，在家长评价学校教育教学活动的过程中,不难发现有很多家长根本不明确自己参与评价的意义所在,很多家长对于参与学校评价的意义、参与路径以及参与方式都不是很了解。因此,学校要重视对家长的培训,采取多样的教育形式,根据家长的实际情况,尤其是要让家长了解学校的办学理念,对家长进行一些实用的教育学、心理学知识培训,提高家长参与评价的意识、信心和能力。

第五,学校要研究多样化的家长参与评价的方式与路径。

由于家长的教育程度、职业背景、社会身份不同,参与学校评价的能力、方式、途径也会不同。学校应充分考虑到家长之间的巨大差异性,探索多样化的家长参与方式,力求使具有不同文化背景的家长均能参与到学校的各项评价中来。如可以开设家校热线、家长意见箱,采用便条、家访、电访、电子邮件等形式,为家长参与评价提供方便可行的途径。

第六,学校要认真对待家长参与评价的结果。

对于家长的评价建议和意见以及各项事务的评议结果,学校需要秉持客观公正的态度,将其视为家长权利的重要实现途径之一,予以充分重视。只有重视家长的评价结果,将其作为进一步改良教育教学活动以及教师工作绩效考核的重要依据,才能不断提升学校教育教学活动的质量,提升家长的"满意度"。

家长参与学校评价实质性地体现了学校对于家长权利的尊重,是实现家长教育知情、评价、监督等权利的重要保障。家长评价权的实现能够进一步集聚学校发展与改革的力量,凝聚更多力量,更好地促进每一位学生全面、健康成长。

(上海市教育科学研究院　刘　静)

No.37　实施家庭教育评价，推进家庭教育指导

上海市第二初级中学

家庭是孩子的第一所学校，家庭教育的早期性和终身性的特点决定了其与孩子一生的发展密切相关，良好的家庭教育是培养高素质人才的起点。我校二十余年来致力于家庭教育指导的实践与研究，以实现青少年的健康成长为目标，通过多元化的指导措施，帮助家长建立现代的教育观念，指导家长创设良好的家庭环境，选择适宜的、健康的教育内容，采用正确的、有效的教育方式和方法，提高家庭教育的质量。在不断探索家庭教育指导新途径、新方法的过程中，我们感到，重视和实践家庭教育评价，将其贯穿于家庭教育指导的全过程，有利于提升家庭教育指导的实效，使家庭教育指导工作实现规范化、科学化和系统化。

一、观念确立：建立新时期的家庭教育评价观

（一）认清当代青少年的成长环境，更新评价孩子的标准

中国传统的评价子女的标准是"听话"、"乖巧"、"聪明"，评价的角度和视野完全从成人出发。在新时期多元文化视野下，这样的评价标准和由此反映出的成才观不仅单一而且功利化。我们引导家长共同思考新时期教育与生命的本质，更新评价孩子的标准。一方面，家庭教育主要是培养孩子的习惯、道德、品性和兴趣，以及情感态度、价值观，这些是决定孩子能否成人的重要因素，而成人是成才的前提。另一方面，在这个日新月异的互联网大数据时代和全球化趋势下孩子的未来有无穷的可能性，再不能以家长自己的经历和才智的局限去构想孩子的未来。要真正地去尊重孩子，顺应孩子的天性，确立和巩固孩子的自信心，唤醒孩子的内生力量和内在自觉，鼓励孩子尽可能地发展自己、发挥优势、挖掘潜力，活出最真实、最精彩的自我，成长为一个具有独立人格的人，同时感染和带动家人与身边的人一起变得更好。

（二）明确目标与效果的关系，坚持目标与效果相统一

在德育领域，重视目标，轻视效果和效率；重视内容，轻视形式和方法，是一个长期存在但尚未得到很好解决的问题。家庭教育也存在类似问题，例如，很多家长喜欢说一句话："我已经尽力了，该说的话都说了，该花的钱都花了，看他自己造化吧。"在家庭

教育中,家长是教育者,子女是受教育者,家长对子女的成长方向、学习内容和方法起着重要作用。实践和事实表明,教育者的积极性和教育内容的真理性,并不直接决定教育的说服力和教育效果。大多数的父母是热心于子女教育的,甚至是不辞辛苦的,但他们的教育效果却不尽相同。有的取得了好的效果或超出预想的更佳效果,有的却没有取得效果甚至适得其反。子女"学习做人"的过程,正是父母"学习做家长"的过程,家庭教育的最终目标是父母和子女的共同成长。因此,我们在评价家庭教育时,既要看目标的合理性与有多少行动,又要看取得多少效果,把目标、行动与效果统一起来考察,避免"一味付出,不管方式方法,是否收获不在我"的轻视效果的观念。没有正效果的家庭教育,是无法实现家庭教育的目标的。

二、策略实施:评价贯通,以评价推进指导

(一)定位性评价,明确家庭教育指导的出发点

我们在开展具体的家庭教育指导主题活动之前,经常通过问卷、访谈等途径判断家长的前期准备,明确家庭教育指导的出发点,有目的地开展家庭教育指导。每学年在预初年级开展"初中生家校沟通调查",就以下五个方面进行调查:家长的教育观念、教养方式,学生的学习状况、心理健康状况、性心理。在汇总数据的基础上进行科学统计分析,形成报告,作为我校预初年级家庭教育指导的依据。再如,我们在一次学生完成的"家庭教养方式"的问卷调查中发现,许多家长望子成龙心切,当孩子成绩下降时,教育方式简单又粗暴,给孩子长期批评以施加压力,或者因失望而长期不予理睬,以致家庭不和,使孩子对学习产生厌倦情绪。学校为此开展了"如何做到相互理解"的主题指导,通过专家讲座、家长沙龙、班主任个别辅助等方式,带领家长学习青少年心理学的知识,引导家长认识到,持续批评会严重挫伤孩子的自信,家长的不期待心理同样会扼杀孩子的学习热情。在此基础上,引导家长做好在孩子面前的情绪管理,发挥正向教育的能量,多给孩子鼓励,并施以正确的学习帮助与家庭监管,让孩子小步前进不停步,在实现一个一个小目标的过程中累积成就感,获得学习的快乐,慢慢地喜欢上学习。我们还对初三年级家长与学生进行了"减压助考"的专题心理调研,对面临中考表现出内心焦虑或不适当行为的家长与学生进行个别化指导,使许多家庭能够以平常心来对待中考。在此基础上又对初二年级进行学习习惯、家庭教养情况的专题调查,在形成学校总的调研分析报告的基础上,对即将步入毕业班的学生与家长分别给出了个性化的心理辅导建议,为每一个家庭科学对待中考提出了指导意见。在学校科学、富有针对性的指导下,家长与孩子的沟通方式改变了,孩子的学习情绪更加稳定,

学习效率也随之提高了。

（二）诊断性评价，确保家庭教育指导的有效性

我们重视通过一定途径反馈家庭教育过程中成功或失败的信息，并进行深入分析与调查，强化家长的成功之处，同时显示家庭教育中需要改进的具体环节，加强指导，确保家庭教育指导的有效性。我们实施诊断性评价的有效途径之一是班主任家庭教育会诊。班主任聚焦学生的现状，从问题出发，以学生身心优化为目标，与学生的全体家庭成员进行深度的敞视式会谈。会诊前，班主任作好充分准备，深入把握学生的学习、心理状况，设计好启发环节和引导链，制定实施要点。会诊中，邀请全体家庭成员到场，利用团队辅导的力量，启发个体倾听、感知他人感受，敞现、分析自身问题，在换位中从不同角度探寻解决的途径。班主任要清晰地把握住会诊的目的，不试图把自己的观点强加于人，不轻易否定别人，须怀有强烈的同情心与认同感。会诊后勤于观察，及时跟进，根据需要开展后续的家庭会诊。例如，班主任王老师曾聚焦小李同学"缺乏安全感、不信任父母"的状况，邀请小李和他的父母共同参与，通过语言或破冰游戏创设情理交融的轻松氛围。每人都真诚地坦露内心，可以诉说，也可以写下来由王老师代读。父母双方一起面对孩子的心声和忧虑，权衡个人得失与孩子成长；也让小李正视父母的难处和纠结，学会理解大人和正视自己成长的烦恼。充分挖掘各家庭成员自身的资源，引导家长和孩子疏通感情，统一认识，共同献计献策以改善家庭教育局面。有效的家庭教育会诊，不仅能够指导家长正确地实施家庭教育，同时还对学生进行着如何接受家长教育的指导，激发家长教育自己孩子的责任感，培养学生的自主性和自立能力。这恰恰符合了心理学的基本原则"助人自助"，通过帮助增强求助者的独立性而非依赖性。

我们还会开展阶段性的总结评价，如制定了"优秀家长学员评选条件"，具体考察家长对家庭教育的重视程度、家庭教养的方式方法、参与学校活动的积极程度等方面，每年评选表彰一批优秀家长。将家庭教育指导纳入班主任工作考核，设立"家庭教育指导指标"，分为家庭走访、家校联系册使用、家长会组织与创意、学习型家庭创建指导、家庭教育征文、亲子活动方案六个二级指标，引导和鼓励班主任有质有量地开展好家庭教育指导工作。

三、关键反思：注重家庭教育评价，走进大教育的广阔天地

注重家庭教育评价，评价视野超越学校教育，评价内容超越学校内容，学校教育和家庭教育携手一致，帮助家长建立正确的教育观念，指导家长有效履行家庭教育职责，

完成国民教育赋予家庭的任务。

（一）实施家庭教育评价，提升家庭教育指导的决策水平

我们通过切身经历感受到，实施家庭教育评价，使学校的家庭教育指导的决策水平不断提高。立足真实的调查与研究，我们得以精准地把握学校家庭教育指导工作的现状、成绩和不足，继而细致地寻找原因，努力寻求家庭教育指导工作与学校德育、教学、特色发展等各项工作有机整合的思路和策略，不断形成和改进具有学校特色的家庭教育指导的工作方案，进一步加强为家长服务的过程。我们的老师在家校沟通的过程中感到，初中生的家长在年龄上正是各行各业的骨干，家长忙于快节奏的工作与生活，难有时间到学校与老师面对面沟通，而仅凭电话和微信中的碎片化交流是达不到希望的效果的。如何能让家校沟通更便捷而内容与效果又不打折，成为一个亟需解决的问题。有些班级充分利用"市民信箱"这一家校互动平台，将其打造成班级家校沟通的"公益绿地"，受到家长欢迎。班主任通过文字、图片等形式，展示班集体文化建设的成果，展现孩子们的日常生活和各项活动，使家长多角度、全方位地了解孩子的在校生活。老师们定期推介书籍，引导每周课外读书活动，激发学生阅读兴趣，提高学生阅读品析的能力，让书籍成为每个学生生活中不可或缺的伙伴，成为每个家庭不可或缺的精神食粮。设置解疑答疑板块，以微课堂形式延伸课堂教学内容，指导学生深入理解、巩固课堂所学。适时转载关于家庭教育的新理念、新思想，坚持正确的舆论导向，为家庭教育的开展提供借鉴、帮助，家校探讨教育教学中的困惑、疑难，探讨班集体特殊问题的解决方法。家校沟通的"公益绿地"建设，发挥了网络的正能量效力，通过这一平台，增强了家长们对班集体建设和自己教育子女的信心，凝聚了学校和家庭的教育力量，共同打造了文明温馨、积极健康的班集体，收到了良好的沟通效果。

（二）实施家庭教育评价，优化校本化的家庭教育指导过程

家庭教育指导要取得长期切实的成效，校本化推进是一种必然的要求。我们通过家庭教育评价，加强对我校家长情况的调查研究，逐步形成发现问题、分析原因、确定对策，稳步推进的工作方法。强调问题——原因——思路——对策之间的呼应和匹配，避免理论与实践、计划与实际操作之间的脱节。进一步凸显学校在开展指导工作中的主体作用，寻找不断自我完善的途径。我们在调研"家庭教养方式"中发现，孩子在家庭中阅读的状况堪忧。于是我们将书香校园建设延伸到家庭，但发现很多家长忙于工作或家务而不能成为孩子阅读的榜样。在"家校沟通"中我们感到，家长对老师在孩子出现问题后的"告状"行为心存反感。我们经过研讨，开展了"亲子共读好文，家校创意沟通"的主题活动。班主任每周推介一篇心灵好文，动员家长和孩子一起投入阅读生活，让他们一起共读一篇文章，抒发各自的感想，并形成文字交给班主任老师；班主任针对感想进行批阅,发表自己的见解。家长、学生与老师的思想交流碰撞,以文字为媒介,彼此之间展开了深入的了解和沟通。传统的家校沟通,多半是在家庭或学校对于成长中的孩子出现了问题或困惑之时,才会开展。而这种阅读沟通则不同,某种程度上可以说是防患于未然,或者是在教育观念上的先入为主。在没有出现问题时,先在脑海里沉淀一种育人的模式或手段。当真正遇到棘手的难题之时,深入的合作沟通就自然而然地形成了。亲子阅读的作用,填补了无事之时的教育真空地带。从阅读入手,帮助他们养成自主阅读的习惯;同时,让文字架起一座桥,促成家长与老师之间的深层次交流。我校在实施家庭教育评价的过程中,不断地实践和反思,促使学校更好地从实际出发,提高每一个家庭教育指导活动的水平,推进家庭教育指导工作的校本化实施。

家庭是每个人一生中最重要的"学堂",学校教育是"叶"的教育,家庭教育才是"根"的教育。家庭教育评价是一项不断发现价值、判断价值和提升价值的活动,是完整的家庭教育过程不可分割的一个重要组成部分。学校作为专业的教育机构,理应以研究的态度和行动为之努力,不断提高家庭教育指导的成效。

(执笔:上海市第二初级中学　崔　鹏)

No.38　家长参与小学生综合素质评价平台建设的实践探索

上海市杨浦区二联小学

在众多的教育理论研究与实践进程中,评价改革是教育改革中最敏感、最核心的部分。中小学生综合素质评价的产生是为了消解学业水平评价和考试评价的单向性、功利性,旨在突出评价促进学生整体发展的导向,是一种注重过程性和真实性的系统评价理念或评价观。可以说,在中小学推行学生综合素质评价是"素质教育评价体系的基本价值取向,也是构建素质教育评价观的内在要求"。[1]然而,在实践层面其仅仅以师生双方为主体,导致了价值目标不够全面、内容缺乏多样化、权利分配存在博弈、

---

[1] 张铭凯. 第三方评价机构参与中小学生综合素质评价[J]. 教育发展研究,2014(20).

实际操作过于繁琐等问题,致使小学生综合素质评价的初衷与结果产生矛盾。① 为此,我校开展了"家长参与小学生综合素质评价平台建设的实践研究",以我校师生与家长作为研究对象,结合学校实际情况,开发了家校共同参与评价的互动平台,建立各评价主体间的利益共同机制、评价过程行为检测机制、评价结果信息共享机制,保障了小学生综合素质评价的稳步推行与有效实施。

一、家长参与小学生综合素质评价平台建设何以可能

(一) 推进素质教育深化的需要

《教育部关于积极推进中小学评价与考试制度改革的通知》强调,"使评价成为教育行政部门、学校、教师、学生和家长共同参与的交互活动"。新课程标准提倡,"评价主体多元化,即从单向转为多向,增强评价主体间的互动,强调被评价者成为评价主体中的一员,建立学生、家长、教师、管理者、社区和专家等共同参与、交互作用的评价制度,以多渠道的反馈信息促进被评价者的发展"。由此可见,让家长以主体身份参与小学生综合素质评价,符合素质教育"全人"发展的理念初衷,满足中小学评价多维多向的价值导向。

(二) 促进学生全面发展的需要

在新型教学评价体系中,家长的评价由于其在视角、接触面上具有的独特性,因而具有无可替代的实践作用。同时,家长与学生关系特殊,拥有共同的活动空间,两者接触时间长,家长的评价能有效避免评价的片段化和单向性,以全过程和综合性为视点,克服学生的表里不一,促进学生全面发展,是保障综合素质评价可行、可信、可为的重要途径。

(三) 提升学校内涵发展的需要

从 2009 年开始,我校就着力研究成长记录袋在小学生综合素质评价中的运用,将评价从某一学习领域转向更多学习领域,从单纯的作品展示转向学习、生活经历的完整记录,获得了家长的一致欢迎。但是,随着研究的深入,学习档案袋的记录与管理变得更加复杂与繁琐,传统的人工管理方式和纸质资料的累积不能再满足这一发展的需要。于是,2011 年 10 月,我校借助校园网设计了"快乐闲暇精彩秀——二联小学'创新拓展日'活动评价手册"(以 PPT 为形式的电子档案袋),在四年级中开始试用。在此过程中,我们邀请家长作为观察员参与试点,逐步改变了部分家长"以分量能"的评估观。2013 年 9 月,我校联合同济小学、回民小学共同开发了"我的创智天地——创

① 张顺祥. 小学生综合素质评价现状及对策探析[J]. 西部素质教育,2016(1).

新拓展日活动网络评价系统"(简称为"评价系统")并予以试点。其使用便捷、存储量大、自动生成数据等特点也有效解决了学习档案袋资料收集、整理过程中的难点,吸引了更多家长参与其中。在2014年展开的相关调查中,部分家长认为评价系统实际发挥的作用是使家长能看到孩子更多的学习状况,也方便了家长及时给予孩子针对性的评语与鼓励。有的家长认为评价系统能帮助收集孩子更多的资料,有效记录孩子的成长历程。这说明大多数家长对评价系统在学生综合素质评价上的作用已经有了初步认识,这为家长参与小学生综合素质评价平台的建设奠定了基础。

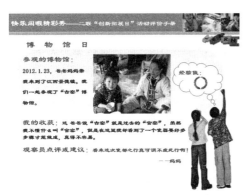

图29 "创新拓展日"活动评价手册和评价系统页面

随着信息技术的迅速发展,App软件的开发进入了学校的视线。App软件的优点不言而喻:传播速度快、效率高、即时性强;以客户为核心,注重客户体验;成本低廉,使用门槛低等。当今,智能手机或平板电脑的普及率非常高,可能每个家庭都有。所以,在App软件支持下,家长参与小学生综合素质评价平台建设的实践探索就能在使用普遍性及使用数量上占据更大的优势。家长、学生、教师都能利用App软件通过智能手机或平板电脑及时发布相关讯息,在尊重学生个体差异的同时,进一步保障评价主体的多元化,形成新型的师生关系、家校关系,满足提升学校内涵发展的需要。

二、家长参与小学生综合素质评价平台建设的内涵

(一)综合素质评价

综合素质评价的理念由来已久。袁振国在《当代教育学》一书中指出,和谐发展是以世界观为核心的包括需要、兴趣、智力、能力、气质、性格六个方面全面特征的综合。[1]

---

[1] 袁振国. 当代教育学[M]. 北京:教育科学出版社,1999:360.

2002 年《教育部关于积极推进中小学评价与考试制度改革的通知》提出,要"综合评价学生的发展,充分发挥评价促进发展的功能",这是综合素质评价出现的最早提法。在本项研究中,我们认为,综合素质评价是指在小学教育阶段的教育教学过程中,有计划、有目的地收集有关小学生在思想品德、学业水平、身心健康、艺术修养、实践能力等方面综合能力发展的素材,并依据这些素材对小学生全面发展作出诊断、评价和反馈,关注学生成长体验,帮助学生认识自我、建立自信,是一个全面、客观、公正的过程。

(二)综合素质评价平台

广义上的平台是指家长参与小学生综合素质评价的活动和载体。狭义上的平台特指我校构建的 App 环境下的,由家长、教师、学生互动构成的,记录学生成长的过程性、档案式评价系统(以下简称"学生综合素质 App 评价系统"),具体分为适用于苹果 iOS 系统的 App 软件、适用于 Android 系统的 App 软件,以及适用于 PC 端的程序。

三、家长参与小学生综合素质评价平台建设的校本化研究

(一)评价内容丰富

《教育部关于积极推进中小学评价与考试制度改革的通知》提出,要建立以促进学生发展为目标的评价体系,包括评价的内容、标准、评价方法和改进计划。评价标准主要包括基础性发展目标和学科学习目标两个方面。其中基础性发展目标包括以下六个方面:道德品质、公民素养、学习能力、交流与合作能力、运动与健康、审美与表现。《中华人民共和国义务教育法》明确规定:"教育教学工作应当符合教育规律和学生身心发展的特点,面向全体学生,教书育人,将德育、智育、体育、美育等有机统一在教育教学活动中,注重培养学生独立思考能力、创新能力和实践能力,促进学生全面发展。"2012 年经济合作与发展组织(OECD)发布研究报告《为 21 世纪培育教师 提高学校领导力:来自世界的经验》,其中指出,21 世纪学生必须掌握以下四方面的十大核心技能:(1)思维方式,即可创造性、批判性思维、问题解决、决策和学习能力;(2)工作方式,即沟通和合作能力;(3)工作工具,即信息技术和信息处理能力;(4)生活技能,即公民的生活和职业,以及个人和社会责任。2016 年《中国学生发展核心素养(征求意见稿)》提出,学生发展核心素养,是指学生应该具备的、能够适应终身发展和社会发展需要的必备品格和关键能力,综合表现为九大素养,具体为社会责任、国家认同、国际理解、人文底蕴、科学精神、审美情趣、身心健康、学会学习、实践创新。在充分学习了教育政策与相关法规,结合《小学生德育纲要》《小学生手册》《小学生日常行为规范》等文件精神之后,我校将小学生综合素质评价内容进行了丰厚与细化,包括四个维度九

个要素：文明银行（道德素养），闲暇课程（学习能力、创新能力），闲暇生活（生活技能），健康生活（身心健康），涵盖学生综合素质的主要方面。具体内容如图 30 所示：

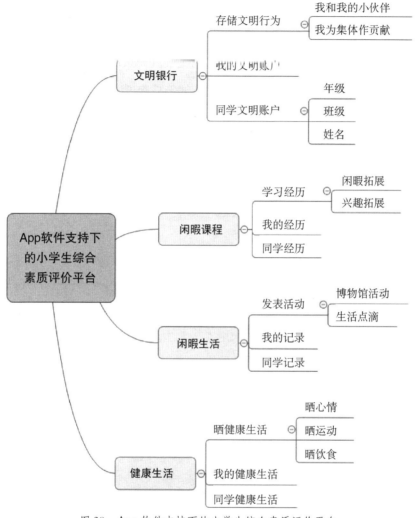

图 30　App 软件支持下的小学生综合素质评价平台

（二）评价主体多元

小学生综合素质评价的实施强调评价主体的多元性。除了常见的学生自评、同学互评、教师评价之外，家长的参与是整个研究的重点与亮点。在认识家长评价与教师评价的区别后，我校认为家长参与小学生综合素质的评价内容也应该更侧重于对学生在家庭、社区各类活动中所表现出的获取知识的主动性、行为态度和价值观的真实评价。当然，家长参与评价，需要学校和教师的及时指导，不断改变家长的评价态度，改善家长的评价行为,改进家长的评价方法,以便更好地发挥家长参与评价的积极作用。

(三) 评价工具便捷

家长参与小学生综合素质评价平台建设的实践研究,促使我们不断地思考"e＋评价"会产生怎样的化学反应。为此,我们在软件公司的技术支持下,开发了"小学生综合素质评价平台"(如图31)。师生和家长均能通过手机、平板电脑、PC机发布消息或了解、跟踪学生的学习进度,深入了解学生的学习兴趣,参与学生的成长评价。而信息发布的界面统一,搜索自己或他人信息的便捷,也有效降低了系统的使用难度,实现了学生学习经历、综合素质评价管理的规范化、准确化、速度化、批量化,开拓了评价的新途径。目前,我校学生、教师、家长对数字化评价平台的参与度达到了100％。

图 31　小学生综合素质评价平台

除了考虑到评价工具的便捷性,学校对于评价各主体在小学生综合素质评价上的权限也进行了分配,具体如图 32 所示:

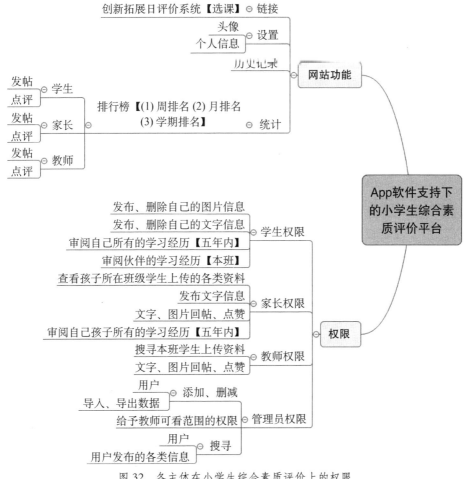

图 32　各主体在小学生综合素质评价上的权限

(四)评价周期不限

对于评价周期,我校提倡评价不宜受到时间和次数的限制。评价可随着学生的日常表现随时随地进行,既减轻评价的工作量,又可以使学生在自然成长的状态下获得客观真实的评价。但为了调动师生和家长参与评价的积极性,保证原始材料的积累,学校制定了《小学生综合素质评价实施意见》,要求班主任每周一组织开展一次班内展示评价活动,大队部每月公布一次排行榜,表彰一批"小当家",学校每学期表彰一批"优秀中队"和"优秀家长"。

老师发帖排行

排名	姓名	数量
1	章春梅	更多>>
2	蕾菁	17
3	蔡红	6
4	刘富平	5
5	刘国红	5
6	吴文怡	4
7	俞蕾	4
8	赵颖	4
9	赵秋菊	3
10	常杰	3
		2

学生发帖排行

排名	班级	姓名	数量
1		徐婼珈	更多>>
2	3年级4班	崔恺文	284
3	2年级1班	叶浩婷	281
4	4年级4班	蔡睿敏	262
5	2年级1班	陆糖珂	252
6	2年级1班	刘思成	252
7	4年级1班	顾广人	235
8	3年级4班	徐子睿	212
9	2年级1班	盛颐宇	210
10	4年级3班	柳潇颖	197
	2年级1班		194

家长发帖排行

排名	姓名	数量
1	袖丹杨 学生的家长	更多>>
2	潘浩宇 学生的家长	121
3	沈思妤学生的家长	92
4	殷俊杰学生的家长	89
5	徐婼珈学生的家长	70
6	蔡睿敏学生的家长	59
7	高煜杰学生的家长	59
8	高煜琅学生的家长	57
9	邵智昊学生的家长	54
10	谢文郡学生的家长	46
		45

班级发帖排行

排名	班级	数量
1	2年级1班	更多>>
2	4年级1班	3296
3	3年级4班	1533
4	5年级4班	1418
5	4年级4班	1248
6	1年级1班	1005
7	5年级1班	974
8	4年级3班	869
9	2年级2班	845
10	3年级1班	828
		826

老师点评排行

排名	姓名	数量
1	詹霞	更多>>
2	洪懿	459
3	俞蕾	381
4	章春梅	351
5	郭洁	281
6	刘富平	267
7	朱慧	263
8	吴文怡	197
9	陆蓉	161
10	杨雅蓉	157
		154

学生点评排行

排名	班级	姓名	数量
1		袖丹杨	更多>>
2	1年级1班	李泽琦	9696
3	1年级1班	邵智昊	3840
4	3年级4班	崔恺文	2378
5	2年级1班	瞿伴健	2112
6	3年级4班	徐婼珈	1463
7	3年级4班	张更梦	1278
8	2年级4班	陆糖珂	1180
9	2年级1班	徐子睿	1155
10	2年级1班	蔡睿敏	1146
	2年级1班		1040

家长点评排行

排名	姓名	数量
1	袖丹杨 学生的家长	更多>>
2	崔恺文学生的家长	3064
3	张蕊学生的家长	1058
4	蔡睿敏学生的家长	784
5	柳潇颖学生的家长	593
6	陈柏合学生的家长	561
7	吕玥霏学生的家长	550
8	邵智昊学生的家长	524

班级点评排行

排名	班级	数量
1	1年级1班	更多>>
2	2年级1班	16326
3	3年级4班	9698
4	5年级4班	7861
5	2年级4班	5289
6	4年级4班	3620
7	5年级2班	3604
8	2年级2班	3603

学生积分排行

排名	姓名	数量
1	袖丹杨	更多>>
2	李泽琦	48264
3	崔恺文	19190
4	瞿伴健	10555
5	邵智昊	7294
6	徐婼珈	7200
7	陆糖珂	6318
8	徐子睿	5744

图33　各主体评价排行榜

(五) 评价管理保证

1. 人员保证

为了更加扎实有效地推进项目建设,我校健全组织,依靠三支队伍,全面夯实家庭教育指导网络的构建:一支是以校长为首,学校德育领导小组参与的综合素质平台建设指导管理队伍,负责家长参与平台建设的正常开展;一支是由学校教导处、大队部、班主任等人员组成的实施队伍,负责平台使用工作的全面实施;一支是热心家庭教育指导工作的家长志愿者队伍,包含学校家长理事会、家长委员会、家长志愿者,为学校与家长在平台建设和使用中的问题进行沟通牵线搭桥。三支队伍密切配合,形成了"家长参与小学生综合素质评价平台建设的实践研究"的科学网络,为评价平台的建设和使用提供了组织保障。

2. 制度保证

学校除了明确管理的层级与职责,更在"家长参与小学生综合素质评价平台建设的实践研究"的各项制度上重拳出击,先后制定并完善了《二联小学"学生综合素质App评价系统"家长使用制度》《二联小学家长学校工作制度》《二联小学家长理事会运营管理制度》《二联小学创新拓展日评价系统使用管理制度》等,从制度上保证家长参与素质平台评价功能的建设和发展工作。

3. 设施保证

为了保证"二联小学创新拓展日评价系统"和"学生综合素质App评价系统"的开发和使用,学校从设施配置上给予帮助。学校配备了专用服务器1台,供学生、教师使用的平板电脑200台;同时,申请了更多的网络流量,在计算机和网络技术上形成适合"家长参与小学生综合素质评价平台建设的实践研究"的一种虚拟环境。除了硬件设施上的配套,学校还出资购买了软件公司的服务,借助软件公司的专业技术力量开发了苹果系统App终端、安卓系统App终端,为"家长参与小学生综合素质评价平台建设的实践研究"的实施和推广提供了技术支持,增大了使用范围与使用效率,最终实现家长参与小学生综合素质评价平台使用过程的全面信息化。

(六) 结果信息共享

"评价最重要的意图不是为了证明,而是为了改进。"[1]小学生综合素质评价平台不仅保留了学生一天、一周的短期评价结果,更保留了贯穿学生小学学习生涯五年的所有信息。这些信息立体全面,且对师生与家长公开,让每个学生能从不同角度、不同侧面展示自己,实现自我价值;使教师能更全面了解学生,更客观、公正地评价学生;为家长提供教育信息,让家长多角度地了解孩子,改变唯分数的教育质量观,提升了亲职能力。

(执笔:上海市杨浦区二联小学　常　杰)

---

① 瞿葆奎、陈玉坤、赵永年. 教育学文集:教育评价[M]. 北京:人民教育出版社,1989:297.

No.39　家校合作，构建学生成长"E 档"的实践研究

上海市普陀区中山北路第一小学

一、研究的缘由

学生成长"E 档"是我校根据《国家中长期教育改革和发展规划纲要（2010—2020年）》的理念，结合教育教学实践，开发研制的一个促进学生健康快乐成长的教育平台。构建学生成长"E 档"不仅可以关注学生的学业成绩，更可以关注其创新精神和实践能力的培养，促进学生全面、个性、和谐发展。

学生成长"E 档"通过文字、图像以及视频等方式，全面记录学生的学习生活发展动态，展示学生在不断努力后所取得的进步和成绩，从而促进学生在原有基础上的持续发展。该项目研究与应用的意义主要体现在以下四个方面：

一是符合学生个性发展的需求。学生教育与学生成长具有其自身规律，在遵循客观规律的基础上，学生成长"E 档"的建立与应用不仅体现了发展性、创新性和社会性，而且能够促进国家有关学生教育规范的落实，从而促进学生快乐健康地发展。

二是有利于教师正确把握学情。学生成长"E 档"真实记录和反映了学生在校期间的心理、生理和智力发展的轨迹，为教师正确把握学情、科学施教、因人施教提供了第一手参考资料。

三是架构起了多重交互、和谐交流的桥梁。学生成长"E 档"不仅是学生自己记录成长的点滴收获和体会，教师记录学生在校的成长轨迹，家长记录孩子成长的表现，而且为学生的自主教育、教师的学校教育、家长的家庭教育架构了一个和谐的交流互动平台，有利于"三位一体"的教育凝聚力的形成。

四是体现档案工作服务社会的宗旨。通过学生成长"E 档"的建立，记录了学生初始阶段的成长轨迹，为学生的终身发展提供了资料积累。网站是档案工作的延伸与发展，其最终结果是使学生、家庭和社会共同受益。

二、理性思考,挖掘内涵

(一) 关于课题中关键概念的界定

1. 学生成长"E档"中的网络是指在计算机信息网络环境下的校园局域网及市、区或全国教育互联网(包括"校校通"工程)等相结合的近程与远程网络环境。它以网络为依托,以促进学生发展为目的,通过教师、家长、学生(包括同伴和自己)对学生的成长足迹的记录,使学生正确认识自我,张扬个性,树立自信。

2. 学生成长"E档"是学生成长过程的真实记录,是在信息技术支撑下,学生自己从事各种活动的成果记录。其内容包括教师及家长对学生的观察记录,学生的作品、照片、日记,以及家长和教师的评价和学生自我评价等各种反馈信息。既有学生之间、师生之间的活动,也有学生与家长之间的共同活动,是多种教育资源综合利用的过程。

(二) 关于课题研究的目标与内容

1. 研究目标

(1) 开发与构建基于信息技术环境下的学生成长"E档",逐步建成由学生、教师、家长共建的,富有特色的,能体现学生个性与发展,为学校和家庭提供一个记录孩子成长过程的系列平台,从而实现教育的三位一体。

(2) 通过课题的研究与实践,培养和激发学生利用信息技术随时记录自己在各种活动中的点滴进步与成长的兴趣、爱好和快乐,学会自我剖析,正确认识自我,获得富有个性的发展。

(3) 在研训施一体化的研究与实践过程中,提高教师的理论水平,促进教育思想与教育观念的更新,自觉地改革教育方式,进行因材施教,从而形成一支高素质、专业化、研究型的新型教师队伍。

2. 研究内容

(1) 围绕反映学生发展过程的学习领域、生活领域、道德品质等,开发学生成长"E档"。通过对学生成长"E档"设计的研究,建立起学生、家长、教师三位一体的教育。

(2) 运用学生成长"E档"展现学生的成就与进步,描述学生学习的过程与结果,反映学生学习的态度与情感,随时记录学生在各种活动中的点滴进步与成长,提高认识自我的能力。

(3) 通过各种渠道开展"研训施"一体的校本自培,更新教师的现代教育理念,提高课题科研水平,以及开展关于信息技术素养的途径、方法与规律的研究。

三、实践探索,有效推进

(一) 学生成长"E档"系统的设计和开发

在整个研究过程中,课题组广泛听取师生和家长的意见,并采取"走出去,请进来"等方式,取得了上级领导和有关专家的专业指导。我们把学生成长"E档"的建立称为"163工程",即通过网络技术为每个学生建立一个电子化的成长档案,包括快乐动态、快乐成长、快乐学习、快乐活动、快乐心声、收获快乐六大板块。

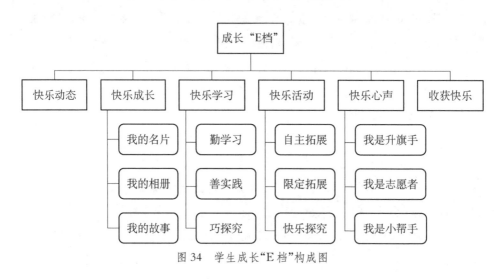

图34 学生成长"E档"构成图

学生成长"E档"以"电子书"形式呈现,一方面记录了学生成长中自主发展、自我教育、自主评价的轨迹,另一方面记录了教师和家长所寄予的期望及实施个性化教育的轨迹。在快乐成长板块中,我们预设了每个年级的关键事件:一年级的扬帆起航、绿苗发芽,二年级的河湾寻访、领巾飘飘,三年级的宇航探秘、十岁生日,四年级的志愿服务、烈士墓前,五年级的田园农耕、再见母校。通过教师、学生、家长的互动,促成影响和激励学生发展的关键事件的生成。关键事件常常会对学生的成长起到关键作用。对小学生来说,这些关键事件既需要常规性地预设,也需要灵活性地促成。学生成长"E档"关键事件的预设和促成,放大了个性化教育的效应。

(二) 学生成长"E档"使用的策略研究

网站建立以后首先在一、二、三年级中投入使用,然后在学校全面推开。从学生成长"E档"的试运行到全面推开,我们将研究计划中的基于对绿色指标的认识和解析,探索学生成长"E档"使用的内容、形式和策略的研究,与纸质上海小学生成长手册和

校本学生成长"E档"的使用策略研究这两项研究内容进行有机整合,主要采取了以下策略和方法:

一是线上线下,有机融合。学生成长"E档"将构建学生成长的在线记录。在设计框架结构时,我们对线下使用多年的"上海市学生成长记录册"进行了研究。纸质成长手册,包含了基础性课程、拓展型和探究型课程、快乐活动、行为规范、荣誉收获、与同伴家长心灵沟通等几大板块。基础性课程从学习成绩、学习表现、学习动力三方面评价,拓展型和探究型课程则以快乐指数为评价内容。它的设计体现了课程改革的精神。学生成长"E档"的框架借鉴了纸质成长手册的结构,结合绿色评价体系的内涵,设计了快乐学习、快乐活动、快乐心声等板块。作为学籍管理,纸质成长手册有着它的必要性。然而,"E档"记录的是鲜活的事例,是成长的动态,这里有故事、有笑容、有感言,更生动形象,更具说服力,是纸质成长手册的有力支撑和发展,能更好地为学生的成长服务。

二是研究改进,有机结合。一方面借助专家讲座、课题组成员引领,让全体老师深入理解和领会"E档"开发和运用的意义;另一方面我们分年级召开了家长会,讲解"E档"的内容和作用,指导家长如何使用"E档",如何帮助孩子一起完成"E档"资料的上传。我们还邀请部分家长参与课题研讨,了解他们对成长"E档"的看法和使用体会。学校分别进行了两次问卷调查,结果显示:有近95％的学生家中有电脑,每周能浏览"E档"2到3次以上的学生从25％上升到71％;从原先49.9％的学生被要求上传资料,到79％的学生自觉上传资料;认为"E档"对孩子成长很有帮助的家长从18.6％上升到49％;愿意用"E档"记录孩子成长的家长从70％上升到92％。在广泛听取教师、学生、家长的建议后,我们增加了视频上传功能。对于没有电脑的家庭,教师们利用学校的设施设备,采用同伴互助的形式,让那些没有电脑家庭的孩子也能用好"E档"。

三是三位一体,有机整合。学生成长"E档"是集记录、展示、评价三大功能为一体,通过学生、教师、家长乃至网友的共营,以文字、图像以及视频等方式,真实记录学生的学习生活及发展动态,展示学生在学习活动各方面所取得的进步和成绩,提供学生交流成功经验和反思失败教训的平台。在"快乐建言"中,我们基于各学科的课程标准,从知识与技能、方法与过程、情感态度价值观三个维度,对学生的学习态度,学习习惯,学习方法,知识和技能,探究与实践能力,合作、交流与分享能力进行综合评价。在"我行我秀"中,学生可以上传自己的一些学习中的视频、语音、文本作品、荣誉奖状等,展示自己的学业成果。在"星语心愿"中,学生可以及时上传自己的学习感悟和体会,老师、家长、同伴可以及时了解学生当前的学习状态,在此基础上对学生的学习提出具体、合理化的改进建议。

（三）初步建立学生成长"E档"的管理机制

为了使学生成长"E档"有序运行,形成长效机制,我们在运用中摸索,逐步建立了相关管理手册。内容包括"学生成长'E档'管理制度"、"学生成长'E档'管理岗位职责"、"班主任岗位职责"、"科任教师岗位职责"、"网管岗位职责"、"板块负责人岗位职责"、"学生成长'E档'考核要求"、"班主任考核要求"、"科任教师考核要求"、"网管考核要求"、"板块负责人考核要求"等。

四、研究效果

在网络已经深入千家万户的今天,我们建立的学生成长"E档"也已成为家校互联的学生评价共同体平台。在课题研究初期,大家以为"E档"就是电子化的记录学生学习成绩和优缺点的"学生手册";随着使用频率增加,人们真切地感受到了"E档"的实用功能,喜欢上了这个网站。

（一）"E档"为家校互联提供了便捷的沟通渠道

有的家长说:"回想我们小时候,父母想了解我们在学校的情况,都只能直接往学校跑。现在互联网科技的飞速发展让社会沟通变得如此简单。儿子入学后不久,班主任陈老师就给我们指引了一条与学校沟通的互联网高速信息通道——学生成长'E档'。登入电子档案后,简洁的页面、丰富的板块和完整的信息让人眼前一亮。现在我们父母也认识他的每一个同班同学。赞一个!"有的家长说:"中北一小利用互联网优势,通过学生成长'E档',在老师、学生和家长间架起了无障碍的有效沟通桥梁。它记录了学生的成长点滴,见证了学生文娱学习和心智发展的历程,帮助家长对自己的孩子有了全面的认识。"还有家长表示"E档"是"孩子的父母与学校之间沟通的平台,更是心与心之间的桥梁";是"我们的朋友","家长们情感交流的纽带";网站是"校园之外的天地,每天上来浏览一番,可以看见一个充满着欢乐、和谐、关爱、合作的动态校园"。

（二）"E档"为家校互联提供了校本化的教育平台

一位家长这样说:"一开始我认为这只是学校的一个形象工程,没什么大作用。可是三年来,我慢慢发现,这真是一个非常好的网站。每个栏目设置都非常贴近小朋友的视角,而且操作性强。我和小朋友都越来越喜欢它,并且还会经常一起登录这个网站,上传一些信息或浏览班里其他小朋友发的东西。我们爱上这个网站是从一次意外的小收获开始的。我儿子以前性格比较腼腆,所以在与同学的交流中一直不是很有自信。但是他从小就非常喜欢看书、看展览、参观博物馆,所以我们带他去过很多地方。有一次,我和儿子心血来潮,把去欧洲和台湾旅行的照片传到了网上,小朋友们看到了都非常羡慕,课余时间也会经常主动和他讨论旅行时的所见所闻。由此他在同学中很受欢迎,性格也一点一点地开朗了起来,人变得越来越有自信。"有的家长这样说,"网站不但美观,还做到了贴心、灵活、温馨";"不仅给孩子带来了很多快乐,也给了我们家长一个记录分享孩子成长点滴、学习育儿经验的平台"。

(三)"E档"为家校互联提供了多元的评价途径

炎炎的烈日,也阻挡不了孩子们开展社会考察活动的步伐。二(1)中队起航小队的孩子们和老师一起来到了水闸馆,观看古代劳动人民的杰作。参观完毕,起航小队的队员们难以抑制心中的激动,纷纷在"我的故事"中写下了参观的感受。赵夏洋同学写道:"在参观水闸遗址过程中,我感受到水闸宏大的规模、精心的设计和精湛的技术,更感受到古代劳动人民的智慧,我被它深深地折服了!"伙伴们看到赵夏洋发表的文章,纷纷在下面点评,有的学生竖起了大拇指,有的同学说:"我也要去参观,我们再组织一次吧!"面对小伙伴的评价,赵夏洋回复道:"谢谢大家的鼓励,有机会我们一起去参观。"家长也来到了"E档",点评道:"孩子,今天的参观让你增长了不少知识。看到你专注的神情,妈妈感到很欣慰。你在了解中国,走近中国。其实,在博大精深的中国文化中,还有很多等着你去发现,去探索。"一个可爱的表情,一只竖起的大拇指,一句鼓励的话语,留在了孩子成长的"E档"中,更成为他们永久值得怀念的记忆。

我们深切地感到,现代信息技术为打造家校共同体提供了重要的技术支持,但是,家校共同体的成功更取决于育人为本理念的家校认同。相信每一个学生都有充分的发展潜能,都有可圈可点的亮点,都有自强自信的内心。通过"E档"助推家校互联、师生互动、学生互勉,唤起每个学生的自强自信,必将有利于每一个孩子潜能的发掘,促进其全面发展。

（执笔：上海市普陀区中山北路第一小学　徐梅芳）

No.40　以提升学生幸福感为目标的办学满意度测评实践研究

上海外国语大学松江外国语学校

上海外国语大学松江外国语学校是一所创办于 2010 年的九年一贯制学校。五年来学校在上海市教育专家朱学清校长的带领下，从办学伊始的饱受质疑到赢得学生及家长的广泛赞誉，学校始终坚持秉承"为孩子一生幸福奠基，办人民满意的教育"的办学理念，以学生发展为本，以提升学生幸福感为目标，坚持完善校本的办学满意度测评实践，充分发挥家校合作在推进学校各项工作中的作用，特别是在根据测评结果解决办学过程中的实际问题方面作出了积极有益的探索。

学校从 2010 年起，每学期开展两次针对学校管理、班级管理、教师教学、素质拓展等多方面的"办学满意度测评"并形成调研报告；利用"家长开放日"、"校园质量管理巡视"、"校长一日助理"等活动平台，邀请家长深入参与学校各项教学、管理、服务工作，配合完成满意度测评的深度访谈；坚持"学校、年级、班级三级家委会管理"，实现家长意见反馈的及时有效传达，及时通报学校的重大决策以及各项整改措施和成果，保证家长参与学校教育决策形成、执行监督的全过程。

经过五年实践，学校共完成各类办学满意度测评二十次，逐渐丰富测评内涵，提升测评的实效性。目前已初步形成了"学校、家庭、社会"三位一体的办学满意度测评体系。通过测评改进完善学校教学、管理等具体事项六十余项，使办学满意度测评在推进学校各项工作中真正发挥了重要的积极作用。该项工作和"为孩子一生幸福奠基，办人民满意的教育"的办学理念更是受到翁铁慧副市长的充分肯定。

一、基本概念的界定

（一）幸福感

"幸福感"是心理学研究的一个重要指标，是个体自身需求得到满足以及理想得到实现时产生的一种评价性的心理状态，是"在需求、动机、兴趣、认知以及情感等心理因素与外部诱因交互作用过程中形成的复杂的、多层次的心理体验"。

在物质生活越来越丰富的今天，中小学生作为特殊的社会群体，他们的幸福感可以说是其自身认知水平和情感水平的全面反映，是对其以学校生活和家庭生活为基础的自我存在状态和成长价值取向的有效评价。因此，本课题提出的"以提升学生幸福感为目标"的理念即是以学生发展为本，关注每个学生的发展过程体验而非追求单纯的学业结果，以达到让每个学生都能在成长过程中收获幸福的最终目的。

（二）满意度

"满意度"概念由顾客满意度演变而来，是主体在期望与结果两种主观认识相互作用下产生的一种心理感受。简言之，当主观感受与期望一致时，受众就会感到满意；反之，受众就会产生抱怨。

办学满意度一直是家校关系中的核心概念,可以理解为人们将其对教育服务的全面感知与其预期期望进行比较后所形成的感觉状态的水平。国外不少学生家长都把有关部门定期测评并公布的办学满意度作为为子女选择学校的重要依据之一;在我国,近年来办学满意度也逐渐被社会大众所熟知并重视。本课题即是基于上外松外多年的办学满意度测评实践经验,探索构建"分层次、多角度、可持续的科学测评体系",以提升学生幸福感为目标,切实落实推进学校各项工作的发展,保证家校合作长效作用的发挥。

二、以提升学生幸福感为目标的办学满意度测评体系构建

在家校合作的实践当中,办学满意度测评作为家校合作的重要手段之一,对实现以学生为本的教育改革目标和学校资源的合理配置具有至关重要的理论和实践价值。但长期以来,很多办学满意度测评局限于一年一次的家长调查问卷,缺乏科学的测评体系建设,且问卷形式、内容与分析结果存在"不深入、不持久、不反馈、不改进"的弊端。这些问题导致办学满意度测评在实践中容易流于形式,很难达到通过测评提升学校办学质量的目的。

自 2010 年起,上外松外即成立了测评工作领导小组,由朱学清校长亲自任组长,以分管副校长、政教处分管领导、各年级组长、年级学术秘书为组员,坚持每学期对全校一至八年级所有班级进行两次针对管理、教学、生活、素质拓展等多方面的"办学满意度测评"。至今已完成二十次完整测评,累计回收问卷超过五万份,覆盖学生、家长、社会人士近万人,形成书面报告百余篇。

(一)办学满意度测评体系的设计思路与原则

本课题所研究的办学满意度测评区别于传统测评,结果不局限于学校单向掌握学生和家长的思想动态,而是立足于解决实际问题,找准对策,推动学校发展,提升学生综合素质与整体幸福感。因此在体系建立之初就确立了测评体系的设计思路:一是通过测评诊断学校各项工作开展情况,查找问题,分析原因,找出解决对策,切实提高教师、家长的教育素质和能力,促进教师教学水平、家长教育水平和学校综合管理水平的提高;二是以测评为纽带增强家校互信,促进家校合作,积极搭建合作共赢的开放式工作平台,形成多方合力,保证学生身心健康成长,促进学生在品德、学业及其他各方面的全面发展,最终达到"为孩子一生幸福奠基,办人民满意的教育"的目的。

办学满意度测评体系设计是否能反映学校工作的关键要素、办学特色,是否可供直接测量,将在很大程度上影响测评体系的适用性和合理性。因此本测评体系的设计

遵循以下原则：

1. 综合性原则。测评体系设计应科学、全面地反映学校工作的各个方面,有一定的概括性和前瞻性。

2. 导向性原则。测评体系设计始终围绕"以提升学生幸福感"为目标,以指导改进工作、推动发展为导向,每次测评突出一个主题。

3. 可行性原则。测评体系具体指标的表达和叙述要简洁清晰,易于理解,在整体问卷基础上针对各学段对象进行差异性设计。

4. 发展性原则。测评体系在保持关键指标稳定的同时,应随需求变化而改变,从而更全面、准确地把握测评对象的满意度。

（二）办学满意度测评体系的框架结构及指标体系

经多年实践探索,结合学校工作实际,上外松外将办学满意度测评体系结构基础确定为"教育教学"、"管理服务"、"家校共育"3个一级指标,三年级以上学段增加"自我状态"评价一级指标;每个一级指标又根据测评实际细分为20—30个二级指标,并配合主观描述题目。体系基本涵盖了中小学生的学业成绩、学习体验、课外活动、学校环境、家庭环境、教师关注、人际关系、身体健康、目标规划、优秀品质、自我价值、外界期望、诚信助人、休闲娱乐、生命活力、课业压力等各方面的满意度。

三、以提升学生幸福感为目标的办学满意度测评结果分析与应用

（一）影响学生幸福感的满意度指标分析

1. 基础层面满意度对幸福感的影响

幸福是建立在人的基本需求、欲望得到满足的基础上的。中小学生特别是低学段学生对幸福的理解是具体、朴素而单纯的。他们常以当下在生活中实际体验到的开心、快乐、高兴等情绪感受来评价幸福,更满足于当下而非未来的幸福生活。因此从测评结果中我们常会发现学生的满意取向与家长、教师的满意取向不尽相同。传统教育认为学校应该通过教育手段实现对学生幸福取向的扭转或者控制。但值得注意的是,用眼睛看、用耳朵听、用身体感受、用语言沟通,这些在追求感官满足的过程中的幸福感对中小学生的影响是持久而深远的。只有在充分享受和体验这种幸福感的基础上,才有可能引发中小学生对未来美好生活的期望和憧憬,才会因此而确立更高目标的幸福观并为之追求。

2. 认知层面满意度对幸福感的影响

人的认知经验是评估幸福感标准的基础,外界环境及客观现实要通过学生的认知

加工或直接体验才能形成他们的幸福感。由于学生对现实的认知和解释方式不同，所以对于同样的客观现实，学生的衡量标准不同，就会产生不同程度的幸福感。对于中小学生来说，随着年龄的增长和社会化进程的推进，其需要变得日益多样化，他们必须学会不断地发展自己的认知能力，而这一过程就为中小学生幸福感的生成提供了学校教育的契机。培养中小学生从周围环境中主动地去发现或接收相关的信息并对这些信息进行整合与评价的认知能力，积极引导他们形成全面客观地评价与认识问题的方式，包括归因、目标设置、社会比较等，都会有助于中小学生生成成熟的幸福感。

3. 情感层面满意度对幸福感的影响

对情感反应评估和对生活与自我的认知判断是学生满意度水平的高水准反映。随着中小学生社会生活范围的日益扩大以及在学校、家庭教育与社会影响下，其情感性需要随之产生并日益丰富。情感性需要的满足将会逐渐取代儿童时期的物质化满足感，从而逐渐生成真正意义上的幸福感，即认为幸福是自我潜能的完美发挥和自身价值的最大实现。因此，我们的教育的最终目的是要帮助学生实现幸福感与满意度两种成分之间的相互影响与促进，"因幸福而满足"，"因满足而幸福"，要让中小学生不仅能感知当下的"即时幸福"，还能够为寻找到生活的意义而创造"未来幸福"。

（二）通过满意度测评结果应用探索提升学生幸福感的有效途径及成果

自 2010 年至今，上海外国语大学松江外国语学校共完成办学满意度测评二十次，初步形成了"学校、家庭、社会"三位一体的分层次、多角度、立体化办学满意度测评教育体系，通过测评改进完善学校教学、管理等具体事项六十余项，在推进学校各项工作中真正发挥了重要的积极作用。

近年来以满意度测评结果的应用为推动力，学校的教学效率和综合影响力、教师的专业化水平和服务意识、家长的满意度与家校合作参与度、学生的学习成绩和素质能力均得到很大提升，学校"为孩子一生幸福奠基，办人民满意的教育"的办学理念更是受到多方肯定与赞誉。探索途径及主要成果总结如下：

1. 推进课程教学改革，提升学习幸福感

课程教学是中小学生获取知识和能力的主要通道。从学生和家长的角度而言，幸福的教学应该是学有兴趣、学有所获、学有情趣、学有自主、学有创造的过程。针对满意度测评中反映出的教学问题，学校及时总结问题、分析原因，引导教师牢固确立以学生为中心和以提升学生幸福感为目标的教育价值观，在总结分析测评报告的基础上开展教育反思专题研讨和交流。通过调整教学目标设置、改善教学形式等方式，积极营造轻松、愉悦、和谐的教学氛围，让学生快乐地接受知识，更多地体验自由表达、展示自我的满足感,变"要我学"为"我要学",从而提高课堂教学的效率和质量,让学生真正体会到快乐学习的成就感和幸福感。

2. 转变行政管理模式,提升行为幸福感

学校管理是保证学校正常运行的重要条件。学校在办学满意度测评中尝试将家长评价与学生评价调查结果作为学校各项管理工作评价的重要依据,并以此为基础制定、完善、修订相关的学校管理制度和有效的监督机制,更多地邀请家长参与学校管理工作,全面有效地提高学校的科学化管理水平。如设计"家长开放日",邀请全体家长参与听课评课;实施"校园质量管理监测",邀请家长不定期进行校园巡视,对学校交通、饮食、卫生等方面进行全面监督;设置"校长一日助理"岗位,邀请家长参与学校各项管理工作;定期举办"家长沙龙",及时通报各项整改措施和成果,保证家长参与学校教育决策形成、执行监督的全过程等,均取得了良好成效。

3. 倡导多元化评价机制,提升认同幸福感

素质教育要求面向全体学生,促进学生全面发展。但长期以来,为了统一的高分数,教师们拼命地教,学生们吃力地学,评价被局限于单一的成绩优劣,这不但会制约学生的创造性,而且更会阻断学生幸福之源。因此,学校通过满意度测评的双向交互促进,积极倡导多元化的评价机制,建立学生成长档案。对学生的评价不仅关注知识技能方面的指标,更考虑情感态度和评价过程、方法的有效性,特别将重点放在学生自我发展的纵向比较上,关注学生点滴的进步,给予循序渐进的鼓励,让每个孩子都能感受到成长的乐趣,体验到成功的幸福。

4. 丰富参与式体验活动,提升体验幸福感

"活动"是幸福的媒介,这一点在中小学学生身上体现得尤为突出。从满意度测评结果中也不难看出,体验式活动是一种行之有效,能令学生真实、可信地走进自己情感深处的活动形式,也是培养学生幸福感的重要渠道。学校根据需求,一方面增加参与性课程的比重;另一方面适当开展丰富多彩的活动,如每学期举办"读书节"、"科技节"、"世界文化游园会"、"才艺展示"等。既培养了学生广泛的兴趣爱好,帮助其增长见识,拓宽知识面,充分发挥个性特长,增强集体的凝聚力,又让学生在繁重的学习之余,得到身心的休息,减少学习与生活中产生的负面情绪,从而体验更多的幸福感。

5. 强化幸福观教育,提升心理幸福感

幸福感是一种高级的心理活动,教育的目标就是培养能够创造幸福、感受幸福的人。通过满意度测评我们发现,在幸福观教育过程中,要特别重视感恩教育和正确价值观的培养。感恩与主观幸福感存在正相关,感恩不仅可以使人们获得幸福感,消除消极的情感体验,而且还可以使感恩的行为泛化,使整个社会变得更加和谐与温暖。

正确的价值观培养就是引导学生追寻生活的意义，这对自我价值肯定，提升幸福感具有明显的促进作用。

6. 促进家校互动，提升生活幸福感

近年来家校关系越来越趋向民主。办学满意度测评本身作为家校合作的载体，其在现代学校建设中的重要作用越来越凸显。家长参与是学校整体改进的重要力量，要充分发挥家长全面参与学校教育教学和管理的作用，拓宽参与渠道，增进双方互信，达成教育共识。学校应更加尊重家长，明确自身责任，保障家长的知情权、参与权和监督权等基本权利。家长应明确自身教育责任，尊重学校办学自主权，积极做好家庭教育工作，积极配合学校的教育安排，积极对学校教育教学与管理建言献策。实践证明，双方通过协商方式解决教育分歧，形成教育合力，可以将学生的幸福感由校内延伸到整个生活范围。

（执笔：上海外国语大学松江外国语学校　朱学清　徐　玥）

第七章　家长参与：多元参与共治理

引言

家长、社区参与学校管理是教育发展的必然趋势，也是当前教育的应然要求。《中华人民共和国教育法》规定："企业事业组织、社会团体及其他社会组织和个人，可以通过适当形式，支持学校的建设，参与学校管理。"联合国教科文组织《教育——财富蕴藏其中》中指出，"家长参与学校管理，对于改进教育系统，既是目标，也是手段"。关于"建设现代学校制度"，《国家中长期教育改革和发展规划纲要（2010—2020年）》提出，"适应中国国情和时代要求，建设依法办学、自主管理、民主监督、社会参与的现代学校制度，构建政府、学校、社会之间新型关系"；"完善中小学学校管理制度"，"建立中小学家长委员会"，"引导社区和有关专业人士参与学校管理和监督"。

一、家长、社区参与学校管理的实践成效

为了提高学校的办学效益，促进家校社合力的形成，21世纪初期，上海学校就开始了家长与社区参与学校管理的大胆尝试。迄今为止，部分学校在家校社合作互动方面已经形成了相对成熟的工作模式，取得了良好的成效。

（一）从被动到主动，切实满足家长需求

一直以来，学校也能够通过校园开放、家长委员会等形式引导家长参与学校管理，但在实际实施过程中，参与程度与参与效果却有很大的差异。原有的家长参与的立足点以满足家长的知情权为主，通过校园开放日，让家长作为旁观者，了解学校的教育教学情况。但当前各校所开展的家长督学等工作，使家长从表面的参与深入到实质，从接受学校通知的被动参与到主动报名参与学校管理，不仅实现了家长对学校教育的知情权，更保障了家长对学校教育的评价、监督和建议的权利，切实满足了家长的权益和需求。

（二）从单一到多元，提高学校管理效能

教育管理系统是复杂多元的系统，管理的优化重点是结构和功能的优化。在社

区、家长参与学校管理的过程中,学校的管理结构不断完善,工作程序和标准不断丰富,功能也不断优化。例如,新杨中学的"社区听证会"工作建立了听证机构,制定了包括例会制度、提案制度、交流制度、反馈制度在内的系列保障运行的制度,构建了与各级家委会融合的运行体制,不断优化学校管理的结构和功能。另外,教育管理的基本矛盾是管理资源的有限性和提高管理效益之间的矛盾。家长与社区参与学校管理,在一定程度上丰富了学校的管理资源,分担了学校的管理压力。同时家长和社区人员作为教育界外部人士,其视野与教育者有很大差异,能够实现优势互补,更大程度地集中管理智慧。闵行四中在家长进校当助理后,实现了六年级新生校服首次零投诉。助理们提出了"发挥班主任教师在学生社会实践活动中的功能与作用"、"发掘社区资源,推动学校自育课程建设"、"成立家校事务调解委员会的建议"等提案,被学校采纳,提高了学校的管理效能。

(三) 从封闭到开放,促进现代学校制度建设

学校不是孤立存在的,作为一个开放的组织,必须与环境相融相生。现代学校制度建设不仅关注学校内部优化运作,也要求学校建立起与家长和社会的良性互动。上体附中附属小学吸纳学校家长委员会、区域内教育教学专家、共建单位代表、社区实践基地代表、对口学校领导成立"一日校长督察理事会"。这个立体的组织,体现了多元参与的特征,形成了一个社区、家长和学校共同治理、协商和评价的结构,使学校办学更加开放,逐步形成了家庭、学校与社区之间相互了解、相互信任、相互合作的良性互动关系。

二、家长、社区参与学校管理的现实问题

家长、社区参与学校管理的实践虽然取得了一定的成效,但实施过程中,存在着观念差异、机制不健全、支持与保障系统不足的现实问题,需要进一步突破。

(一) 共识未能形成

家长、社区参与学校管理,虽然对学校发展起到了积极的促进作用,但作为全新的教育改革举措,需要全体教职工以及家长、社区形成共识。目前,虽然学校管理层有意愿,但教师的积极性不足,认为非专业人士参与学校管理,会对专业工作产生影响,也会增加工作压力。家长群体对其认识也不统一,有足够时间和精力参与学校管理的家长人数也只占少数,大多数家长缺乏主动参与的热情。

(二) 参与深度不够

从管理环节而言,管理分为决策、执行、监控和评价反馈等环节。目前,学校发动

家长、社区成员参与学校管理,不管是督学还是督查、听证等形式,大部分是参与了管理过程中的执行环节和监控环节,未参与管理流程中的起始和终端环节。家长在学校决策环节中参与不够,现在学校让家长参与的决策主要是与学生生活利益相关的事情,如校服选择、是否安装空调等,在一定程度上起到转移责任和风险的作用,还未能真正在决策和总结反馈等环节发挥作用。

(三) 参与管理的能力有待提高

很多家长参与学校管理的目的还是在于维护自己孩子在群体中的利益,很难从全局性、整体性的角度看待学校的教育管理,也较难对学校的教育管理给予客观准确的评价。学校虽然制定了一些职责要求,但对于家长参与管理的执行情况较难进行合理的监控,使部分管理活动存在形式化的问题。

三、家长、社区参与学校管理的发展思考

(一) 加强政策支持

目前,家长、社区参与学校管理的法规性文件要求不足,指导性的实施意见不清晰,工作仰仗校长办学过程中的自主行为。因此加强政策研究,下发规范性标准,才能整体推进家长、社区参与学校管理的力度和效度。

(二) 加强机制建设

需要加强组织机构建设,学校从建立和完善现代学校制度的角度出发,建立家、校、社互动工作机构,赋予其功能和职责。将家长和社区参与学校管理的工作纳入机构的工作职责,制定家长、社区参与学校管理的工作制度、工作标准、工作流程和管理实施要点,切实推动家长、社区参与学校管理。

(三) 加强舆论引导

要通过各种媒介,加强家长、社区参与学校管理经验和案例的宣传,形成有利于家、校、社良性互动的氛围。要积极组织学校管理者、教师、家长和社区工作人员的培训,在家长、社区参与学校管理的工作上更新观念,形成共识,提高能力。

(上海市普陀区教育学院　王　萍)

上海市闵行第四中学

上海市闵行第四中学始建于 1972 年,是闵行区一所初中公办学校。建校四十多年以来,在"新基础教育"理念引领下,经过四中人薪火相传,不懈努力,学校获评上海市新优质学校、上海市中学生行为规范示范学校、上海市文明单位等殊荣。一所普普通通的公办初中,完成化茧为蝶的华丽蜕变,赢得社区与大众好评,跻身于上海市新优质学校行列,究其原因是多方面的。其中实施"家长进校当助理"创新机制,成为我们弘扬学校"自育文化",深度优化育人生态环境,实现学校内涵发展的新机制、新途径。

2013 年的春天,学校启动了"2013—2016 三年发展规划"制定与实施工程,家校互动项目再度成为我们共同关注的焦点。经过"三上三下"的反复讨论与思想碰撞,我们达成了几点共识:第一,我校在家校合作共建领域取得了一定的成果与突破,已经建立了校级、年级、班级三级家委会网络,实现了家委会在学校管理、年级管理和班级管理的全覆盖。但是还需要进一步完善家校联动、互动的新格局、新机制。第二,学校地处上海市西南地区城乡接合部的红旗地区,学区内学生家庭教育背景不同,家长文化层次以及对子女的成长期望值等方面相对偏低。家长的家庭教育观念、育人理念以及参与学校管理事务的主动性亟需进一步唤醒和培养。第三,"自育"是我们学校文化的核心,是学校、教师、学生成长与发展的行动指南。学校、教师、学生以及家长均需要主动、健康地发展和成长。学校则必须为他们创设成长与发展的平台。第四,家长是学校共生发展的好伙伴。创生家长参与学校管理事务的新途径、新方法,能够深度激发学生家长主动参与学校民主化管理的积极性与主动性,从而实现促进学校管理的民主化进程和内涵发展。基于以上共识,我们于 2013 学年开始正式实施"家长进校当助理"的创新机制。

一、"家长进校当助理"的基本内涵

"家长进校当助理"是我校在"三助理"机制基础上实施的家校共生合作的新机制、新途径。"家长进校当助理"工作机制的核心内涵,就是学校向学生家长开放心态,开放校门,开放学校管理事务。即以学校家委会为基础,聘请学生家长们走进学校工作的各个领域：走到校长身边，走到年级管理委员会主任身边，走到班主任们身边，给他们做助理。以家长的视角和学校立场，通过对教育、教学管理开展项目调研、工作提案、项目听证、项目策划与实施等方式，促进学校内涵发展，提升教育品质，深化育人新生态。

为了确保工作的顺利实施，我们与家委会协商制定了《闵行四中家长进校当助理工作章程》和《闵行四中家长校长助理工作手册》(简称《手册》)，明确了工作流程和相关职责。每个新学年开学第一周，采用家委会推荐与校长室、年管会选聘相结合的方式，在学校、年级、班级三个层面的家委会成员中选聘校长助理、年管会主任助理和班主任助理共计32位。由校长或者年管会主任向当选的助理们颁发助理聘任证书。助理们的工作周期为一个学年。每逢双周开设一个工作日，助理们到校工作一天。每位助理领取一份"工作包"，内含工作吊牌、助理工作手册、助理工作日志，按《闵行四中家长校长助理工作手册》要求开展相关工作。

二、"家长进校当助理"的实施

学校的"家长进校当助理"覆盖了学校行政管理的三个纵向层级，包括：校级层面、年级层面和班级层面。

(一) 家长给校长当助理

新学年开学第一周，我们采用学校家委会推荐与校长室选聘相结合的方式，选聘四位学生家长担任校长助理，参与学校管理。助理们根据助理工作机制进行了工作分工：

第一，校长助理对口课程教学部，对该部门的工作计划、自育课程建设、起始年级招生、毕业班升学以及教学管理方面的情况进行调研、解读、评估。

第二，校长助理对口学生发展部，对学生工作领域的工作计划以及社会实践、校内学生活动的方案和落实情况等工作进行调研、解读、评估。

第三，校长助理对口年级组室，以听课、与师生座谈、问卷等方式，对学科课堂教学、教师状态、学生状态等各领域的实际情况进行调研、评估。

第四，校长助理对口后勤保障部门，对总务处学生收费标准、社会实践费、校服费、学生餐费等工作进行调研、解读、评估。

在实际工作中，校长助理团队由第一校长助理担任首席助理，在学校校务办主任协调下开展工作。上任伊始，助理们还不能做到主动开展工作，普遍表现出工作没有思路、没抓手甚至畏难的情绪。学校发现问题之后采取了以下措施：第一，校长室成员及时伸出援手,带领助理们去熟悉工作环境,参加学校校务会议,安排专人协同他们开展工作。第二,聘请往届资深助理回到校园开展"传、帮、带"示范、引领工作。第三,弘扬学校"自育"文化,组织召开助理工作推进交流会,引领助理们在工作中学习,在学习中工作,在工作与学习中主动发展,自育成长。这样,助理们逐渐熟悉了工作环境,明确了工作职责,克服了畏难情绪,热情地投入到工作中去。

第四校长助理胡先生是八(3)班的学生家长,他是一位画家,自己开了一间画廊,在老闵行一带小有名气。他在校长助理团队中对口的是学校后勤保障部,分工负责学生校园生活保障。在所有的助理中,他是最快进入工作状态的。他给人的印象是话语不多,但工作起来很有一股韧性。他在很短的时间内,认真研读了《中华人民共和国食品卫生安全法》《上海市中小学生收费暂行规定》等法律文本,详细了解了学生社会实践费、校服费、学生餐费等方面的收费标准;并就收费标准公示方式、学校食堂管理委员会章程以及食堂日常管理等存在的问题提出了合理化建议并写入助理提案,提交校务会议讨论,得到了校长的充分肯定和家长的一致好评。他还对学校大修工程、教学设备添置、校服问题等项目进行了听证。其中校服问题是摆在学校管理者面前非常棘手而又不得不面对的一个问题。以往,校长总是亲自出马,和副校长、后勤保障部主任一起,对校服样式、面料品种反复挑选,在加工质量上反复强调,严格把关。然而几乎每一年都有部分学生家长就校服尺寸、校服质量等问题到后勤部甚至校长室投诉或者反映情况。事后我们发现,家校的沟通、交流不畅通是其中的主要因素。在这个过程中,有家委会的参与,但也只是在厂家生产资质、校服价格、校服样式等方面进行了听证。这就好像磨砂玻璃瓶子里的果蔬——看得见,却看不清楚。六月,新学年六年级新生的校服征订工作又一次摆在后勤保障部邵主任的面前。事关重大,时间紧迫,偏遇上校长外出讲学、考察。在这紧要关口,校长助理胡先生和邵主任一起挑起了重担。校服版式不变,面料、价格照旧,供货时间敲定,家委会听证……和以往的校服征订工作相比,在程序上好像没有什么不同,然而在工作效果上却是大不相同——六年级新生校服首次零投诉。究其原因,那就是胡助理的主动工作、多重身份、全程参与,把这个磨砂玻璃瓶变得如同水晶玻璃般透明了。事后,后勤保障部邵主任和胡助理合作,完成了两千字的提案——"创设家校互动平台,推动学校民主化进程"。该提案获评2013学年十佳优秀提案。

(二) 家长给年管会主任当助理

新学年开学第一周,学校采用年级家委会推荐与年管会选聘相结合的方式,选聘四位学生家长,分别担任六、七、八、九年级的年级管理委员会主任助理,兼任年级管理委员会委员,以家长的视角和年级主任的立场,参与年级事务,协助年级主任开展工作。

　　根据《手册》中的工作职责，助理们参与年级管理工作，审议年级管理委员会学期工作计划，对年级课程教学、社会实践、校内学生活动的方案和落实情况等工作进行调研、解读、评估。协助年级管理委员会协调师生关系、家校关系，参与年级学生活动的方案设计、过程实施、服务保障等过程。在工作实践中，学校专门聘请了上一届资深助理俞先生回校担任助理指导，对助理们进行"传、帮、带"指导、引领。助理们一边学习，一边工作，很快就进入了工作状态。六年级的主任助理龚先生是六（1）的学生家长，是闵行经济技术开发区一家工厂的工程师。这家食品厂恰好是我校的共建单位，因此，对龚先生到学校当助理一事给予了大力支持，为他每两周一次的助理工作日活动开足了绿灯，龚先生也浑身卯足了劲投入到助理工作中去。学校把他的办公桌安放在年级主任陈老师的旁边，方便他开展工作。龚先生真是一个称职的助理。从他走进校园那一刻起，他和陈主任总是在一起：一起走进教室听语文课、数学课、英语课；一起组织学生参加学校的读书节、科艺节、体育节；一起带领孩子们参加社会实践，走进社区、走进场馆；一起参加学校校务会议……以至于组室里的老师们给龚先生起了一个雅号——"影子"。六年级的孩子们活泼好动，由于受到某些影视真人秀的影响，更是喜欢在课间相互追逐，以至于在很短时间内发生了多起摔伤牙齿的伤害事故。龚先生和陈主任一起，组织召开班主任紧急工作会议，要求各班主任利用好班会课、午会课等契机，开展校园学生人身安全教育。他自己则佩戴好"自育导师"袖章，和陈主任以及当值老师，在课间加强巡查。此外，他还和陈主任以及班主任一起家访，探望、慰问受伤的学生，向学生家长宣传相关的法律常识，向学校转达家长的诉求等，参与了整个意外事件处理的始终。放学时段，他又和学生家长组成校园平安志愿者志愿服务队，在学校门口维持秩序，护导学生过马路，甘做学生平安的守护神。他和陈主任一起提出的提案"学校要引导家长关注六年级学生的成长状态"，在助理工作总结评估阶段，被评为2013学年十佳优秀提案。

　　尽管进校当助理的时间是短暂的，但注定成为龚先生终生难忘的一段特殊经历。卸任之际，他在述职报告中写道："我在闵行四中担任主任助理，注定是我一生中难以忘怀的一段特殊的经历。能够从六年级两百多位家长之中被选出来担任陈主任的助理，不仅是我的荣幸，更是我们全家的荣幸。在我担任助理的十九个工作日中，每一天我都得十分充实。在这里，每一天我都感受到校园的神圣；每一天我都感受到孩子们的活泼可爱；每一天我都感受到老师们的敬业与付出；每一天我都感受到学生家长对学生主动健康发展的渴望与期盼；每一天我都感受到教育的责任与担当……如果允许的话，我还想再回闵行四中，再给陈主任当助理。"

（三）家长给班主任当助理

新学年开学第一周,学校采用班级家委会推荐与年管会选聘相结合的方式,选聘家长代表分别担任各班的班主任助理,参与班级事务管理,协助班主任工作。如协调师生关系、家校关系,参与班级学生活动的方案设计、过程实施等。

张女士是七(5)班的学生家长。接受七年级年管会的选聘,担任七(5)班班主任顾老师的助理。张女士在家族企业中担任财务总监,十分精明、干练。在校园中,她既是班级家委会的主任,同时又兼任班主任助理一职。七年级的老师们称赞她是年级组室中一道靓丽的风景——年级科技知识大赛她做评委;校运会上她是后援团;艺术节的演出中她是化妆师;社会实践活动中她又成了"清道夫"……她更是一个有心人。她在工作实践中发现了一个现象:目前学校的学生社会实践活动主要由旅游公司来组织实施。活动的过程和活动内容简单而又空洞——早上导游将孩子们带上旅游大巴,到达景区之后举着小旗子领着孩子们参观若干景点;然后让孩子们自由活动,中午午餐自理;下午两点钟在指定地点集合上车,清点人数后乘车返回学校。在整个过程中,所有的班主任完全游离在学生活动之外,成为与学生社会实践活动毫不相关的局外人。张女士说,学生社会实践活动是班主任做学生思想工作、实施班级建设的有利契机。她至今还记得自己中学时代,班主任老师带领全班同学参加社会实践活动时,那一幕幕令人难忘的场景,铭记着班主任老师亲切的话语和谆谆教诲。她说:"学生的成长经历是唯一的,不可复制的。学生的社会实践活动是一个教育的阵地,绝不能主动丢失,要利用好这个契机。"在参加完七年级社会实践活动之后的当天晚上,她伏案疾书,完成了两千多字的助理提案"发挥班主任教师在学生社会实践活动中的功能与作用",得到了学校上下的一致好评。该提案获评 2013 学年十佳优秀提案。

三、"家长进校当助理"的成效

2013 学年两个学期,学校共收到助理们的提案 35 份,调研报告 16 份,工作报告32 份,涉及学校管理、课程教学、学生工作等诸多领域。所交提案都得到了学校校长室以及校务会议的回应、解答,80%以上的提案被学校采纳、解决。在总结、评估阶段,"发挥班主任教师在学生社会实践活动中的功能与作用","发掘社区资源,推动学校自育课程建设","成立家校事务调解委员会的建议","创设家校互动平台,推动学校民主化进程"等提案被评为十佳优秀助理提案。

家长进校园当助理工作新机制的实施,不但巩固、提升了学校在家校互动合作、共建共生方面已经取得的工作经验和成果,而且突破了家校合作、互动传统机制中家长对学校诸多事务管理领域缺乏深入了解的困境,优化了家校互动合作的机制,促进学校民主管理的外延和内涵向着纵深推进。

四、下阶段的工作思考

"家长进校当助理"机制充分发挥了家长参与学校管理的积极性,但目前每学年参与的家长人数只有 32 人,参与面还不够大,不能满足更多的家长参与学校管理的需求。另外,家长依据《闵行四中家长校长助理工作手册》参与管理工作,但工作的成效还是因人而异的,如何加大保障和激励机制的建设,将是后期探索的重点。我们将在深化实践的过程中不断开拓,让尽可能多的学生家长走进校园,走进课堂,走近广大师生,走进学校各个领域的事务管理,让家长进校当助理工作迈上新台阶。

(执笔:上海市闵行第四中学　刘文明)

No.42　民办初中家长"微巡查"机制的构建与实施

上外静安外国语中学

上外静安外国语中学创办于 2002 年 9 月,是原静安精品教育怀抱中的唯一的一所民办特色初中,2003 年 9 月被确定为上海市第一所留学归国人员子女定点学校。办学十余年来,学校以规范保质量,以质量创品牌,以品牌求发展,致力于构建胸襟博大、海纳百川、开明睿智、大气谦和的校园文化,不仅契合了社会对静安"三高"精品教育的需求,更满足了未来人才多样性、国际性的需求。开放的办学和优质的社会声誉让这所年轻的民办学校在静安精品教育中独树一帜。在学校的办学实践中,依托家长资源,建立"微巡查"机制密切家校合作,加大了学校开放办学的力度,促进了家校的互动双赢。

一、缘起:直面家委会争议焦点

家委会会议是每学期的常规工作,学校在开学初和学期末通过家委会会议向家长介绍学校的主要工作,听取家长对学校工作的意见和建议,尤其是学校特色建设、课程设置、升学招生、收费情况、午餐质量、学生的体验活动等家长最为关心的问题。2014年6月底的那次家委会会议至今让我们印象深刻:在听取了学校开放日活动的介绍后,家长你一言,我一语,"平时能不能有更多的机会让我们可以到学校来看看孩子的在校情况";"其实,我们也很想为学校出更多的力,我们家长的很多资源只要你们需要,我们都愿意无偿提供……";"开放日好是好,但这固定的一天很多家长是没有办法来的,我的孩子已经初三了,但学校安排的时间我都没有办法调整,所以我到现在都没有来过一次,眼看孩子就快毕业了,真的非常遗憾……"几乎所有的家长都显得有些激动,而且,他们的意见是如此地一致。

家长强烈的诉求,引发了我们的思考,改变迫在眉睫:其一,作为一所民办学校,家长投入了与公办学校相比更昂贵的费用,目的就是为了得到更优质的教育资源,而投入与收益是否相符,家长需要的是体验后的直接判断。其二,作为上海市留学归国人员子女定点学校,家长受过高等教育且具有海外留学的教育背景,决定了静中的家长往往会用独特的眼光来诠释对教育的理解,丰富的教育经历也使家长对孩子的培养目标和教育模式形成了独到的思考。对教育的期盼,他们有理性的发言权。其三,通过与家长的沟通合作,有利于学校办学理念的完善,丰富学校的课程设置,促进特色创建,也能切实满足家长的需求。为此,家长"微巡查"机制应运而生。

二、实践:丰富与完善"微巡查"内涵

"微巡查"是在广泛征集家长意愿的基础上,通过家委会发动,在不干扰学校正常教育教学秩序的前提下,组织家长适度参与学校日常管理的工作形态。

(一)"三定"促规范

我们通过定频次、定时间、定人员,规范"微巡查"的基本要求。在征询家委会意见的基础上,我们确定了"微巡查"的频次为每月一次,每学期四个年级共四次;为了确保用餐巡查、沟通等环节都能得到落实,每次"微巡查"的时间安排在上午10:30到下午1:30;为了符合"微巡查"不干扰学校教育教学秩序的要求,参与"微巡查"的人员每次由一个年级五位家长组成,由相关年级分管行政领导以及年级组长组织落实。

(二)"六一"明内容

为了使参与"微巡查"的家长工作落实到实处,我们对于"微巡查"的具体职责做了明确规定,其中包含"六个一"的基本内容,即:参与一项学校教育教学活动,参与微舞台、微赛季、微摄影、微社团、微艺展等;了解一次午餐质量情况,家长在学校就餐,检查

食堂卫生、管理、流程,进入班级了解学生午餐情况;巡视一次校园,家长自行安排巡视时间和路线,随机巡视校园;与学生作一次沟通,家长可随意抽选学生,了解学生对学校教育的满意度;与教师(领导)作一次访谈,行政领导和年级组长向巡查家长介绍学校、年级情况;完成一份巡查记录,家长集中交流反馈巡查结果,填写记录表。

(三)"六步"定流程

通过家校协商,我们明确了家长参与"微巡查"的工作流程,具体分为六个步骤:预约报名——现场培训——全面巡查——咨询交流——评价记录——信息反馈,每个步骤分别完成以下工作:

预约报名:在学校微信平台上发布试运行年级的报名程序和时间节点。通过微信等网上预约报名的形式,由各年级校级家委会召集人确定当月参与巡查的家长名单,由学生处负责根据已确定的家长名单发出邀请函。

现场培训:参与巡查的家长凭学校邀请函进入学校,由校级家委会家长代表负责对家长进行微巡查工作的培训,告知当天工作时间节点和要求。

全面巡查:家长全面参与学校教育教学活动,参与学生午餐,完成校园巡视和与学生的交流沟通。

咨询交流:家长与学校领导或教师代表进行沟通交流,实现信息互通,建议共享。

评价记录:家长填写"微巡查"评价记录表,提出针对性的意见和建议。

信息反馈:将巡查情况包括巡查内容和家长反馈意见发布在学校公众微信平台,接受全体家长的监督。在每学期的两次家长会上,还邀请参与"微巡查"的家长代表向全体家长分享"微巡查"的感受。家长代表的全方位介绍极大地提升了家长对学校的信任度。

(四)"六性"显特质

"微巡查"实施受到家长的高度认可,许多家长戏称这是学校给家长特制的"营养快餐",它具备以下六个特性:

微小性:每次巡查涉及的家长只有五六位,范围不大,形式灵活,不会影响学校正常的教育教学工作。

平等性:由于报名机会平等,不设条件、范围,每位学生家长都有自愿参与的权利。

常态性:与一般学校开放日最大的区别在于,学校在实施"微巡查"过程中,所有的工作按计划进行,不做特别的调整,给家长展现的是原汁原味的校园生活。

选择性:每位家长都可以根据自己的需求自由选择走进哪个教室,参与哪项教育教学活动。

真实性：家长有足够的自由活动的空间，可以不随团而行，寻访教师、学生的时间和对象都由家长自己选择，家长听到的是最真实的声音。

及时性：家长发现的问题可以第一时间反映在家长反馈意见表上或直接与学校领导沟通。

二、组织：策略化的管理推进

家长"微巡查"工作是符合时代需求的教育改革实践，为了确保其工作的顺利开展，我们注重工作策略，不断完善上外静中家长"微巡查"的工作。

(一) 项目引领，任务驱动

我们在学校成立了"微巡查"工作项目组，加强对项目研发、实施情况的管理和推进。同时，在家长中也建立了"微巡查"专题项目组，由家委会推荐家长代表作为项目负责人，负责意见征询、联系网络平台搭建。通过任务驱动的模式，在各年级中确立一位校级家委会家长作为召集人，分别建立年级家委会和班级家委会通信网络，并就"微巡查"工作充分听取各级家委会意见和不同家长群体的意见。

(二) 问卷调查、聚焦需求

在"微巡查"实施前，我们充分开展调查研究，广泛听取各年级家长委员会代表对进入学校了解办学情况的侧重方向、涉及的领域、具体的内容等，归纳总结符合大多数家长意愿的需求，力求我们的项目实践能得到广大家长的支持与配合，为下一步研究做好相应的准备。家长的"微巡查"能否真正做到客观、真实、常态，并在实施过程中实现学校和家长的初衷，"微巡查"反馈表的设计发挥了导向作用。包括家长在内的项目组成员经过反复讨论，多次征询校级、年级家委会的意见，最后确立了教学管理有序、学生积极参与、食堂卫生整洁、饭菜营养均衡、校园环境整洁、安全设施完善、学生文明礼貌、师生关系融洽等八项客观反映学生校园生活的评价指标。家长通过"六个一"的亲身体验，将自己的亲临感受记录在案。

(三) 试点研发、分层推进

在调查研究获得第一手资料的基础上，由项目组成员讨论拟定"微巡查"的报名形式、时间安排、巡察的内容、组织形式等，选择在条件成熟的年级进行试运行，并根据年级特点和家长的需求，逐步推广到全校四个年级。我们用了一年时间在两个年级中试点，现已在全校推广。

(四) 总结反思、行动改进

家长"微巡查"工作也是一个小的系统工程，每一轮"微巡查"试运作后，一定会有生成性的问题。例如,报名渠道是否畅通,时间与人员安排是否合理,巡查的流程是否科学,巡查的形式是否多样,巡查的内容是否是全面、真实地根据家长的需求,巡查的评价指标能否客观反映家长的巡查结果和家长的合理诉求,各部门相互之间的协调工作是否到位等,都将作为巡查制度改进的依据,并及时在下一轮行动中得到体现。针对家长在"微巡查"中的体验以及巡查的评价报告,学校及时进行信息收集,并通报校务会,讨论改进措施。同时,我们将家长的意见建议及时向学校领导及各责任部门反映,在下一次"微巡查"中向家长汇报后续举措。

四、成效:实现家校双赢

(一) 达成了合力育人的共识

教育是一项备受社会关注的民生工程,学生的健康成长需要学校、家庭和社会形成教育合力,共同创设良好的育人环境,才能保障和促进学生的发展和成长。同时,办好家长满意的教育,就必须进一步加大学校信息公开的力度,以充分保障学生家长对学校教育的知情权、参与权、表达权和监督权。对于静安精品教育中高位发展的民办初中而言,家长对学校、学生发展的期望与关注有着更高的需求,他们希望对学校的教育、教学、管理等工作有最直接的体验,并在此过程中求得对学生培养目标和培养方式的认同。所以,建立家校互动的"微巡查"机制,让家长走进学校,参与学校的管理和教育教学活动是家校共同利益的具体体现,促进家长了解学校、支持学校、帮助学校、提升学校,在信息互通中促进合力育人氛围的形成。

(二) 搭建了家校互通的桥梁

"微巡查"机制的实施已近两年,我们欣喜地看到,更多的家长成为学校宣传的"名片"。今年招生面谈的一位家长说:"我就是在微信上看到家长在'微巡查'中对你们学校的评价才决定把上外静中作为孩子小升初报名的第一志愿的。"尤其是家长参与了学校的微系列活动和个性化教育项目的亲身体验后,看到学校能为学生的成长和发展提供如此丰富的实践体验活动,都颇有感慨地说:"学校鲜明的外语特色和育人目标与家长的培养需求达到了高度的统一,我们的选择没有错!"在给学校的反馈意见中,有两位家长这样写道:"在午饭后休息片刻,我们和同学们一起观摩了学校'微舞台'活动,本次主题是精彩的民族文化展示活动。多才多艺的同学们带来了激情的诗朗诵、悦耳的歌声、优美的孔雀舞、娴熟的古筝弹奏……在上外静中这个大舞台,每位学生都有机会将自身才艺发挥得淋漓尽致!""我们享用了和孩子们一样的午餐,一荤两素一汤还配有一个炸鸡腿,不咸不淡非常可口。各班学生的胃口都很好,有的狼吞虎咽,有的细嚼慢咽,个个都能做到文明用餐。孩子入学以来,她的午餐情况都是我每天探听得来的。吃得好与差,吃得多与少,单凭她只言片语。如今,我的心结打开了,学校不仅教书育人,还非常关心孩子们的营养健康。"家长积极献言,愿意为学校提供具有未来教育特色的教育资源和课程资源,如科技创新、文化交流、金融理财等。

(三) 促进了学校办学水平的提升

"微巡查"机制的构建,不仅使学校的常规工作更加规范,而且促进了学校的特色发展和高位发展。通过调查问卷、讨论研究、实证巡察等形式,建立与完善了包括报名形式、实施流程、实施形式、巡察内容、评价指标在内的上外静中家长"微巡查"制度,完善和促进了学生个性发展的评价机制、教师专业发展的评价机制和学校的机制。家长从另外的视角观察学校的办学水平,拓宽了学校的发展思路。通过"微巡查"制度的实施,家长在学校特色发展、个性化教育实践活动、"mvs"学生评价指标、家长开发课程资源等方面的反馈意见成为各部门可持续发展的重要参照内容,促进了学校的特色发展。

上外静中家长"微巡查"机制是根据学校进一步发展的实际需求,所建立与实施的新时期家校合作互动的新模式。在项目实践过程中,我们针对学校和家长的实际情况,理性、客观地分析问题,以学生的发展为根本,协同家长的力量,在行动中推进、总结、提炼。同时,我们希望通过项目实践来完善适合我们学校的家校合作的常态机制,进一步发挥"互联网+"的功能,建立更便捷、高效的网上报名和反馈系统,更好地整合家长的资源,为学校特色发展和学生健康成长奠定坚实的基础,为学校内涵的提升给予最有力的支持。

(执笔:上外静安外国语中学　曹慧玉)

No.43　社区听证会的实践与探索

上海市新杨中学

随着现代教育发展,家校合作的空间越来越大,以前的家校合作仅局限于家校,而不能拓展到更大的社区;家校合作的对象越来越多,以前的家校合作仅局限于家长,而不能拓展到社区所有人;家校合作的内容越来越丰富,以前的家校合作仅局限于教学,而不能拓展到更多要素上。然而学校一般重视家校合作,缺乏对社区的关注和利用,这不符合学生的成长需要,因为孩子成长的天然生态空间恰恰就是家庭、学校和社区组成的立体共享空间。就我校而言,地处教育资源非常匮乏的桃浦社区,家庭文化层次和社会地位相对不高,可以利用的资源不多,家庭参与学校教育的主动性也不强,学校必须寻求新的突破。事实上,社区和街镇,作为居民生活的基本单位和直接主管机构,有责任有义务关注本社区、本街镇居民的学习、生活和发展情况,他们也有这个主动需求。为此,把家庭、社区和共建单位视为重要伙伴,共同组成社区听证会,这是我校家校互动的首选方案,是弥补教育资源不足的优选方案,是与其被动参与,不如主动合作的现实选择。

社区听证会是由学生代表、家长代表、教师代表、社区干部、共建单位代表、校友代表等校内外相关人员,组成班级、年级和学校三级社区听证会,通过解读听证项目、征集项目提案、听证提案内容、形成可行方案、落实听证项目、反馈实施效果等流程,进行充分听证、科学决策和有效执行的一种家校互动机制。

家校互动尚且困难,要把家庭、学校、社区和共建单位这些虽有共同需求,但又如此不同的听证单位组织起来,就更困难了。为此,我校采取了以下做法。

一、社区听证制度化

实践中,我们认识到,制定完善的社区听证会制度,是推进社区听证会的关键,为此,我们制定了四项制度。

(一) 例会制度

按照事情的轻重缓急,我们把听证例会分为协作听证、协商听证和协助听证三种形式。协作听证和协商听证都有相对固定的时间,分班级、年级和学校三个层面,按照听证会流程,针对不同层次的项目做出例会制安排。协作听证主要针对常规工作,如教育教学常规工作、听证会自身建设等。协商听证主要针对重点工作,如发展规划、工作目标等。而协助听证不固定时间,集中在学校层面,举行专题听证。主要针对难点工作,如突发事件、意外伤害事故等。

(二) 提案制度

我们要求提案"言之有据、案情清楚、建议具体、一事一案"。开学初发放"我的期望"提案表,请代表充分表达对学校发展的愿望;学期中发放"我的建议"提案表,请代表实事求是地指出学校的不足之处;学期末召开反馈会,请代表评价学校工作成果。

（三）交流制度

听证交流一般有会议交流、提案交流、电话网络交流等形式。每次确定听证内容后，要求每个代表认真准备发言稿，先在小组内交流，然后汇总小组意见，最后是会议交流。电话网络交流主要针对常规项目，当然提案更是我们常用的交流方式。

（四）反馈制度

听证反馈一般有会议反馈、书面反馈、公示反馈、问卷反馈等形式。会议反馈就是把能答复的问题，在听证会上以会议总结的形式当场反馈；书面反馈就是用书信的形式反馈代表的提案和意见；公示反馈就是通过校园网、校园张贴的形式反馈共性和全局性问题；问卷反馈就是针对听证项目，设置相关问卷，让代表通过问卷的形式反馈各自的想法，最后形成总结报告。

例如，因为父母离异，殷同学敏感细腻的心灵受到重创，出现了严重的心理障碍，好端端的一个女孩变得沉默孤僻，甚至辍学轻生。在社区听证会上，殷同学所在社区的文教干部张老师知道了学校的困难，主动承担起关爱学生、帮助学校的重任。只要殷同学未到学校，一个电话过去，她便立即前去"探望"，并及时用手机反馈："老师，孩子在家，很安全，水电煤已关好，我会关照她。"学校收到这样的信息，感激之情油然而生。没有想到的是，有一天，张老师打来报喜电话："孩子被评上社区阳光少年啦！"女孩在周记中动情地写道："当我沉浸在莫名的自我空间中时，忙碌而又热情的张阿姨却愿意抽出时间与我促膝交流；当我不乐意参加社区活动时，她会语重心长地教育我。今年暑假，我获得了'阳光少年'称号，她满口称赞我做得有多好。可我心里默念：'阿姨啊！你知道吗？若不是你用心爱我，我怎会认真地去完成任务呢？'"我们为女孩的进步而高兴，更感激张老师的付出，是社区听证会搭建了爱的平台。

二、社区听证会运行项目化

要运作好这样一个由各个层面组织起来的听证会组织，光靠制度是不行的，我们还采用项目管理方式来保障社区听证会有效运行。在每年初召开的社区听证会上，请每个听证会单位提供一个项目，通过充分协商，然后用共建签约的方式把项目固定下来，明确项目内容、时间节点、责任义务等要素，确保项目有效推进。下面列举一些我们通过社区听证会运作的项目：

1. 社区听证会常规运行项目。每年9月初，召开"庆祝教师节"社区听证会，进行上学年工作成效汇报和新学年工作展望。每年2月，召开"春节迎新年"社区听证会，进行学年中期工作互动，调整完善后期工作进度。

2. 学校面向社区的项目。每年6月,召开"新杨教育与社区发展咨询会",针对学生与家长之间存在的"代沟",以及家庭教育的问题,邀请教育专家授课和咨询,让社区居民努力当好"开明家长、务实家长、幽默家长、智慧家长"。

3. 社区面向学校的项目。每周五下午第二节课,开展"社区课程进学校"项目,以社区学校教师为主体,包括社区达人、优秀校友等成员,为新杨中学师生开设京剧、淮剧、沪剧、布艺画、书法、绘画、二胡、吉他、爵士鼓演奏等10余门社团活动课。

4. 共建单位面向学校的项目。每年暑假,共建单位都会出面组织"中外互动,共同成长"暑期夏令营项目,邀请国外的夏令营来校进行交流活动,也无偿组织本校学生参加国际性的互动友谊营,以此来开拓学生的国际视野,强化民族意识。

5. 共同面对家庭教育的项目。每年组织一次"社区家庭亲子运动会",普陀区体育公园不仅无偿提供设施,还把所有的会务工作承担下来,社区听证会共同参与组织和协调,把运动会开成学生、家庭、学校、社区以及共建单位欢乐共享的大会。

例如,我校每年暑期都要承办中外互动友谊营活动,这个项目一开始就是共建单位帮忙引进的。那是2010年庆祝教师节听证会上,学校提出"新杨学生怎样走出去?"这一听证项目——很多家庭没有资金支持孩子走出去拓宽视野,导致学生活动局限于桃浦社区,不利于学生健康成长。共建单位代表纷纷献策,他们通过与上海市青少年中心的共建关系,成功地把中外青少年互动友谊营的承办权弄到新杨了。项目引进来后,大家又犯愁了。一讲到外国青少年要来,学生紧张了:我们的言谈举止不能丢人啊!接待外国学生的家长紧张了:我们的家庭氛围不能丢人啊!居委干部紧张了:我们的社区环境不能丢人啊!就连镇政府都高度关注起这件事了。怎么办?召开社区听证会,家庭、学校、社区和共建单位都行动起来。一时间,学生精神面貌上来了,家庭环境彻底改变了,小区面貌焕然一新了,就连车乱停、黑三轮乱开的社区顽症也好转了。三年下来,我们接待了来自30多个国家的青少年来校举办"环保达人彩绘秀"、"民族才艺展示秀"、"传统里弄游戏交流"等一系列活动。有30多位学生把外国小朋友接回家,同吃同住同玩,锻炼了能力,展示了形象,增强了友谊。

三、社区听证会的课题引领参与模式

我们用课题引领方式保证听证会的参与效率,避免各自为政。为什么各听证单位愿意参加课题呢?首先作为全国社区教育示范区,普陀区的社区学校、居委和相关单位都有做社区教育课题的需要,同时课题也是很好的工作平台。其次听证单位的项目也需要沟通和协调,参与课题就不用事事启动听证会了。

例如,通过社区听证会,我们开展"桃浦地区学生家庭成长环境指导策略研究",对全校学生的家庭教育环境进行摸底,建立起学生家庭教育环境及教育子女方法的数据库,对每个家庭安排从镇政府到居委会再到家庭的学生家庭成长环境指导及干预策略。具体做法就是由社区学校牵头,对不同类别的家庭进行提升生活品质的指导;由居委会牵头,组织辖区内的特殊家庭到有品位的地方进行亲子活动;由我校牵头,对不同类型的家庭进行提升家庭教育水平的指导。

四、社区听证会与家委会融合

有了社区听证会,我们原来的家委会是不是就没有了呢?不是的,我们是通过"一班一居委"的形式,把家委会整合进了社区听证会。

我校开展"一班一居委"德育社区实践体验活动,一个班级和一个居委会结对,共同开展德育活动。所以,我们请居委干部参与班级社区听证会。每班分别选举两位家长、两位学生和一位教师,确定一个居委干部,组成班级社区听证会。这就把以前班级家委会只有家长和班主任参与,扩大到有学生、教师和居委干部共同参与。不仅让班级社区听证会的人员构成有充分的代表性,也让班主任和居委干部有了推进"一班一居委"的工作平台。居委干部为何愿意参加班级听证会呢?因为我们请的居委干部都是文教干部,他的很多工作都需要学校的支持。通常学校的支持不具体,落实在"一班一居委"就具体了。班级社区听证会由班主任负责每学期召集三次,从"一班一品"、"温馨教室"、"一班一居委"等方面征询意见,体现班级的特点和功能,推动建班育人工作的深入开展。

我们从各班级社区听证会代表中,分别推举一位家长、学生,再加上班主任和居委干部,组成年级听证会。这样就把以前的年级家委会提升到年级社区听证会,让居委干部从班级层面到年级层面参与听证会。年级听证会也由年级组长负责每学期召集三次听证会,分别从德育目标、课程设置、专题教育、发展预期等方面听取意见,体现年级的特点和功能,推动德育年级目标的实现,关心学生的阶段成长。

我们从每个年级社区听证会中,分别推举一位家长和一位学生,再加上年级组长和居委干部,吸纳校友代表和共建单位代表,组成学校社区听证会。确保家长和社区居委干部能够全程全面参与社区听证会的运作。为何校友代表和共建单位代表不在班级、年级设置呢?因为校友代表和共建单位代表的数量不确定,人员不固定,考虑到他们的工作性质,不可能有大量的时间投入学校常规的管理,所以只安排他们参加学校社区听证会。学校社区听证会由校长负责召集,分管德育副校长负责具体工作,以学校政教处为秘书处,对学校重大的规划和改革、教学与课程、德育与活动进行听证,使"学生收获成长、家庭收获成功、学校收获发展"。

五、下一步的打算

推进社区听证会的评价机制。首先要推进社区听证会本身的评价,利用"一班一居委"模式,利用居委干部深入班级、年级和学校的条件,让居委干部在每次社区听证会后,针对听证项目、提案填写、项目运作、实际效果进行评价,引导听证会成员切实履行职责。其次是学校对听证项目进行评价,包括听证会召开的质量,各听证单位项目运行质量等,保证听证会工作持续有效地推进。

推进班级、年级社区听证会规范运行。由于社区听证会是整合社区和共建单位资源的一种尝试,有别于普通意义上的家校互动,而这些资源是班级和年级所不能掌控的,所以我们先做学校层面的社区听证会。为了理顺关系,我们刚启动了班级和年级社区听证会,还要进一步探索其运行机制、实现方式,确保其务实高效。

(执笔:上海市新杨中学　夏时勇)

No.44　学校内涵发展进程中家长督学制的实践探索

上海市晋元高级中学附属学校

上海市晋元高级中学附属学校始建于 1999 年,为普陀区公办九年一贯制学校,原名万里学校。学校当时规模小,仅有 300 余名学生;学校教育教学质量差,是普陀区的薄弱学校。2002 年经普陀区教育局批准,学校由上海市首批实验性示范性高中晋元高级中学承办,易名为上海市晋元高级中学附属学校。学校由晋元高级中学承办十年来,办学规模不断扩大,教育教学质量不断提升,社会声誉不断改善。目前拥有两个校区,有 145 名教职工,45 个教学班,1 700 余名学生。2011 年学校被上海市教育委员会选择作为中心城区的优质品牌学校,承担了第三轮农村义务教育学校——嘉定区外冈中学的委托管理工作。学校十年的蜕变可以简化为"薄弱学校被承办——成为优质学校——托管薄弱学校"的过程。一所薄弱学校何以在较短时间内质变为深受老百姓好评的优质学校？原因当然是多方面的,其中通过"家长督学制"凝聚家校合力是一个重要原因。

一、让家长了解课堂：一次投诉引发的思考

一天,校长接到学校家委会主任打来的电话,她说有位七年级学生的家长向她反映孩子的数学老师的师德和教学问题,要求学校更换教师。第二天在约定的时间,家委会主任带着那位家长来到校长室,详细诉说了这位数学老师的问题。在校长向那位老师核实情况时,老师觉得很委屈,她说自己工作一向认真,教学水平也不差。她说那位学生学习成绩很差,自己为她付出了很多,家长也不积极支持配合。当然她也承认自己在教育学生的过程中有过激的言辞。校长在做通老师的思想工作后,询问她想如何去化解与家长的矛盾。她想了想说:"既然家长说我教学有问题,那么就让她来听听我的课吧！我也和她好好沟通沟通。"在家委会主任的共同参与下,家长听了老师的课,课后老师也主动向家长承认教育过程中存在的言辞过激问题并深表歉意。在与校长的沟通中,家长和家委会主任都认为老师上课认真,讲得也非常清楚。她们感叹现在的课堂教学已与二十几年前自己上学时的情形差异很大,真是今非昔比。最终矛盾和误解得到妥善化解。

反思这次投诉事件,学校最大的体会是,必须要有一定的渠道和机制,让家长了解今天的学校和今天的课堂。通过进一步思考,我们有几点认识：第一,随着现代公民意识的增强,学生和家长维权诉求事件增多,民主开放办学已经成为必然趋势。第二,随着社会发展和教育进步,家长对子女教育的关注已经从"送子女入学"转变为"参与子女教育的过程"。第三,小学和初中学生家长集中在30—40年龄段,他们离开当年的课堂一般已二十多年,对当今学校教育和课堂并不十分了解,过去的经验有可能成为今日学校教育以及家校合作的干扰因素。第四,家长作为学校的伙伴,如果能够合理有效引导,也将对学校管理起到督促作用,学校也能够借助家长的监督提升办学质量。鉴于以上认识,我们经过酝酿,推出了"家长督学制"。

二、变革的开始：推出家长督学制

家长督学制是指让家长走进学校,依据教育法律法规对学校各项教育教学工作进行监督、检查与评价。

学校政教处和家委会是家长督学制的领导机构。所有学生家长只要向政教处或家委会申请，都有权利进校参与半天时间的督学工作。

家长督学制的主要流程为：家长申请（或被邀请）——进校督学——咨询交流——总结评价。

家长在为期半天的督学时间内，需完成"七个一"的督学工作，即：听一节随堂课；与老师作一次交流；与同学作一次沟通；与领导作一次访谈；完成一张问卷；巡视一次校园；完成一份督学报告。

督学当天，家长到学校政教处领取参与督学的材料袋，内含督学标志、督学说明书、听课评议表、督学问卷和督学格式报告。督学结束后，家长把相关材料交给政教处或家委会。政教处会同家委会将督学材料按月进行汇总。督学中家长反映的重大问题须及时报校长室，校长室责令学校相关职能部门对问题进行处理，处理后由政教处或家委会及时回复给家长。

三、走进家长督学：多举措推进和深化家长督学

家长督学作为我校推进家校互动、深化办学改革的一大举措，推出伊始，面临一些问题和挑战。比如，学校如何对家长督学发挥好领导与引导作用？家长督学同原有家委会如何进行功能协作？如何提高家长督学的水平？教师不支持家长督学怎么办？这些难题需要我们在实施过程中逐步化解。

（一）以家委会为核心领导，合理架构家长督学制的组织机制

家长督学制是以学生家长为主体的制度架构，所以家长督学制的组织领导必须以学校家委会为核心。

长期以来学校家委会往往处于被动和弱势地位，但自从我校实施家长督学制以来，家委会的主体性和活力得到激发。学校家委会章程规定，学校设立三级家委会，即学校、年级和班级家委会，每班设立一名校家委会委员。每学期学校必须召开两次校家委会会议，开学初的一次主要由学校向家委会通报学校学期工作计划并征求意见，和家委会商讨家委会的学期工作计划。在学期末的第二次会议上，学校要向家委会通报学期工作的完成情况，家委会主任需作学期工作总结。每学期学校所有班级必须召开一次家长会，届时该班的家委会委员必须将学校及家委会的主要工作情况向全体家长作通报并征求家长的意见和建议。在会上还要下发家长督学征询单，对有意向参加家长督学的家长进行组织安排。家委会为学校的常设机构，在家长督学工作中具体负责组织与安排、材料的收集与整理、意见的处理与反馈、与学校共同召开督学工作座谈

会等。

（二）制作家长督学指导手册，提高督学能力

家长督学制是在家校共同利益的基础上设立的，要树立家校和谐合作共赢的理念。"督学"不是为了针对学校和教师，使家校成为"敌对方"，而是让家长了解学校、参与学校、宣传学校、帮助学校、支持学校、提升学校，更好地促进学生的发展与成长。这样才能化解家长参与督学的恐惧心理。家长督学制的一个重要功能是为了化解家校矛盾，在督学过程中通过有效的面对面沟通，增进相互了解与包容，这符合家校双方的利益。

为了广大家长能胜任督学工作，学校制作了《家长督学指导手册》，并将督学流程归纳为"七个一"。"七个一"的督学流程设计是为了便于家长能从多角度了解学校的相关情况，同时也明确学校的相关责任。对于督学的书面材料，学校都做了表单化设计，家长只要依照表单引导就能顺利做好督学的相关工作。学校不定期举办家长督学研讨会，对家长督学工作进行指导、交流和沟通，为在家长督学工作中作出贡献的家长和教师给予表彰。

（三）畅通督学结果传递和反馈机制

督学结果出来以后，如何传递到学校管理的相应层面，特别是对于非常典型的结论如何传递到学校决策层，并及时反馈给家委会和督学家长？这个问题能否解决，直接关系到我校的家长督学制能否有效有序运行，直接影响到督学制能否充分发挥好家校沟通的桥梁作用。

我们在家长督学制的流程上下足功夫。首先，家长需要完成领取资料包、领证上岗、填写督学表以及提交督学材料等几项工作。其次，家委会对督学材料进行收集、汇总和归类，并初步提出意见处理的思路和建议，交相应的学校管理部门，如年级组、教导处或班主任等，由相应管理部门自行处理和反馈，或者提交给校长室。第三，妥善处理家长的意见和建议。通过家长督学，家长给学校提出了很多宝贵的意见和建议。学校在认真分析研究的基础上采纳实施并回复感谢家长。当然因家长并非是精通教育的专业人士，所以有的意见和建议不一定妥当。遇到这种情况学校会进行知会说明，征得家长的理解。第四，学校每月召开一次"家长督学制"工作例会，通报工作情况，研究处理家长的意见和建议。对于家长督学中提出的合理意见和建议，学校各个相关职能部门进行整改，并及时向家长反馈。

（四）思想教育，引导教师正确认识家长督学制

学校教师普遍欢迎家长来校督学，因为学校设立家长督学制的目的是为了构建家校之间的和谐，而不是为了"整治"教师。通过督学，很多家长成为教师的朋友兼助手；

通过督学，很多教师本来不为人知的感人事迹被挖掘出来，家长对教师普遍心存感恩，有的写来感谢信，有的送来锦旗；通过督学，家校的矛盾得到化解，使教师的心情更加舒畅。对家长在督学中反映的教师问题，学校总是从善意的角度帮助教师提升，以赢得家长的认可。同时学校非常注重师德师能的培养，每学期都要设立一个师德师能的教育主题，练就每一位教师"修己以安人"的本领。在处理家校矛盾时，要求教师做到勇于面对质疑，真诚给予回应，体现对家长权利的尊重。回应不回击，对话不对立，凡事先具体问题具体分析，凡事不先入为主推卸责任，凡事多从自己身上找原因，体现办老百姓向往学校的拳拳之心，折射出强大的为师自信。

四、家长督学制：架起了家校之间的直通车

家长督学制架起了家校之间的直通车，有效发挥了家委会的主体性，保障了家长对学校办学的知情权、参与权、监督权和评价权，这项制度赢得了家长的普遍好评。以下是一位学生家长在学校举办的"家长督学制"座谈会上的发言。

> 我是晋元附校二(3)班黄紫怡的妈妈，今天很荣幸作为家长代表来交流一下督学的感受，同时也给了我一次很好的学习机会。教育孩子是一个系统的工程，必须将社会、学校、家庭三方面的教育完美结合。教育也不仅仅是学校单方面的任务，而是学校、社会、家庭共同的责任。就我们家长而言，通过督学活动，了解学校的办学理念，参观学校的校园环境、硬件设施，随堂听课，与老师们交流孩子的教育问题，我们很珍惜这样的机会，晋元的督学活动得到了家长们的一致好评。作为家长我们很高兴，也很支持学校给我们提供的一次近距离地了解学校的机会，也使我们能全方位地了解自己的孩子。晋元附校家长督学活动的开展，不仅受到了家长的欢迎，也得到了老师们的积极支持。老师们和家长共同探讨教育问题，认真听取家长的意见和建议，并通过家长进一步了解学生的思想和需求，从而更好地改进自己的教育教学方法，更好地为学生服务。
>
> 督学活动其实是双赢的家校互动，是有利于孩子健康成长的事情。作为家长，我们一定会大力推广督学活动，让更多家长参与进来。众人拾柴火焰高，在配合晋元附校争创一流学校的征途中，作出我们应有的贡献。

家长督学制的制度设计增强了家委会的责任意识，赋予了家委会明确的工作任

务,构建了家长——家委会委员——家委会——学校的沟通网络,密切了家校之间的联系。很多家校之间的矛盾在这一平台上得以顺利解决,社会对学校的满意度大大提高,成为老百姓向往的学校。

自创立家长督学制以来,因为没有任何成熟的经验可以借鉴,所以我们一直在摸索中前行。但当一个又一个家校之间的矛盾得到化解,学校规模越来越大,而投诉却越来越少时,更加坚定了我们坚持做好家长督学制的决心。今后我们将继续秉持一颗善良之心,教育学生,造福社会,努力办让老百姓满意的学校!

(执笔:上海市晋元高级中学附属学校 骆 奇)

No.45 "一日校长督察制"探索与实践

上海市杨浦区世界小学

杨浦区世界小学是一所普通公办小学,有近 60％的学生是进城务工随迁子女。我们通过调查发现,不少家长在家庭教育中存在盲目性、强制性等现象,因缺乏恰当而有效的方法产生焦虑。家长既希望得到学校的指导,但又不满足于被动地接受学校单向信息的传递。因而学校通过多年的实践研究,创新出"一日校长督察制"工作模式,聘请区域内教育教学专家、学校共建单位代表、社区实践基地代表、对口学校领导及家长代表共同担任"一日校长督察理事",通过民主参加学校活动,参与学校重大决策,评议学校主要工作,达到学校、家庭、社会的互动,实现家校合作的最优化。

一、在科研引领下创新互动机制

"'一日校长督察制'家教互动工作管理模式的研究"是被立项的上海市学校德育和家庭教育指导研究课题。在科研课题的引领下,我们创新了教育管理模式,使得家校互动工作呈现出目标清晰、组织合理、制度健全、运作有序的良性态势。

(一)架构立体的组织网络
我们通过建立组织,吸纳学校家长委员会、区域内教育教学专家、共建单位代表、社区实践基地代表、对口学校领导成立"一日校长督察理事会"（如图35）。这个立体的组织,体现了多元参与的特征,形成了一个共同治理、协商和评价的结构,不仅在学校家教指导、师资队伍、课程建设、学校文化等方面起到了积极的作用,提高了学校的服务效能,还促进了学校、家长、学生、理事成员之间的合作互动。

（二）建立完善的制度职责

我们通过建章立制,赋予"一日校长督察理事会"学校发展的规划权、重大事项决策权、全校工作督导权;用学校章程的形式规定人员安排、基本职能、工作流程,使之成为社会参与机构和学校领导机构一体化的组织形式,融合到家校合作的管理过程中;并完善汇报制度、例会制度、学习制度、保障制度、评价制度,健全工作机制。

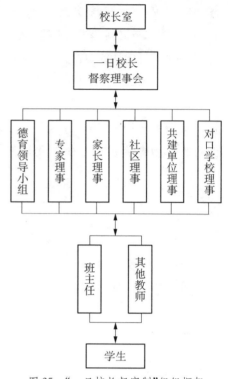

图35 "一日校长督察制"组织框架

（三）实施科学的运行管理

我们实行科学管理,举行了"一日校长督察理事会"成立仪式,和相关单位、相关成员进行了签约。我们组织开展活动,计划性重要决策人人参与,针对性重大活动双向参与,日常性重点项目专人参与。这样的活动模式发挥了各层面成员的作用,保障了"一日校长督察制"工作的顺利开展。学校还专门建立了"一日校长"办公室,使得家校互动工作常态、有序地运行。

二、在实践探索中形成有效互动

在研究实践中,"一日校长督察制"家校互动工作注重条块统整结合,注重不同功能发挥,注重过程指导评价,不仅形成了家校合作的新局面,还带动各理事成员之间资源共享、有效互动。

（一）把有效衔接作为家校沟通的关键点

关注孩子成长问题,关注家长内心需求,关注家教工作缺失,是进行家教工作的关键点。我校将一年级学习准备期和五年级的毕业焦躁期作为两个重要归口开展家教指导。对于一年级幼小衔接工作,我们组织教师到对口幼儿园对家长进行学前指导,并在一年级学习准备期中通过家长开放、专家咨询、家校互动等每月一主题的活动,不断向家长渗透育儿理念和方法,从而缩短家长的"学习准备期",引导孩子尽快适应小学生活,为培养学生良好的学习习惯和生活习惯打下坚实的基础。五年级大部分家长会为孩子的升学、生理变化等而感到焦躁。为了更好地舒缓这样的焦躁情绪,让五年级学生更好地适应中学生活,指导家长适应孩子青春期变化,帮助孩子顺利地过渡到初中教育,我们聘请对口中学政教主任、班主任来校开设讲座,进行座谈,结合心理健康教育、理想教育,以生动的实例对家长开展指导,改善毕业期的焦躁,疏导青春期的困惑,引领孩子健康成长。

(二) 把资源利用作为家校互动的突破点

一是专家资源。主要是借区关工委老同志、区域内教育教学专家之力,通过开设讲座、开展咨询等形式进行互动。在深度的沟通会谈中,给家长开出家庭教育的"良方"。从孩子心理健康、行为习惯、教育方法等方面,阐述了现代家庭教育理念和现代家长应具备的素质。每年的一年级学前准备期的专家咨询会就是备受家长青睐的指导活动。二是家长资源。家长的现身说法可能更容易被家长接受,通过家校互动平台、家长学校、《根·芽》校刊等各种途径,以贴近的个案研究、实际的经验方法给予家长最易学的指导。三是社会资源。这是多向的共享资源,学校派专门的老师,为社区家长学校提供帮助,开设讲座,设计活动;会同镇未保办,维护少年儿童合法权益;开展亲子教育,通过家长和学生同进教育基地,共同完成学习单,共同进行志愿者服务等,力争实现家庭教育的最高境界。

(三) 把四教结合作为家校合作的着力点

我校是上海市科技教育示范校、健康教育促进校,杨浦区体育田径项目传统校、艺术教育美术项目特色校,因而开展"四教结合"的素质教育是我校的特色,其中更是以"绿色科技"教育为中心。在以绿色家庭为主抓手的学习型家庭创建工作中,将科教与体教、艺教、卫教工作不断整合与融合。通过科技节、艺术节、读书节、体育节等活动,提高家长的参与热情和活动能力;通过家庭生活中关于低碳环保的小调查、小探究、小实验、小创造、变废为宝 DIY 等,引导学生提高环保意识,改变生活习惯,提高生活素养,增强生存技能,培养环保实践能力;通过编写"绿色科技"家庭活动手册、《根·芽》校刊"绿色科技"专栏,让特色文化不仅进校园,还走进家庭。在这样的工作着力点下,最终将学校特色细化、量化、深化在家庭教育中。

(四) 把成长规划作为家校共育的落脚点

我校积极打造"根·芽"校园文化,其中"心芽计划"既是学生发展目标,也是一切工作的落脚点。根据不同年级学生的成长目标而设计开展"心芽成长节"主题活动,一年级"心芽苗苗茁壮长"入团活动,二年级"心芽队员心向党"入队活动,三年级"心芽十岁树责任"集体生日活动,四年级"心芽辅导树榜样"小辅导员就职活动,五年级"心芽少年去远航"毕业典礼,体现了不同年段的学生成长规划。每个成长节活动的实施,不仅有效利用了社区教育基地,发挥好各方面的理事作用,还为家长设定任务、目标,开具菜单、方法,提供机会和舞台,让更多的家长成为孩子成长路上不可或缺的重要人物。

三、在发展前行中实现优化成效

在多年的实践研究中,我们尝试有效整合教育资源,使各方教育力量达到优化组合、功能互补、协调联动,建立了学校和社会之间的合作伙伴关系,丰富了学生的成长空间,促进了良性的共赢局面。

(一) 在队伍建设中提升教育智慧,教师对家教指导更投入

学校利用"一日校长"资源,定期召开会议研究部署家庭教育指导工作;定期开展学习,强化教师服务意识,提升教师自身修养,提高家庭教育指导能力。教师们用专家理事的智慧经验指导工作,运用各共建单位的资源辅助指导,在家长学校、主题活动中发挥家长理事的榜样辐射作用。在"一日校长督察制"的引导下,教师们公正、宽容地对待每一个家长,与家长平等协商,敏锐地捕捉家长、孩子的细小变化,善做有心人,肯定他们的做法,赞扬他们的优点,发扬他们的长处,欣赏他们的成功。在"一日校长督察制"的启发下,教师们运用家访、便条、飞信群、QQ群、家校互动网等多种家校沟通方式,经常、及时地与家长联系,了解家长需求,反馈孩子表现,探讨解决方法,指导家长行为。在"一日校长督察制"的促进下,教师们群策群力,积极开展调查研究、个案研究,在"一日校长督察制"合作模式中不断完善自我。

(二) 在实践体验中转变观念行为,家长的家庭教育更得法

在"一日校长督察制"的引导下,家长更积极地参与学校的各项实践体验活动。专家的传道解惑,让家长转变了成才观;基地的社会体验,让家长关注孩子能力的提高;对口学校的咨询辅导,让家长学会如何和孩子沟通交流。在学校的家长论坛中,更多的家长踊跃投稿,"也谈陪读"、"改观孩子的小磨蹭"、"我们的家庭'省'活"、"绿色科技'救活'父女亲情"等一篇篇"现身说法",以实际的经验方法给予众多家长最易学的指导。家长们从只追求"分数第一"转变为重视全面发展,鼓励孩子参加艺术、科技、体育等活动。每天早晨学校田径队的训练更是得到家长的大力支持,成为世界校园一道靓

丽的风景线,连续多年囊括了区小运会的团体第一。校内外的各项比赛,也是亲子齐上阵。在上海市"头脑 OM 亲子挑战赛"中,两个家庭获得二等奖;在杨浦区的"头脑 OM 亲子挑战赛"中,三个家庭获得二等奖,十余个家庭获得三等奖。在上海市青少年校园科技环保 DIY 比赛中,五个家庭的变废为宝世博馆制作获得三等奖。在"昂立舒脑杯"后世博低碳生活"动手做"挑战大赛中,两个家庭获得二等奖。五(1)班的小芸从原来家长眼中一无是处的孩子,成长为上海少科院小院士,让家长尝到了甜蜜的家庭教育的甜头。

(三) 在共建共享中优化资源利用,各种教育力量的支持更主动

"一日校长督察制"的合作模式,给学校的教育教学管理注入了新的生机。学校会同理事会建立长效机制,为学校建设出谋划策;依托理事会,优化资源利用;立足理事会,监督着学校的规范运行。学校建立工作报告制度,定期向"一日校长督察理事会"汇报学校的近期工作,使学生家长和社会各界代表全面了解学校的各项工作。学生的成长、学校的发展有目共睹,理事会支持与配合学校教育教学及管理活动也更主动。武警部队派出优秀士官,帮助学校培训队员,协助学校成立国旗班。消防中队、交警中队、镇未保办送教上门,联手学校保护学生平安。社区街道为学生搭建展示平台,服务宣传、表演展示,展现学校工作成效。幼儿园向学校输送良好生源,初中对口学校指导毕业班家长和学生顺利过渡。学校与理事会的共建共享,促进了学校的健康发展。

(四) 在探索研究中丰富"根·芽"文化,学校办学的成效更显著

"一日校长督察制"的合作模式,引领我们重新阐释了学校"根·芽"文化的内涵:在孩子健康成长中,学校、家庭、社会就是孩子成长的"根",正确的教育理念、智慧的教育方法、共赢的教育合作都是孩子成长必需的养分。根与根缠绕得越紧,根基就更稳固;根与根盘扎得越深,营养就更充分。孩子们这一颗颗"嫩芽"就能蓄势待发、破土而出,他们的个性、才干、美德也能得到淋漓尽致的展现,更能茁壮成长。多年来,学校以课题为抓手,促使各项工作长足发展,获得了很多骄人的成绩。师生的获奖情况呈上升趋势:面广、类多、人次增加、级别提高。学校的校园文化建设在全区展示;2011 年 6 月的《冰心少年文学》中的文化校园栏目作了专题介绍;学校的家教指导工作经验还发表在《东方教育时报》和《家庭教育指导》上。学校被区德育室推荐为上海市"十一五"家庭教育指导实验基地先进校,还被纳入上海市基教处主持的"家校合作框架与运作机制的实践研究"项目课题组。题为《在社区基地建设中深化雏鹰争章活动》的课题报告被评为上海市优秀少先队课题成果三等奖。

四、在完善深化中推动长足发展

今后,我们还将拓展新的内容、方法和手段,在时间、空间和制度上进一步完善,推动学校家校互动工作的长足发展。

1. 民主竞聘过程

除了将各种资源单位和共建单位有效纳入"一日校长督察理事会"外,家长理事的竞聘是公开、民主的。除了固定理事,还定期组织家长代表参与各项活动及管理,使沟通途径更优化,家校互动更和谐。

2. 丰富督察形式

在校园网上开设"一日校长"热线、咨询、论坛,将一日校长督察情况及时向教师、家长汇报,使得"一日校长督察理事会"的服务效能更经常,更及时,更高效。

3. 拓展指导内容

吸纳社会更多层面的人员,尤其是有着丰富理论经验的专家参与理事会,在指导家长的同时指导学校家校合作工作的深入开展。

4. 做好新老交替

对主要人员的更换特别是家长理事的新老交替的培训指导更常态化。

5. 参与课程开发

学校开设各种社团课程,家长和学生可以自由选择课程。同时学校会同各类理事资源,发挥其自身优势参与课程的开发,优化师资队伍,提升教学水平。

6. 完善评价机制

通过一定的途径对"一日校长督察理事"进行介绍、表彰,从而激发理事会成员更主动地工作,保障制度长效。

"一日校长督察制"工作是我校历经多年的实践、探索、研究而日渐形成的管理互动模式,我们愿意为这个课题的日臻完善作更加有效、更加深入的探索与研究,形成值得真正推广的研究成果。

第八章　家校共生：聚焦于人的成长

引言

　　学校教育和家庭教育是社会的两大教育系统，对人一生的发展都起着非常重要的作用。家庭与学校间的合作，可以为学生创造良好的教育环境，能够协调家校双方的力量使之形成合力。近年来，家长、教师、学校对家校合作的必要性和重要性的认识已经得到世界各国的普遍认同。美国教育部"国家教育目标制定小组"（The National Education Goals Pane）把"父母参与"（parent involvement）列为第八项国家教育目标。即"每个学校都有责任鼓励家长与学校发展伙伴关系，促进家长参与，以帮助儿童在社会方面、情感方面以及学习方面的健康成长"。美国的家校合作也由此进入一个新的发展阶段。我国也在 2010 年颁布的《国家中长期教育改革和发展规划纲要（2010—2020 年）》中明确提出，在义务教育阶段要充分发挥家庭教育在儿童少年成长过程中的重要作用，家长要加强与学校的沟通配合；在人才培养体制改革中，实现学校、家庭、社会密切配合，提高人才培养水平；在改革教育质量评价和人才评价制度中，家长及社会各方面要积极参与教育质量评价活动；在完善中小学学校管理制度中，各学校要建立中小学家长委员会，促进家长、社区和其他专业人士参与学校管理和监督等。

　　学校教育和家庭教育各有其特点，它们相互联系，相互作用，相互影响。学校如果忽视家庭教育的影响，离开了家庭配合的学校教育必然因孤军作战而难以奏效；家庭教育如果与学校教育方向不一致，就会使学生不知所措，家庭教育也将举步维艰。因此，教育的成果取决于家庭教育与学校教育是否协调一致形成合力，成为互补过程。尤其在学校教育和家庭教育的差异方面，家校合作的互补性显得愈加重要。家校之间通过密切合作，形成多方面、多层次的互补，采取科学有效的教育措施，并持之以恒，就会取得良好的教育效果。

　　教师和家长是使家校合力有成效的主体，他们所具有的家校合作的能力是影响家校合作的关键因素之一。因此，提升教师和家长家校合作的专业知识和素养迫在眉睫。

一、家校合作中教师队伍的建设

教师是家校合作中的重要角色，是家校合作的桥梁与纽带，是家校合作的具体策划者、组织者和参与者。教师在家校合作过程中是与家长接触最多的人，教师的素养、态度、能力直接影响着家长参与学校教育教学的效果。教师的家校合作技能是影响家校合作顺利开展的重要因素。

教师在家校合作中的角色定位要求教师具有较高的与家长合作的能力，如教师应具有良好的语言表达能力、组织能力以及协调的人际交往能力等。在调查中我们发现，不少教师对家校合作的意识不强，缺少组织、策划家校活动的能力；部分青年教师由于经验的欠缺和自身素质的原因，缺少家校合作的技能和方法；教师与家长进行沟通时话题单一，以反映学生问题居多，较少为家长提供专业帮助；家校合作过程中教师沟通艺术缺乏，不善于倾听，以居高临下、教育、命令、责备的谈话方式为多；缺乏家庭教育指导素养，对特殊学生、特殊家庭束手无策。

针对以上问题，我们建议：

一是转变教师封闭保守的教育观念。学校要通过各种途径让教师意识到家长参与学校教育是家长应有的权利，家长享有对学校办学活动和管理行为的知情权、参与权、评价权和监督权。同时也要让教师认识到家长是学校教育的同盟军，家校合作的开展有利于教师做到因材施教，提高工作成效，更密切了家长与教师的联系，让家长能近距离地感受教师工作的辛苦与不易，从而自觉理解和尊重教师，支持和配合学校工作，加深彼此的情感联系。

二是提升教师家校合作的专业能力。学校要将家校合作相关专业内容纳入教师全员培训内容体系，建立上岗培训、在岗培训和骨干培训三个有机衔接的培训系列。根据学校教师特点进行多方面、多形式的校本培训，定期开展分年级、分层次、分年龄段的家校合作专题研修活动，形成既有理论支撑又有实训内容，符合现代家校合作特点和要求的校本培训课程，切实提高教师的家校合作艺术和技能。如宝山区泗东小学近年来新教师数量激增，伴随而来的问题就是职初教师缺少家校沟通技巧及有效方法，家校矛盾凸显。于是，学校从困境出发，成立了由经验丰富的指导教师和职初教师组成的"家庭教育指导团队"。指导教师从现实问题切入，以年轻人的需求为本，通过"问题式教研"的实践研究，解决职初教师的困惑，探索符合他们个性特点的指导形式，有针对性地提升其家庭教育指导的专业能力。

三是加强科学研究的引领力度。新媒体时代的家校合作具有鲜明的时代需求，社会、家庭对家校合作的需求与日俱增,特殊性问题、典型性问题层出不穷。而教师在面对越来越多不同需求的家长时,因为理论水平的滞后和指导方法的单一而显得力不从心,这严重阻碍了学校家教指导工作良性发展,使得家校矛盾时有发生。学校要在开展家庭教育个案研究的同时,关注家校合作中的热点与难点问题,鼓励教师通过研究课题的方式创新家庭教育指导模式与方法,帮助学校改进家庭教育指导工作,从而推进家校合力育人。如上海市高境第一中学通过"全员式科研"的模式构建高境一中CGS家教指导支持系统来实现教师专业素养的提升。校内每一位教师都通过不同形式参与市、区、校各级家教指导的理论研究。通过小课题认领的方式研究家校合作中的一个小问题,解决一个小问题,推广一个小经验,这种"薪火相传、全面开花"的全员科研给学校带来了实实在在的改变。

二、家校合作中家长队伍的建设

家长是家校合作的另一主体,是家校合作的一支非常庞大的队伍,是学校的教育合伙人。美国学者兰根布伦纳(M. R. Langenbrunner)和索恩伯格(K. R. Thornburg)认为,家长可以以一个学习者和支持者的态度参与学校的活动;有水平、有责任心、有时间的家长可以作为学校活动的志愿服务者,为学校提供服务;另外,也可以以适当的形式参与学校管理和决策。然而在家校合作的过程中,我们发现一些家长缺少家校合作的意识,认为自己对教育没有发言权;一些家长没有意识到自己的教育力量和影响作用,把自己的责任一味地推卸给学校;一部分家长由于自身教育水平及自身素质的影响,缺少家校合作的能力。由于一部分家长主体的缺失,导致家校合作主体局限于学校一方,合作成效不尽如人意。

针对以上问题,我们建议:

一是要增强家长参与家校合作的意识。学校可以通过告家长书、新生家长会、学校橱窗、家校联系册等形式对家长宣传家校合作的新理念,积极营造开放、互动的家校合作氛围,在制度上和财力上予以保障。要通过对家校合作的宣传、指导、支持和鼓励,使家长对家校合作充满信心和热情,并以积极的姿态,主动地去寻求和家长的合作。家长需要摒弃以往单纯的配合学校的观念,教育并非学校单方面的事情,家长应该积极地参与家长会,参加学校开放日活动,主动进行校访,也可协助老师进行一些教学活动,参与家长义工,多为学校献计献策。

二是要搭建家长参与家校合作的平台。作为处于主导地位的学校应成立由专家、学校管理者和教师为指导者,家长为主体的校本家长组织。全体教职员工要积极主动地接纳家长为合作伙伴，通过不同的形式主动邀请家长参与学校各项事务。同时，在活动过程中，学校对家长要进行引导，帮助家长懂得教育，参与教育，让家长真正介入教育的合作之中，使家长们都能感受到学校对自己参与学校教育的重视，也帮助学校领导和教师了解多元文化背景下不同家庭的教育需要，为家校合作奠定良好的基础。如嘉定区南苑小学在对家长的摸底中发现，家长素质相对较高，各行各业、各具才华的家长蕴含着丰富的课程资源和无限的师资力量，而且这些年轻的家长对学校教育充满热情，许多家长都愿意为学校服务。然而传统的家委会只能吸纳少数家长加入，人数的限定阻挡了很大一部分家长的参与。因此，学校建立了一个不同于家委会的团体性组织——家长导航团，欢迎所有有意愿的家长加入。学校通过对家长的招募、培训，根据家长的特点，量身定制了六大职能部门，将家长团队的力量发挥得淋漓尽致。

三是要提升家长家校合作的能力。家长并非专业人员，家长的家校合作能力也不是与生俱来的。学校应对家长情况进行摸底，根据家长实际情况成立参与教学、参与管理、监督谏言等家长资源库；再根据家长特点，构建多元化的培训模式，通过讲座、讨论、参观、参与、体验等形式帮助家长志愿者了解团队协作的重要性，了解自己和团队其他成员的角色，充分发挥自己的作用。也要针对不同类型的家长志愿者定期开展分年级、分层次、分主题的家校合作研修活动，切实提高家长家校合作的能力，促进孩子健康成长。如上海市澄衷初级中学为了能让"澄心"家长志愿者支队在学校管理的各个方面真正发挥作用，在每一次的活动前都会听取家长意见，调整活动方案，做好家长志愿者的岗前培训，使家校合作落到实处。

随着我国《国家中长期教育改革和发展规划纲要（2010—2020 年）》和《上海市中长期教育改革和发展规划纲要（2010—2020 年）》的先后出台，我们越来越意识到，只有学校教育和家庭教育通力合作，不断探寻新的教育方式，改善学生的学习、教育环境，才能促进学生全面、健康地发展。而作为家校合作的两大主体，教师和家长的合作能力亟待提高，对此，基层学校的一些探索已形成了一些鲜活的经验。但如何使家校合作队伍建设专业化、系统化，还需要今后很长一段时间的摸索和研究。

（上海市嘉定区教育学院　陆春晔）

No.46 团结互助 螺旋上升
——泗东小学职初教师家庭教育指导团队建设

上海市宝山区泗东小学

近几年,随着外地随迁子女成为我校主要生源后,其家庭呈现的教育问题凸显,教师一些惯用的理论和方法经常解决不了新的问题。与此同时,职初教师对家庭教育指导能力的缺失,造成学校家庭教育整体指导力下降,家长对教师的信任感缺乏,影响学校的整体良性发展。

因此,指导职初教师的家庭教育指导力并开发研究新上海人(本文所称的新上海人即指外来务工人员)家庭教育指导内容与方法,是迫切需要探究的任务。

一、背景

(一)一个全新的家庭教育困境——新上海人家庭教育方法的缺失

我校处于上海的城乡接合部,从 21 世纪初至今,外地随迁子女成为我校学生的主要来源。家长群体文化水平一般,家庭教育的意识和能力以及主动学习育儿方法的需求都较弱。同时,他们特有的家庭结构、成长背景,以及工作、生活现状,凸显了一些家庭教育的新问题,如"缺失父爱"、"教育方式放任＋棒打"、"多子女教育方式不平等"……直接影响学生的成长。

(二)一个全新的师训课题——职初教师家庭教育指导能力的提升

近几年,我校师资产生了很大的变化,陆续有十多名 80、90 后职初教师怀着美好的愿景从象牙塔步入我校。工作一段时间后,职初教师群体出现了一系列问题:教育学生靠单打独斗,难以起效;与家长沟通时,给不了家长有效的建议……渐渐地,家长对他们产生了不信任感,直接削弱了职初教师在学生面前的威信度,导致他们校内教育难以起效,出现了很大的挫败感。这不仅直接影响了职初教师日常的教育教学成效,同时也影响了学校在社会中的信誉度。

面对职初教师被家教指导困境包围的现状,学校亟需让他们通过学习,储备基本的家教指导的理论知识,提升实践能力,在实战中有一定的理论支撑,有理性战术,建立家长的信任感,重获信心。

于是,由经验丰富的指导教师和职初教师组成的"家庭教育指导团队"应运而生。指导教师从现实问题切入,以职初教师的需求为本,通过研训一体的实践研究,解决他们的指导困惑,探索符合他们个性特点的指导形式,提升其家庭教育指导专业能力。

二、我们的做法

(一)团队的建制

所谓"团队",就是各样的"人才"在一起,需要经常"用口和耳沟通"。

我们这个团队是由有经验的指导教师和职初教师组成的。团队指导方法的宗旨是以职初教师的个性特征为本,以他们和家长缺失的家庭教育理念为本,选择适切的指导内容和方式,提高指导的效果。

"家庭教育指导团队"确定了团队的精神——合理团队,共同成长;还确立了团队的章程。在团队章程的基础上进一步建立培训、评价与激励制度,以保障指导团队能够继续有效、有序运行。章程和制度的制定使整个团队更具凝聚力和向心力,引领职初教师启航。

我们选定了团队主题曲《左手右手》,希望以此鼓励团队成员心中怀着对教育的梦想,彼此团结,克服困难,共同进步。

(二)团队的运行

职初教师家庭教育指导难点除缺乏必要的理论支撑和有效方法外,还因为与新上海人家长的成长背景与生活状况截然不同有关。而新上海人家庭教育呈现出的特点恰恰与他们的成长背景与家庭状况有着直接的联系,是职初教师完全不了解的。

指导者引导他们遇到问题先追溯原因,只有找到源头,才能通过同理心寻找到合适的方法。团队在一次次研训的过程中,呈现出各种形式和方法,通过不断地选择和改进,逐渐呈现出适合我们团队研训的方式——"问题式教研":通过征集问题——呈现主题——追溯求源——游戏感悟——商议策略——跟进实践——分享调整——拓展经验的基本研讨思路进行。

1. 问题教研确定主题:征集问题——呈现主题

教研主题来自教师、家长、学生三方。征集问题的方式灵活多样:教师定期填写家庭教育问题征集单;利用家长学校、半日开放等活动,向家长征集最困扰他们的家庭教育问题;从突发事件中引发出的问题;利用"小黑板"软件,请教师和家长通过投票,选出最想解决的问题……由团队成员整理、合并问题后,最终提炼出近阶段教师、家长和学生认为最突出的家庭教育和家校沟通、合作中的问题,最终呈现研训主题。

2. 大团队集中教研:追溯求源——游戏感悟——商议策略

(1) 案例分析中追溯求源

每一个案例都来自职初教师真实的家庭教育指导现状。青年教师们乐于通过家教数字故事的形式具体呈现问题。在故事呈现时,要求具体讲述几方面的内容:孩子的起始问题表现,针对问题家长和老师分别实施的教育行为,家校合作中已实施的做法以及孩子目前的行为变化。

鲜活的案例为之后团队进行案例分析做好充分的准备。职初教师们开始头脑风暴,他们经常不断地在提出想法又否定想法的过程中游弋。此时,指导老师适时引入家教指导的基本理论、规则和方法,让他们自行"拨乱反正",引导他们学会换位思考,带着同理心,以理解、合作、支持的心态与家长和孩子共同商讨解决方法。

(2) 体验游戏中感悟原则

每次教研时,体验游戏是青年教师最期待的研训方式。团队指导教师在区教研员张萍老师的引领下,针对青年教师在家庭教育指导中缺失的理念和错误的行为,设计各种体验游戏。这种培训形式符合青年教师创新、个性思维、乐于进取的个性特点。大家在动态游戏的过程中自然悟出所蕴含的家庭教育理念,为静止的家教理论赋予了灵动的思维。游戏最后,青年教师们经常会自然而然地把生成出的理念和方法迁移到现实问题中,从而获得启发,共同找到解决问题的合理方法。

无论是案例分析还是体验游戏,指导教师充分给予职初教师思考空间,试着站在职初教师的心理角度去思考,制定适切的培训内容与方式。

3. 小团队即时教研延续:跟进实践——分享调整

大团队教研后,采取小团队即时教研的方式。每一位小团队成员运用教研中获得的正确的理念与指导方式,在"实战"中自行操练,并检验指导策略的有效性。

实践中的成果经验以及生成的新问题,每一位体验者通过音频日记,与指导教师、团队成员及时分享。在指导老师的引导和同伴的互助下,青年教师继续寻找自身与家长各自存在的教育问题及双方之间的最佳合作方式,调整家教指导方法,共同积累实战经验。

4. 问题教研后续拓展:拓展经验

问题式教研让团队的每一位成员都有收获。每一轮问题教研结束后,团队成员会把职初教师家教指导中的易错点和关键点,以及与家长一起实践、合作中总结出的家庭教育指导的好方法整理出来,作为学校家教指导工作的资源,推荐给老师与家长。

整个教研过程就是对职初教师的培训过程。我们的主旨是给出思考的空间而不是给出解决问题的答案。职初教师在对问题抽丝剥茧的分析中,在头脑风暴中,共同探讨解决问题的方案。我们把照本宣科的观念更多地赋予对现实的理性思考。

三、成效

在家庭教育指导的同行路上,指导老师的引领,团队成员间、教师与家长间的携手互助,在校园中铺就出一条崭新的家校合作之路。

团队中的指导教师逐渐形成符合职初教师个性特点的家庭教育指导方式,让职初教师真切感受到孩子的健康成长离不开学校和家庭的共同教育,良性的家校合作是自身的教育教学工作的稳定器和助推器。

团队以新上海人家庭教育指导为主题内容的自主研训,积累了一系列针对我校新上海人家庭有关家庭教育指导问题的有效方法,提升了学校家校合力教育的效果,有效地推动了良好校风和家风的形成。

职初教师通过团队研训,最鲜明的提升就是学会用换位思考、三方合作、平等沟通作为家教指导的主导方式,也由此获得了很多有效的指导切入口,在一定程度上改善了家校配合度。大小团队间、团队成员间的合作研讨与实践也使他们乐于享受团队间既有合作又能独立担当的挑战。

职初教师通过正确的家庭教育指导理念的建立,对良好的家校合作的渴望,指导行为的改善,逐渐改变了他们与家长沟通中的言行举止,变得谦和、愿意倾听,站在合作者的角度与家长和孩子共同商议合理的方法。青年教师对家长的理解和尊重,让新上海人家长愿意尝试新的方法;给予家长有针对性的方式,让在育儿道路上屡受挫折的家长重拾信心……家长从青年教师的工作中逐渐感受到他们敬业之外的专业与谦和,逐渐建立起信任感。家长志愿者的踊跃报名及对家庭教育指导活动的积极参与,展现出学校家校关系的和谐。

教师与家长针对孩子呈现的问题,运用追溯求源的指导方式,有助于找到问题形成的真正的原因,客观地从家庭、学校、学生三方面去反思,避免把学生的责任放大,造成孩子的反感。孩子从教师与家长改进的教育态度和行为中感受到自身的主体地位,缩短了与教师和家长的心理距离。三方的合作,大大提升了教育的有效性,促使学生朝着自身、教师与家长共同期待的目标去发展。

（执笔：上海市宝山区泗东小学　周　静）

No.47　塔型架构　多措并举　助推学校家教指导整体提升
——高境一中 CGS 家教指导支持系统简述

上海市高境第一中学

上海市高境第一中学是一所创建于 1997 年 8 月的完全中学,在著名科学家谈家桢院士为我校题写的校训"会学习、会做人、会生活"的指引下,学校注重用发展的眼光看待学生的教育和教师的培养。近年来,在上级领导的关心和重视下,在学校各部门的协调、配合下,我校的家教指导工作取得了一些可喜成绩,全校已呈现出了学校教育引导家庭教育,家庭教育促进学校教育的格局。

2011 年开始,学校着力构建了高境一中 CGS 家教指导支持系统,该系统以金字塔形为组织架构,通过多项举措并举,全面提升我校教师家庭教育指导的专业能力。

一、构建原因

随着时代的发展,学生家长对于家教指导的需求已经从以往的简单的学生学业上的指导上升到孩子健康快乐成长过程中全方位的指导。高境一中作为一所拥有初、高中 7 个年级的普通完中,学生年龄跨度大,决定了家教指导的内容和主题不尽相同。而家长受教育水平参差不齐导致他们对于指导的接受程度有较大差异,家长对孩子期望目标的不同也对学校的家教指导提出了更高的要求。

在这样的新背景下,我们发现学校的家教指导工作逐渐陷入瓶颈。一方面是家长对学校家教指导的需求不断提升;另一方面是学校教师在面对越来越多不同需求的家长时,因为理论水平的滞后和指导方法的单一而显得力不从心。

这对日益阻碍学校家教指导工作良性发展的矛盾变得越来越突出,因此,提升我校教师家教指导的能力,突破瓶颈,助推我校家教指导的整体提升变得越来越迫切。

在经过充分调研,听取了学校老师、学生家长的意见和建议后,学校开始着力构建高境一中 CGS 家教指导支持系统,旨在培养一支具有专业素养的家教指导团队来为家长服务。

二、推进思路

(一) 内涵丰富,寄托愿景

"C"、"G"、"S",分别代表着英语单词"cooperation"(合作)、"guidance"(指导)和"service"(服务)。我们希望在该系统推进的过程中,能通过教师与教师之间的合作互助和学校与家庭之间的合作来提升家教指导的实效性。同时,该系统作为支持培养系统,主要内容就是提升我校教师的家教指导能力,并使他们依托这种提升来指导我校家长的育儿素质。无论是校方还是教师作为指导者,都必须树立一种服务意识,学校服务教师,教师服务家长,学校服务家庭。

(二) 全员参与,整体推进

家长在家庭教育中的主体责任,决定了家庭教育指导工作中很重要的一个部分就是提升家长的育儿素质。作为学校,要充分发挥在家庭教育中的作用,就需要全面提升教师的家教指导能力。同时,我们认为家庭教育指导不仅仅是班主任或主课教师的事情,更需要全体教师共同参与。所以,在谋划构建CGS家教指导支持系统之初,学校就将其定位于面向全体教师。成立了以校长为组长的系统推进小组,由学校政教处、教导处和研训处负责具体实施,在校内全面推进此项工作。

(三) 塔形架构,各司其职

为了保证此项工作的顺利开展,高境一中CGS家教指导支持系统在组织架构上采用"金字塔形"架构模式。

校长办公室每年初将该系统的推进纳入学校工作计划,直接对该系统进行统筹管理,从时间、人员、经费上给予充分保障,同时做好各项事务的协调工作。

包括政教处、教导处和研训处在内的学校各部门负责该系统推进过程中的实践管理。如三大处统筹管理的全员式科研模式致力于我校教师家教指导理论素养的提升:政教处、教导处通过年级组开展"组团式家访",来提升全体教师的实践指导能力;政教处依托校级班主任工作室开展各类活动,来助推我校班主任的专业素养提升,从而引领我校的家教指导高度。

在教师层面,我们极力培养"人人都是家教指导者"的意识,组织全体教师积极参与支持系统内的各类活动。教师根据自己的工作职责和特点有针对性地参与不同的活动,由点及面,促进家教指导能力的全面提升。

三、核心举措

在推进策略上,本系统主要依托三项举措来提升教师家教指导的专业素养。

(一)基于"全员式科研"提升理论素养

课题研究是提高科研能力、科研水平,提升理论素养的重要途径。为了提升我校全体教师的家教指导理论素养,我们尤其重视相关方面的探索实践,已经形成了"全员式科研"模式,校内每一位教师都能通过不同形式参与家教指导的理论研究。

学校鼓励教师积极参与市、区、校各级家教指导课题的研究工作,负责课题研究过程中的实施部分,如案例征集、数据调研等,抑或是课题成果的具体呈现,如小报编辑、博客指导等具体事务。对于未参加家教指导课题项目的教师,则鼓励他们通过撰写案例和小论文的形式来提高科研能力和水平,提升理论素养。

同时,包括研训处、政教处和教导处在内的各处室主任和年级组长、研训处工作人员则负责各级各类家教指导科研项目的实践管理,并依据教师个人撰写的案例论文的不同主题对其进行相关指导改进。

以 2014 年结题的市级课题"中学视野下亲子文化冲突和融合的学校干预和指导策略的实践研究"为例,课题组以校长为组长,负责课题总管理。政教主任、研训主任和教导主任分别负责实践研究、成果展现和数据调研等方面,班主任和任课教师负责课题的具体实施,同时吸纳其他教师参与其中。课题组中的每一个成员必须承担一定的研究任务,以此来提升自己的理论素养。

(二)基于"组团式家访"强化指导能力

所谓组团式家访,即由年级组统筹安排多名教师以组团的形式对单个家庭开展的家访活动。家访过程中多位教师各司其职,给予家长与学生个性化的、具有高度针对性的家庭教育指导。组团式家访既是服务家长的一种形式,更是一个使教师在实践中强化指导能力的平台。

我校将家访的流程细化,做到环环相扣,确保组团式家访的顺利实施。

1. 校方引导,推进活动开展

活动推进之初由学校政教处牵头,组织全体教师开展培训,向全体教师介绍组团式家访的定义、实施步骤及注意要点,疏导部分教师对于家访的抵触情绪,统一思想以提高教师的参与热情。同时对于家访的对象和内容进行拓展,家访对象不再仅仅局限于有行为偏差的学生或学习有困难的同学,而是要做到各类学生的全覆盖。

在家访内容的选择上,除了常规的学习方法指导、习惯培养、心理健康教育指导

外,学校还结合自身特点,着重突出以下两点:

(1)家庭礼育。作为一所以礼仪教育为特色的学校,我们注重以礼立人,以礼立校。在校内开展礼仪教育的同时,我们也希望将礼仪教育辐射到家庭。在我校的礼仪教育校本教材中,我们特别加入了家庭礼育的内容,由班主任借由家访向家长赠送相关资料,并通过了解孩子在家里的情况向家长开展相应的指导活动。

(2)职业规划。高境一中是一所普通完中,学生的学习基础决定了他们在初三或高三毕业后有相当一部分学生无法就读高中或本科大学。针对这样的实际情况,我们在组团式家访的过程中融入职业规划的内容。对于一部分考高中或本科大学希望不大的学生,我们通过家访改变家长和学生的观念,帮助他们确立其他目标。各科教师根据学生的实际特点分析制定新的学习策略,并与学生、家长达成一致,帮助他们寻找最适合自身发展的选择。

这两项内容的增加也使我校教师的指导能力变得更为全面。

2. 精心组织,年级统筹安排

组团式家访的具体实施者为年级组教师。首先,年级组在学期开学初要求班主任老师制订家访计划。班主任在征求各任课教师的意见后,根据班级中学生的情况确定家访名单并罗列该生需要解决的问题。随后,年级组全体教师召开家访准备会议,针对学生个人制定家教指导内容,同时由年级组长统筹安排相关教师参与组团式家访活动。教师经过讨论后确定各自的指导内容,做到指导内容不重复。参与家访的教师在班主任与家长商定家访时间后,各自做好家访准备工作。对于年级内某些因突发事件需要家访的学生则召开临时会议,制订计划。

3. 明确职责,注重家访质量

在家访过程中教师们各司其职,指向明确。一般班主任老师负责与家长沟通德育范畴的内容,任课教师负责学科方面的指导,个别有特殊需求的家访则由相关专业教师随行,给出自己的建议。在与家长及学生取得一致意见后制定相关改进措施,形成家校合力。

4. 跟踪反馈,形成长效机制

仅凭一次组团式家访往往不能根本性地解决学生身上的问题。因此,年级组建立了针对学生和家长的跟踪反馈机制,由班主任负责向各任课教师征集整改措施的落实情况,并及时向学生和家长反馈。经过一段时间的坚持后,学生发生了可喜变化。

5. 征求意见,改进各项措施

为了进一步提升组团式家访的实效性,学校通过各种渠道征求意见,改进各项措施。如定期召开家委会会议,就家访的频率是否适中、指导的内容是否得当等征询家委会意见,从而不断改善组团式家访质量。同时,在每学期末,对全校学生家长发放调查问卷,针对家访等各类问题予以打分评价。

通过前期班主任确定家访学生名单,中期年级组召开会议提出指导方案、落实指导教师和明确各自指导内容,最终开展个性化指导活动和跟踪反馈指导效果这一过程,老师们分工合作,群策群力。在服务好家长的同时,他们的指导能力在实践中也得到不断强化。

(三) 基于"班主任工作室"引领指导高度

班主任是学校家庭教育指导的关键力量,我校"云起"班主任工作室自成立以来,便致力于提升班主任的家教指导能力和专业化发展。学校希望通过提高班主任的指导能力来引领其他任课教师,提升我校家教指导的高度。

1. 引领理论学习

工作室每学期会向全体班主任推荐一本与家教指导主题相关的书籍,指导班主任通过各类学习撰写家教指导主题论文或案例。同时定期邀请市、区家教指导专家到校为班主任开设讲座,助其拓宽视野,更新理念。工作室还不定期选派成员或优秀年轻教师参与包括家教指导师高级研修班在内的市、区各级各类家教指导专题学习培训或公开展示活动,聆听学习专家学者的授课和讲座及同行的先进经验。

2. 展示教育实践

工作室每学期统筹安排一位成员以家教指导为主题进行课堂教学现场展示,并依托高境一中"班主任论坛"开展家教沙龙活动,分享经验和心得。

3. 师徒结对帮教

想要成为一个优秀的家教指导者,离不开技能的学习、理念的更新、经验的积累和传授。为了培养更多优秀的家教指导者,工作室统筹安排成员与年轻班主任结对,从家长沟通技巧、青春期学生心理特征等方面对他们进行传帮带。

依托"云起"班主任工作室这个平台,使我校班主任家教指导方面的专业化发展从说教培养范式向经验建构方式转变,真正培养了一批家教指导方面的关键力量。

四、成效反思

(一) 成效显著

高境一中 CGS 家教指导支持系统已经成为我校全体教师家教指导专业能力提升的平台。该系统的实施在为我校培养一批具有专业素养的家教指导者的同时,更将我校的家教指导工作由原先的教师单打独斗模式转变为团队合作、共同进步模式。

家长们得到了更具专业性和针对性的指导服务,无论是孩子学习上的困难还是生活上的困惑,总能得到及时的指导。家长的育儿素养也在不断提升,对孩子的教育指导能力有了提升,与孩子的沟通交流也变得比较顺畅,家庭中的亲子关系也变得越来越和谐。由此,我校的学生成为最大的受益者,他们能在一个和谐温馨的家庭氛围中健康快乐地成长。

优质的服务获得了家长的认同,赢得了家长的支持,反过来也提升了家校间的信任和合作,越来越多的家长愿意参与学校的各项事务,促进了学校的全面发展。我校也先后被评为宝山区学校家庭教育指导工作优秀校、宝山区"十一五"家庭教育指导实验基地先进校、上海市"十二五"家庭教育指导实验基地特色校等。

(二) 后续方向

在"十三五"阶段,我们设想进一步提升 CGS 家庭指导支持系统的功能,在全面强化全体教师指导能力的同时,着力从以下几个方面去发展:

1. 探寻该系统运作的长效机制,加强相关制度建设。

2. 进一步明晰全员式科研的金字塔形结构,加大对中部力量的培训和指导。

3. 进一步强化心理、青保等专业教师的专业技能,开展家访时能给予家长更专业和更具针对性的指导服务。

4. 依托班主任工作室打造一支规模不大但更具专业素养、专业能力的团队来作为全体教师开展家教指导工作的技术支持,以期更好地服务家长和学生。

路漫漫其修远兮。培养人的工作历来要经历一个长期的过程,对学生如此,对教师、家长亦是如此。我校将坚持依托 CGS 家教指导支持系统,培养更多优秀的家教指导者,向着"办人民满意的教育"这一目标不断努力前行。

(执笔:上海市高境第一中学　朱一亮)

No.48　成长,因"家长导航"更精彩

上海市嘉定区南苑小学

苏联教育家苏霍姆林斯基在其论著中写道:"生活向学校提出的任务是如此的复

杂,如果没有整个社会首先是家庭的高度的教育素养,那么不管教师付出多大的努力,都无法取得完满的效果。"要培养适合社会所需的全面发展的人才,需要两个教育者,即学校和家庭,密切联系,协调一致。近年来,越来越多的教育工作者和广大家长已经认识到家校合作的重要性,教育部门也把加强家校合作放在教育改革的重要位置。"家长"是学校教育的支持者、合作者和共存者,各行各业、各具才华的"家长"蕴含着丰富的课程资源,无限的师资力量。在孩子的教育上,他们都倾注着自己最大的精力与热情,他们更了解孩子需要什么,能为孩子提供的帮助和辅导非同一般。为满足学校、家长教育的需要,嘉定区南苑小学积极投入到家校合作的研究与改革中。学校根据自身的实际情况,加强重点,突出特色,将传统家校合作方式加以创新。无论是家长参与还是家长教育,无论是理论探讨还是实践探索,都取得了显著的成效。

一、家长导航的构想

如果说,学校是一艘载着学生们实现理想彼岸的大船,那么家长和老师就是这艘船上最得力的双桨。要使这艘理想大船顺利到达彼岸,就需要有和谐的家校协作,需要有正确的航向指引,即导航。那么,谁是导航者?毋庸置疑,主要是学校教师,还有家长。这里,我们要讲的是家长,即如何充分发挥家长的导航作用,协调家校协作,促进学生乃至家长、教师的成长,推动学校发展。在这种思考下,"家长导航"应运而生。

二、家长导航的内涵

所谓导航,引申含义就是指引、引领、引导。

所谓"家长导航",就是合理利用优质的家长资源,从某种角度、在一定程度上为学校、家长、师生的发展,着重是为学生的健康成长,起沟通、协作、指引的作用。

根据构想,学校组建"家长导航团"。家长导航团不等同于家委会和家长学校,它是一个层次较高的团体组织。家长导航的内容涉及学校各方面事务;主要对象是学生,家长为辅,也涉及教师。对于家长导航团的地位、方向、策略,我校将其界定为引领组织、智囊组织、探索组织、推动组织、服务组织,使他们充分发挥专业团队的创造性和学术层面的求真性。它与家委会的不同之处就是,家委会是管理者,人数上有限定;而家长导航团人员的选定采用自主申报方式,且不限人数。学校根据申报者的特长、才能进行分类、使用,家长导航员们个个都是驾驭者、组织者、策划者、探索者。

三、家长导航的设计

在"家长导航"内涵定位的基础上,学校成立了以校长为组长,分管校长、家委会主任为副组长,学校管理职能六部行政、全体校级家委会成员为主的"家长导航"领导小组。

领导小组根据学校教育实际情况、家长资源等特点,策划了"三大层面六个领域十四项内容"的合作导航体系。

表20 "家长导航"的成员与分工

三 大 层 面	六 个 领 域	十 四 项 内 容
学生	"身心维护"巡查督导	• 校园及周边安全巡视 • 食品健康检查 • 心灵"按摩"
	"多维义教"幸福课程	• 家长课堂义教 • 家长社团指导
	"我型我秀"社会实践	• 楼组活动 • 基地实践活动
家长	"助我能量"家教互助	• 微经验,作引领 • 微家访,重自助 • 微传递,正能量
学校	"参政议政"学校决策	• 家长"议事制" • 家长"咨询制"
	"减负增效"教学评价	• 课堂教学的诊断、评价 • 课业负担的诊断、评价

这个"合作导航体系",既考虑到学校发展的全面性,学生发展的综合性,为家长参与学校管理的层级性和广泛性提供保障;又从家长导航的有限性以及学校教育的对象出发,把导航重点落在学生的和谐发展上,从不同领域、不同内容来引领孩子们健康成长。

四、家长导航的组织建设、体制保障

家长导航的效益发挥有赖于优质的组织机构建设和完善的体制保障。所以在有了系统设计后,我校主要做了以下两方面工作。

(一) 组织建设

学校在成立"家长导航"领导小组的基础上,根据导航合作体系,撰写《告家长书》,设计"家长导航员申报表",并多角度、全方位地进行宣传动员,号召家长们各尽所知、各出所才,加入家长导航行列。接着,把愿意参加家长导航的人员,根据六大领域进行归类统计,分门别类地建立家长导航资源库。最后,家长导航领导小组根据导航要求,对申报家长进行权衡、帅选,确定家长导航员名单。这样,"家长导航团"就建立了。

学校又将"家长导航团"分成"家长导航职能六部",对应的是导航合作体系六个领域,每部设部长、副部长各一名,由"领导小组"中的校级家委会成员担任。"六部"分别是:"倾听家长,科学定决策"的参与决策部;"家校合力,和谐促成长"的家教互助部;"拓展渠道,多元育新人"的活动策划部;"聚焦育人,减负且增效"的学习评价部;"关注个性,发展特长"的幸福课程部;"关注安全,为健康蓄力"的安全健康部。"家长导航职能六部"与"学校管理职能六部"实行对接,为常态化运行提供保障。

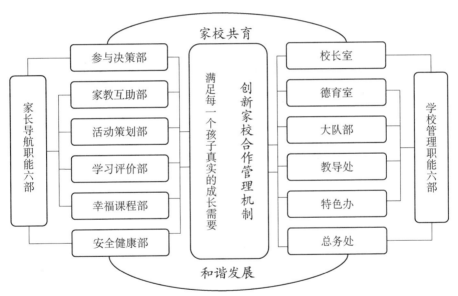

图 36　"家长导航职能六部"与"学校管理职能六部"的对接

(二) 体制保障

好的体制才能为好的行为提供保障。我校建立了"家长导航"组织建设体制、资源建设体制、活动组织与实施体制、家长义教体制、楼组活动体制、参教评教体制、评价与激励体制等。例如,在资源建设体制上,我校每学期都会邀请国内外著名家庭教育专家或是家校合作专家给家长导航员们讲学,进行现场互动;免费提供学习资料;举办

"分享成功教育经验"等沙龙活动,以真正优化主体素质,因为好的组织机构内核在于主体的生命资源与文化优势。

五、家长导航的实施要点

每学期伊始,家长导航领导小组都会共聚一堂,在听取"学校管理职能六部"新学期工作计划的基础上,"家长导航职能六部"根据各自职能,分别制订学期工作计划,以保障导航活动的顺利开展。期末,各部进行工作总结交流,提出今后工作的设想。在整个学期中,各部导航员们按照计划进行工作落实,每月召开一次例会,总结、反思或调整各自的工作。各部工作情况如下:

(一) 学生层面

1. 关注安全,为健康蓄力。"安全健康部"根据安排每月一次来到学校,对校园及周边环境、设施、学生活动、食堂食品卫生及营养等做巡视检查,并形成书面意见,提出改进措施,提交总务部门。学校根据实际情况,及时加以整改,从而促进平安校园的创建,保障学生的健康与安全。"心灵按摩师们"定期来到心理咨询室,通过倾听,走进孩子心灵,巧解心结;每月一次参与双困生"博雅堂"教育,通过游戏、故事、外出学习体验等形式,励志立人;学校"周一直播厅"开辟"心理故事驿站",家长导航员客座本栏目,一个个精心挑选的心灵故事,一段段悉心编写的心理辅导,加上声情并茂的播报,如春风化雨般滋润孩子们的心田。

2. 关注个性,发展特长。"幸福课程部"充分发挥自身资源优势,积极开展"两个相约"家长义教活动:"相约周三——课堂义教","相约周末——社团指导"。"课堂义教"每月1节,固定在周三下午快乐活动日进行,内容广泛、形式多样,深受学生喜欢。社团指导一般在周末进行,有"灌篮高手"、"串珠"、"乐高"、"毽舞飞扬"、"电子小报"、"通讯稿撰写"、"黑板报编写"、"经典诵读"、"舞蹈"等。"通讯稿撰写"社团的导航员不仅带孩子们外出采风,还指导孩子们从各个不同的角度去观察,精心选取最佳角度来撰写通讯稿,为稿件增添新意。"毽舞飞扬"社团的学生们从原来只能单踢几个到一下子能踢六十多个,并且还能花样踢……家长导航学生社团在服务学生个性发展、促进学生综合素质培养及服务校园文化建设方面起到了积极的作用。

3. 拓展渠道,多元育新人。"活动策划部"配合学校教育精心设计并组织活动,如关爱空巢老人、走进消防队等基地实践活动。尤其是他们自主开展的丰富多彩的楼组特色活动——每个班级都有三到四支楼组队伍,导航员带领孩子们在节假日、寒暑假,活跃在各个地方,社区公益、才艺展示、健身锻炼、参观学习……通过开展各项社会实践活动,来体验美好生活,提升思想情操,培养各种能力。

(二) 家长层面

在家校合作中,大家更多地是关注家长参与,而对家长自身的教育有所忽略。基于此,我校家长导航团自主成立了"家教指引部",目的是帮助家长提高家教能力,解决家庭教育中存在的一些问题。

1. 微经验,作引领。每学期,导航员们都会开展不同层级的家长学校活动,除了邀请专家专题培训指导外,还充分利用身边的优秀家长资源,采取家长沙龙、家庭教育论坛等形式,让家长们分享成功育儿经验,帮助家长掌握家庭教育智慧。导航员们还自制家长教育相关小报,每月一期向家长传递现代家庭教育理念及成功育儿经验等。

2. 微家访,重自助。导航员们利用节假日,走进特殊学生家庭,将"探望性"、"鼓励性"、"开导性"、"帮扶式"等方法有机结合,而不是简单地将家访定格在"盘点家庭情况"与"育子方法"上,更注重与家长心灵的沟通,来激发家长培养孩子的信心和热情,赢得家长对教育的理解和支持。导航员们还试着以孩子作为联系家长的纽带,让两个关系好的孩子家长结成"对子",互相照应,互相帮助,形成了一种简化的家长自助模式。学校实行"一对一"的"育导制",拥有教育资质的导航员也参与其中,与行为习惯、心理品质较差的学生、家长结为对子,每周一次进行思想疏导、心灵沟通,成为学生健康成长、家庭教育的指导者和引路人,取得了良好的效果。

3. 微传递,正能量。在我校,每个班级都有一个 QQ 群,连接着家长、教师与学生。由于家长的文化水平、教育观念存在差异,在教育观念上甚至存在误区,班级导航员就在此发挥领航作用。平时,为了孩子,家长与家长、家长与教师之间也会经常性地产生一些矛盾,家长导航员参与协调,起到润滑作用。工业区教委专门开通家庭教育"网络论坛",把"你言我语"、"答疑解惑"等作为重要栏目;学校向全体家长宣传,让家长一起关注、参与品质教育论坛,使家校教育的很多信息得以快速传递,很多问题及时得到解决,家长家庭教育的理念得以提升。

(三) 学校层面

1. 学生立场的教学。"学习评价部"除了家长开放日,每周一次,结合学校行政随堂听课,进入班级听课,通过评价、直接沟通等途径,对学生的学与教师的教发表自己的看法,并关注孩子们的作业情况。一旦发现作业量过大,或是无效作业等,及时跟教师或教导处沟通,从而保证了学生作业的精练,减轻过重的学业负担,同时也促进了教师课堂效益的提高。

2. 学校决策的参与。导航员每月最后一周周五放学时间在校门口设立咨询平台,了解家长的困惑、意见或建议,咨询的问题涉及学校、家庭的方方面面;实行半日

"家长轮流驻校办公",开展"进教室听一堂课"、"找领导谈一次话"、"向学校提一条建议或意见"、"吃一顿学生午餐"四个一活动。凡涉及学生和家长切身利益的,学校在作出决策前,都会充分听取家长导航员的意见,以形成共识。此导航工作充分发挥了家长对学校教育教学工作的参谋、监督、决策作用,促进了学校的发展。

六、家长导航的效果与反思

家长导航是在学校多年"家校合作"、"家委会工作"的基础上提炼出来的,它创新了家校合作的渠道,做精了家校互动的工作,增强了家长的领导力、策划力、执行力,在学校教育中日益彰显出生机与活力,成为优化教育生态、推动学校发展、促进家长和师生成长的一支重要教育力量。主要成效有:

(一)实现教育资源共享最大化

家长导航为教育资源共享提供了一个广阔的平台,通过这一平台,不仅能够实现学校和家庭教育资源的共享,还能够实现家庭与家庭之间教育资源的共享,使各类教育资源的利用率达到最大化。短小、灵活、精悍的课堂义教,活泼、多样、新颖的楼组活动,温馨、温情、温暖的心灵沟通与教育,知识、技能、特长融为一体的社团指导,为学校教育增添了"多元营养"。不仅让孩子拥有了快乐的童年,而且帮助孩子健康成长,使孩子成为新型家校合作下的最大受益者。

(二)推动家庭教育互助互补

"三微"导航,推动了学校教育与家庭教育的融汇贯通、优势互补,转变、提升了家长们的教育观念,提高了家长对学校教育的理解、支持、合作,进一步强化了教师和家长双方的教育责任,推动了学校教育与家庭教育的有效对接和相互促进。

(三)满足个体差异的真实需要

学校大部分教育活动是依据学生群体的基本特质或基本水平开展的,难以兼顾每一个学生的特点。而家长导航可以根据不同孩子的个性特点,采取针对性的应对方式来补充学校教育。例如,以个性特长培养为主的社团指导,针对特殊学生的心灵沟通的博雅堂教育,特殊学生家长抱团互助式家庭教育指导等,家长导航在其中发挥着独特的作用。

(四)促进学校教育更好发展

开放办学,整合各方资源合力育人,是时代赋予学校教育的新使命。保障家长对学校教育的知情权、参与权、监督权、问责权,要求学校必须通过精细化的管理使学校真正获得家长的理解、关心和支持。家长导航团的运作,促使学校往更高层次发展。

学校通过实施"家长导航"，无论是对办学声誉，还是对办学质量，都产生了巨大的能量。这种能量对于学生、家长、教师的成长，学校的发展来说是一种重要的动力。学校先后获得市艺术教育特色学校、市安全文明校园、市中小学心理健康教育达标校、区文明单位、区教育系统办学先进单位等荣誉称号。三位教师的特色创建课题在市级立项；2篇研究成果编入市级书籍，其中1篇获市"家校合作"创意征文一等奖；林群英老师被评为市家庭教育优秀指导者；两位教师在区"个别化教育案例"大赛中各获二等奖；两位教师在区小学优秀家长学校教案评选中各获三等奖；两位班主任的教育案例发表在《家庭教育报》上；课堂义教得到了嘉定电视台的专题采访与报道；导航员孙涛指导的篮球社团在区篮球比赛中连年名列前茅；多名导航员荣获嘉定区家长委员会工作先进个人。2014年12月，"家长导航"工作作了市级展示与研讨，得到了市区相关领导的好评。

"家长导航"在学校工作中取得了一定的成效，但在具体实行中也常遇到许多超出我们设想的问题，目前我们依然在根据具体的问题不断地调整策略。

（执笔：上海市嘉定区南苑小学　黄艳伟）

No.49　组建"澄心"家长支队　探索家校互动机制

上海市澄衷初级中学

一、提出背景

我校位于提篮桥社区。追溯学校着手家庭教育的实践研究，早在20世纪80年代（当时为长治中学）就成立了家长学校，跻身开展家庭教育工作的前列。目前学校外来务工随迁子女近70%，随着社会的进步与发展，在上海飞速前进的大环境中，外来务工人员对子女的教育也日益重视，越来越多的家长感受到孩子接受教育和营造良好家庭教育氛围的重要性。随着家长这方面意识的增强，家长们对于子女教育的需求不再满足于千篇一律的教育形式和内容，对家庭教育指导方面的需求逐渐从义务型转向自主型，这为学校在家庭教育工作方面的深化和推进提供了新的契机。因此，建立健全学校家庭教育创新机制和指导管理制度,重视开展对家长的家庭教育指导工作,帮助家长认识新问题,迎接新挑战,积极为家长搭建参与学校管理的平台,提供陪伴学生成长、记载成长实录的活动舞台,成为学校家庭教育指导内容的主要方向,同时也为学校实现在家庭教育的民主管理、策略研究、培训指导、技能实践等方面逐步适应现代家庭教育的要求提供保障。

家长是学校管理的重要资源,通过"澄心"家长支队的建设,对家长进行有主题的培训,并让家长参与学校的活动与管理,为学校充分利用好家长这部分资源,实施全方位民主管理、全员管理,健全与完善管理制度和可持续发展奠定基础。学校的教育离不开家长的支持,孩子的成长需要更广阔的空间,而每位孩子都有自己独特的家庭资源,家长是我们教师的合作伙伴,也是很好的教育资源。在家校合作形式日益丰富的今天,在学校教育工作中,家长到学校担任志愿者参与管理、提供服务,已经成为一种重要的家校合作共育的模式。教师与家长都认识到家长志愿者对于孩子、家长以及学校三方都有着重要的价值。经过组织和实践后,我们更加感受到,家长有热情且有能力参加学校的活动。建立家长志愿者服务队,不仅能拓展教育的宽度和深度,还可通过家校合作,相互促进,达成共赢。

二、基本内涵

根据我校的办学实际,组建"澄心"家长志愿者支队,充分开发家长参与学校共同管理的资源,强化家长在学校管理、课程实施和学校评价过程中的监督、服务与参与的作用,充分体现家长在家校合作过程中的主观能动性,加强家庭与学校之间的联系,探究并总结家长志愿者参与学校工作、家校互动方面的新途径,为学校管理、教育工作、宣传活动提供志愿服务和帮助,提高家庭与学校合作教育的主动性、积极性、实效性。

(一) 家长督校支队

参与学校规划制定工作,为配合规划制定做一些调查,参与学校工作计划的制订和评估,为学校未来发展出谋划策,监督学校各方面的管理工作,并且做好宣传工作。例如,对于学校管理、制度研究等,由校家委会的家长全程参与其中;学校在接受上级部门工作评审和督导的同时,也得到了家长和社区的关注和认可;学校在新一轮校发展规划的制定中也听取和依托家委会的建议和支持。再如,督校支队的家长会定期出席学校每月初组织的有关食堂监督管理的工作会议,为改善学校食堂的供餐、服务质量和饮食安全等方面出谋划策。每学期初,为使学生用餐的营养搭配更加合理、更加科学,我们会召开校级家长委员会会议,征询各班家长代表对改进食堂工作的意见和建议;若要调整午餐费用,我们也会听取督校支队的意见,并进行表决。部分督校支队的家长代表还参加了学校初三中考推优领导小组和艺术生招生领导小组的相关工作。学校充分发挥"督校支队"在学校民主管理中的功能,让学校探索主动接纳家长深层次参与学校教育管理的新途径、新内容,对来自家长志愿者的合理化建议和有效举措加以考虑和采纳,从而改善家校关系,形成学校、家庭协作机制,使之成为学校现代化民主管理发展的重要途径。

(二)家长督学支队

家委会成员每学期至少到校听课一次,对学校教学管理流程提出建设性的建议。建立家长参与学校课程教学的制度,邀请家长步入校园、走进课堂,亲临教育教学第一线;通过观摩课堂、两操情况,还可感受校园、班级的文化氛围;了解学校教育教学的各个方面,感受学校教育环境、教师教学能力、课堂师生关系等,让家长更多地了解学校,了解教育,了解孩子在校学习生活情况,并为学校教学工作提出意见和建议。家校合作共同关注孩子的成长,真正实现"家校携手,共话成长"。

(三)家长护校支队

参与学校护校执勤,保障学生安全等。为确保学生在上学、放学路上的安全,"家长护校志愿者支队"的身影常会在学生上下学时段出现在校门口和学校周边的马路路口。学校还特地制作了护校支队的旗帜和服装,让家长们每天穿戴统一地在学校门口协助维持秩序,在临近校门口的两端路口人行横道线处,指挥、护送学生安全过马路,提醒学生遵守交通规则,阻止部分抢时间闯红灯的自行车、助动车,为学生的交通出行安全排除隐患。

(四)活动助教支队

参与学校重大活动的策划、开展及评价,为重大活动提供必要支持。家长志愿者通过担任家长学校培训师助教的形式,协助学校对家长开展萨提亚家庭系统治疗模式的学习培训,帮助更多家长学会科学、理性、有方法地关注孩子成长的过程,尊重孩子成长的规律,走进孩子的内心,与孩子有效沟通,陪伴孩子健康、快乐地成长。每年初二年级学生前往虹口游泳池参加游泳课程的学习,家长活动助教支队队员们也会前去协同管理,为孩子们提供一些生活细节方面的照顾,以保障学生安全有效地完成游泳课的学习。有些家长还帮助游泳课老师一起纠正学生的动作,还有些家长负责照顾因身体原因无法下水游泳的同学。活动助教支队的家长志愿者还参与阳光之家、敬老慰问、亲子活动、文艺汇演、学校大型开放活动、心理咨询活动、体锻助教等活动。在"六一"儿童节,学校为孩子们设计了丰富多彩的庆祝娱乐活动,家长志愿者们也前来助阵,协助学生们搞好"爱心义卖"活动。家长参与学生活动,也是更好地了解孩子的一个途径。有一位家长说他家孩子在家与学校根本是两个人,这次活动让他发现了孩子独立、开朗的一面。学校积极创设机会让家长参与学校管理和服务,有效推动了家校间的亲密互动,也发挥了家长志愿者对学校、学生的服务助教功能,有效促进了学生集体活动的教育和管理。

(五) 家长宣传支队

家长宣传支队的队员们,在学校周边的社区、居委会中宣传学校的精神面貌、办学特色、教育理念以及相关政策,在校内与其他家长交流育儿经验,开展宣传教育志愿活动。学校还邀请家长参与学校开展课题研究"家庭中学生诚信道德体验教育培养研究",宣传诚实守信,为正确教育子女打下基础。指导家长以身作则,在生活中通过潜移默化来开展诚信体验教育,为学生的行为起示范作用。近来学校根据习近平总书记提出的"我们都要重视家庭建设,注重家庭、注重家教、注重家风"这一重要讲话精神,还组织家长和学生开展"传承好家风"系列宣传教育活动。通过"好家风我来传"家庭故事征集、"好家风"家庭评选、"好家风"情景剧表演、"诚信我来写"等活动形式,切实加强友善、孝敬、诚信等中华民族传统美德教育,完善"学校、家庭、社会"三位一体育人机制,将家庭美德教育融入学校教育和家庭教育的各个方面,引导广大家长传承家庭美德,树立良好家风,以身作则、言传身教,为孩子健康成长营造良好的家庭环境。

三、项目机制

(一) 操作流程

第一阶段:宣传动员。

这一阶段的重点在于收集资料,梳理学校已有的关于家庭志愿者活动的经验和做法,明确要研究的问题,制定研究方案,进一步推进"澄心"家长支队的建设,并初步实施。

第二阶段:具体实施。

在调查并分析、掌握家长对家庭志愿者工作,尤其是家长参与学校课程设计、平安志愿者、家长学校培训等方面指导工作的需求的基础上,研究如何开展家长志愿者工作,探索有效实施家长志愿者工作的运行机制和方式,并确定家长志愿者的服务方向。具体包括:在学校层面提供参与管理工作、监督教学项目;在学生层面提供参与校园平安管理、活动助教项目;在社区层面提供参与教育宣传工作项目。

第三阶段:经验提炼。

观察、记录、收集"澄心"家长支队活动的典型案例,对这些研究资料以及经验、个案进行归纳、整理、分析,总结家长志愿者工作的经验和做法,分析其影响,进一步凸显家长志愿者服务在学校管理与服务上的功能和作用。

(二) 建章立制,规范"澄心"家长支队的工作职责

健全和完善"澄心"家长支队相关制度。家长支队可参与学校管理,对学校工作计划和重要决策,特别是事关学生和家长切身利益的事项提出意见和建议。参考学校教职员工手册中有关家长参与学校管理工作的要求,将"澄心"家长支队定位为指导家庭教育,坚持常态化、具体化、操作化的原则,增强学校工作的透明度,增进学校、家庭与社区间的相互了解,确保教育的自律和公正,加强家校互动,充分发挥家委会在学生教育工作中的沟通与配合,便于开展家长的监督、管理和帮助的功能。遵循教育规律,营造一个学校、家庭、社会三位一体的学生教育全方位网络,拓展育人的多种渠道,建立多元教育体系。"澄心"家长支队的服务宗旨是促进学生成长,实现"为每一位学生的终身发展奠定基础"的办学理念。"澄心"家长支队工作制度中明确规定了支队成员享有的权利和应尽的义务,并就成员应开展的工作做了一定要求。

(三) 开展培训,保障工作的顺利推进

为更好地指导"澄心"家长支队成员发挥各自的工作成效,我校对中预新生家长开展"家长学校"系列培训,这已成为历年来家庭教育工作中的传统项目,让家长志愿者们先植入"良好沟通是有效教育的前提,也是开展家长志愿者服务的必要准备"这一观念。近几年,学校引入萨提亚家庭系统治疗模式的冰山理论和生存姿态的学习之后,去年又增加了萨提亚家庭系统治疗模式中"引入生命自觉"和"八字图"的部分。培训的方式和内容别开生面,让参与的家长学会如何适时关注孩子的成长,学会如何进行有效的沟通,体验如何从旁协助、提供帮助,而不是一味地包办代替。在培训过程中,学校先安排了问卷、讲座和活动环节,从调查数据看:家长与孩子之间的亲子活动普遍较少;孩子与父母的沟通意向不强,"日常起居生活"是大多数家庭亲子沟通的主要内容和方式,沟通不通畅是亲子之间主要的问题所在。如何建立良好的亲子关系,进行良性的亲子沟通,是现代家长们必须面对的问题。根据问卷显示的问题指向,通过活动带领和体验,引导家长学会换位思考,留意对方的存在和自己的感受,以及事情发生过程中孩子的感受;学会运用眼神的交流去传递信任、责任、托付等情感,体验真诚的表达,促进亲子交流,加深彼此的关系;学会"停一停",以此来感知在沟通过程中更多从未有过的感受;学会改变以往惯用的命令式口吻与指责的态度,真正领悟到"家长所喜欢的未必是孩子所喜欢的,家长所选择的未必是孩子想要接受的"道理;还通过"摸物"等活动,学会"用心倾听"与"清晰表达"。在活动交流环节中,家长也提到用心倾听,用心理解孩子的诉求是重要的,不应一味主观、片面地评价孩子,或忽视孩子的感受与选择。不少家长联系日常生活中"亲子沟通"遇到的问题,谈道:学校组织如此别开生面的"家长学校"的学习活动,帮助家长学会科学、理性、有方法地关注孩子成长的过程。家长应该尊重孩子成长的规律,只有尊重孩子的想法,走进孩子的内心,用心感受,用真诚传递,才能与孩子有效沟通,陪伴孩子健康、快乐地成长。家长志愿者们都在活动后深有感悟:"好的亲子关系,就是好的家庭教育。"从充分发挥家长志愿者工作效力的前提来看,良好的沟通是学校、家庭、社区共建关系融洽的标志。沟通不良不仅不利于家庭成员之间发展积极的关系,并且还可能妨碍学校良好教育氛围的形成。

四、项目成效

推进家校互动是转型时期学校、家庭、社会三位一体合力育人的必然要求。无论是国内还是国外,家长志愿者队伍的建设都是家长参与学校教育和管理的一种重要形式,这一类型的家校互动合作在现代教育管理中逐渐得到重视。这一形式既有利于促进学校民主管理的发展,又有利于家校互动创新机制的形成,同时充分发挥了家长志愿者的功能和作用。随着时代发展,在培养适合社会所需的全面发展人才的过程中,同时需要两个教育者——学校和家庭,二者要密切联系,协调一致,在教育的目的、过程、手段上都要一致。一年来,在打造"澄心"家长支队的过程中,我们通过建立交流、对话的渠道,主动倾听、回应家长对这项工作的意见和需求,寻求家长对学校民主管理建设的理解、支持和帮助,尝试通过各类志愿服务的开展来提高家校互动的实效性,真正实现学校、家庭双向互动制度。学校在项目实施的过程中深深感到,家校互动工作开展的重点还是在于学校对此项工作的规划和组织,关键是制度建设和机制创新。我校将进一步健全和完善"澄心"家长支队工作制度,建立学校、家庭的双向沟通制度和民主协商机制,对于学校的教育教学活动、学生的衣食出行、规范收费等各项事务通过家校协商处理。在下一阶段的工作中,我们要广泛学习其他项目基地学校的经验和做法,要深刻认识到家长志愿者的价值,强化家长在学校管理、课程实施和活动组织过程中的监督、服务与参与作用的发挥,充分体现家长在家校合作过程中的主观能动性,以及在校内外实施志愿者服务的实效性。全面开发家长志愿者的资源,大力表彰家长志愿者的奉献。针对如何开拓家长志愿者服务的具体项目、如何吸引更多家长成为志愿者并且参与学校工作、如何广泛招募与激励志愿者参加活动、如何根据学校特色进一步拓宽家长志愿者的服务领域等问题作深入的研究。建立以开展家长志愿者服务为主要任务的"澄心"家长支队,既充分挖掘了家长教育资源,突出家校之间的互助合作,又加强了教师和家长之间的沟通,指导家长全方位地参与学校的活动;同时利用社区资源,拓展学校教育的外延,形成家校互动的有效模式和策略。

（执笔：上海市澄衷初级中学　高　蓓　石云艳）

No.50　"家长义工制"助力更宽广的教育

复旦大学第二附属中学

当今时代,随着教育观念的不断提升,教育思路与途径的多元化,家校合作已经成为世界教育发展的一个重要趋势,许多国家采取种种形式沟通家庭与学校之间的联系。许多资料表明,家校合作已经成为美国、英国、日本等国教育研究和学校改革的重要议题之一。苏霍姆林斯基曾有这样的论述:只有在这样的条件下才能实现和谐、全面的发展,就是两个"教育者"——学校和家庭,不仅要一致行动,要向儿童提出同样的要求,而且要志同道合,抱着一致的信念,始终从同样的原则出发,无论在教育的目的、过程上,还是手段上,都不要发生分歧。

一、推出"家长义工制"的背景

复旦二附中作为复旦大学的附属中学,接受了复旦大学的通识教育理念。从与通识教育接轨的角度出发,学校简洁地提出"实行有宽度的教育,给学生更宽广的教育"的育人理念。一方面要实行"有宽度的教育",另一方面要践行"绿色指标",实现减负增效,学校对此深感教育资源不足。而家长群体中丰富的人力资源,可以弥补学校教育资源的不足。家长中有管理型专家,可参与学校管理的顶层设计;有学科专家,可以参与学校课程的设计;有德育专家,可以丰富学校的德育元素;还有建筑、园艺及安全保卫方面的人才……

多年来,复旦二附中提出培养"严谨开放的小复旦人"的育人目标,要培养学生的创新精神、创造能力和探究能力。"让每一位学生父母都参与学校教育,让每一位家长成为没有编制的教师"是我校追求的教育理想实践。经过多年的探索与实践,逐渐形成了独具学校特色的家长义工文化。

二、推行"家长义工制"的实践

我校的家长义工活动几乎是全方位的。在学校管理、德育教育、课程教学、校园安全、校园建设、校园文化活动、师生身心健康等各方面,都能看到家长义工的身影。

"家长义工制"活动内容主要有:1.思想品德教育中"家长义工"活动;2.基础性课程学科教学中"家长义工"活动;3.拓展型探究性课程教学中"家长义工"活动;4.学校教育管理中"家长义工"活动;5.学校校园文化建设中"家长义工"活动等。活动形式主要包括:讲座、报告、参观、访问、座谈、咨询、辅导、课堂教学、研究会、讨论会、庆典活动、文艺活动等。活动类型主要包括:励志与品格、艺术与修养、健康与生活、沟通与实践、公益与责任、社会与财经、科普与视野、学习与未来、体育与娱乐、教务与教学、育儿与心得、外部交流等。

学校德育教育中的"家长义工制"。家长义工的介入对落实学生思想品德教育而言,其主要内容有:家庭教育经验分享,名师讲坛活动,优秀班集体建设,志愿者服务,仪式教育,德育课程建设,"研学行走"课程等。

学校课程教学中的"家长义工制"。家长义工助力课程建设,助推教师专业发展,优化作业设计,从而帮助学校提升教学品质,真正落实"给学生更宽广的教育"的培养目标。其主要内容有:优化课程规划,助力教师专业成长,进行教学研究与实践,推进课程建设,指导探究性课题活动的开展,参与有效作业与减负。

学校管理教育中的"家长义工制"。家长义工参与学校教育管理,尤其是参与学校发展顶层设计,为学校规划的科学性、思想性和可操作性出谋划策。目前家长义工主要参与了学校核心理念的讨论,以及学校发展目标与实现途径、学生培养目标、德育与建设、课程与教学、资源与环境、师资队伍建设等关乎学校发展和学生发展的重大问题的讨论。

学校校园文化建设中的"家长义工制"。家长义工参与平安校园建设,参与美丽校园建设,参与教学设施建设,为学校发展建言献策,为学生成长保驾护航。

三、"家长义工制"的运行机制

"家长义工制"的运行机制包括组织管理机构、义工委员会章程、组织运作流程、激励机制、服务机制等。

1. "家长义工制"的组织管理

"家长义工制"的组织管理机构有学校"家长义工委员会",年级委员会,组织顾问委员会(包括已经毕业的学生家长);部门有义工德育部、义工学习部、义工宣传部、义工安全保障部、义工健康部等。

学校"家长义工委员会"是家长义工组织的领导机构,主任由家长委员会主任兼任,每届任期两年。委员会设主任一名,部长五名,他们分别与学校各职能部门主管对接,也和学校各条块工作对应,这样就可以很有序地运作学校的义工工作。

表 21　家长义工委员会与学校职能部门对接表

对接部门	义工委员会主任	德育部部长	学习部部长	宣传部部长	安全保障部部长	健康部部长
	校长	书记	副校长	德育主任	总务主任	健康中心
职责	全面负责家长义工委员会工作。	负责义工参与学校德育工作。	负责义工参与学校教学工作。	宣传优秀师生事迹;报道义工的各项活动。	负责学校安全管理,保障校园安全。	负责义工与师生的身心健康工作。

2."家长义工制"的运作

"家长义工制"的组织管理规章是《复旦二附中家长义工委员会章程》,内容包含家长义工制宗旨、义工对象、义工要求、义工工作内容、义工服务时间、义工工作条件、义工组织与管理、义工表彰奖励等。

四、"家长义工制"的收获

"家长义工"充分调动了家长参与学校教育的积极性、主动性与创造性,有效地促进了家庭教育与学校教育的和谐发展,提高了学生全面发展与综合素质,提升了教师教育观念的更新与教育能力,促进了学校的教育改革与特色发展。

"家长义工制"活动的开展很好地贯彻了学校多年来倡导的"开放"式教育理念。我们的学生做到了"五个多":读的书比别人多,听的讲座比别人多,参观访问比别人多,参加的社会实践比别人多,经历的创新活动比别人多。这样丰富的学习经历,使他们眼界更宽,思想更活,因而更有发展的潜能。

表 22　家长义工组织、参与活动统计表

	2005 年	2008 年	2012 年	2015 年
大型活动	123 人次	358 人次	506 人次	714 人次
采访	218 人次	163 人次	197 人次	204 人次
行迹上海			314 人次	436 人次
行走课堂		56 人次	124 人次	315 人次

在家校合作教育中,学校充分利用学生家长教育资源为学校的教育实践、教育改革与发展服务,如家长的知识资源、能力资源、人脉资源等;充分利用学生家长的物质设备资源,如家长单位可利用的实验室、展览馆、体育场馆、图书馆及其物质设备;充分利用家长所在机构的环境文化资源等。将"家长义工制"活动融入学校思想品德教育,借助家长义工的资源与力量促进学校思想品德教育更好地开展;将"家长义工制"活动融入学校学科教学、拓展型探究型课程建设,促进了学校的课程建设与学科教学;将"家长义工制"活动融入学校教育管理,促使学校教育管理更科学地、更创造性地发展;将"家长义工制"活动融入学校校园文化建设,促使学校校园文化更有特色地发展。尤其是在学校课程教学和改革中充分信任、依靠家长,邀请家长义工参与优化课程规划,成立教学指导委员会助力教师专业成长,深入教研组研讨并深入课堂,渗透进学生的课外学习等。这些举措有效地打开了学校的教改思路,提升了学生的学习空间,将"给学生更宽广的教育"这一理念落到实处。

在家长义工的协助下,自 2012 年以来,我校实行了部分课程的建立与革新。

1. "大艺术课程"的建立。我校大艺术课程已经包含了器乐、声乐、书法、茶艺、绘画、刺绣、朗诵、舞蹈、摄影、影视欣赏和古玩鉴赏等 15 门课程。课程从课堂延伸到课外,全方位地为学生打造适宜自身兴趣发展的平台。其中书法、合唱、舞蹈、漫画这 4 门拓展型课程全是家长义工开设的。

2. "大劳技课程"的建立。我们在预备和初一年级共开设出 13 门劳技类课程供学生选择,包含:编织、小复旦人试验田、根与芽、业余无线电通信、机器人创意乐园、剪纸、生活中的科学、小复旦人报、生活 MV、创意乐园、野外生存、仪器的奥妙、单片机 DIY 平台。其中创意乐园、业余无线电通信、单片机 DIY 平台这 3 门课程由家长义工开设。

3. "大体育课程"的建立。结合当下"初中体育多样化教学"的要求以及本校运动场地与师资情况,推出武术、韵律塑身、篮球、足球、排球、羽毛球、围棋、魔方、航模等 10 个大项目。其中武术与韵律塑身课程由家长义工参与开设。

4. "漫游星空课程"的建立。"漫游星空"即学者论坛,二附中背靠复旦、同济、财大、二军大等著名高校,大量的家长以及家长的朋友同事都是我们这一课程的宝贵资源。2006 年以来,已开设 100 多个讲座,其中院士至少 20 人。每个复旦二附中学生在校四年至少能听到 30 个讲座。

5. 探究性课题活动的开展。我校的家长义工有着丰富的学科背景,这对于学生课题研究的多样性起到关键的作用。随着家长义工工作的逐步深入,学生投入探究性课题人数越来越多,得奖人数越来越多。

6. 家长义工携手学校努力践行有效作业与减负。为了保障作业设计的有效性,我校采取了四级作业监控机制,特别是邀请了家长义工担任"作业监控员",共同参与作业监控。家长最清楚孩子完成每天作业所需的时间,他们的及时反馈,确保了"减负增效"作业设计的顺利执行。

五、问题和思考

"家长义工制"是家校合作的双向活动,是家长和教育工作者相互了解、相互配合、相互支持的过程,并非学校对家庭或家庭对学校的单向线性影响。一方面,学校的行为对家庭产生一定的影响,家长往往依据学校的要求来调整自己的行为;另一方面,家长的行为同样对学校产生一定的影响,构成学校与家庭影响的双向交互性。因此,如何丰富家校合作途径,形成家校之间坦率而频繁的信息交流与沟通渠道,使家长和教师平等交流,建立一个循环往复的链状互动合作关系模式,这是推进我校家校合作深入发展的重要问题。

另外,家长义工制会不会造成或助长"家长过分干预"?我校实行家长义工制以来从未出现家长过分干预的现象,制度化的组织机构与运行模式足以避免家长过分干预,因为义工活动有审批环节,义工委员会对义工有管理与制约的功能。更重要的一点是,假如学校的工作符合情理法,就不应该害怕家长过分干预。假如不符合情理法,即使没有家长义工制,家长也会来干预。

另一个我们较关注的问题是:家长义工活动中费用及安全问题该怎么处理?关于费用问题,义工培训中有说明,活动费用以 AA 制为基本原则;具体实行时,往往有承办家长比较客气,自行承担。这种情况如何合理完善,需要我们继续思考。关于安全问题,我们有三个步骤:对义工有一定的资格审查;举办较大型活动时有老师参与,开展小型活动(如采访等)时由义工自带,但在义工申报表中设有安全预案的空格,义工要认真填写,班主任要认真审定;在开展小型活动前,班主任须让参与活动的孩子家长清楚活动性质及主持活动的义工的相关信息,让家长自主抉择。

(执笔:复旦大学第二附属中学　朱启洪)

后　记

　　"家校合作"不是一个新鲜词汇,从世界教育改革发展历程来看,家庭与学校的合作一直是各国教育改革与发展共同关注的命题。我国基础教育阶段的家校合作虽起步较晚,但从 20 世纪七八十年代开始,学校对家长开展以家庭教育指导为主要内容的家校互动逐步规范起来。随着时代的变迁、改革的深化,基础教育进入内涵发展的新时代,家校合作对于基础教育转型发展的重大战略意义逐步明晰,对于推动学校整体发展的重要促进作用日益受到中小学、幼儿园的重视。

　　2012 年,教育部颁布《关于建立中小学幼儿园家长委员会的指导意见》,对全国中小学幼儿园家委会的规范化建设提出纲领性的要求。2015 年,教育部面向教育系统颁布《关于加强家庭教育工作的指导意见》,将指导家庭教育工作正式列入教育系统工作序列,这是彰显现代教育思想的一个标志性文件。

　　上海在家校合作方面的探索先于国内很多城市与地区。上海是中国基础教育改革的先行城市,率先享有了改革的成果,也先于其他地区触及了教育改革中深层次的困难和矛盾。在国际 PISA 2009 测试中,上海学生成绩全球第一,但如此出众的成绩并不能满足人民群众日益复杂、多元的教育需求和诉求。

　　早在 2011 年,时任上海市副市长的沈晓明在"上海市基础教育工作会议"上强调,"目前的当务之急,是要切实改变学校封闭的'孤岛'状态,充分关切和呼应家长、社区等方面的合理诉求","要充分加强教育系统与外部环境的信息交换,促进各方面之间的理解、沟通和信任,在事关学生身心健康成长和终身发展的若干重大问题上达成共识,合力提升上海基础教育的质量与水平,不断提升家长、社区对基础教育的满意度"。

　　为落实市基础教育工作会议的会议精神,实现"聚焦学生健康成长、探索家校良性互动、推动教育转型发展"的目标,上海市教委整合行政、研究、实践三个方面的力量,确立"上海市中小学家校互动机制探索与创新"这一研究项目,研究教育转型内涵发展要求下的新家校互动机制,并在基础教育改革的过程中逐步推进、不断提升办学过程中家校合作力度。

上海市教科院普通教育研究所依托项目实验区和项目实验学校，重点提炼了家校合作的若干类型的典型经验，汇编成了读者手中的这本厚厚的《家校合作50例：区域设计与学校智慧》，并以此书作为推出"家校合作新实践丛书"的基础。这些上海经验转变了利用家长资源的浅层次、单向度的家校互动形式，在全国有一定的引领性，希望能够给其他的区域家校合作以工作思路上的启迪。

虽然全书由郁琴芳老师设计、统稿，最后编纂而成，但凝集了众人的心血。真诚感谢上海市教委基教处和上海市教科院普教所历任领导对"家校合作新实践丛书"的策划出版给予的关心和支持！没有市教委领导高瞻远瞩的直接推动、普教所领导的专业引领，就没有来自全市各区域和学校的积极探索和主动作为。

真诚感谢项目实验区和项目实验学校因地制宜地主动开展家校合作，确保家校互动常态化、制度化！真诚感谢参与项目组的每一位老师，深入实践去指导和引领学校开展和深化家校互动，发现和培育典型经验，促进家校互动的普及和深化！最后特别感谢华东师范大学教育学部的李家成教授，欣然应允为本书作序！

我们在实践的基础上，用心捧出了这一本家校合作的上海经验之书，但由于时间仓促及认识上的局限，文稿的不足在所难免，望读者朋友不吝赐教。

希望这本书能激励更多的区域和学校自主地、创新地探索家校合作之路。

编　者
2018 年春